Was ich im BWL-Studium hätte lernen sollen

Fabian Dittrich

Was ich im BWL- Studium hätte lernen sollen

Betriebswirtschaftslehre für Berufseinsteiger

2., überarbeitete Auflage

 Springer Gabler

Fabian Dittrich
Fachhochschule Dortmund
Dortmund, Deutschland

Die 1. Auflage ist im EWK-Verlag Elsendorf erschienen.

ISBN 978-3-658-28484-8   ISBN 978-3-658-28485-5 (eBook)
https://doi.org/10.1007/978-3-658-28485-5

Die Deutsche Nationalbibliothek verzeichnet diese Publikation in der Deutschen Nationalbibliografie;
detaillierte bibliografische Daten sind im Internet über http://dnb.d-nb.de abrufbar.

Springer Gabler
© Springer Fachmedien Wiesbaden GmbH, ein Teil von Springer Nature 2017, 2020

Springer Gabler ist ein Imprint der eingetragenen Gesellschaft Springer Fachmedien Wiesbaden GmbH
und ist ein Teil von Springer Nature.
Die Anschrift der Gesellschaft ist: Abraham-Lincoln-Str. 46, 65189 Wiesbaden, Germany

Vorwort zur 2. Auflage

In den vergangenen gut zwei Jahren hat mich eine erfreuliche Menge an Feedback zum Buch erreicht. Daraufhin habe ich an zahlreichen Stellen den Text geschärft und einige neue Aspekte aufgenommen. Insbesondere das Thema Digitalisierung wurde mit einem neuen Schlusskapitel sowie einem eigenen Unterkapitel zu Kryptowährungen prominenter gestaltet. Auch Start-ups sind nun mit einem eigenen Unterkapitel bedacht.

Ich hoffe, Ihnen damit ein noch runderes Werk anzubieten. Erneut viel Spaß beim Lesen!

Dortmund, Deutschland   Fabian Dittrich
Januar 2020

Vorwort zur 1. Auflage

„Machen Sie Platz, hier komme ich,
bereit die Unternehmenswelt zu erobern!"

Ein bisschen von diesem Gefühl hat wohl fast jeder BWL-Absolvent,
wenn er seinen Abschluss in der Hand hält. Nachdem dann ein Job
gefunden ist, sieht es jedoch schnell anders aus. Plötzlich fühlt man sich
als kleiner Fisch im Wirtschaftsmeer.

Warum driften Gefühl und Wirklichkeit hier so oft weit auseinander?
Und das, obwohl BWL ein sehr praxisrelevanter Studiengang ist – egal,
ob an der Uni oder der FH? Der Hauptgrund liegt in der Fülle und Tiefe
der Themen. Jeder Professor hat den Anspruch, sein Fachgebiet in allen
Details und Finessen darzulegen. Hat man als Student die Materie
gemeistert und alle Klausuren bestanden, fühlt man sich gut für die
Praxis gewappnet. Allerdings geht in der Detailflut des Studiums oft der
Blick für die großen Zusammenhänge verloren. Zudem sind in der Praxis
meist die einfachen Dinge entscheidend, während diese im Studium
wenig Aufmerksamkeit genießen.

So entsteht das Gefühl, von allem viel Ahnung zu haben, aber irgendwie doch auch nicht. Selbst wenn dieses Gefühl mit der Berufserfahrung
verfliegt, bleibt oft ein gewisses Unbehagen. Trotz semesterlangen Studiums kann man zu einigen zentralen Themen praktisch nichts mehr
sagen. Auch im eigenen Unternehmen versteht man nicht alle Vorgänge.

Falls es Ihnen als frischer Absolvent oder als erfahrener Manager auch so geht, können Sie sich auf die Lektüre dieses Buches freuen.

In meiner Tätigkeit als Trainer für verschiedene Finanzthemen habe ich regelmäßig erfahrene Mitarbeiter erlebt, die schon in kurzen Schulungen echte Aha-Erlebnisse hatten.

Dieses Buch versetzt Sie noch einmal zurück ins Studium. Allerdings ohne Mathematik oder wissenschaftliche Spitzfindigkeiten. Es gibt keine komplizierten Grafiken oder große Tabellen. Auch auf Quellenangaben habe ich weitgehend verzichtet, was mich als Wissenschaftler einige Überwindung gekostet hat. Dieses Buch ist zum Lesen, nicht zum Studieren! Es ist bisweilen plakativ, polemisch und auch lustig. Denn Wirtschaft macht Spaß!

Natürlich geht es aber nicht nur um Unterhaltung. Das Buch soll Ihnen helfen, sowohl die Theorie aus dem Studium als auch deren Anwendung in der Praxis besser zu verstehen. Während die Theorie oft zu theoretisch ist, ist die Praxis oft zu praktisch. Dieses Buch schlägt die benötigte Brücke. Dabei gehe ich thematisch durchaus in die Breite und decke fast sämtliche Teilgebiete des Wirtschaftsstudiums ab. Denn nahezu alles ist für die berufliche Praxis oder das private Leben zu gebrauchen. Das heißt, neben den vor allem im Beruf relevanten BWL-Themen, werden auch große Blöcke der VWL abgedeckt. Es geht dabei unter anderem um Mindestlöhne, Konjunktur und Steuern.

Vieles erkläre ich dabei ganz von vorne – so, als ob Sie wieder im ersten Semester des Studiums sitzen. Doch lassen Sie sich durch die teils einfach anmutenden Zusammenhänge nicht täuschen. Die Informationsdichte in diesem Buch ist sehr hoch! Zwar ist vieles auch für Anfänger verständlich und interessant, doch dürfte man nur mit Vorwissen das Buch wirklich komplett genießen können. Dabei spielt es allerdings keine Rolle, ob Ihr Vorwissen aus einem Wirtschaftsstudium oder aus einschlägiger Berufserfahrung in der Wirtschaft stammt.

Bevor es nun losgeht, möchte ich mich bei den zahlreichen Freunden, Kollegen, Familienangehörigen und Studierenden bedanken, die mir direkt oder indirekt unzählige Tipps und Hinweise für dieses Buch gegeben haben, insbesondere: Prof. Dr. Jan-Philipp Büchler, Dr. Christoph Buss, Michaela Dittrich, Dr. Norbert Dittrich, Dr. Kerstin Drachter, Prof. Paul Derw-Bear, Johanna Fasel, Dr. Dirk Harlacher, Christian Honsálek,

Markus Freudenhammer, Dr. Christoph Fritsch, Prof. Dr. Matthias Kehrig, Dr. Nils Kummer, Dr. Kai Menzel, Dr. Andreas Orth, Irene Plate, Dr. Stefan Radtke, Dr. Jan Schmitz van Vorst, Steffen Seebach, Constance Spitzer und Daniela Wolski. Vielen Dank an euch alle!

Ich hoffe, Ihnen mit meiner individuellen Herangehensweise an die BWL neue Perspektiven auf das Wirtschaftsleben zu ermöglichen. Viel Spaß beim Lesen!

Dortmund, Deutschland   Fabian Dittrich
April 2017

Inhaltsverzeichnis

1

Wirtschaft – Von und für Menschen

Großkonzerne, Investmentbanker, Welthandel, Börsencrashs, Mittelstand, Zinsen, Milliardenlöcher, Investitionsklima, Aufsichtsbehörden, Standortfaktoren, Bruttoinlandsprodukt, Globalisierung – solche Schlagworte bestimmen die Diskussionen über die Wirtschaft. Nur eines wird dabei gerne vergessen: Der Mensch! Sie und ich, ganz normale Leute. So fern und abstrakt die Wirtschaft erscheint, so nah ist sie uns in Wirklichkeit. *Wir* sind die Wirtschaft! Denn Wirtschaft existiert nur in der Interaktion zwischen Menschen – in dem wir etwas einkaufen, arbeiten gehen oder ein Haus bauen. Das Haus mag lange stehen, doch ohne uns Menschen ist es nur ein Haufen Steine. Erst wenn wir es mieten, renovieren oder beleihen, ist es Teil der Wirtschaft.

Auch im BWL-Studium ist die Rolle des Menschen recht blass. Zur Wirtschaft zählt alles was wir machen, um mit unseren begrenzten *Ressourcen* möglichst gut unsere *Bedürfnisse* zu befriedigen. Unser Wissen, unsere Arbeitskraft, Land, Rohstoffe – alles ist begrenzt. Bei den Bedürfnissen hingegen sieht es anders aus. Gesünderes Essen, saubere Kleidung, ein Fahrrad, ein schönes Sofa, eine große Wohnung, eine renommierte

© Springer Fachmedien Wiesbaden GmbH, ein Teil von Springer Nature 2020
F. Dittrich, *Was ich im BWL-Studium hätte lernen sollen*,
https://doi.org/10.1007/978-3-658-28485-5_1

Fortbildung, Luxusurlaub, ein Sportwagen, ein Jahr im Himalaya, eine Villa, ein Ausflug ins All – die Wünsche sind schier unbegrenzt. Wirtschaft sorgt nicht nur dafür, dass möglichst viele unserer Wünsche erfüllt werden, sondern auch die jeweils dringendsten. Zudem setzt Wirtschaft die Rahmenbedingungen, wie der Reichtum eines Landes zwischen den Menschen verteilt wird.

Wirtschaft im Sinne der BWL hat also einen sehr materiellen Charakter. Es geht um Güter und Dienstleistungen. Genauso, wie man es erwartet. Aber es steckt mehr dahinter – viel mehr! Wirtschaft, bzw. unsere Rolle darin, nimmt für die Allermeisten von uns den Großteil des Erwachsenenlebens ein. Gewollt oder ungewollt ist sie unser Lebensinhalt. Sie ist Schauplatz sozialer Interaktion. Unsere Arbeit bringt nicht nur Geld, sondern auch *Selbstverständnis*, obwohl wir sie bisweilen nicht mal mögen. Ohne Arbeit – also ohne einen Platz im Wirtschaftsgefüge – will kaum einer sein. Unsere gesellschaftliche Position wird vom wirtschaftlichen Erfolg bestimmt. Selbst der alternative Künstler, der jedes materielle Denken ablehnt, wird im dem Moment als Meister wahrgenommen, wenn Menschen für seine Kunstwerke viel Geld ausgeben.

Diese überragende Bedeutung von Wirtschaft für unser Leben führt zu mehreren Schlüssen.

Zunächst einmal profitiert man davon, eine positive Einstellung zu diesem Thema zu haben. Denn es ist kein Spaß, etwas abzulehnen oder gar zu hassen, mit dem man sich trotzdem ständig beschäftigen muss. Ein wichtiger Schritt ist es dabei, Wirtschaft zu verstehen. Denn wer weiß, wie der Hase läuft, kann ganz neue Chancen wahrnehmen. Genauso ertragen wir schwierige Situationen leichter, wenn wir zumindest verstehen, was vor sich geht. Ein zweiter Schluss ist daher:

Es ist eine gute Idee, dieses Buch zu lesen.

Da Wirtschaft von und für Menschen ist, liegt auch ein dritter Schluss nahe:

Wer Wirtschaft verstehen will, muss zunächst einmal Bedeutung und Verhalten der Menschen verstehen. Das erste Kapitel beschäftigt sich daher mit genau diesen Fragestellungen: Welche Rolle hat der Mensch in der Wirtschaft? Was treibt uns an? Wie verhalten wir uns?

1.1   Wie viel Mensch steckt in der BWL?

In der BWL – wie es sich für eine Wissenschaft gehört – werden zur Erklärung der Welt *Modelle* eingesetzt. Ein Modell abstrahiert von der Realität, in dem es alles Unnötige und Unsystematische weglässt. Es konzentriert sich auf die wesentlichen Einflussfaktoren, je weniger desto besser.

Lassen Sie uns als Beispiel folgende Frage betrachten: Sie haben Hunger und wollen ein Brötchen kaufen, doch es stehen zwei Bäcker zur Wahl. Wo gehen Sie hin?

Zunächst einmal ist natürlich die Farbe der Brötchen wichtig, denn einige mögen lieber helle, andere wiederum dunkle Brötchen. Vielleicht sind Sie Stammkunde des einen Bäckers, dann gibt es keine Frage. Es sei denn, sie sind in den neuen Verkäufer des anderen Bäckers verliebt. Dann gehen Sie sicher dahin. Oder haben Sie vielleicht Angst, dort Ihre Schwester zu treffen, die dann alles ausplappert? Vor lauter Frust vergessen Sie das Brötchen und kaufen sich am Kiosk eine Tafel Schokolade.

Im Modell stellt sich die Situation viel einfacher dar:

Sie kaufen das Brötchen beim Bäcker mit dem niedrigsten Brötchenpreis.

Obwohl es nur um ein Brötchen geht, kann die tatsächliche Entscheidungssituation sehr komplex sein. Schon mit dem beschriebenen Beispielfall wäre jedes verständliche Modell überfordert. Daher wird im Modell beispielsweise von der Farbe abstrahiert (Brötchen sind hinreichend ähnlich) und Standorte werden vernachlässigt (die Bäcker sind nah beisammen). Die Präferenz für den Stammbäcker ist mal so oder so (also raus aus dem Modell) und Gefühle haben schon gar keinen Platz. Was bleibt, ist der Preis.

Modelle sind in der Wissenschaft unverzichtbar. Ohne sie ist es unmöglich, komplexe Situationen zu beschreiben und zu analysieren.

Auch schärfen sie den Blick für die wesentlichen, systematischen Dinge und bilden damit eine hervorragende Lernplattform. Ein gutes Modell ermöglicht belastbare Aussagen über die Entwicklung in der Realität. Im Beispiel: Hat ein Bäcker billigere Brötchen als der andere, so wird er mehr davon verkaufen.

Auch in diesem Buch werde ich daher, wie in Ihrem Studium, auf zahlreiche Modelle zurückgreifen. Ich verspreche Ihnen jedoch, dabei ganz auf Mathematik zu verzichten und lediglich vereinzelt einfache Zahlen zu bemühen. Entgegen geschriebener Worte ist die Mathematik sehr präzise und daher die bevorzugte Sprache fast aller Wissenschaftler. In der BWL besonders beliebt ist dabei die Analysis (Funktionen, Ableitungen), gefolgt von der Stochastik (Wahrscheinlichkeitsrechnung, Testverfahren) und der deskriptiven Statistik (Darstellung von Daten).

Für „Nicht-Wissenschaftler", also für nahezu jeden außerhalb der Hochschule, gilt jedoch: Dinge, die mit Worten oder einfachen Zahlen nicht zu beschreiben sind, brauchen wir uns nicht anzuschauen. Diese kann sich nämlich keiner dauerhaft merken, nicht einmal BWL-Studenten.

Auch wenn Modelle eine große Hilfe sind, ist Obacht geboten! Haben Sie sich schon einmal gefragt, warum es unter Wissenschaftlern so viel Streit gibt? Und das, obwohl es um Fakten geht? Der Grund dafür liegt in der Kombination von Modell und Mensch. Menschen haben Meinungen, Vorlieben, Wünsche – diese spiegeln sich in den *Modellannahmen* wider. Die von der Wissenschaft so produzierten „Fakten" sind daher zunächst nichts anderes als Meinungen.

Während in einem Brötchen-Modell der Preis ausschlaggebend ist, könnte in einem anderen Modell die Wartezeit beim Kassieren der entscheidende Faktor sein. Sie können wetten, dass beide Modelle durch eine Feld-Studie (in der BWL wird von „Empirie" gesprochen) als korrekt bestätigt werden können. Wird die Studie tagsüber durchgeführt, so könnten die Kunden mehr Zeit haben und den günstigen Bäcker bevorzugen. Wird am Abend gemessen, kaufen gestresste Kunden dort, wo es am schnellsten geht. Suchen Sie sich eine der beiden Meinungen aus! Oder stellen Sie ihr eigenes Modell auf, welches nach Qualität, Kundengruppen, Tageszeit, Preis und Wartezeit modelliert.

Gleichgewicht – das nie erreichte Glück des Ökonomen

Vom ersten Tag des BWL-Studiums an wurde Ihnen eines klargemacht: Wenn Sie am Ende nicht im Gleichgewicht sind, haben Sie einen Fehler gemacht! Kein Unterschied also zu buddhistischen Mönchsschülern. Allerdings wird das Gleichgewicht in der BWL nicht durch Meditieren, sondern durch Rechnen erreicht. In fast jedem Modell muss am Ende Angebot gleich Nachfrage, Variable a gleich Variable b sein. Dies ist äußerst hilfreich – und auch verständlich – um klare Aussagen zu treffen. Denn das Gleichgewicht beschreibt den Normalzustand. Im Beispiel von Angebot und Nachfrage also den Marktpreis. Ohne Gleichgewicht gäbe es keine Fakten, und ohne Fakten wird das Studium schwer.

Doch in Wirklichkeit sind die Fakten Fiktion! Die Mönchsschüler haben den BWL-Studenten hier einiges voraus, lernen diese doch vom ersten Tag an, dass alles im Fluss ist. Menschliches Verhalten ist das Gegenteil von Gleichgewicht – besonders wenn es um Wirtschaft geht. Gleichgewicht ist Stillstand. Perfekt für ein Lehrbuch, aber ungeeignet für das Leben. Wir fordern Lohnerhöhungen, erfinden neue Technologien und machen einfach mal was Verrücktes. So wird das wirtschaftliche Gleichgewicht auf Ewigkeit ein unerreichter Traum bleiben.

Nur in den wenigsten Fällen – und das zumeist in den Naturwissenschaften – haben wirklich alle die gleiche Meinung und man kann von *Fakten* oder gar Wahrheit sprechen. Aber selbst dann sollten Sie vorsichtig sein. So war die Erde über viele Jahrhunderte ganz eindeutig eine Scheibe und in den 1960er-Jahren gab es internationale Wissenschaftskonferenzen, auf denen Möglichkeiten zur Abwendung der durch Menschen verursachten globalen Klima-Abkühlung diskutiert wurden.

In der BWL gibt es gar keine Wahrheit – nur *Meinungen*. Jeder Wirtschaftspolitiker beispielsweise hat seine verdienten (und gutverdienenden!) wissenschaftlichen Berater, die in hochoffiziellen Studien seine Thesen unterstützen. Die Modelle schaffen die Fakten, nicht die Fakten die Modelle.

Für Sie heißt das zunächst einmal: Auch in diesem Buch gibt es nur Meinungen zu lesen. Keine Wahrheiten. Allerdings machen die verschiedenen bunten Meinungen das Leben bekanntlich ja erst richtig spannend. So können Sie sich freuen, sich mit Hilfe dieses Buches Ihre eigene Meinung zu bilden.

Sie haben bereits gesehen, dass Menschen bestimmen, wie die Realität in Modellen abgebildet wird. Anders herum ist es der Mensch, der als erstes aus den Modellen geworfen wird. Zu kompliziert! An seine Stelle rückt die BWL den „*Homo oeconomicus*". Eine Spezies, welche die Wirtschaftswissenschaften massenhaft bevölkert, die in der Realität aber noch nie gesehen wurde. Der Homo oeconomicus ist leider chronisch krank. Er leidet an einer schweren Form von Autismus, denn er kann nur eine Sache: rational handeln. Alle Informationen verarbeitet er perfekt; ständig maximiert er seinen Nutzen. Gefühle und Träume hat er dagegen keine. Das macht den Homo oeconomicus zunächst einmal unheimlich langweilig. Trotzdem hat er viele Freunde unter den Wirtschaftswissenschaftlern, weil er eben absolut berechenbar ist.

Betrachtet man die Entwicklung der Wirtschaftswissenschaften über die Jahrhunderte, so lässt sich eine wechselnde Bedeutung des Menschen feststellen. In Ihren Anfängen spielte der Mensch in den Modellwelten eine kleine, aber bedeutende Rolle. Bis zur Mitte des zwanzigsten Jahrhunderts nahm diese tendenziell ab; der Höhepunkt der sogenannten *Neoklassik* und des Homo oeconomicus war erreicht. Seitdem hat sich jedoch eine deutliche Trendwende ergeben – Wirtschaft ist eben keine Naturwissenschaft. Zu zahlreich waren die Abweichungen zwischen dem, was laut Modell passieren sollte, und dem, was im realen Leben geschieht. Alleine schon die regelmäßigen Kapriolen an der Börse – laut Lehrbuch ein nahezu perfekter Markt – sollten stutzig machen.

Die neue Blickweise der *Verhaltensökonomie* (englisch „behavioural economics") hat erkannt, dass die traditionellen Modelle zu viel von der Umwelt, insbesondere vom Menschen abschneiden. Inspiriert von Erfahrungen aus anderen wissenschaftlichen Disziplinen, wie der Psychologie und Soziologie, erhalten Mensch und Menschlichkeit immer mehr Einzug in die Wirtschaftswissenschaften. Teilweise sind dies zwar schon Jahrzehnte alte Erkenntnisse, doch besser spät als nie!

Heraus kommt allerdings noch immer kein echter Mensch, sondern ein „Homo oeconomicus 2.0", der je nach Situation verschiedene, nicht vollständig rationale Verhaltensweisen zeigt. So wendet er Daumenregeln an, trifft Entscheidungen abhängig vom Kontext, oder besitzt ein Gewissen. Ganz mutige Ökonomen lassen ihre Menschen im Modell sogar zufällig handeln.

Der Homo oeconomicus 2.0 ist also eine recht kreative Natur und wird daher besonders häufig im Rahmen spieltheoretischer Modelle untersucht.

Die *Spieltheorie* ist ein nicht ganz neuer, aber erst in den letzten Jahrzehnten boomender Zweig von Modellen. Wie in einem Spiel (daher der Name) geht es um Entscheidungssituationen mit mehreren Beteiligten, bei denen man gegenseitig aufeinander reagiert. Zug um Zug wird betrachtet, was die anderen machen und daraufhin selber gehandelt.

Die Basis-Modelle der Spieltheorie basieren auf dem Homo oeconomicus 1.0. So verwundert es kaum, dass diese in der Regel Ergebnisse voraussagen, die im Experiment mit menschlichen Spielern und echtem Geld als Einsatz nicht nachzuweisen sind. Die dahinterliegende Rationalitätsannahme ist also falsch. So wird zunehmend versucht, Modelle auf Basis des Homo oeconomicus 2.0 zu entwickeln, die durch Experimente tatsächlich bestätigt werden können.

Viele heutige Modelle sind durch diese Entwicklungen komplexer als in der Vergangenheit. Auch die gestiegene Rechenleistung von Computern hat ihren Teil dazu beigetragen. Ob diese Modelle aber auch besser sind, ist umstritten. Zum Glück müssen Sie sich darum jedoch keine Gedanken machen. Denn um Wirtschaft zu verstehen, reicht das Verständnis unserer grundsätzlichen Verhaltensweisen aus. Diese alleine liefern bereits ausreichende Erklärungen für wirtschaftliche Phänomene.

1.2 Was treibt uns an?

Wie handeln wir in wirtschaftlichen Situationen? „Jeder anders", ist zunächst einmal die richtige Antwort. Doch wie bereits gesehen, hilft diese Erkenntnis bei der Erklärung allgemeiner Zusammenhänge nicht weiter. Daher muss die Frage korrekt lauten: Wie handeln die meisten von uns in wirtschaftlichen Situationen?

Die wohl grundlegendste Antwort – auch wenn es für manche hart klingen mag – ist diese: Menschen sind faul und handeln eigennützig! Spaziergang oder den Kindern hinterherputzen? Beine hochlegen oder in einer Besprechung sitzen? Ein gutes Buch lesen oder fürs BWL-Studium büffeln? Das dürften für die meisten von uns rhetorische Fragen sein. Auch können Sie mal beim Bäcker um die Ecke fragen, warum er jeden Tag mitten in der Nacht aufsteht und seine Brötchen backt. Bestimmt nicht, damit Sie ein super Frühstück genießen können. Nein, der Bäcker will einen Gewinn erzielen und damit ein angenehmes Leben führen können.

In den Wirtschaftswissenschaften wird bisweilen passend von „*Arbeitsleid*" gesprochen. Eigentlich würden wir am liebsten nur wenig oder gar nicht arbeiten. Doch sind uns andere Bedürfnisse so wichtig, dass wir die leidige Arbeit auf uns nehmen. Diese eher „unwillige" Grundhaltung zur Arbeit ist für Unternehmen ein Problem, da sie auf motivierte und produktive Mitarbeiter angewiesen sind. Es stellt sich also die Frage, wie Personal am besten geführt und entlohnt werden sollte. In der BWL beschäftigt sich vor allem das Personalmanagement mit dem Thema. Dabei bedient es sich insbesondere der in der Psychologie entwickelten Motivationstheorien.

Die bekannteste Motivationstheorie ist die *Maslow'sche Bedürfnispyramide*. Zwar hat dieser Ansatz viele Kritiker und wurde in Experimenten in Teilen widerlegt, doch ist er fester Teil des BWL-Studiums. Und nicht zu Unrecht. Denn eine Theorie, die individuelles menschliches Verhalten systematisch erklärt, und die Maslow'sche Pyramide ersetzen könnte, wird es wohl nie geben.

Nach Maslow stehen unsere körperlichen Grundbedürfnisse wie Essen, Kleidung und Fortpflanzung allem voran. Oder einfacher: alles was zum puren Überleben notwendig ist. Während diese Grundbedürfnisse über Millionen von Jahren das einzige waren, was unsere Vorfahren angetrieben hat, spielen diese heute nur noch eine untergeordnete Rolle. In vielen wohlhabenden Gesellschaften ist das Überleben eines jeden durch Sozialsysteme gesichert. Spätestens wenn dies der Fall ist, gewinnt ein zweites Thema an Bedeutung: keinen Stress haben. Hier geht es um alles, was Sicherheit schafft und Unwägbarkeiten in unserem Leben minimiert, z. B. ein gesichertes Einkommen oder eine Unfallversicherung. Wenn unser Leben also nicht nur gesichert ist, sondern auch noch in geregelten Bahnen läuft, verschieben wir unseren Fokus auf unser Umfeld. Wir suchen soziale Kontakte in der Familie und im Freundeskreis; Liebe und Intimität sind wichtig. Sobald wir uns in gefestigten Sozial-Strukturen befinden, achten wir auch auf unseren Status. Es kommt der Wunsch nach Anerkennung im sozialen Umfeld und der Gesellschaft auf. Statussymbole und Einfluss auf andere werden uns wichtig. Als oberste Ebene der Bedürfnishierarchie gilt die Selbstverwirklichung, z. B. in Form einer individuellen Lebensweise, durch Spiritualität oder durch Kunst.

Natürlich treten unsere Bedürfnisse nicht bei allen in gleicher Form und streng nach Reihenfolge auf. Insbesondere die Stufe 4 (Status) scheint gerade bei BWL-Studenten manchmal vor Stufe 3 (soziales Umfeld) zu kommen. Auch treten die Bedürfnisse nicht sequenziell auf. Erst zwei Jahre essen und dann ein Jahr lang Versicherungen abschließen klappt nicht. Neue Bedürfnisse werden immer parallel befriedigt.

Für das Verständnis und die Gestaltung von Wirtschaft bedeutet dies, dass man den Antrieb der Menschen stets im Gesamtkontext betrachten muss – egal ob es um einen Arbeitsvertrag oder eine Marketing-Strategie geht. Sie können sicher sein, dass uns immer etwas bewegt. Wirtschaftlicher Stillstand und der Mensch sind inkompatibel.

Neuere Motivationsmodelle greifen diesen Gedanken auf und schauen weniger auf konkrete Bedürfnisse als vielmehr auf Motivation als Prozess. Geleitet von Wünschen und Ängsten bzw. allgemein „Motiven" vollziehen wir Handlungen, die wiederum erneut „Motive" von uns ansprechen. Ein Manager, beispielsweise, mag insbesondere vom „Machtmotiv" getrieben sein. Er versucht durch seine Handlungen eine möglichst hohe Entscheidungsverantwortung zu erlangen. Möglicherweise zieht er dabei aber das Unwohl einiger Mitarbeiter auf sich, was bei ihm die Angst unbeliebt zu sein ansprechen könnte. Oder der Machtgewinn stimuliert erneut das Machtmotiv – auch das soll vorkommen.

Während unsere Bedürfnisse bzw. unser Antrieb im Konkreten leicht zu beschreiben sind, wird es auf einer abstrakten Modell-Ebene schon schwieriger. Wie lässt sich der Grad unserer Bedürfnisbefriedigung messen? Das Standardinstrument der Wirtschaft – natürlich ist von Geld die Rede – leistet nur begrenzt Hilfe. Zwar kann man die Ausgaben für Essen, Versicherungen und unser Rennauto messen, doch darüber, wie viel wir tatsächlich davon haben, sagt der Preis nicht viel aus. Und treffen Sie mal eine Aussage, was Ihnen Ihre Freunde in Euro wert sind!

Zur Lösung solcher Fragen behilft sich insbesondere die VWL einer anderen Größe: dem *Nutzen*. Anders als der Preis erfasst der Nutzen nicht, was wir zur Bedürfnisbefriedigung aufwenden, sondern wie viel uns die Befriedigung des Bedürfnisses wert ist. Was wären wir bereit maximal herzugeben?

An einem Beispiel wird es klarer: Sie haben Hunger und könnten Pommes für 2,50 € oder einen Salat für 5 € essen. Tatsächlich essen Sie viel lieber Salat und würden daher sogar 10 € dafür ausgeben. Pommes sind Ihnen nur die 2,50 € wert. Daher würden Sie sich immer für den Salat entscheiden, es sei denn, er kostet mehr als 10 €. Er stiftet Ihnen viermal mehr Nutzen als Pommes. Der Preis sagt lediglich, dass Salat doppelt so teuer ist. Über Ihre individuellen Vorlieben lernen wir aber nichts.

Nutzen ist also – unabhängig vom Preis – eine wichtige Erkenntnis nicht nur im Marketing. Um sich ganz von den Problemen der Übersetzung von Nutzen in Geldeinheiten zu lösen, wird dieser meist relativ zwischen zwei Alternativen betrachtet. Pommes für 2,50 Euro oder Salat für 5 Euro? Geburtstagsparty bei Ihren Freunden oder Fahrradtour mit den Nichten? Was immer Sie wählen, hat den höheren Nutzen für Sie.

Besonders wichtig ist das Verständnis unserer Bedürfnisse für die *Personalwirtschaft*. Aus Sicht eines Arbeitgebers gilt es nämlich, möglichst wenig für die Mitarbeiter aufzuwenden, während diese trotzdem gute Arbeit leisten. Das klappt nur, wenn wir für unsere Arbeit auch bekommen, was wir wollen.

Ganz vorne steht dabei das Gehalt. Mit Geld können wir zahlreiche unsere Bedürfnisse befriedigen und ein hohes Level an Sicherheit für uns schaffen. Es wirkt einfach und direkt und ist damit der bedeutendste, wenn auch ein ziemlich plumper Motivationsfaktor. Da Geld von außen kommt, zählt es als sogenannter „*extrinsischer Motivationsfaktor*". Schon diffiziler, aber immer noch von außen kommend, ist das „externe Selbstverständnis". Wir wollen unsere Rolle im sozialen bzw. Arbeitsumfeld gut erfüllen. Nur wer die Erwartungen anderer erfüllt, wird anerkannt und gehört dazu. Noch einen Schritt weiter gedacht, nehmen wir Botschaften aus unserem Umfeld sogar als unsere eigenen Ziele auf. Dies ist ein Grund für Image-Kampagnen, die Unternehmen aller Größe machen. Insbesondere die eigenen Mitarbeiter sollen sich mit dem Unternehmen, seinen Zielen und Arbeitsweisen *identifizieren*. An dieser Stelle ist die Grenze zur „*intrinsischen Motivation*" erreicht. Unter dieser versteht man alles, was uns ohne Zutun aus der Umwelt antreibt. Einerseits sind dies unsere Leidenschaften. Wer den Umgang mit Kindern liebt, wird versuchen, beruflich mit Kindern zu tun zu haben. Fußballfans halten immer zu Ihrem Verein, egal was passiert. Wenn Sie guten Wein mögen, werden Sie einiges dafür zahlen. Neben unseren Leidenschaften treiben uns zudem unsere moralischen Wertvorstellungen bzw. unser „internes Selbstverständnis" an. Wer überzeugt ist, der Staat sollte möglichst wenig zu sagen haben, wird immer über Steuern meckern. Einem überzeugten Pfleger bereitet es Freude, gute Arbeit zu leisten, selbst falls seine Patienten dies nicht wahrnehmen können. Analog sei den weiblichen Lesern geraten, sich möglichst mit solchen Männern zu umgeben, für die Höflichkeit und Zuvorkommen Ehrensache sind.

Intrinsische Motivation ist aus Wirtschaftssicht der „heilige Gral" menschlichen Antriebs. Sie ist oft ein Leben lang stabil und sehr machtvoll. Für einen Arbeitgeber heißt das: Top-Leistung, ohne viel zahlen zu müssen. Intrinsische Motivation wird nämlich nicht durch Gehalt angeregt, sondern durch ein entsprechendes Umfeld. So macht es Sinn, eine überzeugte Erzieherin im Kindergarten auch wirklich immer mit den Kindern arbeiten zu lassen und ihr nur in geringem Umfang organisatorische Aufgaben zu geben. Genauso braucht der passionierte Krankenpfleger Entscheidungs-Freiraum, damit er seine hervorragende Pflegeleistung nach seinen Wertmaßstäben erbringen kann. Selbst wenn dabei einiges nicht nach dem Wunsch des Arbeitgebers laufen sollte, überwiegen die Vorteile der höheren Leistung meist deutlich. Neben der Beschäftigung von Mitarbeitern spielt die intrinsische Motivation auch beim Verkauf eine wichtige Rolle. Wer mit Leidenschaft dabei ist, hat eine hohe Zahlungsbereitschaft. Denken Sie nur an Fußballfans, die mehrere Hundert Euro für ein Ticket ausgeben, auch wenn Sie das Spiel prima auf der Großleinwand gucken könnten.

Haben Sie sich schon einmal gefragt, warum einige Menschen erfolgreicher sind als andere – gerade im wirtschaftlichen Umfeld? Liegt es an ihren Fähigkeiten oder an ihrer Motivation? Nehmen Sie sich ruhig eine Minute und gehen die aus Ihrer Sicht erfolgreichen Menschen in Ihrem Umfeld durch. Ich möchte wetten, die meisten davon können nicht mehr als zumindest einige andere auch. Fast immer ist es die Leidenschaft, die zu besonderen Leistungen führt.

In der Personalwirtschaftslehre ist diese Erkenntnis natürlich nicht unbekannt. Dennoch ist gerade in der Praxis die Tendenz zu beobachten, Fähigkeiten stärker zu betonen als Motivation. Einerseits lässt sich Talent besser messen, beispielsweise in Form von Abschlüssen, Zertifikaten oder Noten. Andererseits machen talentiertere Mitarbeiter meist einen besseren Job als weniger talentierte, wenn diese nicht richtig motiviert sind. Zynisch kann man jetzt anmerken, dass diese etwas mechanische Sichtweise gut zu den heutigen Personalabteilungen passt – im Englischen auch HR für „human resources" genannt. Insbesondere im IT-Umfeld wird tatsächlich im täglichen Sprachgebrauch oft von „Ressourcen" anstatt von Mitarbeitern gesprochen. Wenn man es noch nie gehört hat, eine durchaus verstörende Erfahrung.

In volkswirtschaftlichen Modellen ist es noch nachvollziehbar, Menschen als Buchstaben in einer Formel auf einer Ebene mit Dingen wie Maschinen oder Rohstoffen darzustellen. Im Unternehmen, wo es um Individuen geht, wird es allerdings schwierig. Auch der Begriff *Humankapital* erregt manche Gemüter. Eigentlich meint er etwas sehr Positives. Nämlich, dass Menschen durch Ihr Wissen und Ihre Erfahrung einen hohen Wertbeitrag leisten. Spätestens jedoch, wenn BWLer anfangen von Humanvermögen zu sprechen, ist es dann aus. Suggeriert der Begriff doch, dass Menschen im Besitz von jemand anderen sein können. Zum Glück ist das Wort Humanvermögen ziemlich out, wenn auch die Thematik leider immer aktuell ist.

1.3   Die richtigen Anreize setzen

Tatsächlich hat die über die Jahre immer weiter zunehmende Diskussion um das Thema Humankapital einen guten Kern. Denn Wissen und Fähigkeiten der Mitarbeiter werden in entwickelten Wirtschaftsstrukturen kontinuierlich wichtiger. Und mit wichtigen Dingen gehen wir behutsam und respektvoll um. Auch die Personalwirtschaftslehre und die Personalabteilungen haben dies erkannt und betonen die Besonderheiten von Menschen immer mehr.

Dennoch wird sich an einer Tatsache nichts ändern: Man wird versuchen, Sie zu *messen*! Der Management-Guru Peter Drucker hat einmal treffend festgestellt: „Was nicht gemessen wird, wird auch nicht gemacht". Denn den Luxus intrinsisch motivierter Mitarbeiter haben nur die wenigsten Arbeitgeber. Arbeitsleistung zu messen, bietet hingegen eine vergleichsweise objektive Basis, Mitarbeiter zu belohnen oder zu sanktionieren. Aber selbst wenn gemessen wird, kann es drunter und drüber gehen. Zwar mag es konkrete Anweisungen des Chefs geben, doch kann dieser nicht überall sein und alles wissen. Im Extremfall würden die Mitarbeiter daher machen was sie wollen, ohne dass der Arbeitgeber dies überhaupt mitbekommt. Arbeitgeber müssen sich daher sehr genau überlegen, wie sie ihre Beziehung zu den Arbeitnehmern gestalten und was genau gemessen wird. In der BWL hat sich eine eigene wissenschaftliche Teildisziplin zur dieser Frage entwickelt. Die Rede ist von der Prinzipal-Agent-Theorie, etwas holperig aus dem englischen *„principal agent theory"* übersetzt. Diese untersucht, wie das Verhältnis zwischen Arbeitgebern (allgemein Auftraggebern) und Arbeitnehmern (allgemein Beauftragten) gestaltet werden sollte.

Wie im Beispiel oben angedeutet, sind die Beauftragten die einzigen, die genau wissen was sie tun. In komplizierten Worten ausgedrückt: es herrscht *asymmetrische Information*. Der Auftraggeber weiß nie genau was der Beauftragte tut. Kein Wunder also, wenn dieser macht was er will – so lange es nicht auffliegt. Er verhält sich *opportunistisch*. Die Prinzipal-Agent-Theorie schlägt Lösungsansätze für solche Probleme vor. Sie sollen die asymmetrische Information verringern und über geschickte Anreizsetzung opportunistisches Verhalten eindämmen. Dies gelingt insbesondere, wenn Arbeitnehmer und Arbeitgeber die gleichen Ziele verfolgen.

Konkret geht es also um die Ausgestaltung von *Arbeitsverträgen*. Denn diese legen Rechte und Pflichten der Arbeitgeber und Arbeitnehmer fest. Insbesondere regelt der Arbeitsvertrag, was gemessen und damit wonach entlohnt wird. Im Idealfall sollte sich die Entlohnung am *Output* orientieren. Wo dies geht, kann pro Stück bezahlt werden; man spricht von Akkordlöhnen. Dabei ist es meist egal, wie gearbeitet wird, Hauptsache das gewünschte Ergebnis kommt heraus. Überall wo einzelne Mitarbeiter einen merklichen Einfluss auf den Unternehmenserfolg haben, bzw. einen klar abgrenzbaren Beitrag dazu leisten, bietet sich die Output-Entlohnung an. In der Regel wird das System in Form von Umsatz- und Gewinnbeteiligungen umgesetzt. Diese findet man nicht nur im Vertrieb oder Top-Management, sondern auch in zahlreichen anderen Berufen. Angestellte Ärzte zum Beispiel sind fast immer am Umsatz beteiligt. Wundern Sie sich also nicht, wenn es beim Arzt im Wartezimmer mal etwas länger dauert, es dann aber auf einmal ganz schnell geht, wenn man dran ist.

In vielen Fällen ist es allerdings kaum möglich, den Output bzw. Wertbeitrag des Einzelnen zu messen. Einen Polizisten können Sie nicht nach Verhaftungen und eine Sekretärin nicht nach geschriebenen Emails bezahlen. Im schlimmsten Fall werden sogar falsche Anreize gesetzt. Würden Lehrer nach der Anzahl gut benoteter Schülern bezahlt, gäbe es bald keine schlechten Schüler mehr. Das Notensystem würde damit seinen Sinn verlieren. Selbst wenn das Arbeitsergebnis prinzipiell objektiv beurteilt werden kann, ist es häufig zu kompliziert, dies nachzuhalten. Im Lehrerbeispiel könnten unabhängige Test des Lernerfolgs durch die Schulbehörden durchgeführt werden. Doch dann müssten sie sich um Klassengrößen, unterschiedliche Vorbildung und soziale Strukturen Gedanken machen – denn ein Bewertungssystem nutzt wenig, wenn es nicht fair und akzeptiert ist.

Um die Vorteile der Output-Messung trotz solcher Schwierigkeiten zu realisieren, werden häufig klar abgegrenzte *Zielvereinbarungen* getroffen – in der Regel außerhalb des Arbeitsvertrags. Dies könnte beispielsweise der Abschluss eines Projekts ohne Zeit- und Budget-Überschreitung oder die Erstellung einer Vorlagensammlung im Sekretariat sein. Mitarbeiter können bei Zielerreichung ihr Gehalt in Form eines Bonus aufbessern. Dabei geht es allerdings nicht nur ums Geld, sondern auch um Anerkennung. So haben Zielvereinbarungen häufig eine Motivationssteigerung weit über das eigentliche Ziel hinaus zur Folge. Besonders wichtig ist dies in Berufen, wo es keinen „Marktdruck" gibt, man also, wie der Beamte, seinen Job nicht verlieren kann.

Die häufigste Form der Mitarbeiterentlohnung ist jedoch die Bezahlung pro Zeit. Ein Stundenlohn ist sehr einfach anzuwenden und kann mit dem Anspruch der Aufgaben und dem Qualifikationsniveau der Mitarbeiter variiert werden. Es gibt allerdings einen großen Nachteil: Ein Stundenlohn bemisst sich nach dem *Input*, nicht dem Output. Ob man im Büro rumsitzt oder eine sinnvolle Aufgabe erfüllt, macht zunächst einmal keinen Unterschied. Daher werden neben den gerade beschriebenen Zielvereinbarungen, welche häufig auch mit dem englischen Wort „incentive" bezeichnet werden, verschiedene Instrumente zur Motivationssteigerung eingesetzt. So winken guten Mitarbeitern Lohnerhöhungen und insbesondere Beförderungen sowie mehr Verantwortung und Freiheit im Job. Wer seine Arbeit schlecht macht, muss befürchten, weniger interessante Aufgaben zu bekommen oder gar seinen Arbeitsplatz zu verlieren. Wenn Leistung nicht an konkreten Dingen messbar ist, zählt also der Gesamteindruck.

An dieser Stelle lohnt ein Blick hinüber in die Physik. Diese definiert: Leistung gleich Arbeit pro Zeit. Eine simple Erkenntnis, die jedoch in fünf Jahren BWL-Studium kaum einen Studenten erreicht. Selbst ehemalige BWL-Studenten, die mit den Wassern der Praxis gewaschen sind und es zum Vorgesetzten geschafft haben, tun sich schwer damit. Für einen Physiker hingegen ist die Sache klar. Arbeitet ein Mitarbeiter ständig spät abends und am Wochenende, so leistet er nicht viel. Andere schaffen es ja auch in der normalen Arbeitszeit. Natürlich könnte es sich ebenso um einen leistungsstarken Mitarbeiter handeln, der besonders viel für den Arbeitgeber macht – selbst in der Freizeit. Dann allerdings sollte man sich fragen, ob es sich auch um einen schlauen Mitarbeiter handelt.

Neben der Problematik, einen Mitarbeiter für seine Aufgaben zu motivieren, gibt es auch noch den umgekehrten Fall: Übermotivierte bzw. „falsch" motivierte Mitarbeiter bremsen zu müssen. Zum Problem werden solche Fälle, wenn jemand seiner eigenen versteckten Agenda folgt (englisch „hidden agenda"). Gerade im Top-Management ist das Thema relevant. Bankmanager zum Beispiel können kurzfristig Geschäfte mit hohen Risiken und hohen erhofften Gewinnen eingehen, durch die sie ihre jährlichen Boni in schwindelerregende Höhen treiben. Geht die Sache schief, müssen die Bankbesitzer (Aktionäre) und der Staat den Kopf hinhalten. Das ist natürlich nicht im Sinne des Erfinders. In einem etablierten Industriekonzern stellt sich die Lage eher andersherum dar. Große operative Chancen und damit auch Risiken können nur langsam aufgebaut werden, weil Investitionen lange Vorlaufzeiten brauchen. Es ist also schwierig, kurzfristig riesige Boni herauszuholen. Aus Sicht der Aktionäre werden daher manchmal zu geringe Risiken eingegangen, da die Top-Manager den Stress und Prestigeverlust im Verlustfall fürchten und lieber auf Nummer sicher gehen.

Es geht also darum, die Interessen der Manager mit denen der Besitzer und des Staates auf Spur zu bringen. Ein Instrument, die Risikobereitschaft zu erhöhen, sind Aktienoptionen. Diese sind viel wert wenn der

Aktienkurs steigt, wenn er fällt, passiert hingegen nichts. Besitzt der Manager also Aktienoptionen, so hat er nicht nur ein Interesse daran, den Aktienkurs zu steigern und damit den Interessen der Besitzer gerecht zu werden. Er hat zusätzlich einen Anreiz, nicht immer „auf Nummer sicher zu gehen". Risikobegrenzung auf der anderen Seite findet vor allem durch unternehmensinterne und staatliche Regulierung statt. Zum Beispiel werden bestimmte Geschäfte verboten oder Kontrollmechanismen definiert.

Auch im Kleinen ist das Thema relevant. Beschäftigt sich beispielsweise der Skilehrer im Kurs fast nur mit der hübschen, etwas schüchternen Studentin, so ist dies zwar ganz in seinem Sinne. Die Skischule jedoch dürfte nicht erfreut sein, wenn alle anderen Kursteilnehmer deswegen meckern. Auch hier gilt es, die richtigen Anreize zu setzen. Beispielsweise durch die Bewertung des Lehrers anhand eines Teilnehmer-Fragebogens.

Allgemeiner betrachtet ist die Verfolgung einer privaten Agenda im Arbeitsumfeld ein Beispiel für das Phänomen des *„moral hazard"* bzw. frei ins Deutsche übersetzt der „sittlichen Gefährdung". Hier geht es tatsächlich um etwas Unanständiges, allerdings hat es nichts mit dem Skilehrer zu tun. Vielmehr bedeutet Moral Hazard, dass wir nicht nach moralischen Grundsätzen leben, sondern unser Handeln situationsabhängig nach den Konsequenzen für uns selber ausrichten. Oder einfacher: Im Herzen sind wir alle doch ein Homo oeconomicus 2.0! Die Allgemeinheit hat da schon mal das Nachsehen.

Das klassische Moral-Hazard-Beispiel sind Versicherungen. Sobald wir eine haben, handeln wir risikoreicher. Typisch zu erkennen bei den Krankenversicherungen. Nur wenige machen sich Gedanken beim Basketball, Squash oder Skifahren, obwohl diese Sportarten ein viel höheres Verletzungsrisiko als beispielsweise Fitnesstraining oder Tennis haben. Für die nicht unerheblichen Kosten im Verletzungsfall kommt ja die Versicherung auf. Auch nehmen wir mit Versicherung mehr Leistungen in Anspruch, als wir uns ohne sie leisten würden. Kaum jemand würde eine vom Arzt vorgeschlagene Untersuchung ablehnen, wenn diese im Zweifelsfall nicht schadet und für den Versicherten kostenlos ist. Genau hier liegt die „sittliche Gefährdung". Denn alle Versicherten zusammen zahlen natürlich sämtliche Leistungen mit ihren Beiträgen. Was für den Einzelnen rational ist – nämlich nicht auf risikoarmes Verhalten zu achten und tendenziell viele Leistungen zu beanspruchen – ist in Summe für alle keine optimale Lösung. Im Durchschnitt zahlt also jeder mehr, als er für sich selber ohne Versicherung ausgeben würde.

Da verwundert es nicht, wenn Menschen mit geringem Risiko aus der Versicherung aussteigen. Bei Krankenversicherungen ist dies aufgrund der Versicherungspflicht nicht so relevant. Bei allen freiwilligen Versicherungen dafür umso mehr. Auto-Vollkaskoversicherungen werden häufig von schlechten Fahrern abgeschlossen, die statistisch besonders viele Unfälle verursachen. Die gehäuften Schadensfälle erhöhen die Beiträge, so dass die Versicherung für gute Fahrer nicht mehr lohnt. Es findet eine Negativauswahl statt (englisch „adverse selection"). Natürlich versuchen die Versicherungen, dem durch gestaffelte Beiträge nach Schadenfreiheit entgegenzuwirken. Allerdings ist dies nicht immer möglich. Flutschaden-Versicherungen in Überschwemmungsgebieten sind aufgrund der Negativauswahl z. B. nicht profitabel anzubieten.

Eine wichtige praktische Erkenntnis daraus: Wir sollten gut nachdenken, ob unser individuelles Risiko wirklich die Beiträge einer Versicherung rechtfertigt.

1.4   Wenn der Bauch unser Handeln leitet

Moral Hazard ist eine sehr menschliche und gleichzeitig auch kopfgesteuerte Verhaltensweise. Perfekt also für die Modellwelt der Wirtschaftswissenschaften, die alles Rationale wie ein Magnet ansaugt. Mindestens genauso relevant für die Wirtschaft sind aber auch weniger rationale Verhaltensweisen. Diese sind meist einfach nachvollziehbar, jedoch oft schwierig in ein Modell zu pressen. Vor allem wiederkehrende *Verhaltensmuster* sind von Interesse, welche oft tief in unserer Natur verankert sind. Gepaart mit unseren gesellschaftlichen Strukturen kommt es so zu teils erstaunlichen Ergebnissen.

So tendieren wir beispielsweise dazu, uns mit anderen zu vergleichen. Absolute Maßstäbe sind im Sozialgefüge oft egal, es zählt die Relation. Was nutzt einem der BMW, wenn der Nachbar Porsche fährt? Untersuchungen, die unser Glücksempfinden messen, zeigen immer wieder das gleiche Phänomen: Wir sind glücklich, wenn wir eine *relativ* gute Position in der Gesellschaft haben. So gibt es auch in vergleichsweise armen

Ländern viele glückliche Bürger. Der absolute Reichtum spielt zwar auch eine Rolle, ist aber nicht entscheidend.

Für die Wirtschaftspolitik eines Landes ergibt sich daraus als mögliches Ziel, einen Ausgleich zwischen Arm und Reich zu schaffen. Im Unternehmen ist eine Konsequenz daraus, vorsichtig mit Gehaltserhöhungen umzugehen. Oft kann man sich über eine solche gar nicht richtig freuen, wenn andere Mitarbeiter mehr bekommen. Wir gehören schließlich zu den Besten! Nicht von ungefähr machen Arbeitgeber eine große Geheimniskrämerei um das Thema Gehalt. Auch uns selber ist es unangenehm, kann eine Diskussion darüber doch kaum zu positiven Ergebnissen führen.

Eine zweite irrationale Verhaltensweise ist es, uns von Gier oder der Hoffnung auf ein besseres Leben leiten zu lassen. Besonders anschaulich wird dies, wenn sich Spekulationsblasen entwickeln. Wie immer mehr Luft in einen Ballon, wird immer mehr Geld in einen Markt gesteckt, obwohl sich die zugrunde liegenden Werte meist kaum verändern. Irgendwann platzt die Blase jedoch, und wie beim Ballon bleiben nur ein paar Fetzen übrigen. Fast immer ist das Platzen der Blase ab einem gewissen Punkt vorhersehbar, trotzdem geht es weiter nach oben. Es zeigt sich ein *Herdenverhalten*. Einfach das tun, was die anderen auch machen.

Das Muster ist immer gleich: Alle wollen ein begehrtes Gut haben. Viele springen dabei einfach nur auf den Zug auf, um einen schnellen Gewinn zu machen. Sie werden aus einer Mischung von Gier und der Angst, etwas zu verpassen, getrieben. Der Preis steigt dadurch erheblich. Irgendwann jedoch kippt die Stimmung und erste Marktteilnehmer beginnen alles zu verkaufen. Dann regiert schnell die Panik und alle wollen gleichzeitig aussteigen. Dies ist besonders ausgeprägt, wenn die hohen Preise der Spekulationsblase Investitionen angezogen haben und mehr vom Gut produziert wird. Am Ende sind dann nicht nur die Preise im Keller, sondern es gibt auch noch mehr als man braucht.

Eins der schönsten Beispiele dazu stammt aus dem 17. Jahrhundert. In Holland wurden Tulpen aus Asien eingeführt, die schnell als der letzte Schrei galten. Alle wollten Sie haben und es entwickelte sich ein reger Handel mit Tulpenzwiebeln, der schnell in wilde Spekulation umschlug. In heutige Preise umgerechnet, wurden für einzelne Zwiebeln viele Tausend Euro bezahlt! Nur blöd, dass sich die Zwiebeln mit etwas Zeit beliebig vermehren lassen. Das war damals natürlich eine riesige Überraschung und die Preise purzelten in einer Panik auf wenige Cent – Totalverlust. (Dafür gab es wenigstens schöne Gärten.)

Warum machen wir Menschen so etwas? Ein Teil des Problems dürfte in einer weiteren irrationalen Verhaltensweise liegen: Wir tendieren dazu, uns zu überschätzen. Der Großteil der Menschen ist sich sicher, schlauer als der Durchschnitt zu sein. Der Fachbegriff hierfür ist die Theorie des größeren Idioten oder englisch „greater fool theory". Auch hierfür gibt es mathematische BWL-Modelle. Demnach kann man ruhig eine Aktie vollkommen überteuert kaufen. Man muss sich nur sicher sein, dass jemand Dümmeres einem noch mehr Geld dafür zahlt. Den Letzten beißen halt die Hunde. Und das passiert natürlich nur den Anderen. Auch ohne Modell dürfte klar sein: Das klappt so nicht.

Wirtschaftlich lässt sich dieses Phänomen ausnutzen, nicht nur am Aktienmarkt. Professionelle Pokerspieler verteilen sich zum Beispiel gleichmäßig über die Poker-Tische und nehmen die Hobby-Spieler systematisch aus. Auf Nachfrage gibt jedoch fast jeder Hobby-Spieler an, eigentlich ganz gut zu sein, aber in dieser Runde Pech gehabt zu haben. Auch in Verkaufsgesprächen kann die Selbstüberschätzung ausgenutzt werden. Ein Verkäufer kann beispielsweise einen Breitensportler in seiner Meinung bestärken, den teuersten Schläger im Programm zu benötigen, obwohl dieser auf dessen Niveau keinen Unterschied zu einem günstigeren Modell macht.

Der Grund für all diese und weitere irrationale Verhaltensweisen ist nicht in unserem Kopf zu suchen – so schwer sind die Zusammenhänge nicht. Es sind vielmehr unsere Emotionen, die unser Denken beeinflussen bzw. im schlimmsten Fall sogar ganz ausschalten.

In zahlreichen Untersuchungen wurde mittlerweile gezeigt, wie biologische Grundmechanismen in solchen Situationen unser Handeln beeinflussen. Leider nicht immer zu unserem Vorteil. Diese tiefliegenden Instinkte bzw. physiologischen Mechanismen sind der Grund, warum wir Menschen in gewissen wirtschaftlichen Situationen immer wieder die gleichen Fehler machen. Man kann seine Hormonausschüttung halt nur schwer durch Lernen verändern.

Diejenigen, die sich gut unter Kontrolle haben und gleichzeitig die Reaktionen anderer Menschen einzuschätzen wissen, können hingegen enormen Profit daraus schlagen. Gepaart mit Kreativität und analytischen Fähigkeiten haben große Spekulanten wie Georg Soros ein Milliardenvermögen gemacht. Mit einer einzigen Spekulation gegen das britische Pfund Anfang der 1990er-Jahre verdiente Soros über eine Milliarde Dollar. Soros hatte erkannt, das England aufgrund des überbewerteten Pfundes eigentlich das Europäische Währungssystem verlassen müsste. Seine Wette ging auf.

Viele dauerhaft erfolgreichen Spekulanten sind übrigens Kritiker der reinen Marktwirtschaft bzw. der Spekulation selbst. Selbst John Maynard Keynes, der in den 1930er-Jahren ein Gegenmodell zum vorherrschenden kapitalistischen Denken entwarf, war ein leidenschaftlicher und erfolgreicher Börsenspekulant. Verwunderlich ist dies allerdings nicht. Es lässt sich aus einem System eben besonders dann Profit schlagen, wenn man seine Schwächen kennt.

Spekulation ist ein sehr kontrovers und emotional diskutiertes Thema. Insgesamt wirkt sich Spekulation meist positiv auf einen Markt als Ganzes aus. Denn Spekulanten müssen zu niedrigen Preisen kaufen und zu hohen Preisen verkaufen, um einen Gewinn zu machen. Sie treten dann als Nachfrager auf, wenn alle verkaufen wollen, und als Anbieter, wenn alle kaufen wollen. Das stabilisiert tendenziell die Märkte. Eins ist allerdings auch klar: Es geht nicht, ohne Anderen zu schaden – Spekulation hat immer Verlierer. Auch wenn es oft nur andere Spekulanten sind.

Besonders unmoralisch und sogar bisweilen illegal wird es, wenn ein Geschäftsmodell einzig darauf abzielt, unsere Emotionen auszunutzen. In Pyramidenschemata ist von Anfang an klar, dass es eine große Gruppe von Verlierern an der Basis der Pyramide im Verhältnis zu wenigen Gewinnern an der Spitze geben wird. Passend wird auch von Schneeballsystemen gesprochen. Diese funktionieren nur, wenn sie unendlich weitergetrieben werden. Allerdings zerbricht irgendwann jeder Schneeball, wenn er zu groß wird.

Ein berüchtigtes Beispiel sind Geschenkkreise, welche glücklicherweise in den meisten Ländern mittlerweile verboten sind. Man lässt sich von fünf Freunden je 10.000 € schenken. Diese wiederum lassen sich von fünf ihrer Freunde 10.000 € schenken usw. Das mag ein paar Runden gut gehen und eine prima Sache für die Initiatoren sein, welche 50.000 € für nichts kassieren. Doch wenn sich kein Freund mehr finden lässt, gibt es einen riesigen menschlichen und finanziellen Scherbenhaufen an der Pyramiden-Basis. Und alles nur, weil Dopamin und andere Hormone unsere Emotionen überkochen lassen.

Glauben Sie keinem Experten!

(Es sei denn, Sie lesen ein Buch von ihm.)

Fernsehen, Zeitung, Internet – überall Experten. Besonders gerne tummeln sie sich im Themengebiet Wirtschaft. Für absolut alles gibt es Prognosen: Aktien, Wirtschaftswachstum, Arbeitslosigkeit ... So verschieden die Felder, so haben die Prognosen doch eines gemeinsam: Sie sind selten besser als der gesunde Menschenverstand!

Gute Prognosen spiegeln in der Regel aggregierte Einzelmeinungen wider. Wenn Tausende Einkaufschefs von Unternehmen sagen, sie werden in den kommenden Monaten weniger ordern, dann ist dies ein guter Indikator für fallendes Wirtschaftswachstum. Dazu müssen Sie kein Experte sein. Wenn Sie jedoch eine Prognose zu etwas wagen, wo alle öffentlich verfügbaren Informationen bereits berücksichtigt sind, dann gibt es wenig Chancen auf Erfolg. Aktienexperten werden beispielsweise immer wieder bei der Geldanlage von Nicht-Experten geschlagen – gerade Hausfrauen zeigen sich besonders erfolgreich. Selbst Affen, die zur Aktienauswahl mit Dartpfeilen auf Kursseiten werfen, haben sich in mehreren Versuchen als ebenbürtige Aktienexperten erwiesen.

Denken Sie mal egoistisch: wenn Sie in der Lage wären, systematisch die Zukunft vorauszusagen, was würden Sie dann tun? Sich ins Fernsehen setzten und Millionen von Leuten ihr Wissen preisgeben, oder es selber nutzen und damit Millionen an der Börse verdienen? Seien Sie also besonders skeptisch bei jeder Experten-Vorhersage, mit der man Geld verdienen kann, wenn sie eintrifft. Insbesondere, wenn es sich um eine sehr spezifische Sache handelt, z. B. um Aktien eines kleinen Unternehmens. Sobald die ersten auf den Zug aufspringen, kann schnell eine selbsterfüllende Prophezeiung entstehen (Herdentrieb).

Lassen Sie sich nicht davon täuschen, dass alle Experten in den Medien immer Recht zu haben scheinen. Denn in der großen Masse gegensätzlicher Prognosen gibt es immer jemanden, der sogar mehrfach richtig liegt. Auch wenn es häufig nur Zufall ist. Wer daneben liegt, bekommt keine besondere Beachtung – zumindest so lange nicht, bis er auch mal einen Treffer landet. Neben diesem „Auswahl"-Effekt (englisch „bias") spielt auch unsere eigene Wahrnehmung eine wichtige Rolle. Expertenmeinungen dienen uns als „Ankerpunkt". Sie sind Leuchttürme des Wissens im Meer der Informationen – wir wollen ihnen glauben! So zumindest funktionieren unsere biologischen Grundmechanismen.

Die Beispiele in diesem Kapitel haben gezeigt, wie wichtig das Wissen über menschliche Verhaltensweisen und Besonderheiten in allen wirtschaftlichen Fragen ist – für uns selber als Arbeitnehmer, für den Staat und für Unternehmen. Ganz zu Beginn wurde schon festgestellt: Wir sind die Wirtschaft! Etwas weiter gedacht, kann man ergänzen: Wir sind auch alles andere! Denn ob Staat oder Unternehmen, auch diese Wirtschaftsteilnehmer werden stets von Menschen geschaffen und angetrieben. Natürlich stecken hinter Unternehmen eine ganze Menge Besonderheiten, die ein eigenes Kapitel verdient haben. Doch vergessen Sie nie: In jedem Unternehmen steckt eine gehörige Portion Mensch.

2

Unternehmergeist als Antrieb der Wirtschaft

Sie haben gesehen, Wirtschaft ist von und für Menschen gemacht. Allerdings merkt man im Alltag nicht immer viel davon. Im Vordergrund stehen oft die *Unternehmen* als Arbeitgeber, als Produzent von Gütern oder als Anbieter von Dienstleistungen. Zwar sind Unternehmen komplett in Menschenhand, doch haben sie offensichtlich auch ein Eigenleben. Unternehmen sind mehr als die Summe ihrer Teile.

Im BWL-Studium lernt man das Unternehmen abstrakt als eine „Organisationsform für Produktionsfaktoren" kennen. Ursprüngliche *Produktionsfaktoren* sind Boden und Rohstoffe bzw. ganz puristisch die Natur sowie unsere menschliche Arbeitsleistung. Ein dritter Produktionsfaktor ist Kapital. Hierunter fällt alles, was man hinzukaufen und zur Erstellung anderer Güter und Dienstleistungen nutzen kann. Beispielsweise eine Maschine oder eine ganze Fabrik. Zum Kapital werden auch Dienstleistungen und Wissen („Humankapital") gezählt. Kapital ist ein abgeleiteter Produktionsfaktor, weil alles letztendlich aus der Natur und Arbeit erschaffen wird.

Der BWL-Student weiß also:

Unternehmen = Natur + Arbeit + Kapital

Leider hört es an so mancher Wirtschafts-Fakultät damit immer noch auf. Obwohl der wichtigste Faktor noch gar nicht genannt ist: Unternehmergeist! Man kann noch so viele Maschine, Gebäude und Angestellte auf eine Wiese stellen – so wird es nicht mit dem Unternehmen klappen.

© Springer Fachmedien Wiesbaden GmbH, ein Teil von Springer Nature 2020
F. Dittrich, *Was ich im BWL-Studium hätte lernen sollen*,
https://doi.org/10.1007/978-3-658-28485-5_2

Erst wenn Menschen eine *Idee* haben, kann etwas geschaffen werden. Nur wenn Menschen den *Mut* haben, große Ungewissheit in Kauf zu nehmen, wird ein Unternehmen gegründet. Erst wenn Menschen absolute *Begeisterung* mitbringen, hat ein Unternehmen lange Zeit Bestand. Unternehmergeist war schon immer der entscheidende Faktor für langfristigen Unternehmenserfolg und ist seit Mitte des 20. Jahrhunderts sogar noch wichtiger geworden. Denn Rohstoffe, Arbeitsleistung und Kapital gibt es reichlich in der globalisierten Wirtschaft. Den Unterschied machen mehr denn je Ideen, Mut und Begeisterung aus.

Sie wissen nun:

Unternehmen = Unternehmergeist + Produktionsfaktoren
Oder ausführlich: Unternehmen = Ideen + Mut + Begeisterung + Produktionsfaktoren

Unternehmergeist ist nicht nur etwas für Unternehmer, sondern auch für Angestellte – gerade in größeren Organisationen. Denn an fast allen Stellen gilt es, interne Strukturen und Abläufe sowie die Produkte am Markt zu verbessern. Da solcher Wandel allerdings zunächst oft auf Widerstand stößt, bedarf es auch im Kleinen guter Ideen, Mut und Begeisterung. Dies gilt vor allem für die Top-Manager. Viele Unternehmen werden heutzutage nicht mehr von den Gründern beeinflusst oder gar geführt. Die Unternehmensleitung besteht dort ausschließlich aus angestellten Managern. Wenn diese das Unternehmen nicht mit Unternehmergeist anführen, sieht es schlecht aus – gerade wenn Wettbewerb mit „unternehmerischen Unternehmen" besteht.

Unternehmergeist ist nicht identisch mit intrinsischer Motivation. Zwar haben Unternehmer in fast allen Fällen einen starken inneren Antrieb, etwas zu erschaffen oder selbstbestimmt zu arbeiten. Doch spielen häufig auch äußere Dinge wie Reichtum und Macht eine Rolle. Zudem reicht intrinsische Motivation nicht aus. Denn Ideen basieren auf Kreativität und analytischen Fähigkeiten. Mut ist noch einmal eine ganz eigene Charaktereigenschaft.

Sind Sie ein Unternehmertyp? Kennen Sie viele solcher Menschen? Freuen Sie sich, wenn die Antwort ja ist. (Und machen Sie etwas daraus, wenn Sie selber einer sind!) Denn Unternehmertypen gibt es viel zu wenige. Entsprechend ist Unternehmergeist ein großer Wettbewerbsvorteil kleiner Unternehmen. Immer wieder setzen sich Neugründungen (englisch „startups") gegenüber Milliardenkonzernen durch. Insbesondere dort, wo neue Ideen und Methoden gefragt sind.

Unternehmergeist macht den Unterschied

Fast alle großen Unternehmenserfolge sind klar auf bestimmte Ideen oder besonderen Mut in Kombination mit Begeisterung zurückzuführen. Nokia, lange Zeit der weltweit beherrschende Anbieter von Mobiltelefonen, ist ein bemerkenswertes Beispiel. Hier war es der Mut der Unternehmensführung, einen radikalen Wandel zu vollführen, der zum Erfolg führte. Denn Nokia war bis in die 1960er-Jahre hinein hauptsächlich im Bereich Gummiverarbeitung tätig. Die Unternehmensleitung hatte jedoch den Mut, sich in den jungen Markt der Unterhaltungselektronik und Telekommunikation zu wagen. Anfang der 1990er-Jahre gab Nokia wiederum seine gute Position in diesen Märkten auf, um sich im großen Stil mit Handys in eine neue Richtung zu bewegen. Sie können sich vorstellen, dass es viel Begeisterung und Überzeugungsarbeit bedurfte, die etablierten Strukturen Tausender Mitarbeiter und Manager zweimal komplett umzukrempeln. Ein drittes Mal gelang dies dann auch nicht. So verpasste es Nokia, rechtzeitig auf den Smartphone-Zug aufzuspringen.

Ein weiteres großartiges Beispiel ist Google. Der Vorläufer der Suchmaschine ging erst 1996 als „Garagen-Gründung" an den Start und hatte einen gehörigen Rückstand auf große Suchverzeichnisse wie Yahoo!. Dennoch brauchte Google nicht lange, um sämtliche Konkurrenten zu überholen und es in kürzester Zeit zum Weltkonzern zu schaffen. Zwei Ideen machten den Unterschied. Entgegen der herrschenden Überzeugung, dass gute Suchergebnisse nur mit menschlichem Eingriff möglich sind, arbeitete Google fast vollautomatisch. Die statistische Ermittlung der Beliebtheit von Webseiten brachte mit einem Bruchteil des Aufwands der anderen Anbieter die mit Abstand besten Ergebnisse. Die zweite Idee war genauso einfach: Neben den Suchergebnissen wurden unaufdringliche, auf die Suche angepasste Werbelinks gestellt. Das Geniale dabei: Per Versteigerung an Werbekunden entscheidet sich, welche Werbung am nützlichsten für die Google-Nutzer ist. Und tatsächlich, entgegen fast aller anderen Werbung werden die Links gerne angeklickt. Auch wenn beide Ideen kopierbar sind, so lange keiner eine bessere hat, wird Google dank seines Vorsprungs immer eine gute Position halten können.

Unternehmen über die eingesetzten Produktionsfaktoren zu definieren, ist eine der ersten Lernerfahrungen im BWL-Studium. Interessanterweise entspricht dies allerdings der VWL-Sichtweise. In der BWL ist es dagegen viel komplizierter. Kein Wunder, befasst sich die gesamte Disziplin doch detailliert mit nur einer Sache: dem Unternehmen.

Bei den Produktionsfaktoren wird daher viel breiter aufgefächert als in der VWL. Zwar ändert dies nichts an der zentralen Bedeutung von Boden, Arbeit und Kapital, doch wird in der BWL glücklicherweise auch erkannt, dass dies noch nicht alles sein kann. Unternehmergeist wird über die Elemente Planung, Organisation und Kontrolle abgebildet. Allein die Wortwahl macht aber schon eines deutlich: In der BWL sind Unternehmen Verwaltungsprobleme. In der Realität sind sie Abenteuer! Daher nutzen wir in diesem Buch passender:

> Planung = Idee,
> Organisation = Mut und
> Kontrolle = Begeisterung.

2.1   Unternehmen – Alle gleich, alle anders

Über die Produktionsfaktoren hinaus gibt es zahlreiche andere bestimmende Merkmale von Unternehmen, die im Weiteren fast alle noch genauer betrachtet werden. Es geht um Dinge wie Rechtsformen oder interne Strukturen. Vorab steht aber eine andere Frage im Vordergrund: Warum gibt es Unternehmen überhaupt? Ganz klar: *Gewinn* ist Unternehmensziel Nummer eins. Schon alleine, weil ein Unternehmen ohne Gewinn nicht überleben kann. Das Gewinnstreben privatwirtschaftlicher Unternehmen ist entsprechend das wesentliche Abgrenzungsmerkmal zu öffentlichen Betrieben, die meist eine gute Versorgung der Bevölkerung mit Gütern und Dienstleistungen anstreben, selbst wenn dabei Verluste anfallen (die vom Steuerzahler getragen werden). Private Organisationen die keinen Gewinn anstreben, gelten rechtlich nicht als Unternehmen. Ein Beispiel sind gemeinnützige Vereine. Bekannt ist auch der englische Begriff „non-profit organization" (NGO), den unter anderem Transparency International oder die Wikimedia-Stiftung für sich beanspruchen.

Besonders kontrovers wird das Gewinnmotiv unter dem Stichwort *„shareholder value"* diskutiert. Demnach ist es das einzige Ziel unternehmerischen Handelns, den Wert für die Aktionäre bzw. allgemein für die Eigentümer zu steigern. Andere „stakeholder" wie die Arbeitnehmer und der Staat spielen dabei keine Rolle. Dem entgegen steht die Idee eines *Zielbündels*, in dem das Gewinnstreben zwar ein bedeutendes, jedoch nur eins von vielen Zielen ist. Vor allem größere Unternehmen schreiben sich heutzutage gerne soziale Verantwortung und Nachhaltigkeit auf die Fahnen. Marktwirtschaftspuristen, wie der Nobelpreisträger Milton Friedmann, gehen in dieser Diskussion mit einem einzigen Argument ins Rennen: Es sei die soziale Verantwortung von Unternehmen, Gewinn zu erzielen – sonst nichts. Denn Gewinn bedeutet, dass ein Unternehmen Güter und Dienstleistungen anbietet, die begehrt sind und stark nachgefragt werden. Gewinnreiche Unternehmen schaffen durch Wachstum Arbeitsplätze und zahlen viele Steuern. Die Eigentümer können mit dem Gewinn wiederum machen was sie wollen, z. B. soziale Projekte unterstützen. Nachhaltiges Wirtschaften ist in diesem Zusammenhang nichts anderes als Gewinnstreben, denn die Verringerung des Rohstoffeinsatzes spart bares Geld. Droht tatsächlich an einer Stelle die Ausbeutung von Menschen oder Umwelt, so greift der Staat regulierend ein. Die Unterstützung von sozialen oder kulturellen Projekten wiederum dient dem Unternehmensimage und fördert den Absatz. Die Wahrheit zu den Unternehmenszielen liegt tatsächlich irgendwo in der Mitte. Vieles läuft auf Gewinnerzielung hinaus, doch es gibt noch mehr Ziele.

Gerade in entwickelten Volkswirtschaften sind Unternehmenskodizes weit verbreitet. Diese setzen internationale Standards für Arbeits- und Umweltschutz, die in vielen Ländern deutlich über die lokalen Anforderungen hinausgehen. Oft führen Unternehmenskodizes zu höheren Kosten im Vergleich zur Konkurrenz oder es wird sogar ganz auf bestimmte Geschäfte verzichtet – der Gewinn ist geringer als er sein könnte. Genauso finden sich viele Beispiele für soziales oder kulturelles Engagement, die so speziell sind, dass der positive Imageeffekt die Kosten wohl kaum aufwiegen kann. Besonders häufig ist dies zu beobachten, wenn die Besitzer oder Gründer einen aktiven Einfluss auf das Management haben, beispielsweise in Familienunternehmen. Private Ziele und Moralvorstellungen prägen hier die Unternehmensziele.

Ein gerade in der jüngeren Zeit stark diskutiertes Unternehmensziel ist es, eine vielfältige Unternehmenskultur durch möglichst unterschiedliche Mitarbeiter zu schaffen. Der englische Begriff „diversity" hat sich dazu durchgesetzt. Zugegebenermaßen beschränkt sich Diversity häufig noch auf das Einstellen bzw. Befördern von Frauen, die an den besten Universitäten studiert haben und sich im Übrigen möglichst wie die männlichen Kollegen verhalten. Allerdings wird mehr und mehr auch Diversität in Bezug auf Alter, Bildungshintergrund, Nationalität und sogar Charakter angestrebt. Für viele Verfechter des Konzepts soll Diversity zwar die Leistungsfähigkeit des Unternehmens steigern, doch steht eine gesellschaftlich verantwortungsvolle Mitarbeiterstruktur im Vordergrund. Schwächere Gruppen wie ältere Menschen oder Ausländer werden gefördert. Aber auch rein aus dem Gewinnmotiv heraus kann Diversity begründet werden. In Unternehmen gibt es öfter Vorurteile gegen Fremdes, wodurch eine Monokultur auch in Bezug auf die Mitarbeiter entsteht. Dies zu durchbrechen steigert insbesondere den Ideen-Reichtum und damit die Wettbewerbsfähigkeit. Allerdings verursachen zu unterschiedliche Meinungen in einem sehr diversen Mitarbeiterumfeld immer wieder Abstimmungs- und Verständnisprobleme. Eine klare Aussage zur Sinnhaftigkeit des Diversitätsziels kann daher nicht getroffen werden.

Was auch immer die Unternehmensziele sind, sie sagen zunächst nichts darüber aus, warum es Unternehmen überhaupt gibt. Eines ist jedoch klar: Unternehmen sind eine gute *Organisationsform*, um gesteckte Ziele zu verfolgen. Denn Unternehmen sind fast so alt wie die Menschheit. Es gibt sie seit der Erfindung des Privateigentums. Landwirtschaft war beispielsweise historisch fast immer als Familien- oder Sippenbetrieb organisiert. Hierin zeigen sich bereits zwei wesentliche Vorteile von Unternehmen: Einerseits bringen sie Kontinuität – Unternehmen überleben Menschen oft viele Generationen lang. Andererseits ermöglichen es Unternehmen, große Dinge zu erschaffen, da viele Menschen und Ressourcen zusammenkommen.

Grundsätzlich geht so etwas natürlich auch, wenn viele Einzelne ihren Besitz und ihr Können kombinieren. Doch stellen Sie sich einmal vor, einer besäße den Traktor, ein anderer die Scheune und ein Dritter das Feld. Da wären ewige Abstimmungen und viel Stress vorprogrammiert. Unternehmen ersetzen eine solche *„marktliche" Koordination* durch eine *Hierarchie*, wo von oben nach unten Anweisungen gegeben werden. Einzelne Vermögensgegenstände sind nicht persönlich zugeordnet, sondern gehören den Eigentümern des Unternehmens zusammen. Dies ermöglicht es, enorme Dinge wie beispielsweise ein Kraftwerk zu erschaffen, während für eine Einzelperson maximal ein Generator im Garten drin ist. Ganz allgemein kann man sagen, Unternehmen ermöglichen es, *Größenvorteile* zu realisieren (englisch „economies of scale"). Das kann z. B. die Anwendung von Technologien wie einer Gasturbine sein, die im Kleinen nicht einsetzbar wären.

Größenvorteile liegen aber auch in ganz einfachen Dingen. Während der Traktor auf einem kleinen Hof die meiste Zeit herumsteht, wird er auf einer großen Farm ständig eingesetzt. Zwar fallen dabei auch mehr Kosten für Benzin und Reparaturen an, doch die Anschaffungskosten sind für beide Betriebe gleich. Der Fachbegriff hierzu ist *Fixkostendegression*. Unvermeidbare Kosten verteilen sich auf einen größeren Geschäftsumfang und fallen so pro Stück weniger ins Gewicht. Fixkostendegression wird auch als *statischer* Skaleneffekt bezeichnet. Darüber hinaus entstehen *dynamische* Skaleneffekte, je intensiver und häufiger sich ein Unternehmen mit einer Sache beschäftigt. Es werden weniger Fehler gemacht, die Produktion wird immer weiter optimiert und es ergeben sich Verbesserungen der Produkte selbst. Einen Schritt weitergedacht, wird durch die Skaleneffekte Spezialisierung innerhalb eines Unternehmens möglich. So kann sich ein Großunternehmen womöglich eine ganze Rechtsabteilung leisten, während ein kleines Unternehmen auf einen Anwalt zurückgreifen muss. In der Regel kann eine interne Rechtsabteilung viele Dinge günstiger erledigen als ein externer Anwalt – ein typischer Größenvorteil.

Allerdings darf sich ein Unternehmen auch nicht verzetteln und zu viele Dinge gleichzeitig machen. Selbst wenn Größenvorteile bestehen, muss daher immer eine bewusste Entscheidung getroffen werden, eine Aufgabe selber zu machen oder Expertise am Markt zuzukaufen. Der englische Begriff „make-or-buy" hat sich dafür durchgesetzt. Denn Größenvorteile haben auch irgendwann mal ein Ende und drehen sich sogar um. Es entstehen also *Größennachteile* (englisch „dis-economies of scale"). Oben wurde bereits das Problem des oft mangelnden Unternehmergeists in großen Unternehmen genannt, nicht zuletzt aufgrund unüberschaubarer bürokratischer Strukturen.

Größennachteile entstehen also insbesondere in der Organisation von Unternehmen. Relevant ist einerseits die *Aufbauorganisation*: Wer hat wem was zu sagen? Andererseits steht auch die *Ablauforganisation* im Blickpunkt: Wer macht wann was? So findet man in sehr großen Konzernen bisweilen zehn Hierarchieebenen (Aufbauorganisation). Das führt dazu, dass man, wenn man etwas Strittiges klären will, im Extremfall bis zum Chef vom Chef vom Chef vom Chef vom Chef vom Chef vom Chef vom Chef vom Chef vom Chef gehen muss. Da verwundert es kaum, wenn in einem solchen Wust von Managern bisweilen mehr Arbeit gemacht als erledigt wird. Auch ist dann gerne mal Kompetenzgerangel auf der Tagesordnung. Oder es passiert genau das Gegenteil: Niemand ist für etwas verantwortlich (beides Ablauforganisation).

Die effiziente Größe eines Unternehmens, bei der ein optimales Verhältnis zwischen Input und Output erreicht wird, kann je nach Wirtschaftszweig stark variieren. Friseurbetriebe sind meist vom Inhaber geführt. Hier gibt es offensichtlich kaum Größenvorteile, die den Verlust an Unternehmergeist kompensieren. Automobilhersteller gibt es dagegen nur sehr wenige, obwohl es sich um einen riesigen Markt handelt. Ergo sind hier wesentliche Größenvorteile zu finden.

Über die vergangenen Jahrzehnte haben insbesondere Telekommunikation und Internet das Effizienzgefüge verschoben. Wo früher eine hierarchische Organisation überlegen war (d. h. ein Unternehmen), kann heute vielfach auch eine *marktliche* Organisation mit mehrerer Unternehmen als Lieferanten und Abnehmer mithalten. Auch kleinste Unternehmen können sich heutzutage zum Beispiel ein eigenes „virtuelles" Büro leisten. Bei einem Anruf erscheinen alle relevanten Informationen je nach gewählter Nummer sofort am Computer, so dass ein Büro-Mitarbeiter problemlos für mehrere Unternehmen tätig sein kann.

Im Extremfall hat der Unternehmer rein koordinierende Funktion und steuert lediglich Ideen, Mut und Begeisterung bei. Während vor noch nicht allzu langer Zeit die Volksweisheit „Selbstständigkeit bedeutet alles ständig selbst zu machen" häufig zutraf, muss dies heute nicht mehr so sein. Der Aufwand, die richtigen Dienstleister als Partner zu gewinnen ist so gering geworden, dass auch kleine Unternehmen an vielen Stellen mit einer effizienten Größe arbeiten können. Aber auch große Unternehmen nutzen das Prinzip. So gibt es alteingesessene Industrieunternehmen, die nicht eine einzige Fabrik mehr besitzen. Ein anders Beispiel sind große Call-Center, die heutzutage für mehrere Unternehmen den Kundenkontakt übernehmen – traditionell ein Kernthema vieler Unternehmen. Mit diesen Möglichkeiten hat die oben genannte *Make-or-Buy*-Entscheidung eine wesentliche strategische Bedeutung gewonnen.

Neben den Größenvorteilen liegt ein weiterer zentraler Grund für die Existenz von Unternehmen in der *Risikobeschränkung*. Diese steht im Zusammenhang mit der Rechtsform. So sind Kapitalgesellschaften, wie die Aktiengesellschaft (AG) und die Gesellschaft mit beschränkter Haftung (GmbH), eigene Rechtspersonen. Sie können daher Verträge mit anderen Unternehmen oder Privatpersonen eingehen. Im Umkehrschluss folgt daraus, dass ein Vertragspartner nur Ansprüche gegen die Kapitalgesellschaft hat. Genau hierin liegt die Haftungsbeschränkung. Denn die Besitzer der Kapitalgesellschaft – Aktionäre im Fall der AG, bzw. Gesellschafter bei einer GmbH – können nicht belangt werden. Geht die Kapitalgesellschaft pleite, so ist zwar das Vermögen der Gesellschaft verloren, doch müssen die Besitzer nichts für darüberhinausgehende Verluste nachschießen. Gleiches gilt übrigens auch für die seltenere Rechtsform der Genossenschaft.

Die Risikobeschränkung ist in sehr vielen Fällen ein entscheidender Treiber unternehmerischen Handelns. Denn es bedarf schon Mut genug, die Sicherheit einer Anstellung bzw. eines bestehenden Geschäftsmodells aufzugeben und etwas Neues zu wagen. Wenn dann auch noch der persönliche Ruin droht, würde unternehmerisches Handeln in sehr vielen Fällen eingeschränkt. Die Risikobeschränkung ist natürlich kein Freifahrtschein. Denn jeder Geschäftspartner ist vorsichtig im Umgang mit Kapitalgesellschaften, gerade wenn sie jung oder klein sind. Insbesondere ist es nicht möglich, Bankkredite ohne ausreichende, oft private, Sicherheiten zu bekommen. Von Lieferanten gibt es Waren und Dienstleistungen nur gegen direkte Zahlung oder Vorkasse. Dennoch gibt es immer eine ganze Menge offener Rechnungen, wenn ein Unternehmen Pleite geht. Die Gläubiger bleiben darauf sitzen. Allerdings verteilen sich die Verluste meist auf zahlreiche Schultern, so dass kaum einer dadurch selber Pleite geht. Nur in seltenen Fällen kommt es bei stark voneinander abhängigen Firmen zu Kettenreaktionen, bei denen der eine den anderen in den Ruin treibt.

Kapitalgesellschaften machen regelmäßig den größten Teil der Wirtschaftsleistung und Arbeitsplätze eines Landes aus. Rein von der Anzahl der Unternehmen her gesehen, überwiegen jedoch *Einzelunternehmen*. Wie der Name vermuten lässt, sind dies inhabergeführte Betriebe; ihr Name wird als „Firma" bezeichnet und lautet dann beispielsweise „Rowatzki Rohrreinigung". Darüber hinaus gibt es *Personengesellschaften*, in denen sich mindestens zwei Personen zu einem Unternehmen zusammenschließen; hier lautet die Firma dann ggf. „Rowatzki & Söhne". In

Deutschland sind die Offene Handelsgesellschaft (OHG) und die Kommanditgesellschaft (KG) bekannt. Da in Einzelunternehmen und Personengesellschaften mindestens eine Privatperson voll für das Geschäft haftet, sind die Betriebe eher klein und in Bereichen ohne riskante Großinvestitionen zu finden.

Um die Rechtsformen rankt sich ein großer Wust an Regularien – die Kapitalgesellschaften haben sogar jeweils eigene umfängliche Gesetze. Fast alle Unternehmen sind zur Eintragung von Basisinformationen im öffentlichen *Handelsregister* verpflichtet. Dadurch sind sie zudem Mitglieder in der lokalen Industrie- und Handelskammer, welche die Belange der Wirtschaft im öffentlichen Leben vertritt.

Ein weiterer zentraler Begriff neben der Rechtsform ist der des *Gewerbes*. Umgangssprachlich mag es zweideutig klingen, in der BWL jedoch gibt es eine eindeutige, trockene Definition: Gewerbe sind alle selbstständigen Tätigkeiten für Dritte, die dauerhaft zur Gewinnerzielung betrieben werden. Damit wären praktisch alle Unternehmen vom Bäcker über den Kraftwerksbetreiber bis hin zur Versicherung gewerblich – gäbe es nicht die Ausnahmen wie die Freien Berufe. *Freiberufler* sind alle Selbstständigen, die auf Grundlage einer besonderen Qualifikation wissenschaftliche, erzieherische, künstlerische und ähnliche Tätigkeiten ausüben. Im gesetzlichen Katalog der freien Berufe in Deutschland werden Anwälte und freischaffende Ingenieure neben exotischen Berufen wie Diätassistent genannt. Freiberufler ist man allerdings nur, solange man in sämtliche Geschäftsvorfälle persönlich involviert ist. Eine Praxis mit angestellten Ärzten wäre damit ein Gewerbe, während eine Praxis mit nur einem Arzt als Inhaber freiberuflich ist. Die Unterscheidung mag ein wenig verwirren, ist aber sehr relevant. Denn Gewerbe unterliegen der bereits 1869 in Deutschland erlassenen Gewerbeordnung und müssen sich bei der Gemeinde registrieren lassen. Zudem unterliegen sie der Gewerbesteuer. Trotz einer höheren Einkommensteuer haben Freiberufler insgesamt dadurch eine geringere steuerliche Belastung. Historisch ist diese steuerliche Ungleichbehandlung damit begründet, dass Gewerbe die lokale Infrastruktur (Straßen, öffentliche Einrichtungen etc.) stärker nutzen als Freiberufler. Bitte bilden Sie sich hierzu Ihre eigene Meinung – je nach Ihrem Beruf, versteht sich.

Ob Gewerbe oder nicht, besonders gerne wird über die größten Unternehmen gesprochen: *Konzerne*. Dabei handelt es sich um eine Gruppe rechtlich eigenständiger Unternehmen, die allerdings ganz oder teilweise einem „Mutterunternehmen" gehören und eine wirtschaftliche Einheit bilden. Ein typisches Beispiel wäre ein Mutterunternehmen in Deutschland, welches Tochterunternehmen bzw. Filialen (lateinisch *„filia"*, die Tochter) in anderen Ländern besitzt. Entscheidend für die Konzernzugehörigkeit ist, wer letztendlich das Sagen über das operative Geschäft hat. Besonders spannend ist diese Frage in Gemeinschaftsunternehmen (englisch *„joint venture"*), die anteilig mehreren Muttergesellschaften gehören. Hier passiert es schon mal, dass sich gleich zwei Konzerne als der Chef ausgeben.

Konzerne haben schon immer eine große Faszination auf Wirtschaftskritiker wie auch Bewunderer ausgeübt. Nicht nur in so manchem Film kämpfen mutige, aber unterdrückte Bürger gegen böse, kriminelle Wirtschaftsmächte. Auch in den täglichen Nachrichten findet sich so manches Beispiel von tapferen Politikern, Organisationen oder einfachen Bürgern, die sich gegen die Konzerne aufbäumen. Besonders beliebte Gegner sind dabei die Banken – ob Einzelinstitut oder echter Konzern spielt da keine Rolle mehr. Und trotz alledem: Wenn Sie über eine Bewerbermesse für BWL-Absolventen schlendern, dann sehen Sie das größte Leuchten in den Bewerber-Augen an den Ständen der großen Konzerne!

Was verursacht diese Emotionen? Einerseits ist es sicherlich die pure Macht. Wenn ein 100.000-Mitarbeiter-Konzern 0,5 % seiner Belegschaft entlässt, dann verlieren 500 Menschen ihren Job. Das werden Sie in jeder Zeitung lesen können. Wenn hingegen ein 100-Mann-Mittelständler 0,5 % seiner Mitarbeiter „entlässt", reicht es, wenn ein Mitarbeiter auf eine halbe Stelle als Altersteilzeit umstellt. Da muss es sich schon um den Lebenspartner der Chefredakteurin handeln, um es in der Zeitung lesen zu können. Wenn der Konzern-Vorstand pro Mitarbeiter 50 Euro Bonus bekommt, verdient er fünf Millionen Euro, beim Mittelständler sind es 5000 Euro.

Konzerne haben etwas Mysteriöses, da sie anonym und mächtig sind. Nach außen werden Sie durch den *Vorstand* vertreten. Die Herren und zunehmend auch Damen im dunklen Anzug steuern das tägliche Geschäft. Bei wichtigen Entscheidungen wird zudem der *Aufsichtsrat* konsultiert. Auch er ist mit Herren und Damen im dunklen Anzug besetzt – oft handelt es sich dabei um ehemalige Vorstände. Der Aufsichtsrat überwacht, dass alles nach dem Rechten läuft – wenn auch gerne mal etwas durchgeht. Zudem beruft er die Vorstände. Die Besitzer des Konzerns, die Aktionäre, stellen wiederum die *Hauptversammlung*. Sie ist insbesondere dafür zuständig, die Mitglieder des Aufsichtsrats zu berufen. Federführend sind hier meist Großaktionäre wie Banken – vertreten durch Männer und Frauen in dunklen Anzügen.

Trotz dieser Strukturen und umfangreicher gesetzlicher Berichts- und Prüfungspflichten herrscht immer eine gewisse Intransparenz in Konzernen. Manchmal ist nicht einmal klar, womit genau ein Konzern seinen Gewinn macht. Rüstungskonzerne, als Extrembeispiel, schaffen es beispielsweise regelmäßig, große „Verteidigungs-Programme" dauerhaft im Verborgenen zu halten. Auch gelingt es trotz unabhängiger Wirtschaftsprüfer immer mal wieder, die Konzernbücher zu fälschen. Im Jahr 2001 brach der amerikanische Energie-Konzern Enron in wenigen Wochen zusammen, nachdem verborgene Schulden und gefälschte Gewinne ans Licht kamen – fast alle der 22.000 Mitarbeiter verloren ihren Job und ihre Altersvorsorge.

Konzerne wirken weit weg vom Leben und den Menschen. Manager folgt Manager und es dauert, bis man in der Hierarchie an einen Punkt gelangt, wo auch etwas geschaffen wird. Der Vorstand verdient ein Vielfaches normaler Arbeiter, die Aktionäre streichen Milliardengewinne ein. Wem kann man da verübeln, Managen mit Machenschaften zu verwechseln? Als größte Wirtschaftseinheiten – denen auch noch per se mit Skepsis begegnet wird – sind Konzerne natürliche Zielscheiben im öffentlichen Leben. Rüstungskonzerne wurden bereits genannt. Umstritten sind regelmäßig auch Pharma-Konzerne (Arme Länder bekommen wirksame Medikamente vorenthalten.), Gentechnik-Konzerne (Landwirte werden in Abhängigkeit getrieben, Gesundheits- und Umweltrisiken werden unter den Tisch gekehrt.) und Energiekonzerne (Umweltverschmutzung). Von Kritikern solcher Technologien werden die Konzerne regelmäßig medienwirksam als böse dargestellt. Zur Verteidigung eilt selten jemand, denn mit dem Schutz der Bösewichte ist kein Blumentopf zu gewinnen, schon gar nicht für Politiker.

Und dennoch, Arbeitnehmer zeigen ungebremstes Interesse bei einem Konzern zu arbeiten. Konzern bedeutet nicht nur Faszination, sondern auch ganz praktisch eine große Zahl von Möglichkeiten. Sei es eine gut bezahlte Expertenstelle zu besetzen oder breite Erfahrung in verschiedensten Unternehmensbereichen zu sammeln. In Bezug auf Gehalt, Sozialleistungen und Sicherheit bieten Konzerne häufig ein attraktives Paket an. Auch setzen Konzerne, wie gesagt, heutzutage oft globale Umwelt- und Arbeitsschutzstandards, die weit über lokale Verpflichtungen hinausgehen. Hier hat öffentliche Kritik einen positiven Einfluss gehabt. Nicht zuletzt sind auch neue Technologien zu nennen, die durch Konzerne, wenn Sie einmal adaptiert wurden, schnelle Verbreitung finden.

Die allermeisten Konzerne sind so groß geworden, weil sie sich im Wettbewerb gegenüber anderen bewährt und ein hohes Maß an Unternehmergeist bewiesen haben. Konzerne sind Gewinner! Und noch viel wichtiger, auch die Gesellschaft ist Gewinner! Der wirtschaftliche Erfolg eines Unternehmens zeigt nämlich in fast allen Fällen an, dass etwas Wertvolles geschaffen wurde. Sonst würden wir kaum unser Geld dafür hergeben. Und vergessen Sie nicht Kap. 2! Auch Konzerne bestehen nur aus Menschen. In typischen produzierenden Konzernen fließen meist 50 bis 60 % der Wertschöpfung (Umsatz abzüglich aller Kosten außer Personal) als Gehalt an die Mitarbeiter! Der Rest geht in Form von Steuern an den Staat, als Zinsen an die Kreditgeber und als Dividenden/einbehaltener Gewinn an die Aktionäre. Wenn ein Unternehmen Erfolg hat und wächst, wird der Kuchen für alle größer – den dicksten Aufschlag bekommen regelmäßig die Mitarbeiter.

Warum sind Unternehmer reich?

Schöne Villen, dicke Autos, Luxusurlaub. Das können sich neben Film- und Sportstars hauptsächlich die Unternehmer leisten. Aber warum eigentlich? Zunächst einmal muss etwas Ernüchterung verbreitet werden. Richtig arme Unternehmer gibt es nicht, weil man von Verlust nicht leben kann. Die erfolgreichen hingegen sind besonders auffällig in Gesellschaft und Medien.

> Die größte Zahl der Selbstständigen kann von ihrem Geschäft zwar leben, ohne allerdings besonders reich zu sein.
> Aber dennoch, um als Angestellter ein Millionengehalt zu bekommen, müssen Sie schon Vorstand eines Großunternehmens werden. Da gibt es viel mehr Unternehmer, die schon als Mittelständler ein solches Niveau erreichen. Neben der Tatsache, dass Unternehmergeist einfach viel wert ist, wenden alle Unternehmer den gleichen Trick an: Sie leihen sich Geld und lassen andere für sich arbeiten. Auf den eigenen Einsatz an Produktionsfaktoren (Unternehmergeist, Arbeitskraft, Kapital) kommt ein Vielfaches mehr. So wie bei einem Hebel wird aus der kleinen eigenen Kraft eine viel größere. Natürlich sind für geliehenes Kapital Zinsen fällig und Arbeitnehmer bekommen Lohn. Doch es reicht schon, wenn beständig ein wenig mehr als diese Faktorkosten erwirtschaftet wird. Die Überschüsse fließen dem Unternehmer zu. Aus vielen kleinen Beiträgen wird dann ein Vermögen.

Den Kuchen so groß wie möglich zu machen, ist die zentrale Leitfrage der BWL. Fast alles dreht sich darum, Umsätze zu steigern und Kosten zu senken. Aus der Vogelperspektive steht zunächst die Entscheidung über die zu verwenden Produktionsfaktoren an. Baumwolle wird beispielsweise mit Einsatz teurer Maschinen und nur sehr wenigen Mitarbeitern in weit entwickelten Volkswirtschaften wie den USA produziert. Genauso findet aber auch ein Anbau in weniger entwickelten Volkswirtschaften wie Indien statt – hier allerdings auf eine sehr arbeitsintensive Weise mit nur wenigen Maschinen. Grundsätzlich kann man sagen, je reicher eine Volkswirtschaft, desto mehr Kapital wird genutzt. Dies ist auch logisch, denn pro Mensch wird in reichen Ländern mehr produziert, d. h. Arbeit muss effizient eingesetzt werden. Unternehmergeist hingegen ist überall gefordert. Ob Fahrradwerkstatt oder Biotechnologieunternehmen – Ideen, Mut und Begeisterung werden immer gebraucht.

Die Wahl der Faktorintensität (z. B. arbeitsintensive Produktion) ist zumeist eine *strategische*, und damit langfristige Entscheidung. Im täglichen Geschäft wird meist durch die *taktische*, kurzfristige Brille, geblickt. Es gilt, die Einzelteile des Unternehmens und deren Zusammenspiel zu optimieren und weiterzuentwickeln. *Operative* Entscheidungen wiederum werden ad-hoc im Tagesgeschäft getroffen.

2.2 Management – Die Kunst, sich auf das Wesentliche zu konzentrieren

Zu allen Entscheidungsbereichen im Unternehmen bietet die BWL ein großes Spektrum an Lösungsvorschlägen. Die dahinterliegenden Modelle nehmen die Unternehmensabläufe bis ins kleinste Detail auseinander. An großen Universitäten kann man bisweilen 30 und mehr spezielle Wirtschaftsfächer studieren. Allerdings sind diese Details nur für einige ausgewiesene Experten im Unternehmen relevant. Für alle anderen gilt es, die wesentlichen Vorgänge der Fachabteilungen zu verstehen. So funktioniert nämlich Management. Aus einem Wust an Informationen muss das Gesamtbild zusammengesetzt werden. Und zwar mit nicht mehr Puzzlestücken als nötig.

Zu kaum einem Bereich der BWL gibt es mehr Literatur als zum Management. Management bezeichnet die *Unternehmenssteuerung* und umfasst alle Personen mit Entscheidungs- und damit Führungsverantwortung. Top-Manager an der Unternehmensspitze beschäftigen sich mit strategischen Entscheidungen, wie dem Eintritt in ein neues Marktsegment. Das mittlere und untere Management hingegen ist für die operative Umsetzung der Strategie verantwortlich. Tausende Entscheidungen müssen getroffen werden, bevor ein neues Produkt zum Kunden gelangt.

Einen goldenen Weg gibt es allerdings nicht. Dies ist die erste Management-Regel: Management erfolgt *situationsbedingt*. Es gilt, spontan und flexibel auf neue Gegebenheiten zu reagieren. Sollte tatsächlich etwas immer exakt gleich sein, dann braucht man auch kein Management. Der Vorgang wird automatisiert bzw. erfolgt nach festen Regeln. Sobald Menschen im Spiel sind, ist jedoch fast nie etwas gleich. Dies ist die zweite Management-Regel: Manager managen *Menschen*. Entscheidungen zu treffen ist das eine, diese umzusetzen das andere. In fast allen Fällen gilt es, andere Menschen entsprechend zu motivieren – egal ob Mitarbeiter, Kollegen oder auch Geschäftspartner. Dies ist keine leichte Aufgabe, haben doch alle ihre eigene Sicht der Dinge. Auch wenn Management am Ende immer Interaktion mit Menschen bedeutet, so geht es trotzdem nicht mit Menschenkenntnis und Geschäftssinn alleine. Management-Regel Nummer drei lautet entsprechend: *Analyse* vor Bauch. Alle wichtigen Aspekte einer Entscheidungssituation müssen beachtet werden, ohne sich im Detail zu verzetteln. Je schärfer das analytische Verständnis, desto bessere Entscheidungen werden getroffen – zumindest aus rein wirtschaftlicher Perspektive.

Im Idealfall sollten Manager alle drei Management-Regeln verkörpern. Gute Manager sind flexibel, empathisch und analytisch stark. Jeder BWL-Student lernt über diese Fähigkeit allerdings auf eine etwas andere Weise, da es pro Dozent ca. ein „Guter-Manager-Modell" gibt. Nach Prof. Dittrich, beispielsweise, beruht Führungsfertigkeit – meist Englisch als *leadership* bezeichnet – auf drei aufeinander aufbauenden Ebenen. Die Basis bildet *Wissen*. Nur wer die relevanten Aspekte seines Verantwortungsbereichs voll versteht, kann gute Entscheidungen treffen. Um in seiner Führungsposition von anderen ernst genommen zu werden, bedarf es neben dem Wissen zudem *Einsatz*. Der Manager muss mit Kopf und Zeiteinsatz voll hinter seiner Sache stehen. Nur durch Einsatz entsteht der nötige Respekt bei Mitarbeitern und Kollegen, damit Entscheidungen umgesetzt werden. Mit Wissen und Einsatz lässt sich also schon managen. Das höchste Level der Management-Kunst ist aber erst durch *Unternehmergeist* erreicht. Die besten Manager sind auch mit dem Herzen dabei – ihre Ideen, ihr Mut und ihre Begeisterung inspirieren Mitarbeiter und Kollegen. Der Funke springt über. Entscheidungen werden nicht einfach umgesetzt, sondern selber gelebt. Gute Manager sind Unternehmer!

Je nach Situation müssen Manager verschiedene Management-Methoden einsetzen. Alle haben zwar zum Ziel, das Verhalten der Mitarbeiter und Kollegen in die gewünschte Richtung zu beeinflussen, doch die Herangehensweisen sehen unterschiedlich aus. Beim Management durch *Zielvereinbarungen* (englisch „management by objectives", MBO) werden messbare Ziele mit klarem Zeithorizont vergeben. Die Mitarbeiter können den Weg dann vollkommen frei wählen. Sind die Ziele klar, kann dies zur Entfaltung höchster Motivation führen. Wurde jedoch etwas falsch verstanden oder wird das Ziel geändert, kann der Ansatz auch misslingen. Dem MBO entgegen steht eine exakte *Beschreibung und Kontrolle* einzelner Arbeitsschritte, das sog. Management-by-Decision-Rules. Zwischen diesen beiden Extremen kann die Managementmethode und damit die Ebene auf der Entscheidungen getroffen werden, beliebig nuanciert werden.

Allerdings ist es nicht einfach, das perfekte Maß an Delegation von Entscheidungen zu finden. Ein Manager muss zunächst die Ziele verstehen: Sind diese stabil oder können sie sich ändern? Genauso wichtig ist es, ob auch die Mitarbeiter die Ziele verstehen und vor allem akzeptieren. Darüber hinaus muss der Manager die geführten Mitarbeiter verstehen: Was motiviert sie? Wie ist das Verhältnis im Team und zum Chef? Zu guter Letzt muss sich jeder Manager selbst verstehen. Ist man selber autoritär oder demokratisch in der Führung? Alternativ kann man den Mitarbeitern auch maximale Freiheit lassen (Laissez-faire-Führung).

Egal welcher Führungsstil und welche Management-Methode zum Einsatz kommen, der „*Management-Zyklus*" ist immer gleich. Er besteht aus Planung, Realisation und Kontrolle. Wie in der Kapiteleinleitung beschrieben, wird dieses Verständnis von Management in der BWL häufig sogar als Produktionsfaktor (Fachbegriff „Dispositiver Faktor") betrachtet – es hat also eine herausragende Bedeutung. Planung bedeutet immer *Ziel*setzung (Wo will ich hin?). An den geplanten Zielen werden die Manager gemessen. Häufig, aber nicht immer, umfassen Pläne auch konkrete *Maßnahmen* (Wie komme ich zum Ziel?). Planung darf hingegen nicht mit einer Prognose (Wo lande ich, wenn ich so weitermache?) verwechselt werden – ein Punkt, der immer und immer wieder in der Unternehmenspraxis zu Verwirrung führt. Im Sinne des Unternehmergeistes entspricht dem Plan die *Idee*. Bei der Realisation geht es um die Umsetzung bzw. allgemeiner um Organisation – dazu braucht man *Mut* und Entschlossenheit. Bei der abschließenden Kontrolle möchte man lernen, was zukünftig noch optimiert werden kann. Mit der *Begeisterung* wollen Unternehmer immer besser werden.

Aber auch wenn Unternehmergeist vorhanden ist und die Managementmethoden beherrscht werden, bleibt die Gefahr, sich zu verzetteln. Wenn mal wieder ein erfolgreicher Top-Manager – so ziemlich das belastbarste, was die Berufswelt zu bieten hat – einen Burnout hat, dann liegt der Grund fast immer in zu viel Arbeit. Ganz einfach. Und woher kommt zu viel Arbeit? Auch ganz einfach: Zu viel Arbeit hat man, wenn man zu viel macht. Daher die Kapitelüberschrift: Management bedeutet, sich auf das *Wesentliche* zu konzentrieren. Nur was zum Erreichen des gesteckten Ziels wirklich benötigt wird, ist wesentlich. Oder anders herum: alles was weggelassen werden kann, ist unwesentlich.

Dies hat zwei Aspekte. Zunächst einmal können die Mitarbeiter und Kollegen nicht weggelassen werden – ohne sie liefe nämlich gar nichts. Das wird gerne einmal vergessen. Erfolgreiche Manager nehmen sich Zeit für *Menschen*. Dies muss kein nachmittägliches Kaffeekränzchen sein – ein freundliches „Guten Morgen", regelmäßiges Lob für die Arbeit und ein offenes Ohr sind alles, was man braucht. Auf der anderen Seite gilt es, sich auf die wesentlichen *Inhalte* zu konzentrieren. Aus einem analytischen Blickwinkel heißt dies, sich lediglich auf die großen Zahlen zu stürzen. Große Zahlen zeigen nämlich verlässlich an, was am wichtigsten ist. Sowohl absolut (z. B. das umsatzstärkste Produkt) als auch relativ (z. B. das wachstumsstärkste Produkt). Es muss immer genau so viel verstanden werden, um eine gute Entscheidung treffen zu können – nicht mehr.

Um zu den großen Zahlen zu gelangen, bedarf es häufig einiger Abstraktion. Konkrete Geschäftsvorfälle müssen zusammengefasst und losgelöst vom unmittelbaren Umfeld betrachtet werden. Manager brauchen Überblick. Doch die Versuchung ist groß, sich in die Detail-Suppe fallen zu lassen, welche voll von fiesen kleinen Zahlen ist. Daher ist es zentraler Teil des Managements, zu *delegieren*. Nur was auf der jeweiligen Ebene wesentlich ist, wird selber entschieden. Den Rest erledigen eigenständig die Mitarbeiter. Natürlich sollte der Chef deren Vorgehen und Arbeitsmethoden verstehen. Denn Delegation aus Unwissenheit („kann ich nicht") oder Desinteresse („will ich nicht") ist ein Motivations- und oft auch Produktivitätskiller. Dies wurde schon bei der Definition des guten Managers oben thematisiert. Genauso kann Delegieren nur gut klappen, wenn die Entscheidungen der Mitarbeiter auch wirklich akzeptiert werden. Zwar sollte ein Chef immer interessiert seine Meinung einfließen lassen, doch dürfen daraus keine endlosen Abstimmungsschleifen werden.

Zusammenfassend können Sie sich merken: Management bedeutet abstrahieren, konzentrieren, delegieren – und dabei Mensch sein. In den Modellwelten des Studiums lernt man von diesen Elementen insbesondere das Abstrahieren. Anstatt auf jeden Aspekt des Unternehmens im Detail zu schauen, wird aus der Vogelperspektive als Gesamtprozess betrachtet. Das Bild muss so einfach sein, dass letztendlich auch ein Chemiker als Vorstandschef die besten betriebswirtschaftlichen Entscheidungen treffen kann.

2.3 Wertschöpfung – Aus Teilen ein Ganzes machen

Der unternehmerische Leistungserstellungsprozess wird sowohl in der BWL-Theorie als auch in der Praxis als *Wertschöpfungskette* (englisch „value chain") betrachtet. Verschiedene Stufen dieser Kette reihen sich aneinander und schaffen im Zusammenspiel einen Wert (Gewinn). Die einfachste Wertschöpfungskette besteht aus Einkauf, Produktion und Verkauf. Man spricht auch von *primärer* Wertschöpfungskette, da hier an jeder Stelle die Produkte oder Dienstleistungen des Unternehmens betroffen sind.

Beispiel: Der Fischer kauft ein Boot und Netze (Einkauf), fährt zur See und fischt Fische (Produktion) und bietet diese dann auf dem Fischmarkt an (Verkauf). Diese Wertschöpfungskette kann man nun beliebig tief untergliedern – und Sie haben es in Ihrem Studium sicherlich gemerkt – die BWL macht es auch. Beim Einkauf könnte der Fischer zwischen Lieferantenauswahl, Verhandlung und Kaufabwicklung unterscheiden. Die Lieferantenauswahl ließe sich in Recherche, Bewertung und Auswahlentscheidung aufteilen usw.

Außer der primären Wertschöpfungskette gibt es noch *sekundäre* Funktionen in der Wertschöpfung. Diese haben zunächst nichts mit dem eigentlichen Leistungserstellungsprozess des Unternehmens zu tun, sind aber häufig für eine gut funktionierende Wertschöpfung unabdingbar. Klassiker sind das Personal (der Fischer stellt einen Gehilfen ein und bezahlt diesen regelmäßig), die Finanzen (der Fischer begleicht und stellt Rechnungen), oder die IT (der Fischer nutzt eine App, um Fischpreise zu vergleichen). Auch die sekundären Funktionen können als eigene kleine Wertschöpfungskette betrachtet werden, die Dienste für verschiedene Stufen der primären Wertschöpfungskette erbringen. Dabei ist nicht immer klar, was primär- oder sekundäre Tätigkeit ist. Der Einkauf beispielsweise ist in vielen Unternehmen ein zentraler Aspekt der Wertschöpfung (bis zu 80 % der Kosten werden für Rohstoffe aufgewendet). Allerdings kaufen die Mitarbeiter im Einkauf fast immer auch Leistungen für Produktion, Verkauf und sämtliche anderen Funktionen mit ein, so dass der Einkauf in manchen Unternehmen zu den sekundären Funktionen gezählt wird.

Wertschöpfungsketten eignen sich hervorragend, um Unternehmen zu verstehen. Insbesondere wenn es hakt, bringt ein Blick auf die Wertschöpfungskette meist Klarheit. Die zentrale Aufgabe des Managements ist es, *Engpässe* frühzeitig zu erkennen und zu verhindern. Wertschöpfung sollte wie eine Autobahn sein: drei schön ausgebaute Spuren, vom Anfang bis zum Ende. Wenn zwischendurch eine Spur fehlt oder gar ein Stückchen Feldweg kommt, so gibt es Stau. Ganz egal wie gut und gleichmäßig der Rest der Autobahn ist.

Sind nicht genügend Rohstoffe vorhanden, so stehen die Fabriken leer; sind keine Qualitätsmanager zur Hand, so kann die Qualität der auszuliefernden Ware nicht schnell genug kontrolliert werden; usw. In dieser Art können Sie sich schier unbegrenzt Engpässe vorstellen. Allerdings ist es meistens schwer, diese in der Unternehmenspraxis frühzeitig zu erkennen. Daher wirken Unternehmen oft auf möglichst flexible Wertschöpfungsketten hin. Ist eine Spur der Unternehmensautobahn blockiert, so sollten mögliche Umgehungen bereits vorhanden sein.

Für praktisch jeden Baustein der Wertschöpfungskette gibt es eine eigene BWL-Disziplin und in den Unternehmen Experten. Diese sind in der Regel hervorragend in der Optimierung ihres Wertschöpfungsschritts. Die Anbindung an vor- und nachgelagerte Schritte ist dagegen schon schwieriger. Bei der Optimierung des Gesamtbildes hört es dann auf. Beispiel: Die Warenannahme mag extrem schnell ankommende Lastwagen entladen, während die Belieferung der Produktion hingegen nicht optimal ist. Informationen aus der Absatzplanung zu zukünftigen Mengen gehen womöglich gar nicht in die Planung der Warenannahme ein.

Daher wird in der Unternehmenspraxis versucht, die Wertschöpfung in zusammenhängenden *Prozessen* zu steuern. Ein Innovationsprozess beispielsweise fängt bei der Idee an, geht über die Konzeptausarbeitung hin zur Produktentwicklung und endet mit Ausarbeitung der Vermarktungsstrategie und der Markteinführung. Häufig orientiert sich sogar die Aufbauorganisation von Unternehmen an den Prozessen, d. h. verschiedene Teilbereiche der Wertschöpfungskette unterstehen einem Manager. Auch ganze BWL-Disziplinen orientieren sich mittlerweile an Prozessen. Das Lieferketten-Management (englisch „supply chain management") beispielsweise umfasst den gesamten Güter- und Informationsfluss der primären Wertschöpfungskette und bindet zudem Lieferanten und Kunden mit ein. Damit wird streng genommen die Welt der BWL verlassen (ein Unternehmen) und ein Schritt auf die VWL zu gemacht (Verhältnis von Unternehmen und anderen Spielern einer Marktwirtschaft untereinander).

Dieses Grenzgebiet zwischen BWL und VWL wird als *Strategisches Management* bezeichnet. Hier wird die Analyse der internen Struktur eines Unternehmens (Wertschöpfungskette) mit unternehmensexternen Faktoren verknüpft. Strategisches Management wird daher oft mit Unternehmenssteuerung, also der ureigenen Aufgabe des Managements, gleichgesetzt. Bei Strategie geht es darum, den besten Weg von A nach B zu finden. Dabei muss zunächst die Ausgangslage (A) genau verstanden und das Ziel (B) wohl definiert sein. Erst dann kann man sich den besten Weg überlegen bzw. beginnen diesen zu bauen.

Die Modelle des Strategischen Managements teilen sich in zwei Schulen auf. *Marktorientierte Strategieansätze* sind nach außen gerichtet und leiten Wettbewerbsvorteile auf Basis der Marktposition eines Unternehmens ab. *Ressourcenbasierte Ansätze* hingegen sind nach innen gerichtet und leiten Wettbewerbsvorteile auf Basis von dem Unternehmen zur Verfügung stehenden Ressourcen und Fähigkeiten ab. Die eben diskutierte Wertschöpfungskette ist das zentrale Modell des ressourcenbasierten Ansatzes.

Der marktbasierte Strategieansatz wird oft mit dem Namen Michael Porter verbunden, einem Superstar unter den Ökonomen, der übrigens auch den Begriff „value chain" geprägt hat. Sein Standardmodell aus den späten 1970er-Jahre ist als „five forces" (fünf Kräfte) bzw. Branchenstrukturanalyse bekannt und erfreut sich ungebrochener Beliebtheit. Es analysiert die Einbindung eines Unternehmens in den Markt und ergänzt damit die unternehmensinterne Sichtweise. Zwar wird Porter von Professorenkollegen bisweilen als Flachwasserfahrer verschrien, doch ist es gerade die Einfachheit, warum seine Arbeit Bestand hat.

Die Wettbewerbsintensität und damit die Attraktivität einer Branche für den Unternehmer lässt sich anhand von fünf Faktoren bewerten. Zunächst einmal ist die Verhandlungsmacht der Zulieferer (1) und der Kunden (2) relevant. Ganz klar, je weniger Macht die anderen haben, z. B. wenn es viele kleine Zulieferer und Kunden gibt, desto besser für das Unternehmen. Ein zweiter Bereich beschäftigt sich mit der Stabilität des Marktes: Ist es leicht für neue Wettbewerber in den Markt einzutreten (3) und droht das eigene Produkt durch andere Produkte verdrängt zu werden (4)? Wenn ja, wie beispielsweise in Teilen des Internethandels, dürfen Sie sich auf harten Wettbewerb einstellen. Zu guter Letzt ist auch noch die Intensität des Wettbewerbs der bestehenden Unternehmen untereinander (5) zu betrachten. Während sich Computer-Chip-Hersteller beispielsweise aufs Messer bekriegen, herrscht in einigen Bereichen der Energiebranche Burgfrieden. Alle fünf Faktoren haben wesentliche Implikationen auf die Unternehmenssteuerung. Wer sich optimal an sein Umfeld anpasst, wird gewinnen; Unternehmer, die nur mit sich selbst beschäftigt sind, schaffen es dagegen nicht.

In der Five-Forces-Analyse oder mit einem der zahlreichen ähnlichen Ansätze werden typischerweise große Datenberge zusammengetragen. Noch viel mehr gilt dies für die interne Value-chain-Analyse. Um daraus managementtaugliche Informationen zu machen, findet eine Verdichtung auf das Wesentliche statt. Der einfachste und beliebteste Ansatz wird im Deutschen als Stärken-Schwächen-Analyse bezeichnet. Besser und genauer ist jedoch der auch von Porter verwendete englische Originalname *SWOT* für „Strength, Weakness, Opportunity, Threat" bzw. in Deutsch: Stärken, Schwächen, Chancen, Bedrohungen. Eine SWOT besteht also aus vier qualitativen Listen. Diese werden übrigens gerne grafisch im Viereck angeordnet, eine Funktion erfüllt diese Darstellungsform in der reinen SWOT-Analyse allerdings nicht.

Stärken und Schwächen beziehen sich auf die interne Wertschöpfungskette und können sich je nach Produktkategorie unterscheiden. Sie sind also spezifisch für jedes Unternehmen und spiegeln dessen Fähigkeit wider, im betrachteten Markt zu bestehen (z. B. ein Patent). Möglichkeiten und Bedrohungen hingegen betreffen alle aktuellen und potenziellen Wettbewerber gleichermaßen. Sie gehen unter anderem aus der externen „five forces"-Analyse hervor und charakterisieren die Attraktivität des betrachteten Marktes (z. B. staatliche Regulierung). Diese Einteilung in interne Stärken und Schwächen sowie externe Möglichkeiten und Bedrohungen mag einfach und logisch sein, doch ist das Modell in der Praxis bereits eine Herausforderung. Egal ob von Unternehmensberatern oder eigenen Managern erstellt, kaum eine SWOT ist wirklich sauber konzipiert – interne und externe Dimensionen werden immer wieder vermischt. Eine Erkenntnis daraus: Man sollte sich im Bereich qualitativer Analysen ohne Zahlen an möglichst einfachen Strukturen orientieren. Zahlreiche in der Wissenschaft vorgeschlagene Modelle sind für die Praxis hoffnungslos kompliziert.

Eine treffende SWOT-Liste ist bereits ein großer Schritt in Richtung guter Management-Entscheidungen. Allerdings muss auch die Nachhaltigkeit der einzelnen Faktoren, insbesondere der Stärken, berücksichtigt werden. Um erfolgreich zu sein, brauchen Unternehmen Kernkompetenzen. Dies sind besonders ausgeprägte Stärken, die lange Bestand im Wettbewerb haben. Häufig werden *Kernkompetenzen* mit dem VRIO-Modell für englisch „value, rarity, imitability, organization" beschrieben. Eine Fähigkeit muss demnach am Markt einen Wert stiften, möglichst einzigartig und schwer zu kopieren sein sowie in der bestehenden Unternehmensorganisation auch ausgenutzt werden können. Gelingt es, eine Kernkompetenz als ein im Markt relevantes Alleinstellungsmerkmal zu etablieren, so besitzt das Unternehmen einen *Wettbewerbsvorteil* (englisch „competitive advantage"). Wettbewerbsvorteile sind ein zentrales Instrument, hohe Gewinne zu erzielen. Audi besitzt (zumindest in der Kundenwahrnehmung) eine herausragende Technik-Kompetenz, während Apple führend in Design und Nutzerfreundlichkeit ist.

Kernkompetenzen und Wettbewerbsvorteile zu verstehen und gezielt zu vergrößern, ist eine zentrale Managementaufgabe. Dabei muss jedoch auch immer die Abwägung zwischen verschiedenen Kernkompetenzen und der Attraktivität der Märkte getroffen werden. Für solche Aufgaben werden im Management gerne *Matrizen* bzw. *Portfolios* zur Hilfe genommen. Ähnlich einer SWOT handelt es sich dabei meist um vier Rechtecke – welche diesmal allerdings in einer sinnvollen Beziehung zueinander stehen. Auf der einen Seite wird eine Messzahl zur internen Kompetenz abgetragen, auf der anderen Seite eine Einschätzung zur Attraktivität des Marktes. Besonders bekannt ist die Klassifizierung der Unternehmensberatung Boston Consulting Group (BCG). Ist ein Unternehmen in einem langweiligen Markt tätig und dabei nicht besonders gut, so handelt es sich um einen „armen Hund" oder englisch „poor dog". Das Gegenteil wäre ein „Star", der in einem attraktiven Markt bereits sehr gut ist. Ist zwar der Markt attraktiv, es besteht aber kein Wettbewerbsvorteil, so handelt es sich um ein „Fragezeichen". Die Tierwelt wird dann wieder in weniger attraktiven Märkten bemüht, wenn dort allerdings ein Wettbewerbsvorteil besteht. Es handelt sich um eine „Melkkuh" („cash cow").

Anhand einer solchen Logik kann das Management strategische Entscheidungen zum Produktportfolio treffen. Melkkühe beispielsweise können Stars finanzieren, welche irgendwann hoffentlich wieder zu Melkkühen werden. Leider sind Stars selten, so dass es auch darum geht, in einer Reihe von Fragezeichen-Märkten in den Startlöchern zu stehen. Arme Hunde hingen müssen scharf beurteilt werden. Bestehen nur geringe Aussichten, dass aus Ihnen ein Fragezeichen wird (Markt wird attraktiver) bzw. die Entwicklung hin zu einer Melkkuh gelingt (Wettbewerbsvorteil wird erreicht), so sollte über einen Verkauf oder die Geschäftsaufgabe nachgedacht werden.

Dabei ist es besonders wichtig, sich klar zu positionieren. Die Standardstrategie ist es, sich zu *differenzieren*. Basierend auf den eigenen Kernkompetenzen werden die Produkte so im Markt platziert, dass sie sich von der Konkurrenz abheben. Entweder im gesamten Markt oder in einem speziellen Segment im Rahmen einer Fokus-Strategie. Im Automarkt steht Volvo für Sicherheit, Audi für Technik und Toyota für Umweltverträglichkeit. Porsche wiederum hat den Fokus auf hochpreisige Sportwagen gesetzt. Bei seiner Käufergruppe kann jeder „differenzierende" Hersteller Gewinne erzielen. Natürlich geht dies nur in einem gewissen preislichen Rahmen. Zu teuer darf es nicht werden, sonst wird fremdgefahren.

Der Differenzierung entgegengesetzt ist die Strategie des *Kostenführers*. Er versucht nicht, für bestimmte Gruppen die beste Qualität zu bieten. Sein Ziel ist es, bei akzeptabler Qualität die niedrigsten Preise zu haben. Kostenführer sind Massenhersteller. Sie realisieren Größenvorteile in der Produktion und können oft erhebliche Gewinne erzielen. Gefährlich wird es allerdings, wenn viele Unternehmen die Kostenführerschaft anstreben. Denn im Segment der „Standardqualität" zählt eben hauptsächlich der Preis – und da kann es nur einen mit dem niedrigsten geben. Immer wieder verzetteln sich Unternehmen, weil sie alles auf einmal wollen: billiger und besser als alle anderen sein. Dieser strategische Ansatz ist das beste Rezept, keins von beidem zu erreichen. Einzig in völlig neuen Märkten können bisweilen die Pioniere sowohl eine hohe Qualität als auch dauerhaft den niedrigsten Preis bieten.

Natürlich sind all diese *Überlegungen* sehr wichtig, um gute Management-Entscheidungen zu treffen. Entscheidend ist am Ende aber nicht die Entscheidung, sondern dass etwas passiert – und zwar entschieden! Hinter jeder Strategie müssen daher *Maßnahmen* stehen. Wo immer möglich, sollten sie quantifiziert und damit messbar gemacht werden. Genauso sollte es einen einzigen Verantwortlichen geben – jeder Maßnahme ihr Kopf. Wenn man nun auch noch eine Frist hinzufügt, sind alle Elemente eines typischen Strategie-Implementierungs-Modells zusammen. Im BWL-Studium lernt man in diesem Zusammenhang insbesondere die „*balanced scorecard*" kennen. Darüber hinaus hat fast jedes Unternehmen ein eigenes solches „tool" (Werkzeug), wie diese Art von Modellen gerne genannt wird.

Allerdings bietet auch das beste Werkzeug keine Erfolgsgarantie, wenn das Werkstück die Realität ist. So wird als erstes immer die Frist verschoben. Nachdem dies ein paar Mal geschehen ist, wird der Verantwortliche ausgetauscht. Schafft auch dies keinen Erfolg, so wird die Messlatte gesenkt. Nur im Notfall wird als letzter Ausweg eine Maßnahme ganz abgesagt. Es besteht also immer die Gefahr, zu lange an sub-optimalen Maßnahmen festzuhalten. So wird möglicherweise über Jahre an einem Kunden-Bereich auf der Webseite herumgedoktert, obwohl er überhaupt nicht genutzt wird. Auf der anderen Seite gibt es aber auch immer wieder gegenteilige Fälle, wenn einer Strategie und ihren Maßnahmen nicht genügend Zeit gegeben wird, z. B., wenn ein Vor-Ort-Service aufgrund hoher Kosten bei den Bestandskunden schnell wieder eingestampft wird, obwohl er großes Potenzial für das Neukundengeschäft hat. Strategie wird dann mangels Konstanz zum Eiertanz. Ein guter Manager findet den hoffentlich goldenen Mittelweg.

2.4 Start-ups – Warum neue Unternehmen gegen etablierte Konzerne bestehen können

Große Teile des Studiums drehen sich um große Unternehmen oder um mittelständische Unternehmen mit einem großen Marktanteil in einer Nische. Beiden ist eins gemein: Sie haben ein funktionierendes Ge-

schäftsmodell und finanziellen Erfolg. Kurz, sie wissen, worauf es
ankommt. Wie aber sind sie dorthin gekommen? Warum schaffen es
neue Unternehmen, denen Wissen und Größenvorteile fehlen, zu wachsen und sich langfristig zu etablieren?

Der Grund ist bereits in den bisherigen Überlegungen zur Unternehmensorganisation zu finden. Etablierte Unternehmen sind auf einem
Erfolgspfad. Strategie, Prozesse und Strukturen sind optimiert, den bekannten Pfad zu beschreiten. Ein Abweichen vom Pfad hingegen ist
kaum möglich – dies gilt im Großen bei der Strategie wie auch im Kleinen wie z. B. bei einzelnen Prozessen der Supply Chain. Neue Unternehmen hingegen können *neue Pfade* beschreiten. Sie haben es durch die
fehlenden Strukturen nicht nur leichter *Innovationen* einzuführen,
sondern sind in der Lage ein viel breiteres Spektrum an Innovationen
zu nutzen.

Innovative Elemente sind folglich auch ein zentrales Kriterium bei der
Definition von *Start-ups*, welche einem wesentlich höheren *Risiko* als etablierte Unternehmen unterliegen. Sie befinden sich in wilder Natur, in
der es neue Pfade zu finden oder zu schaffen gilt. Zudem sind Start-ups
auf starkes *Wachstum* ausgerichtet. Oft wird von *Skalierbarkeit* gesprochen. Sobald ein neuer Erfolgspfad gefunden ist, soll dieser schnell mit
großen Truppen beschritten werden können. Handelt es sich hingegen
lediglich um neu gegründete Unternehmen, die weder innovativ noch
auf großes Wachstum ausgerichtet sind, sprich man im Deutschen von
Existenzgründungen. Es geht um ein stetiges Einkommen für den Gründer.

Existenzgründungen zielen vor allem darauf ab, neue oder stark wachsende Märkte mit bestehenden Geschäftsmodellen zu besetzen. Denken
Sie an einen Arzt, der sich im Neubaugebiet niederlässt oder eine Web-
agentur, die als Dienstleister anderen Unternehmen bei der Digitalisierung hilft. Start-ups hingegen wollen entweder etwas komplett Neues
oder aber etwas Bestehendes, besser, spezieller oder billiger machen.

Der heilige Gral sind *disruptive Innovationen*. Entgegen *inkrementeller
Innovationen*, welche Bestehendes besser machen, schaffen sie neue Wett-
bewerbsparameter. Diese befriedigen Probleme der Kunden erstmals bzw.
viel besser als bisher. Das klappt besonders gut, wenn die Kundenbedürf-
nisse unter den bestehenden Wettbewerbsparametern übererfüllt sind.
Als Appel (im Bereich Handys 2007 faktisch ein Start-up) z. B. das

IPhone einführte, lagen die Manager vom Weltmarktführer Nokia lachend unter dem Konferenztisch: ein Tag Batterielaufzeit? Das ist ja ein Witz! Tatsächlich war bis dato die Batterielaufzeit ein wichtiges Kaufkriterium für Handys, ohne dass Kunden oder Hersteller gemerkt hatten, bereits weit über das Ziel hinausgeschossen zu sein. Es reichte aus, mit dem IPhone über den Tag zu kommen und es jeden Abend zu laden. Stattdessen rückten die Benutzerfreundlichkeit und Multimediafähigkeiten des IPhone für die Kunden in den Vordergrund. Solche disruptiven Innovationen sind für etablierte Unternehmen extrem schwer umzusetzen, da sie wesentlicher Änderungen von Denkmustern und Prozessen bedürfen – also genau das Gegenteil von dem, was sie derzeit erfolgreich macht. Hinzu kommt in der Regel die Kannibalisierung des bestehenden Geschäfts, wenn sichere große Umsätze für ungewisse neue Umsätze wegbrechen. Apple ist eins der wenigen Beispiele, in denen ein etabliertes Unternehmen bewusst den bisherigen Erfolgsast (iPod MP3-Player) abgesägt hat. Die überwältigende Mehrheit disruptiver Innovationen wird daher von Branchenfremden, insbesondere Start-ups hervorgebracht.

Viele der bisher besprochenen und im Buch noch folgenden Managementmethoden sind für Start-ups wenig geeignet, insbesondere aufgrund der hohen Unsicherheit in fast allen Bereichen des Geschäfts. Daher hat sich eine eigene kleine BWL für Start-ups entwickelt, welches sich auf deren Risiko und den darin liegenden Chancen fokussiert. Aus strategischer Sicht fällt diese unter den *ressourcenbasierten Ansatz*. Dies ist auch nicht verwunderlich, da es bei Start-ups um Mut, Ideen und Begeisterung der Gründer geht. Alles basiert auf den Ressourcen des Start-ups. Andersherum ist ein Start-up im Wettbewerb irrelevant. Ein Großunternehmen kann Start-ups gar nicht aktiv in seine strategischen Überlegungen einbeziehen – es gibt viel zu viele. Marktorientierte Instrumente wie Porters Five forces sind also verlorene Liebesmüh, obwohl man sie immer wieder bei Start-ups sieht.

Ein Ziel aller Start-ups ist ökonomischer Erfolg. Einfach gesagt: Ein Start-up hat es geschafft, wenn es kein Start-up mehr ist. Auf dem Weg dorthin durchlaufen Start-ups einen *Zyklus*. In der *Gründungsphase* geht es darum, ein relevantes Problem zu identifizieren, ein Lösungskonzept dazu zu skizzieren und die benötigten Ressourcen zur Ausarbeitung des Konzepts zu sichern. Oft bedeutet dies insbesondere ein Gründerteam zusammen zu stellen. Dann folgt die *Validierungsphase*. Deren Motto ist „scheitere schnell und billig". Mit möglichst geringem Ressourceneinsatz soll ein voraussichtlich tragfähiges Modell gefunden werden. Konkret geht es darum, *Product-Market-Fit* herzustellen. Das Problem muss in allen Facetten verstanden und eine hoch relevante Lösung gefunden werden. Die Validierung ist geschafft, wenn eine Hand voll Kunden die Lösung liebt, selbst wenn es noch kein komplettes Produkt ist. Zudem sollte in der Validierungsphase auch das Geschäftsmodell bestätigt werden. Erst wenn dies geschafft ist, kann das Start-up in die abschließende *Wachstumsphase* übergehen. Das Produkt wird perfektioniert und ausgerollt. Die Expansion in weitere Produkte oder Märkte wird gestartet. Häufig wird in dieser Phase viel Kapital benötigt, welches z. B. von Venture-Capital-Gesellschaften bereitgestellt wird. Vor allem deswegen ist es essenziell, das Konzept validiert zu haben. In der Dotcom-Blase zur Jahrtausendwende z. B. wurden reihenweise nicht validierte Start-ups skaliert, was in extremen Verlusten endete. Das Start-up inhärente Risiko wurde vor der großen Investition nicht ausreichend reduziert. Heute sieht man solche Pleiten wesentlich seltener.

Im Laufe des Start-up-Zyklus kommen verschiedene Methoden und Werkzeuge zum Einsatz. Für die Gründungsphase hat der Unternehmer und Berater Alexander Osterwalder mit Partnern z. B. den *Business Model Canvas* entwickelt. Auf einer Seite (englisch „canvas" = Leinwand) wird beschrieben, *wie* das Geschäft funktioniert. Zentrales Element ist der Wertbeitrag oder englisch „value proposition". Er beschreibt die Lösung, welche das Start-up bietet. Daneben stellt der Canvas die Kundenperspektive dar, also deren Probleme und die Kanäle, sie zu erreichen bzw. dauerhaft zu halten. Auf der anderen Seite stellt der Canvas das Start-up mit seinen Kernaktivitäten, zentralen Ressourcen und Partnern dar. Zudem werden die zentralen Kostenblöcke und Umsatzquellen durchdacht. So ergibt sich ein komplettes Bild des Unternehmens. Auf diesem systematischen Niveau sollte zunächst alles plausibel erscheinen, bevor man in Details springt.

Für die Validierungsphase hat der Unternehmer Eric Ries in den 2010er-Jahren die *Lean-Start-up*-Methode als zentralen Denkansatz etabliert. Die Methode hat eingeschlagen wie eine Bombe. Es gibt nahezu keine Start-ups mehr, die nicht nach diesem Ansatz vorgehen. Die

Methode zielt darauf ab, das Risiko des Start-ups schnell und effizient zu reduzieren. Traditionelle Kennzahlen wie Umsatz und Gewinn werden über Bord geworfen. Anstatt dessen geht es lediglich um *validiertes Lernen*. In einer schnellen Abfolge von Experimenten soll belastbares Wissen über den Product-Market-Fit und das Geschäftsmodell generiert werden. Gerät man in eine Sackgasse, macht man einen „*pivot*" – sozusagen eine Drehung mit einem Fuß fest auf dem Boden – und läuft in eine andere Richtung weiter. Validiertes Lernen kann immer nur am Kunden (Problem) mit einem Produkt (Lösung) erfolgen. Beides gilt es, mit minimalem Aufwand zu erreichen. Auf Kundenseite werden daher einzelne Enthusiasten angesprochen. Auf Produktseite kommen *MVP* für englisch „*minimum viabale product*" zum Einsatz. Mit minimalem Aufwand werden die Kernelemente des Produkts in allen relevanten Dimensionen (Funktionalität, Komfort etc.) bereitgestellt. Anstatt eine App zu entwickeln, könnte ein Start-up z. B. als MVP zunächst einen telefonischen Service anbieten. So ensteht ein „build-measure-leran" Zyklus. Es werden Einzelheiten am MVP verändert, das verbesserte MVP wird verkauft und aus den Handlungen der Kunden werden validierbare Schlüsse gezogen usw..

Allen Start-up-Methoden gemein ist die *Agilität*. Start-ups müssen schnell und flexibel sein. Darin besteht der Wettbewerbsvorteil gegenüber etablierten Unternehmen. Die etablierten Unternehmen wissen dies natürlich und versuchen, selber entsprechende Methoden einzusetzen, um beide Welten zu vereinen. In der Ideenphase, dem Äquivalent zur Gründungsphase, gelingt dies mit Methoden wie Design Thinking noch ganz gut. Allerdings sind etablierte Unternehmen notorisch schlecht in der Validierung. Ein deutscher Ingenieur kann einfach kein halbfertiges, in Randbereichen noch fehlerhaftes Produkt jemandem gegen Geld verkaufen. Daher haben typische Innovationsprozesse lange Vorarbeiten, bis ein Produkt an den Markt kommt. Start-ups machen es genau umgekehrt. Als erster Schritt wird ein MVP an Kunden verkauft, erst danach wird intensiv entwickelt und sich um wirtschaftliche Aspekte Gedanken gemacht.

Der Fokus auf Agilität spiegelt sich auch in den Planungsmethoden der Start-ups wider. *Businesspläne*, also seitenlange Dokumente zu Details des Geschäfts, werden heutzutage eigentlich nur noch für

Businessplan-Wettbewerbe gemacht – die noch aus der Zeit vor Lean Start-up kommen. Stattdessen wird mit Einseitern wie dem Business Model Canvas und insbesondere *Pitchdecks* gearbeitet. Pitchdecks sind kurze Präsentationen, die Investoren und Mitarbeiter vom Start-up überzeugen sollen. Product-Market-Fit, Geschäftsmodell, Marktgröße und das Gründerteam müssen stimmen. Viele Details aus klassischen Businessplänen sind weitgehend Spekulation und damit irrelevant. Zum Beispiel muss man keinen detaillierten Social-Media-Plan ausarbeiten, wenn man noch nicht validiert hat, ob Social Media überhaupt ein geeigneter Werbekanal ist. Gleiches gilt insbesondere auch für die Finanzplanung. Sie beschränkt sich in der Regel auf die Kostenplanung, da hier vieles absehbar ist (Mitarbeiter, Büros, Dienstleister etc.). Für die Umsatzplanung reichen ein paar grobe Szenarien. Achtung: all dies gilt für Start-ups. Für risikoärmere Existenzgründungen sind detaillierte Geschäftspläne weiterhin das Mittel der Wahl und unabdingbar für eine Bankfinanzierung.

Wie sieht es bei Ihnen aus – schaffen Sie es? Haben Sie Unternehmergeist? In 90 Prozent aller Fälle braucht man die Antwort leider gar nicht abzuwarten: „Ach, ich bräuchte halt eine Idee!" Aller Wahrscheinlichkeit nach haben auch Sie das gerade gedacht. Ganz klar, eine große Idee schafft großen Wert. Doch das wahre Hemmnis ist der Mut! Denn viele kleine Ideen reichen schon aus, um im Wettbewerb zu bestehen. Wie sonst gäbe es immer noch so viele Einzelhändler die gegen große Warenhäuser Bestand haben. Auch Begeisterung kommt schnell auf und bleibt lange erhalten, wenn man mit dem Herzen dahintersteht. Man muss sich nur trauen! Dazu ist es sehr hilfreich, ein Werkzeug aus dem Top Management einzusetzen: das *Worst-Case-Szenario* („worst case" = schlimmster Fall). Überlegen Sie sich, was im schlimmsten Fall passiert: In vielen Geschäftsmodellen bedeutet ein „Scheitern", in seinen alten Beruf oder gar Job zurückzugehen. Man hat zwar Geld verloren, jedoch an Erfahrung gewonnen. Wer sich im Rahmen seiner finanziellen Möglichkeiten bewegt, braucht nicht schwarzmalen.

Eine einfache Erkenntnis, doch passiert dies selbst auf höchsten Konzernebenen. Dort wird zum Beispiel von einem weltweiten Wirtschaftseinbruch bei gleichzeitig dauerhaft explodierenden Rohstoffpreisen ausgegangen. Beides gleichzeitig ist allerdings so unwahrscheinlich, dass man gar nicht näher darüber nachdenken muss. Das gleiche gilt für Sie: Die Welt geht nicht unter! Kennt und berücksichtigt man seine Risiken, so gibt es immer einen Weg zurück – wenn man ihn denn überhaupt gehen will.

Eine gute Methode Ihren Unternehmergeist zu wecken ist es, Sicherheit in Sachen Wirtschaft zu gewinnen. Mit dem aufgefrischten Verständnis von Menschen und Unternehmen haben Sie bereits einen großen Schritt dahin getan. Jetzt geht es daran, die beiden zu kombinieren – dies geschieht in der Marktwirtschaft.

3

Marktwirtschaft – Geliebt und gehasst

Märkte – und damit auch die Marktwirtschaft – sind genauso einfach wie es klingt. Auf ihnen findet ein Austausch wirtschaftlicher Leistungen statt. Märkte existieren, weil es unmöglich ist, sich autark zu versorgen. Daher werden Güter und Dienstleistungen zwischen Anbietern und Nachfragern gehandelt, meist gegen Geld. Das war es schon! Wenn man dieses Prinzip in all seinen spannenden Facetten versteht, dann hat man Wirtschaft verstanden.

Oft wird die *Marktwirtschaft* auch mit dem im deutschen Sprachraum eher kritischen Begriff Kapitalismus bezeichnet. Damit kommt die überragende Rolle des *Gewinnmotivs* zum Ausdruck. Die Menschen werden von Geld gelenkt – sonst nichts. Trotzdem ist die Marktwirtschaft das natürliche Wirtschaftssystem der Demokratie, weil Sie den einzelnen Menschen große Freiheit gibt. Die Produktionsfaktoren sind in Privatbesitz; Verträge können frei geschlossen werden. Wie nirgendwo sonst, werden auch die Wünsche von Minderheiten befriedigt. Denn schon eine kleine Nachfrage reicht aus, ein Angebot hervorzulocken. Das Markt-Prinzip ist so erfolgreich, dass es mittlerweile das einzige ernstzunehmende Wirtschaftsprinzip ist – weltweit! Selbst sozialistische Systeme und Diktatoren setzen es erfolgreich ein. Auch das Ziel ist fast überall das

© Springer Fachmedien Wiesbaden GmbH, ein Teil von Springer Nature 2020
F. Dittrich, *Was ich im BWL-Studium hätte lernen sollen*,
https://doi.org/10.1007/978-3-658-28485-5_3

gleiche: den Menschen größtmöglichen Nutzen bringen. Die spannende Frage ist daher, wie die Marktwirtschaft ausgestaltet werden sollte?

Um den Erfolg von Märkten zu verstehen, hilft es, sich die Aufgabe eines jeden Wirtschaftssystems zu verdeutlichen. Es muss koordiniert werden, wer was wann in welcher Qualität produziert. In einer Marktwirtschaft setzt der Staat lediglich die Rahmenbedingungen und ist auf den Märkten nur wenig tätig. Es sind die Wirtschaftsteilnehmer selber, die entscheiden was passiert. Kommen z. B. plötzlich Brotbackmaschinen in Mode, so wird dieser Nachfrageanstieg schnell ein entsprechendes Angebot hervorrufen. Denn es lässt sich mit den Brotbackmaschinen ein schöner Gewinn erzielen. Der winkende Gewinn lockt Unternehmen an. Diese wetteifern, möglichst schnell eine möglichst gute Brotbackmaschine auf den Markt zu bringen. Wie schnell so etwas geht, sehen Sie im täglichen Leben. In einigen Modegeschäften dauert es gerade einmal drei Monate, bis die Saisonhits der anderen Anbieter unter eigener Marke im Verkauf sind. Eine beachtliche Leistung, finden in dieser Zeit doch Marktanalyse, Design, Produktion und Transport statt. Der Markt macht es möglich!

Das Gegenmodell zum Markt ist die zentrale Planung, welche Kern *planwirtschaftlicher* Systeme ist. Theoretisch lässt sich durch zentrale Planung eine optimale Effizienz erzielen, weil es keine Verschwendung gibt. Im Beispiel oben mögen zu viele Unternehmen in Brotbackmaschinen investieren. Die dicken Geldscheine vor den Augen, stehen auf einmal 30 Modelle im Laden. Gewinn macht am Ende keiner. Das ist für die Konsumenten natürlich nicht schlimm, doch es entstehen auch echte volkswirtschaftliche Verluste durch unverkaufte Geräte und vergebenen Entwicklungsaufwand. In der Planwirtschaft würde eine Hand voll Modelle entwickelt, die alle Wünsche abdecken. So die Theorie. Doch in der Praxis scheitert die zentrale Planung kläglich. Denn niemand ist in der Lage, die Nachfrage vorherzusagen! Darüber hinaus dauert zentrale Planung unglaublich lange, weil unglaublich viele Leute etwas unglaublich Wichtiges beizusteuern haben. Im Ergebnis passen Angebot und Nachfrage schlecht zusammen. Natürlich ist es egal, ob der Fünfjahresplan die Produktion eines Zwei- oder Dreiklingenrasierers vorsieht. Doch wenn die Raffineriekapazität nicht zur Benzinnachfrage passt, hat man ein Problem. Neben der Inflexibilität gibt es ein zweites

„Knock-out"-Argument gegen zentrale Planung. Der Unternehmergeist bleibt auf der Strecke! Ideen werden nicht belohnt, Mut und Begeisterung haben keinen großen Wert. Wenn alles durch jemanden vorgegeben ist, werden wesentliche Motivations-Mechanismen außer Kraft gesetzt. Planwirtschaft macht keinen Spaß! Daher ist der Kuchen mickrig im Vergleich zur Marktwirtschaft, auch wenn die gleichen Zutaten zur Verfügung stehen.

Wettbewerb – Ein Rattenrennen?

Stellen Sie sich eine Gruppe Ratten im Garten vor, die ein Stückchen Käse auf der Veranda entdecken. Diesen Leckerbissen will jede Ratte haben. So rennen alle wie von einer Biene gestochen los. Den Käse bekommt natürlich nur eine einzige Ratte. Die anderen sind umsonst gerannt und haben sich dabei auch noch Gefahren ausgesetzt. In Summe wäre es viel besser gewesen, langsam und sicher zum Käse hin zu spazieren und dann darum zu knobeln.

Solche Modelle werden in der VWL benutzt, um ein Überschießen des Wettbewerbs zu beschreiben. Dies ist immer dann der Fall, wenn zusätzlicher Ressourceneinsatz den Kuchen nicht vergrößert. Allerdings liegt eins auf der Hand: Ein bisschen Rattenrennen ist immer dabei! Die Vorteile des Wettbewerbs werden durch ein gewisses Maß an Verschwendung erkauft. Würden die Ratten immer um den Käse knobeln, anstatt zu rennen, so wären sie alle bald dick, behäbig und unflexibel. Kein besonders freundliches Umfeld fürs Überleben, geschweige denn für den Fortschritt.

So sind es dann auch sehr innovative Bereiche unserer Gesellschaft, in denen bewusst Rattenrennen veranstaltet werden. In der Wissenschaft beispielsweise gibt es immer mehr hoch dotierte Preise für bestimmte Forschungsergebnisse. Anstatt einem einzigen Team einen spezifischen Auftrag zu erteilen, wird einfach das gewünschte Resultat definiert und jeder kann sein Glück versuchen. Zwar kommt es so zu einem erheblichen Maß an (vermeintlicher) Verschwendung, wenn viele Teams Zeit und Geld einsetzen und trotzdem scheitern. Doch sind die gewonnen Erkenntnisse regelmäßig so breit und wertvoll, dass der Nutzen die Kosten übersteigt.

Eine Marktwirtschaft der einfachsten Form besteht aus *Haushalten* und *Unternehmen*. Mit Haushalt sind die kleinsten privaten wirtschaftlichen Einheiten gemeint. Das kann eine Studenten-WG, ein Alleinlebender oder auch eine Großfamilie sein. Haushalte sind in ihrem wirtschaftlichen Verhalten für die Modellwelten der Volkswirtschaftslehre eine besonders geeignete Abgrenzung. Sie haben eine Wohnung, fragen auch große Güter wie Einfamilienhäuser nach und umfassen die Nachfrage von Kindern. Neben Haushalten und Unternehmen spielen auch der *Staat* und das *Ausland* eine Rolle im marktwirtschaftlichen Austausch.

Sie werden daher häufig in die etwas komplizierteren Modelle mit aufgenommen. Zum Grundverständnis reichen aber schon Haushalte und Unternehmen, die zusammen einen *Wirtschaftskreislauf* begründen. Zwar läuft nicht immer alles rund, aber zumindest beständig hin und her. Denn, wie schon ganz zu Beginn des Buches betont wurde: Wirtschaft ist Austausch. Dieser findet immer auf zwei Ebenen statt. Es gibt einen Güter- bzw. *Leistungskreislauf* und einen spiegelbildlichen Geld*kreislauf*.

Als Arbeitnehmer stellen Sie den Unternehmen Ihre Arbeitskraft zu Verfügung, während die Unternehmen Ihnen Produkte und Dienstleistungen anbieten. Dies ist der Leistungskreislauf. In Geld betrachtet, ist es genau anderes herum. Sie bekommen Geld für Ihre Arbeitskraft, wohingegen Sie den Unternehmen deren Güter und Dienstleistungen gegen Geld abkaufen. Um wirtschaftliche Vorgänge zu verstehen, reicht es vollkommen aus, nur auf einen Kreislauf zu schauen. Weil es einfacher ist, wird praktisch immer der Geldkreislauf genommen.

Mit dem freien Austausch zwischen Anbietern und Nachfragern geht ein weiteres konstituierendes Merkmal der Marktwirtschaft einher: *Wettbewerb*. Wettbewerb bedeutet, dass mehrere Anbieter und Nachfrager jeweils in Konkurrenz zueinander stehen. Für Anbieter bedeutet Wettbewerb, Güter und Dienstleistungen zu einem günstigeren Preis oder in besserer Qualität als andere anzubieten. Bei Nachfragern bedeutet Wettbewerb, dass man sich gegenseitig überbietet, um knappe Güter zu bekommen. Das ist heutzutage allerdings weniger relevant, weshalb im Weiteren der Anbieter-Wettbewerb im Fokus steht. Wettbewerb hat je nach Sichtweise ganz unterschiedliche Implikationen. Für Nachfrager, und damit insbesondere uns als Konsumenten, ist Wettbewerb ein Heilsbringer. Wie kein anderer wirtschaftlicher Mechanismus sorgt Wettbewerb für die Befriedigung unserer Bedürfnisse. Denken Sie an die oben genannten Beispiele. Wettbewerb ist ein Füreinander – alle sind Gewinner. Aus Anbieter-Perspektive ist das Bild differenzierter: Wettbewerb ist ein Gegeneinander – es gibt Gewinner und Verlierer. Die Bedürfnisse der Nachfrager am besten zu befriedigen, bedeutet automatisch, besser als die anderen zu sein. Wer es im Wettbewerb nicht schafft, geht pleite. Auch für einzelne Menschen ist Wettbewerb als Gegeneinander relevant, z. B., wenn wir unseren Arbeitsplatz unverschuldet verlieren. Wir sind mit unserer Arbeitskraft Anbieter auf dem Arbeitsmarkt und stehen dort mit vielen anderen Arbeitnehmern in Konkurrenz. Aus Unternehmenssicht ist Wettbewerb am Arbeitsmarkt hingegen erfreulich, strengen sich doch alle tüchtig an, um nicht ins Hintertreffen zu geraten.

Sie sehen, die grundsätzliche Beurteilung von Wettbewerb ist Ansichtssache. Bereits aus dem wenigen Gesagten kann man Argumente für eine flammende Für- als auch Widerspreche ableiten. In Deutschland und vielen anderen europäischen Ländern überwiegt in der Gesellschaft die kritische Haltung zum wirtschaftlichen Wettbewerb. Selbst BWL-Studenten beantworten die Frage „Was ist das Gegenteil von Wettbewerb?" meist ökonomisch falsch mit „Kooperation". Stellen Sie die gleiche Frage an Studenten in den USA, England oder Teilen von Asien – alles Gesellschaften in denen eine positive Einstellung zum wirtschaftlichen Wettbewerb überwiegt – so erhalten sie die ökonomisch korrekte Antwort: „*Monopol*". Im Monopol existiert nur ein einziger Anbieter, so dass es keine Konkurrenz und damit Wettbewerb gibt.

Wettbewerb – Ein Lebensprinzip!

Die teils negative Grundhaltung zum wirtschaftlichen Wettbewerb ist ein soziologisch interessantes Phänomen. Denn Wettbewerb ist eine tief in uns verankerte Verhaltensweise. Im weiteren Sinne ist Wettbewerb das Kernprinzip der Evolution. Es geht immer darum, sich optimal seiner Umgebung anzupassen. Bei begrenzten Ressourcen heißt das, besser zu sein als andere. Auch wenn Wettbewerb Verlierer produziert, sollte man daher eine grundsätzlich positive Einstellung erwarten. Denn Wettbewerb ermöglicht Leben! Und tatsächlich, in vielen Bereichen herrscht eine freudvolle Einstellung zum Wettbewerb. Denken Sie nur an den Profisport, in den Unmengen an Zeit, Energie und Geld gesteckt werden. Und nicht zu Unrecht. Sportlicher Wettbewerb ist ein großer Quell von Emotionen, Motivation und sozialem Miteinander. Dabei ist es zweitrangig, wer genau schneller im Kreis laufen kann. Genau das wird von vielen Menschen beim wirtschaftlichen Wettbewerb vergessen. Wettbewerb wirkt wie ein Selbstzweck. Dabei ist er jedoch genau das Gegenteil: Mittel zum Zweck. Er bringt uns Wohlstand und Freiheit. Wenn dieses Ziel aus den Augen gerät, rücken leicht die negativen Aspekte des Wettbewerbs in den Fokus.

Nach rein wirtschaftlichen Maßstäben gibt es keine Frage: Wettbewerb ist gut! Oben hatten wir als Ziel des Wirtschaftssystems definiert, die verfügbaren Ressourcen möglichst gut zur Befriedigung unserer Bedürfnisse einzusetzen. Da Bedürfnisse in der BWL in Gütern und Dienstleistungen gemessen werden, ist der Maßstab also der Ausstoß. Die empirischen Befunde sind vor diesem Hintergrund klar. Ob man zwei Länder mit und ohne Marktwirtschaft vergleicht oder auf eine Branche mit und eine ohne Wettbewerb schaut – der Ausstoß ist bei Wettbewerb immer höher. Je mehr Wettbewerb desto besser! Alle geben ihr Bestes. Der Staat darf nur eingreifen, um Beschränkungen des Wettbewerbs zu beseitigen.

In diesem Muster denken heutzutage allerdings nur noch wenige Vollblut-Marktwirtschaftler. Den Zeitgeist trifft eher die zeitlose Feststellung des Rundfunk-Pioniers David Sarnoff: „Wettbewerb bringt das Schlechteste im Menschen, jedoch die besten Produkte hervor." Unter Ökonomen zweifelt niemand an der Kraft des Wettbewerbs, doch sind auch dessen negativen Seiten unbestritten. So wird aus einem sportlichen Wettstreit – was Wettbewerb idealerweise sein sollte – leicht ein Kampf um Leben und Tod. Zumindest um den gesellschaftlichen Tod. Denn auch in durch Wettbewerb reich gewordenen Ländern gibt es Armut. Wenn man Armut abhängig vom Durchschnittseinkommen definiert, sogar im erheblichen Umfang!

3.1 Marktwirtschaft ist sozial

Kein Wunder also, dass heute in Theorie und Praxis nicht die Frage diskutiert wird, ob Wettbewerb eingeschränkt werden sollte, sondern die Frage, wie stark. Ziel ist es, gleichzeitig die Kuchengröße zu maximieren und eine gesellschaftlich akzeptierte Verteilung des Reichtums zu gewährleisten. Staatliche Beschränkungen des Wettbewerbs finden sich praktisch überall; sie betreffen sowohl die Haushalte als auch die Unternehmen. Die große Zahl der *staatlichen Eingriffe* in die Marktwirtschaft erklärt sich unter anderem durch den demokratischen Meinungsbildungsprozess. Gerade in Sachen Wirtschaft gilt: Wo ein Politiker, dort auch zahlreiche Interessengruppen. Es geht immerhin ums Geld!

Viele Eingriffe in den Wettbewerb dienen dem Schutz der Schwachen. Denn Wettbewerb bedeutet ständigen Wandel. Im Streben besser als andere zu sein, werden neue Dinge ausprobiert; Bestehendes muss aufgegeben werden. Der Ökonom Joseph Schumpeter sprach zu Beginn des 20. Jahrhunderts als erster vom Wettbewerb als *schöpferischer Zerstörung.* Greifbar wird die Zerstörung vor allem dann, wenn man seinen Arbeitsplatz verliert, weil der Arbeitgeber nicht mehr wettbewerbsfähig ist. Zunächst ist dies nicht unbedingt ein Beinbruch, denn im Wettbewerb gibt es immer die Chance auf einen neuen Arbeitsplatz. Ein richtiges Problem entsteht aber, wenn die eigenen Qualifikationen nicht mehr gefragt sind. Man kann seit 20 Jahren ein hervorragender technischer Zeichner sein. Wenn alle jungen Kollegen jedoch in computerbasierter Zeichnung ausgebildet sind, ist es sehr schwer, dagegen zu konkurrieren.

Es ist die Aufgabe *sozialer Sicherungssysteme,* die negativen Auswirkungen des Wettbewerbs auf den Einzelnen abzumildern. Im Deutschland der Nachkriegszeit wurde der Begriff *soziale Marktwirtschaft* geprägt. Er spiegelt zunächst einmal eine grundsätzlich positive Einstellung zur Marktwirtschaft wider. Es kommt damit aber ebenfalls zum Ausdruck, dass bei ihrer Ausgestaltung die Gemeinschaft bzw. der soziale Zusammenhalt eine wichtige Rolle spielen sollte. So sind sozialen Sicherungssysteme meist als Versicherungen organisiert. In Deutschland sind dies die Kranken-, Unfall-, Pflege-, Arbeitslosen- und Rentenversicherung. Alle haben gemein, dass eine große Anzahl von Menschen – in der Regel sind dies die Arbeitnehmer – in einen gemeinsamen Topf einzahlen, und die Bedürftigen daraus Zahlungen erhalten.

Um das Problem einer Negativauswahl zu vermeiden (die Motivation dahinter wurde im Kap. 2 angesprochen), handelt es sich bei den Sozialversicherungen um *Pflichtversicherungen.* Damit werden die Schwachen, die viele Leistungen in Anspruch nehmen müssen, automatisch von den Starken unterstützt. Ohne dieses Prinzip – also im freien Markt – würden die Versicherungen für die Schwachen unbezahlbar teuer. Die „soziale Struktur" der Sozialversicherungen wird zudem durch *einkommensabhängige Beiträge* geprägt: Wer viel verdient, zahlt mehr – trotz oft gleicher Leistungen. Zudem sind Nicht-Beitragszahler wie z. B. Kinder teilweise kostenlos mitversichert.

Der Arbeitgeberbeitrag – Auch die Politik kann Marketing

Die Sozialversicherungen werden zumeist paritätisch, also zur Hälfte vom Arbeitgeber und vom Arbeitnehmer getragen. Neben den auf der Gehaltsabrechnung sichtbaren Abzügen, muss der Arbeitgeber noch mal das Gleiche zahlen.

Ganz schön sozial, dass bei uns auch die Wirtschaft ihren Beitrag leistet, oder? So dürften die meisten denken. Doch tatsächlich ist der Arbeitgeberbeitrag ein genialer Marketingtrick der Politik – denn in Wirklichkeit zahlen Sie alles selbst! Für ein Unternehmen ist es nämlich egal, an wen gezahlt wird. Ob zunächst an Sie oder direkt an die Sozialversicherungen macht keinen Unterschied – es kostet das gleiche. Was zählt sind die kompletten Gehalts- und Gehaltsnebenkosten. Lediglich auf der Gehaltsabrechnung wirken die Abgaben künstlich niedrig.

Der Marketingtrick besteht also nicht nur darin, das Gefühl zu schaffen, die „böse" Wirtschaft würde in die Pflicht genommen. Gleichzeitig wird auch verschleiert, wie hoch die Abgaben für die Sozialversicherungen auf das Gehalt wirklich sind. Ein klassischer Bilanztrick. Und warum zahlt der Arbeitgeber nicht gleich alles, das sieht doch noch besser aus? In diesem Fall müsste der Staat die Steuern erhöhen! Denn die Lohnsteuer wird vom Bruttolohn auf der Gehaltsrechnung erhoben, d. h. die ausgewiesenen Sozialabgaben der Arbeitnehmer werden besteuert, der Arbeitgeberbeitrag jedoch nicht. Freibeträge in der Steuererklärung können das nicht aufwiegen. Auch kein schlechter Trick.

Finanziert werden die meisten Sozialversicherungen im *Umlageverfahren*. Eingezahlte Beiträge werden direkt an die Leistungsempfänger ausgeschüttet. Wenn eine Lücke zwischen Beiträgen und Auszahlungen entsteht, springt bisweilen der Staat mit Steuergeldern ein. Das Umlageverfahren ist das logische System für alle Risikoversicherungen wie z. B. gegen Krankheit oder Unfall. Jeden Monat gibt es Leistungsfälle, genauso wie auch die Beiträge regelmäßig anfallen. Ein kapitalgedecktes System, bei dem Leistungen aus angespartem Geld bezahlt werden, kommt nicht infrage. Dies würde bedeuten, man müsste erst einmal ein paar Jahre ansparen, bevor man ernsthaft krank werden dürfte. Das könnte schwierig werden.

Lediglich für die Rentenversicherung macht *Kapitaldeckung* Sinn. Denn dabei legen Sie über das Arbeitsleben etwas zurück, was Sie im Ruhestand verbrauchen. Nur wurde auch hier verständlicherweise das Umlageverfahren gewählt, um zum Versicherungsstart direkt den ersten

Rentner etwas auszahlen zu können. Diese Generation hatte Ende des 19. Jahrhunderts das Glück, ohne je Beiträge gezahlt zu haben, eine Rente zu bekommen. Heute zahlt jeder Arbeitnehmer zunächst einmal für die aktuellen Rentner.

Ganz im sozialen Sinne wird hier vom *Generationenvertrag* gesprochen. Das hört sich schön an, ist aber wenig wert. Die Beitragszahler-Generation, als eine der Vertragsseiten, ist verpflichtet, an die ältere Empfänger-Generation die Renten zu zahlen. Allerdings ist die Vertragsgegenseite im Zweifel noch nicht geboren. Es ist also unsicher, was man selber einmal bekommt. Geburten und Zuwanderung können in den meisten europäischen Ländern nicht annähernd das Verhältnis von Beitragszahlern zu Empfängern aufrechterhalten. Daher ist es passender von Generationen-hoffnung als von Generationenvertrag zu sprechen – man hofft, so viel wie möglich von seinen Beiträgen später wiederzusehen.

Das Problem ist seit langem bekannt und verstanden, sogar in seinem ganzen Umfang. Nur stehen Politiker vor dem Dilemma, heute mit Rentenreformen wenig Stimmen gewinnen zu können, selbst wenn die Änderungen langfristig sehr sinnvoll sind. Insbesondere ist es schwierig, Einschränkungen für die heutigen oder zukünftigen Rentenempfänger durchzusetzen. Mittel der Wahl ist daher die staatlich geförderte private Zusatzrente, in Deutschland bekannt als die „Riester-Rente" für Angestellte bzw. die „Rürup-Rente" für Selbstständige. Bei diesen kommt das kapitalgedeckte Verfahren zum Einsatz. Es wird erst eine große Summe angespart, die den Beitragszahlern im Alter wieder ausgeschüttet wird. Wenig Kinder oder Zuwanderung scheinen unter diesem System kein Problem, da jede Generation für sich selber vorsorgt.

Allerdings klappt dies nur, so lange auch junge Menschen da sind. Denn egal ob Umlage oder Kapitaldeckung, der zugrunde liegende gesellschaftliche Mechanismus ist der gleiche: Junge Menschen arbeiten für die Rentner. Gibt es hier ein signifikantes Missverhältnis, dann hilft auch das dickste Aktiendepot nichts. Alle Rentner wollen gleichzeitig verkaufen, während nur wenige junge Menschen ansparen. Die Kurse fallen und die Altersvorsorge wird entwertet – das gleiche Ergebnis wie unter einem Umlagesystem. Trotzdem hat kapitalgedeckte Altersvorsorge Vorzüge. Da Kapital international mobil ist, verteilt sich die Vorsorgelast über die *ganze Welt*. Junge Inder von heute mögen so faktisch Rentner in

Japan finanzieren. Die Inder wiederum ersparen sich Ansprüche gegenüber anderen jungen Generationen irgendwo auf der Welt.

Darüber hinaus schärft eine private kapitalgedeckte Rentenversicherung das Verständnis der Bürger für die Problematik, da man sich aktiv und vor allem auf dem eigenen Konto mit dem Thema beschäftigt. Allerdings ist der Aufbau eines Kapitalstocks eine Zusatzbelastung auf das aktuelle Einkommen – mögen es die Politiker drehen und wenden wie sie wollen. So sind kapitalgedeckten Systemen als Zusatz zu einer Umlage-Rente natürliche Grenzen gesetzt.

Gerne wird die Frage gestellt „Können wir uns die Sozialsysteme noch leisten?". Zunächst einmal die erfreuliche Antwort: „Ja, überhaupt kein Ding." Denn entwickelte Volkswirtschaften haben heute einen enormen Reichtum und sehr hohe Produktivität erreicht, so dass mehr für soziale Sicherung denn je vorhanden ist. Dennoch besteht ein Problem in der Konstruktion der Sozialversicherungen, die getrieben durch äußere Einflüsse automatisch ihre Leistungen ausweiten. Beispiel Rente: Früher wurde 40 Jahre gearbeitet und im Schnitt 10 Jahre Rente bezogen. Heute sind es 40 Jahre Arbeit und dank des medizinischen Fortschritts fast 20 Jahre Rente. Folglich gibt es entweder doppelt so lange Rente und damit doppelt so hohe Beiträge – oder eben halbe Rente bei gleichen Beiträgen. Bestechend einfache Mathematik, aber doch chancenlos gegen Emotionen. So führen bereits zaghafte Bemühungen die Lebensarbeitszeit zu verlängern zu allgemeinem Protest, obwohl das Problem mit einer um 2 Jahre verlängerten Arbeitszeit nicht einmal annähernd behoben ist. Oben drauf kommt dann auch noch die geringe Geburtenrate/Zuwanderung.

Beispiel Krankenversicherung: Früher war die Lebenserwartung kürzer als heute, die Behandlungsmethoden waren weniger entwickelt und die Zahl chronischer Erkrankungen geringer. Heute leben wir länger, haben entsprechend mehr Krankheiten und die Medizin kann aus einem breiten Repertoire teils sehr teuer Behandlungsmethoden schöpfen. Kurz gesagt, die Kosten des Gesundheitssystems insgesamt steigen – genauso wie die Kosten pro Versichertem. Auch hier ganz einfache Mathematik: mehr Kosten = höhere Beiträge. Ähnlich wie bei der Rente, spielt die Demografie eine zusätzliche Rolle. Da die Beiträge der gesetzlichen Krankenversicherung an die Einkommenshöhe gekoppelt sind, bedeutet ein fallendes Durchschnittseinkommen der Menschen (es gibt mehr Rentner) geringere Einnahmen.

Private Krankenversicherung – Ausstieg aus der sozialen Verantwortung?

Immer wieder hört man in den Medien von der Zweiklassengesellschaft im deutschen Gesundheitssystem. Zwar besteht eine echte Versicherungspflicht, doch sind nur normalverdienende Arbeitnehmer auf die gesetzliche Krankenkasse beschränkt. Spitzenverdiener, Selbstständige und Beamte können oder müssen sich alternativ bei privaten Versicherungen anmelden. Und sie tun es auch. Denn in der privaten Versicherung gibt es kein Solidaritätsprinzip einkommensabhängiger Beiträge. Der Beitrag wird nach persönlichem Risiko berechnet. Die Leistungen sind nicht für alle gleich wie in der gesetzlichen Versicherung. Wer bei gleichem Risiko mehr zahlt, bekommt auch mehr Leistungen. Tarife mit vergleichbarem Leistungsspektrum zur gesetzlichen Versicherung kosten für viele weniger als die Hälfte des gesetzlichen Höchstbeitrags. Das heißt die finanziell stärksten Menschen bekommen ihre Gesundheitsversorgung für die Hälfte und tragen nicht zur Finanzierung der Schwächeren bei. Die Medien haben Recht, eine Zweiklassengesellschaft!

Es ist also nicht die Frage, ob wir uns die Sozialsysteme noch leisten können. Die Frage ist, inwieweit wir deren „natürliche Leistungsausweitung" begrenzen wollen. Dabei handelt es sich um einen der seltenen Fälle, wo es sinnvoll ist, an den Symptomen herumzudoktern, anstatt die dahinterliegenden Ursachen anzugehen. Denn ein langes Leben mit hervorragender medizinischer Versorgung ist ein großes Geschenk des Fortschritts an die Menschheit. Gesucht ist in Sachen Sozialsysteme ein Mittelweg, auf dem ein angemessener Teil der wachsenden volkswirtschaftlichen Leistungsfähigkeit in soziale Sicherung fließt – ohne von den Bürgern als Belastung wahrgenommen zu werden.

Neben den Sozialversicherungen bedeutet soziale Marktwirtschaft aber noch viel mehr. Es handelt sich um ein umfassendes Konzept – in welchem die Ordnung an erster Stelle steht. Man sieht, ein sehr deutsches Konzept. So ist es in der sozialen Marktwirtschaft die Aufgabe des Staates, dem Wettbewerb einen *ordnungspolitischen Rahmen* zu setzen. Damit sind zwei Dinge gemeint. Politik soll dafür sorgen, dass der Wettbewerb ordentlich erfolgt und seine positiven Kräfte entfaltet. Gleichzeitig soll der Staat aktiv in das Marktgeschehen eingreifen, um selektive Korrekturen zum Schutz der Verlierer des Wettbewerbs einzubringen. Erst dann ist es ein ordentliches Ergebnis.

Unterschwellig kommt dabei häufig eine Idee des Ökonomen Vilfredo Pareto aus dem 19. Jahrhundert zum Tragen. Die *Pareto-Optimierung* besagt, dass jeder Zustand erstrebenswert ist, in dem es mindestens einem besser, aber niemanden schlechter geht. Der Mann hat Recht! Nur leider wird das Prinzip in Gesellschaften mit sozialer Marktwirtschaft tendenziell verkehrtherum ausgelegt, so dass alle Änderungen vermieden werden, bei denen es irgendjemandem schlechter gehen würde, selbst wenn es vielen anderen besser ginge. Ganz konkret äußert sich diese Haltung in der Tendenz, entweder nichts zu tun, oder aber Verlierer in irgendeiner Weise zu kompensieren. Nichts zu tun ist immer das Einfachste, aber selten das Beste. So kommt es zum häufig zitierten Reformstau: Es gibt eine verbesserungswürdige Situation, es liegen verschiedenste gute Vorschläge auf dem Tisch, doch gemacht wird nichts. Denn zu handeln würde bedeuten, jemanden zu schaden. Das kann ein Politiker in einer sozialen Marktwirtschaft nun wirklich nicht machen.

Denken Sie nur an das Rentensystem. Natürlich ist es nicht zielführend, die Rentenbeiträge so hoch werden zu lassen, dass sich Arbeit nicht mehr lohnt. Dennoch ändert sich am System kaum etwas, da keiner länger im Leben arbeiten will. Das mussten die Eltern ja auch nicht. Mittel der Wahl ist in den meisten Ländern ein Ansatz der Kompensation. So soll durch staatliche Zuschüsse aus Steuergeldern die private Vorsorge verbessert werden. Das System-Problem wird dabei jedoch nicht angegangen.

Die Kompensation von Verlierern kann auf zweierlei Weise erfolgen. Einmal als *Pauschalkompensation* über die sozialen Sicherungssysteme. Dies ist aus ökonomischer Sicht eher unkritisch. Denn eine Pauschalabsicherung der Verlierer ermöglicht es, an vielen Stellen ohne großen Koordinationsaufwand die Früchte des Wettbewerbs zu ernten. Kritischer ist die direkte *Kompensation im Einzelfall*. Beispielsweise ist der Kohleabbau in Deutschland schon seit Jahrzehnten international nicht wettbewerbsfähig. Da Kohle überall ähnlich ist und leicht in großen Mengen transportiert werden kann, hätte die deutsche Kohleindustrie im freien Wettbewerb schon lange dichtmachen müssen. Im Rahmen der sozialen Marktwirtschaft wurde hier jedoch ordnungspolitisch eingegriffen. Durch *Subventionen* – darunter versteht man verschiedenste Formen der staatlichen Zuwendung – wurde für einen geordneten Rückzug der Industrie über mehrere Jahrzehnte fast ohne Massenentlassungen gesorgt. Ein Erfolg!

Das Problem an der Sache: Subventionen von Einzelfällen sind in der Regel sehr teuer und die Steuergelder reichen nicht aus, um mehr als einen Bruchteil der Subventionswünsche zu erfüllen. Die allermeisten gehen leer aus, selbst wenn sie ähnlich „bedürftig" sind. Fairerweise muss gesagt werden, dass eine solche Problematik nicht nur in einer sozialen Marktwirtschaft besteht. Auch wenn im Selbstverständnis des Wirtschaftssystems der Schutz der Verlierer keine große Rolle spielt, gibt es Interessenvertreter, die großen Einfluss auf die Politik nehmen. So kommt es selbst in Ländern mit einer wenig begrenzten Marktwirtschaft wie den USA zu bemerkenswerten Ergebnissen. Die Landwirtschafts-Lobby schafft es beispielsweise seit Jahren, Milliardensubventionen zu ergattern, die im Wesentlichen den Großbetrieben zu Gute kommen. Die Mehrzahl kleiner Farmen sieht keinen Cent davon. Und raten Sie einmal, wer die Landwirtschafts-Lobby finanziert.

Das Problem hat zwei Perspektiven. Einerseits wird Steuergeld für diejenigen aufgewendet, die am lautesten schreien. Auf der Kehrseite sind es die gesellschaftlichen Gruppen ohne Lobby, die das Nachsehen haben. Arbeitslose (mehr dazu im Kap. 6) oder Ausländer sind prominente Beispiele. Je größer die Gruppe, desto weniger Beachtung finden die Betroffenen in der Regel. Da es so viele sind, wird der Zustand als normal empfunden. Subventionen kommen daher oft kleinen Gruppen zugute und werden auf breiten Schultern getragen.

Was z. B. ein großer Vorteil für Kohleregionen ist, ist nur ein kleiner Nachteil für jeden einzelnen Bürger – allerdings für über 80 Millionen! Deutsche Steinkohlesubventionen in den 1990er-Jahren haben jeden Bürger jährlich zwar über 100 Euro gekostet, dafür geht aber keiner auf die Straße. Für 10 Milliarden Euro jährliche Zuwendungen – das sind etwa 100.000 Euro pro Kohle-Mitarbeiter inklusive Koch und Reinigungskraft – lohnt es sich allerdings sehr zu kämpfen.

Es ist Aufgabe der Politik in der sozialen Marktwirtschaft abzuwägen, in welchen Fällen es gesellschaftlich vorteilhaft ist, Verlieren zu kompensieren bzw. Wettbewerb einzuschränken. Dabei drängt sich heutzutage bisweilen der Verdacht auf, dass es insgesamt besser wäre, im Einzelfall mehr Verlierer zu akzeptieren als es tatsächlich gemacht wird. Es entspricht nämlich auch dem Pareto-Prinzip, nur diejenigen zu kompensieren, die in der Summe aller Maßnahmen verlieren.

Den akademischen und politischen Vätern der sozialen Marktwirtschaft wie Alfred Müller-Armack und Ludwig Erhardt schwebte klar ein Grundsatz vor Augen – so viel Markt wie möglich. Soziale Marktwirtschaft entstand als Gegenmodell zur Planwirtschaft. Historisch wurde sie von den konservativen Parteien propagiert. Als allgemeine wirtschaftspolitische Leitlinie aller großen deutschen Parteien hat sich soziale Marktwirtschaft erst in den 1990er-Jahren durchgesetzt.

Das Soziale an der sozialen Marktwirtschaft ist der Markt, nicht das Soziale! Eine „normale" Marktwirtschaft ist daher nicht asozial. Der Wettbewerb trägt alle positiven Kräfte für uns Menschen in sich. Soziale Marktwirtschaft sagt lediglich, der Wettbewerb sollte zum Wohle der Gemeinschaft in gewisser Weise gelenkt werden.

Wie man einen Markt lenken kann – oder wie man es besser nicht machen sollte – erschließt sich aus der Funktionsweise von Angebot und Nachfrage. Denn Angebot und Nachfrage sind es, die einen Markt ausmachen. Greifbar werden sie in Mengen und Preisen.

3.2   Menge und Preis – Yin und Yang des Marktes

Menge und Preis sind die beiden wichtigsten Variablen der Wirtschaft. Praktisch alles lässt sich mit ihnen erklären, sind Sie doch direkter Ausdruck von Angebot und Nachfrage. Im täglichen Leben steht der *Preis* im Vordergrund. Ob beim neuen Deo, welches für 1,99 Euro beworben wird, oder wenn wir uns über steigende Benzinpreise ärgern. Ökonomen hingegen sorgen sich mehr um die *Mengen*. Denn als Grundregel gilt: Menge = Ursache, Preis = Wirkung. In den mathematischen Modellen der VWL ist die Menge entsprechend die unabhängige x-Variable und der Preis die abhängige y-Variable.

Dies mag nicht sofort intuitiv sein, ist bei kurzem Nachdenken aber eingänglich. Denken Sie an das Eingangsbeispiel der Brotbackmaschinen. Ausgangspunkt war der Wunsch vieler Menschen, eine Brotbackmaschine zu haben. Das heißt es gibt eine große Nachfragemenge – damit fängt alles an. Die große Nachfragemenge trifft auf eine geringe Angebotsmenge – denn kein Hersteller hat die Modewelle vorausgesehen. Diejenigen Händler, die Brotbackmaschinen auf Lager haben freuen sich, da ihnen die wenigen Stücke aus den Händen gerissen werden. Hier kommt der Preis ins Spiel. Die Händler werden nämlich ihre Preise erhöhen. Und zwar möglichst so weit, dass sie gerade alle Maschinen verkauft bekommen. Das heißt die hohe Nachfragemenge bei gleichzeitig geringer Angebotsmenge treibt den Preis in die Höhe.

Stellen Sie sich vor, es wären ausreichend Maschinen auf Lager um die ganze Nachfrage zu bedienen. In diesem Fall passiert mit dem Preis nichts. Würde ein Händler in dieser Situation seinen Preis nach oben setzten, so würden die Kunden einfach bei einem anderen günstigeren Händler kaufen! Daran wird erneut die oben aufgestellte Grundregel deutlich: Die Mengen bestimmen die Preise. Im Gegenzug können Sie sich Folgendes merken: Sobald es einen Spielraum gibt Preise „zu setzen", ist der Markt möglicherweise beschränkt. Dies ist bisweilen kritisch zu betrachten, muss aber nicht so sein. Auch wenn die Mengen Ausgangspunkt der Überlegung sind, müssen Angebot- und Nachfragemenge immer im Zusammenhang mit dem Preis betrachtet werden. Bei einem niedrigen Preis ist die Nachfrage hoch, viele wollen die Brotbackmaschine kaufen. Bei einem hohen Preis sind weniger Konsumenten kaufbereit; sie verzichten ganz oder warten bis der Preis geringer ist. Die Nachfragemenge ist bei einem hohen Preis also niedrig. Beim Angebot verhält es sich genau andersherum. Bei einem niedrigen Preis lohnt sich die Produktion kaum, nur wenige Hersteller bieten die Maschinen an. Ist der Preis jedoch hoch, werden viele Anbieter und Händler auf den Markt drängen.

Je nach Markt kann die Reaktion des Preises auf die Menge sehr unterschiedlich sein. Im Studium lernt man diese Beziehung als *Preiselastizität der Nachfrage* bzw. des Angebots kennen und verbringt viele Stunden mit entsprechenden Rechenaufgaben. Allerdings reichen zum Verständnis einfache Beispiele. Wenn jemand in der Wüste kurz vor dem Verdursten steht, wird er praktisch alles für eine Flasche Wasser geben. Seine Nachfrage ist sehr unelastisch bzw. sogar starr. 1 Euro, 1000 Euro, 1.000.000 Euro? Der Verdurstende zahlt es! Ein anderes Beispiel sind Drogenabhängige, die zur Befriedigung ihrer Sucht kriminell werden. Bei vielen Dingen des Alltags ist es genau umgekehrt, die Nachfrage ist elastisch. Wenn Äpfel sehr teuer sind, kauft man einfach Birnen. Je bessere die Alternativen sind (Fachbegriff Substitute), desto elastischer die Nachfrage.

Ein interessanter Sonderfall sind Komplementär- oder auch *Kuppelprodukte*. Diese bestehen aus mehreren einzeln zu kaufenden Produkten, welche aber nur zusammen genutzt werden können. Hier hängt die Nachfrage nach dem einen Gut, von den Preisen des anderen Gutes ab (Fachbegriff *Kreuzpreiselastizität*). Explodieren z. B. die Benzinpreise, so sinkt die Nachfrage nach großen Autos. Der Kauf von Kuppelprodukten birgt also immer gewisse Risiken. So mag die Altbau-Eigentumswohnung sehr günstig gewesen sein, doch gerät man aufgrund steigender Betriebskosten für Strom und Heizung in finanzielle Probleme.

Die Nachfrage nach Kuppelprodukten unterliegt oft einer zweiten Besonderheit: *Netzwerkeffekten* (englisch „network effects"). Der Nutzen des Einzelnen hängt in solchen Fällen von der Anzahl der anderen Konsumenten ab. So ist das Telefon wertlos, wenn kaum jemand damit zu erreichen ist. Der erste Anbieter am Markt hat einen erheblichen Vorteil (englisch „*first mover advantage*") durch die Netzwerkeffekte. Für später in den Markt eintretende Wettbewerber ist es daher häufig die einzige Strategie, *Kompatibilität* zu bestehenden Netzen zu schaffen. Zur Not mit staatlicher Hilfe, wie es regelmäßig durch Regulierung der Telekommunikationsmärkte passiert. Geht dies nicht, so sind durchaus monopolähnliche Marktpositionen des Platzhirsches möglich. Denken sie an das Internet-Auktionshaus Ebay mit seinem Netz aus Anbietern und Nachfragern. Hier muss ein Wettbewerber schon mit etwas völlig Neuem und Besseren kommen – mit einer reinen Kopie und geringeren Gebühren dürfte das Netzwerk nicht zu überwinden sein.

Eng mit Netzwerkeffekten und Kuppelprodukten sind *Standards* verbunden. Ein Standard setzt bestimmte technische Richtlinien für ein Produkt. So hat ein Blu-ray-Player einen anderen Laser als der ehemals konkurrierende Standard HD DVD. Als die neuen Speichermedien als DVD-Standard der 2. Generation an den Start gingen, gab es zunächst Geräte und Medien beider Standards. Die Konsumenten wollten natürlich nur ein Gerät kaufen, auf dem es alle Filme gab. Allerdings steckte für die konkurrierenden Unternehmen hinter den Standards viel Geld, so dass es zu einem „Standard-Krieg" kam. Es gab ein Wettrennen, möglichst viele Player zu verkaufen. Filme-Anbieter wurde sogar teilweise bezahlt, die größten Hits nur in der einen oder anderen Technologie zu veröffentlichen. Als sich schließlich die Blu-ray durchsetzte, stellten die Filmanbieter weitgehend das HD DVD-Format ein, so dass die verbleibenden Player nicht einmal mehr zu Schleuderpreisen weggingen.

Zusammenfassend kann man sagen, die Preiselastizität der Nachfrage ist nicht nur vom konkreten Produktnutzen abhängig. Einen wesentlichen Einfluss auf die Nachfrage haben auch die Preise von alternativen *Substituten* und ergänzenden *Komplementen*. Bei Letzteren spielt zudem auch die Breite des Angebots und die Zahl weiterer Konsumenten eine Rolle.

Die *Preiselastizität des Angebots* unterliegt anderen Faktoren. Im Kern hängt sie von den Möglichkeiten zur Güterbereitstellung ab. Je einfacher, desto elastischer ist das Angebot. Brotbackmaschinen sind nicht übermäßig komplex und können von zahlreichen Elektrounternehmen produziert werden. Schon ein mäßiger Preisanstieg reicht vielen Unternehmen, um die Maschinen profitabel anzubieten. In den allermeisten Fällen ist das Angebot heutzutage sehr elastisch, denn es gibt wenige Dinge, die nicht irgendjemand kopieren kann. Bei freiem Wettbewerb besteht lediglich in sehr speziellen Märkten, wie in bestimmten Nischen des Maschinenbaus, ein *starres Angebot*. Das benötigte Wissen ist dort so komplex, dass selbst die bestehenden Anbieter kaum ihre Kapazitäten ausweiten können – geschweige denn, dass neue Anbieter dazu in der Lage wären. Im Resultat ist die Angebotsmenge in solchen Fällen nach oben begrenzt.

Langfristig ist fast jedes Angebot elastisch. Denn wenn eine große Nachfrage nicht befriedigt wird, ergeben sich *Gewinnchancen*. So werden auch die gerade genannten Maschinenbauer ihre Kapazität ausweiten, selbst wenn es Jahre dauert. Kurzfristig hingegen ist fast jedes Angebot starr. Bricht z. B. die Schweinepest aus und alle kaufen nur noch Rind, so kann das Rinderangebot kurzfristig nur aus dem Kühlhaus ausgeweitet werden. Je weiter eine Volkswirtschaft entwickelt ist, desto schneller reagieren typischerweise die Angebotsmengen. Selbst im Bereich komplexer Produkte und Dienstleistungen besitzen viele Unternehmen das benötigte Wissen und die Ressourcen, um schnell ein Angebot auf den Markt zu bringen. Oben wurde schon das Beispiel von Modeunternehmen genannt. Während es noch vor wenigen Jahrzehnten mindestens ein halbes

Jahr gedauert hat, bis die erfolgreichsten Schnitte und Farben kopiert wurden, sind es heute nur ein paar Monate.

Trotz elastischer Angebotsmengen gibt es in der Realität *Preissetzungsspielräume.* Zwar bedingt die Menge immer noch den Preis, doch wird flexibel genau so viel produziert, wie zum gesetzten Preis verkauft werden kann. Das funktioniert recht gut bei Konsumgütern wie Reinigungsmitteln, die alle mit gleichen Rohstoffen und Maschinen produziert werden. Dennoch, in den allermeisten Fällen ist die Produktion nicht vollkommen flexibel. Zum gewählten Verkaufspreis kann nur ein Teil der produzierten Menge abgesetzt werden (die Regel), oder es hätte noch mehr verkauft werden können (die Ausnahme). Gerade bei Einführung eines neuen Produktes wird mit dem Preis gespielt, z. B. über Aktionsangebote. Erst wenn der optimale Preispunkt gefunden ist, kann gerade alles verkauft werden. Man spricht daher auch von Preissetzung als *explorativem Verfahren.*

Obwohl die Mengen die ursächlichen Größen sind, welche über den *materiellen Wohlstand* einer Gesellschaft entscheidet, so sind es doch die Preise, denen die prägnantere Rolle im Marktgeschehen zufällt. Denn *Preise sind Informationen!* Als Anbieter kann man niemals genau herausfinden, wie es um die Nachfragemenge nach Brotbackmaschinen steht. Der Preis hingegen liefert kurzfristig ein klares *Signal* zur Nachfrageentwicklung. Ein Landwirt der sich zwischen dem Markt im Osten und im Westen entscheiden muss, sendet nicht seine Arbeiter aus, um zu schauen in welcher Gegend die Erntemengen geringer sind. Nein, er schaut einfach in einem Onlineportal nach dem Preis. Denn Preise signalisieren *Knappheit.* Ohne Preisinformation könnte es passieren, dass auf dem einen Markt Gemüse vergammelt, während auf dem anderen die Preise explodieren.

Die Preise sind es also, welche Mengen und damit die Märkte lenken. Der englische Philosoph und Ökonom Adam Smith hat das Phänomen bereits vor fast 300 Jahren als *unsichtbare Hand* beschrieben. Sie stupst die Menschen immer genau so an, dass sie aus gesellschaftlicher Sicht das richtige machen. In VWL-Sprache ausgedrückt, erfüllt der Preis eine *Koordinationsfunktion* und führt so zu einer optimalen Ressourcen-Allokation. Auf Deutsch: Jeder der sich an den Preisen orientiert und seinen Gewinn maximiert, macht damit genau das, was für andere das Beste ist.

Das Öl neigt sich dem Ende! – ... es sei denn, die Nachfrage steigt

Haben Sie nicht auch schon einmal gehört, die weltweite Ölförderung habe ihren Höhepunkt überschritten und werde ab jetzt rapide sinken? In näherer Zukunft sei auch der letzte bezahlbare Tropfen Öl verbraucht. Deswegen gelte es, drastisch umzudenken – jetzt!

Gut möglich, dass Ihnen diese Argumente 1950, 1970 oder 2020 zugetragen wurden. Oder zu einem beliebigen anderen Zeitpunkt. Denn diese Thesen gibt es bereits seit Öl gefördert wird. Keine Frage, Öl als Rohstoff ist begrenzt. Jedoch ist es vermessen, über die förderbare Menge sichere Aussagen zu treffen – man legt sich immerhin mit der Nachfrage an! In Zeiten eines niedrigen Ölpreises, wenn also das Angebot die Nachfrage übersteigt, geht es auch mit den bekannten Reserven hinab. Es wird mehr gefördert als neu entdeckt. Steigt jedoch die Nachfrage und damit der Preis, so wurden bisher immer neue große Vorkommen entdeckt bzw. nutzbar gemacht oder bessere Fördertechnologie wurde entwickelt.

Warum?

Ganz einfach: Gewinnanreiz und technologischer Fortschritt sind so groß, dass die Grenzen des Machbaren ständig verschoben werden. Gut möglich also, dass man auch in 100 Jahren noch mit einem benzingetriebenen Auto zur Arbeit fährt.

So fantastisch sich der Preismechanismus in der Theorie anhört und so gut er auch in der Praxis funktioniert – er ist weit davon entfernt perfekt zu sein. Die unsichtbare Hand ist leider oft ein wenig ungestüm. Insbesondere wenn es um langfristige Investitionszyklen geht, neigen Märkte zu Über- bzw. Unter-Investition. Landläufig ist das Phänomen als *Schweinezyklus* bekannt. Ist der Schweinepreis hoch, nehmen alle dieses Signal wahr und fangen an mehr Schweine zu züchten. Da es eine Weile dauert bis etwas Essbares dabei herauskommt, bleibt der Preis zunächst hoch; weitere Investitionen werden angezogen. Sind die ersten Schweine groß, fängt der Preis an zu fallen. Immer mehr Schweine kommen auf den Markt, so dass der Preis im Keller bleibt. Als Resultat investiert kaum einer mehr in Schweine und der Boden für den nächsten Preisanstieg ist geebnet.

Im Gegensatz zu früher ist der Schweinezyklus bei Schweinen und anderen landwirtschaftlichen Produkten heutzutage zwar noch messbar, aber nicht mehr stark ausgeprägt. Das gleiche Phänomen lässt sich jedoch in anderen Bereichen feststellen. Extrem ist der Zyklus beispielsweise im

Frachtschiffbau, wo die Frachtraten um den Faktor zehn und mehr innerhalb weniger Jahre schwanken. Angebots- und Nachfragemengen, die beide kurzfristig recht unelastisch sind, wollen hier notorisch nicht zueinander finden.

Zu solchen Ungleichgewichten kommt es auch regelmäßig, wenn sich Preise nicht aus Angebot und Nachfrage ergeben, sondern staatlich gesetzt werden. Ein bekanntes Beispiel aus der EU sind *Mindestpreise*, welche in den 1980er-Jahren Landwirten für deren Produkte garantiert wurden. So entstanden Milchseen die groß genug für einen Segelturn waren und Butterberge mit genug Platz für Skipisten. Was war geschehen? Der Preis signalisierte Knappheit, auf den die Landwirte mit hoher Produktion reagierten. Leider war dies ein falsches Signal, da die Nachfragemenge bereits befriedigt war. Die EU musste den Überschuss aufkaufen und brauchte fast 30 Jahre, die ungewollten Bestände wieder abzubauen.

Gesellschaftlich meist noch problematischer als Mindestpreise sind *Höchstpreise*, die ebenfalls gerne von mehr oder minder wohlwollenden Politikern eingesetzt werden. Während Mindestpreise die Hersteller unterstützen, sollen Höchstpreise die Verbraucher entlasten. Nur gibt es davon viele Millionen. Wenn hier der Preismechanismus nicht funktioniert, kommt es zu riesigen Ungleichgewichten. Vor allem Länder in Afrika, dem Nahen und Mittleren Osten und in Asien haben es immer wieder geschafft, mehr als die Hälfte des Staatshaushalts für Lebensmittel- und Benzinsubventionen auszugeben. Ergebnis: Staatsverschuldung, keine Investitionen in Landwirtschaft, Umweltbelastung durch unnötigen Öl-Verbrauch.

Darüber hinaus führen gesetzte Preise zu *Ausweichreaktionen* von Angebot und Nachfrage. Gibt es bei Mindestpreisen keinen potenten Käufer, wie die EU, so konkurrieren die Anbieter mit allen Mitteln um die wenigen Nachfrager. Denn eigentlich wäre der Preis ja viel geringer als der Staat vorschreibt. Nun ist es eher unwahrscheinlich, dass ein verruchter Mann Sie in den Abendstunden aus einer Einfahrt anhaucht: „Pssst, ich habe Butter für 69 Cent." Doch ist das Phänomen von verbotenen *Schwarzmärkten* sehr relevant im Bereich von Höchstpreisen. Immer wenn die Nachfrager bereit sind mehr als den festgesetzten Höchstpreis zu zahlen, werden die Anbieter versuchen, diesen Preis auch zu erzielen. Denn bei gegebenen Kosten ist jeder zusätzliche Cent reiner Gewinn. Während die Lebensmittelregale bei staatlichen Höchstpreisen gerne einmal leer sind, gibt es nicht selten ein Hinterzimmer, welches einem Schlemmerparadies gleicht. Auch gab es Fälle, in denen subventioniertes Benzin tanklasterweise über die Grenze gefahren wurde und dort wieder zum höheren Marktpreis an den Staat zurückverkauft wurde.

Falls wenig oder kein Raum für einen Schwarzmarkt besteht, kommt es zu einem *Unterangebot*. Kaum ein Anbieter will bzw. kann zu den Höchstpreisen liefern. Natürlich muss es auch hier zu einem Ausgleich von Angebot und Nachfrage kommen. Typischerweise entwickelt sich ein kostspieliger Wettbewerb unter den Nachfragern, die knappen Güter zu ergattern. Das klassische Beispiel sind Schlangen vor einem Geschäft. Neben dem Preis zahlt man auch noch mit seiner Zeit. Das schreckt viele ab, so dass die Nachfragemenge sinkt. Beides sind keine wünschenswerten Dinge.

In einigen Fällen greift der Staat nicht über den Preis, sondern über die Menge in einen Markt ein. Typischerweise wird diese auf null gesetzt – der Handel ist also verboten (z. B. Drogen). Bisweilen werden auch die Marktteilnehmer beschränkt (z. B. Waffen). Immer dann jedoch, wenn es eine starke Nachfrage gibt, kommt es zu einem Schwarzmarkt. Darin bewahrheitet sich die Grundregel „jede Nachfrage schafft sich ihr Angebot". Würde der Staat rote Zahnbürsten verbieten, ist die Nachfrage sicherlich nicht stark genug, gegen diese Barriere ein illegales Angebot anzuziehen. Aber bereits bei energieverschwendenden Glühbirnen, die vielfach nicht mehr verkauft werden dürfen, gibt es bereits einen Schwarzmarkt. Kein Wunder also, dass illegaler Waffen- und Drogenhandel so schwer zu bekämpfen ist.

Den Anbietern und Nachfragern ist das Verbot egal. Moral ist schwächer als der Markt! Es findet sich immer jemand, der illegale Dinge anbietet, solange ein anderer dafür bezahlt (was ebenso unmoralisch ist). Das Kalkül ist einfach: Anbieter betrachten den Aufwand, das Verbot zu umgehen (Schnellboote für sicheren Transport, Bestechungsgelder, evtl. Verlust von Ware an Fahnder) als Teil ihrer Produktionskosten. Die Nachfrager andererseits schlagen Ihre Kosten mental auf den Preis auf, z. B. weite Anfahrt an unheimliche Orte oder die Gefahr verprügelt oder bestraft zu werden. Wenn die Nachfrager allerdings eine extrem hohe

Zahlungsbereitschaft (Drogensucht) und die Anbieter kaum Produktionskosten haben (Drogenanbau), lohnt es sich für beiden Seiten, die „Kosten" eines Verbots in Kauf zu nehmen.

Schwarzmärkte, die staatliche Preisgrenzen umgehen, mögen gesellschaftlich noch vorteilhaft sein. Staatliche Verbote sind allerdings meist wohlüberlegt. Schwarzmärkte sind daher dreifach schlecht: Sie ermöglichen einen Handel der eigentlich nicht stattfinden sollte, sie verursachen Kosten den Markt zu unterdrücken, und sie haben oft ungewünschte Nebeneffekte, wie Beschaffungskriminalität oder Gangster, die staatliche Aufgaben wie Sicherheit und Rechtsprechung übernehmen. Darüber hinaus funktionieren Schwarzmärkte nicht gut. Die Transparenz ist gering und die Allokation entsprechend schlecht (Ausgleich von Angebot und Nachfrage, Lenkung von Ressourcen). Bei all diesen Nachteilen ist es daher bisweilen die beste Lösung, einen legalen aber kontrollierten Markt zu schaffen. Der Staat nimmt den illegalen Anbietern so ihre Nachfrager (z. B. Drogenhilfe).

Obwohl Schwarzmärkte nicht gut funktionieren, weisen sie doch alle Elemente eines normalen Marktes auf. Ein anderes Phänomen sind *unvollständige Märkte*, auf denen Elemente fehlen. Schwierig wird es insbesondere, wenn es keine Preisinformationen gibt. Dies ist bei vielen sehr großen und neuartigen Dingen der Fall. So werden besonders im öffentlichen Umfeld Aufträge häufig kostenorientiert vergeben. Beim Bau einer Autobahn ist der Preis also meist nicht fest, sondern stellt sich erst im Nachhinein heraus. Typischerweise wird auf die Kosten noch ein Gewinnaufschlag gezahlt. Da wundert es kaum, wenn die Kosten gerne einmal ganz unerwartet explodieren. Natürlich versucht der Staat in der Vertragsgestaltung, solche Anreize auszuschalten. In Summe gelingt das aber mehr schlecht als recht. Märkte ohne gute Preisinformationen führen zu ungünstigen Ergebnissen für die Volkswirtschaft, im Beispiel zu teuren Autobahnen.

Ein notorisch schlecht funktionierender Markt ist die Gesundheit. Hier sind es insbesondere die Elemente Angebot und Nachfrage, die nicht gut funktionieren. Zunächst einmal wissen die Patienten nicht genau was sie wollen – wie auch, sie gehen ja zum Arzt. Die Nachfrage ist folglich direkt vom Angebot beeinflusst. Es ist immer wieder erstaunlich zu sehen, wie Testpatienten mit gleichen Symptomen völlig unterschiedliche Therapien von verschiedenen Ärzten vorgeschlagen bekommen.

Das Problem wird verstärkt, da in der Regel eine Versicherung die Kosten trägt. Also tendieren die Patienten dazu, sämtlichen Vorschlägen des Arztes zuzustimmen – koste es, was es wolle. Die Nachfrage ist also starr. Mit Zuzahlungen und Selbstbehalten wird versucht, hier gegenzusteuern. Zu allem Überfluss kommt auch noch mangelnde Preistransparenz hinzu. Zwar sehen die Patienten in vielen Ländern sämtliche Arzt-Rechnungen, doch ist das Angebot intransparent. Es ist sehr schwer herauszufinden, welcher Arzt welche Leistung zu welchem Preis anbietet – wenn es überhaupt gelingt, zwei Ärzte zu finden, die auch die gleiche Leistung erbringen. Als Lösung versuchen die Versicherungen durch einen festen Preiskatalog bzw. über öffentliche Gebührenordnungen, die Preise auf einem geringen Niveau festzunageln.

Auf dem Gesundheitsmarkt gibt es noch eine weitere Besonderheit: Es besteht in einigen Ländern *Preisbindung* für verschreibungspflichtige Medikamente. Die Pharmaunternehmen dürfen selber die Apotheken-Preise ihrer Medikamente festlegen. Damit wird der Preiswettbewerb unter den Apotheken ausgehebelt, was sowohl den Apotheken als auch den Pharmaunternehmen zugutekommt. Aus dieser Sicht ist der Patient, bzw. der Versicherte der Leidtragende. Fehlender Preiswettbewerb bedeutet nämlich höhere Preise und geringere Mengen. Kernargument für diesen Markteingriff ist die flächendeckende Medikamentenversorgung. Denn mit Preisbindung gibt es viel mehr kleine Apotheken, da nur über den Service konkurriert werden kann. Wenn Sie ohnehin das Gleiche zahlen, gehen Sie natürlich zur freundlichen Apotheke um die Ecke. Ein Arznei-Discount auf der grünen Wiese mag noch so große Kostenvorteile haben, ohne Kunden kann er daraus keinen Gewinn schlagen. Selbst eine Internetapotheke, die kostenlos versendet, ist bei Preisbindung nicht billiger als andere auch. Der Nutzen des staatlichen Eingriffs in die Preisbildung bei Medikamenten kann also gut argumentiert werden. Zu beziffern ist er jedoch kaum. In vielen anderen Bereichen wird es aber auch mit der Argumentation schwierig. Unter den meisten Wirtschaftswissenschaftlern besteht daher der Grundsatzverdacht, dass Mindestpreise bzw. Festpreise schlecht für uns Konsumenten sind.

Bekannt ist vor allem die Buchpreisbindung. Hier wird mit der Informationsversorgung der Bevölkerung durch viele kleine Buchhandlungen und der Meinungsvielfalt argumentiert. Da sich der Markt nicht auf durch Preiswettbewerb günstige Titel konzentriert, sei das Angebot besonders breit. In Zeiten von Informationsflut, Internethandel und Onlineverlagen sind dies allerdings umstrittene Argumente. Auch die Preisbindung für Tabakwaren, um potenzielle Neukonsumenten nicht durch Lockangebote verführen zu können, ist fraglich. Da scheint es ein ehrlicheres Argument, auf Kosten der Raucher eine blühende Landschaft von Kiosken zu finanzieren. Die lenkende Wirkung teurer Zigaretten könnte nämlich auch ohne Preisbindung rein durch die Steuern erreicht werden. Bei der Preisbindung für Taxifahrten hört es dann ganz auf. Überlegen Sie sich ihr eigenes Argument, was die Unterbindung niedrigerer Taxipreise rechtfertigt.

Der Fluch des Gewinners

Im BWL-Studium lernt man auch zu fluchen. Zumindest, wenn man einen guten Mikroökonomie-Professor hat. Ein Glas mit Münzen wird im Hörsaal herumgereicht und meistbietend versteigert. Im Gesicht des glücklichen Gewinners können Sie aber bereits im Moment der Übergabe (z. B. 40 Euro gegen Geldglas) die bittere Erkenntnis aufsteigen sehen: Wenn ich von 200 Leuten am meisten geboten habe, könnte ich den Wert vielleicht überschätzt haben? Mist!

Auktionen werden als Preisfindungsmechanismus gerne für einzigartige Güter eingesetzt, die im Wert schwer für Anbieter einschätzbar sind. Kunstwerke, Antiquitäten und Radiofrequenzen sind typische Beispiele, wo der Aufwand für eine Auktion lohnt. Auch Unternehmenszusammenschlüsse und Übernahmen (englisch „mergers and acquisitions", kurz M&A) sind Auktionen, da immer jemand mehr bieten kann.

Für Verkäufer sind Auktionen gut, wenn es eine große Zahl von Interessenten gibt. Denn sie bekommen immer so viel, wie der zweithöchste Bieter maximal gezahlt hätte. Der Gewinner hat nämlich den zweithöchsten Bieter ausgestochen, würde eventuell aber noch mehr zahlen. Käufer unterliegen dagegen, wie gerade gesehen, der Gefahr, sich zu überschätzen. Je mehr Bieter, desto größer die Gefahr. Selbst bei Unternehmensübernahmen, über die sich viele schlaue Leute viele Gedanken machen, lässt sich immer wieder der Fluch des Gewinners nachweisen (englisch „winner's course").

Im Durchschnitt wird zu viel gezahlt. Nun sollte man meinen, die Manager würden daher Übernahmen einfach ganz sein lassen. Doch weit gefehlt: Jeder Manager ist schlauer als der durchschnittliche Manager. Es handelt sich ja immerhin meist um ehemalige BWL-Studenten!

Aus Konsumentensicht sind niedrigere Preise immer gut. Doch bei einem ganz besonderen Preis gilt Vorsicht: 0,00 Euro. Kein knappes Gut ist umsonst! Die Amerikaner haben es auf den Punkt gebracht: „There ain't no such thing as a free lunch" – „Es gibt kein kostenloses Mittagessen." Zunächst einmal zahlt man für viele vermeintlich kostenlose Dinge doch etwas: Versandkosten, Abogebühren oder eben die Getränke zum „kostenlosen" Mittagessen. Und wenn man tatsächlich nichts zahlt, dann tut es jemand anderes. In ganz vielen Fällen ist dies der Steuerzahler und damit ist man es am Ende doch wieder selbst. Polizei, Schule, Stadtmuseum, alles kostet Geld. Kostenlose Werbeangebote werden von den zahlenden Kunden mitgetragen. Im Internet zahlt man mit seiner Aufmerksamkeit für Werbung. Ein Preis von null setzt in doppelter Hinsicht ein falsches Signal. Er suggeriert, das betroffene Gut sei nicht knapp. Gleichzeitig sendet er unterschwellig die Botschaft geringer Qualität aus: Was keinen Preis hat, hat keinen Wert. Beobachten Sie einmal selbst, wie sich Ihre Wertschätzung ändert, sobald Sie etwas gezahlt haben.

3.3   Wie Märkte Wohlfahrt schaffen

Mengen und Preise machen Märkte – das wurde bereits ausführlich beschreiben. Auch ist klargeworden, warum Eingriffe in den Preismechanismus und damit fallende Mengen unvorteilhaft sind. Ökonomen ist dies aber nicht genug. Sie müssen ganze Märkte beurteilen und wirtschaftspolitische Handlungen vorschlagen. Dazu bedienen sie sich des Begriffs der ökonomischen *Wohlfahrt*. Etwas Neues muss man dafür aber nicht lernen, denn Wohlfahrt ist nichts anderes als der *Nutzen* aller Marktteilnehmer aufaddiert. Zur Erinnerung: Nutzen beschreibt, wie viel Ihnen ein Gut wert ist, unabhängig vom Preis. Ein Madonna-Fan mag alles für eine Konzertkarte hergeben, bekommt sie aber für 100 Euro. Ein ungemeiner Nutzen für ihn. Aber auch der Konzertanbieter und Madonna profitieren. Beide verdienen mit jeder verkauften Karte gutes Geld und decken locker ihre Kosten.

Das Beispiel verdeutlicht zwei Kernaspekte. Zunächst einmal entsteht Nutzen nur, wenn ein Tausch stattfindet (hier: Geld gegen Konzertkarte). Zweitens ist der Nutzen des Tausches bei allen Beteiligten positiv oder zumindest null. Auch diese beiden Ideen sind bereits bekannt. Jeder Tausch bedeutet nämlich, dass die gehandelte Menge höher wird. Dies bestätigt noch einmal die Grundaussage: Mehr ist besser. Der zweite Aspekt spiegelt das bereits genannte Pareto-Optimum wider. Es wird so lange gehandelt, wie sich die Marktteilnehmer besserstellen können, ohne anderen zu schaden. Im streng wirtschaftlichen Sinne ist es dabei irrelevant, wo die Wohlfahrt herkommt. Im Beispiel des Verdurstenden in der Wüste ist es egal, ob die Wasserflasche für zehn oder für eine Million Euro verkauft wird – Hauptsache, sie wechselt den Besitzer. Was zählt, ist die Summe der Nutzen bzw. genauer der „Renten".

In der VWL ist mit *Rente* jedes Einkommen ohne unmittelbare Gegenleistung gemeint. Sie beschreibt den Nutzen über den Preis hinaus. Produzentenrente ist also alles, was über die Kosten hinausgeht. Konsumentenrente ist entsprechend der Unterschied zwischen dem, was man maximal hergeben würde, und dem, was man wirklich zahlt. Im Beispiel ist die Wohlfahrt immer gleich, so lange das Wasser verkauft wird. Je nach Preis verteilt Sie sich aber sehr unterschiedlich auf die Produzentenrente (Verkäufer) und Konsumentenrente (Verdurstender). Im Sinne der Wohlfahrt ist es dabei egal, ob es einen skrupellosen Millionär und einen lebenslang abhängigen Schuldner gibt, oder einen Händler der mit 10 Euro für eine Wasserflasche ein super Geschäft gemacht hat und einen glücklichen Wüsten-Überlebenden.

Natürlich ist der Verdurstende mit seiner starren Wasser-Nachfrage ein Extrembeispiel. Es verdeutlicht jedoch, dass es bei der ökonomischen Wohlfahrt nur um die Kuchengröße geht, nicht um die *Verteilung*! Diese ist Aufgabe der Politik und eine ganz eigene Disziplin. Im Abschnitt zur sozialen Marktwirtschaft wurden schon viele Aspekte dazu diskutiert. Bei der Umverteilung ist es zunächst die Kunst, eine gesellschaftlich gewünschte Verteilung zwischen Produzenten und Konsumenten zu erreichen, ohne dass zu viel Wohlfahrt verloren geht. Darüber hinaus gilt es, eine gute Verteilung der Wohlfahrt zwischen den Konsumenten sicherzustellen. Allerdings muss natürlich erst mal etwas zum Verteilen da sein. Daher haben Sie im BWL-Studium neben Wirtschaftspolitik auch viel über Marktformen und deren Implikationen für die Wohlfahrt gelernt.

Entscheidend für die Marktstruktur ist die *Anzahl an Anbietern* und Nachfragern. Da es auf den meisten Märkten viele Nachfrager gibt, ist insbesondere die Anbieterzahl von Relevanz. Gibt es nur einen Anbieter, spricht man von einem *Monopol* („mono" griechisch = alleine). Der Betreiber einer Mautautobahn zwischen zwei Städten ohne andere gute Straßenanbindung ist Monopolist. Gibt es eine Hand voll Anbieter, so liegt ein *Oligopol* vor („oligo" griechisch = wenig), wie es z. B. häufig bei Mobilfunkanbietern der Fall ist. Bei Märkten mit sehr vielen Anbietern handelt es sich um ein *Polypol* („poly" griechisch = viele). Denken Sie an Friseure oder Bäcker.

In Märkten mit Größenvorteilen gibt es eine natürliche Tendenz zur Konzentration. Im Zeitablauf werden aus vielen Unternehmen, die in einem jungen Markt ihr Glück versuchen, wenige große, oft spezialisierte Anbieter. Die schwächeren Unternehmen gehen pleite oder werden übernommen. Diese Entwicklung wird besonders durch gute Kommunikations- und Transportmöglichkeiten sowie ganz allgemein von der wachsenden Marktgröße gefördert. Denn je einfacher ein überlegener Anbieter geografisch und kulturell weit entfernte Kunden erreicht, desto schneller kann er wachsen. Genauso eröffnen riesengroße Märkte Raum für höchste Spezialisierung. Spezialisten bedienen nur kleine Marktsegmente, haben dort aber einen erheblichen Qualitäts- bzw. Kostenvorteil, so dass sie kaum Konkurrenz fürchten müssen. In vielen Bereichen des Maschinenbaus gibt es solche oligopolistischen Strukturen.

Ganz anders sieht es in Märkten aus, die lokal geprägt sind. Hier geht es um einen guten Service. Produkte und damit Größenvorteile in der Produktion spielen oft eine untergeordnete Rolle. Fachgeschäfte punkten zum Beispiel mit räumlicher Nähe und persönlichem Service. Der Preis ist wichtig, aber zweitrangig. Noch klarer wird dies bei Dienstleistungen. Natürlich wäre ein großes „Essenszentrum" mit 10.000 Plätzen hoch effizient und würde eine riesige Auswahl von Speisen zu günstigen Preisen bieten. Und doch gibt es so etwas nicht – Restaurants sind ein Polypol. Die Nähe zum Kunden und eine persönliche Atmosphäre sind eben am wichtigsten.

Im Studium lernt man das Polypol zunächst im Rahmen des *vollkommenen Marktes* kennen. Auf diesem gibt es viele kleine Anbieter und Nachfrager, die einzeln den Markt als Ganzes nicht beeinflussen können.

Die Produkte der Anbieter sind identisch und alle Marktteilnehmer haben den vollen Überblick. Transportkosten und ähnliches sind unerheblich. Im Ergebnis ergibt sich ein harter Konkurrenzkampf. Niemand kann mehr als den Marktpreis verlangen, denn außer dem Preis gibt es keinen Grund zu einem bestimmten Anbieter zu gehen.

In der Realität gibt es den vollkommenen Markt nicht. Am nächsten kommen ihm noch Finanzmärkte, wie z. B. der Handel mit Währungen am Devisenmarkt. Aber auch die Finanzmärkte weisen viele Unvollkommenheiten auf. Vor diesem Hintergrund stellt sich die Frage, warum man sich im BWL-Studium gleich mehrere Vorlesungen lang mit einer nicht existierenden Marktform beschäftigt. Zumal ein vollkommener Markt nicht einmal erstrebenswert ist. Es wäre doch todlangweilig, wenn alles gleich ist! Genau diese Konformität ist es aber, die den vollkommenen Markt als Lerninstrument wertvoll macht. Ist nämlich die perfekte Welt verinnerlicht, können auf dieser Basis reale Märkte leichter verstanden werden. Man muss nur noch einzelne Parameter wie Anzahl der Marktteilnehmer, Homogenität der Güter oder Transaktionskosten ändern, und schon ist das Marktmodell nah am Leben. Bei den Überlegungen zur Preisbildung wurde oben implizit schon genau dieser Schritt gemacht. Von einer perfekten Welt hin zu einer unvollkommenen.

Zunächst aber zum vollkommenen Markt: In diesem wird kein Nachfrager mehr als den günstigsten Preis zahlen. Die Anbieter wetteifern also, so billig wie möglich zu sein. Dies ist dann der Fall, wenn sie ihre durchschnittlichen Kosten pro Produkt minimieren. Größenvorteile wiegen an diesem Punkt Größennachteile auf – man spricht von einer *optimalen Betriebsgröße*. Da in den Kosten auch Unternehmerlohn und Zinsen etc. enthalten sind, entspricht das *Kostenminimum* dem Preis. Anders betrachtet, ist der Preis also automatisch durch die Kosten gegeben, die Anbieter haben keinen Spielraum ihn zu setzen. Die Kosten der letzten produzierten Einheit, kurz *Grenzkosten* genannt, entsprechen ebenfalls den *Durchschnittskosten*. Denn wären sie höher oder niedriger, wären die Durchschnittskosten nicht im Minimum. Dies mag akademisch klingen, wird aber bei der Analyse anderer Marktformen wichtig. Für den vollkommenen Markt können wir zusammenfassen: Preis = Minimum der Durchschnittskosten = Grenzkosten. Das Angebot im Polypol ist vollkommen elastisch. Steigt die Nachfrage, so treten sofort neue Anbieter auf, die ebenfalls im Kostenminimum anbieten und die zusätzliche Nachfrage befriedigen. Der Preis ist also immer minimal. Im Gegenzug sind die verkaufte Menge und damit die Wohlfahrt im vollkommenen Markt maximal. Als Konsequenz des elastischen Angebots gibt es keine Produzentenrente, die gesamte Wohlfahrt fällt bei den Konsumenten an. Das heißt im Optimum ist der Gewinn der Anbieter null!

Diese Erkenntnis hat schon so manchen BWL-Studenten jäh auf den Boden der Vorlesungs-Tatsachen zurückgeholt: „Das kann doch nicht sein, im Optimum mache ich doch dick Kohle!?" Eben nicht! In einer perfekten Welt nutzt der Markt nur uns als Konsumenten. Unternehmen sind Mittel zum Zweck – sie gehen leer aus. Die Institutionen der sozialen Marktwirtschaft werden lediglich zur Umverteilung zwischen den Konsumenten gebraucht. Soweit das Modell. In der Realität gibt es natürlich kein einziges Unternehmen, welches dauerhaft genau seine Kosten einspielt. Es fallen Gewinne oder Verluste an. Die Gewinne sind dabei ein guter Indikator, wie „unperfekt" der Markt ist. Je höher die Gewinne, desto schwächer ist der Wettbewerb. Falls Sie einmal ein Unternehmen gründen oder investieren wollen, wissen Sie jetzt was zu tun ist. Suchen Sie sich einen Markt mit möglichst unvollkommenem Wettbewerb.

Leider tendieren Wirtschaftswissenschaftler dazu, dieser Erkenntnis nicht genug Raum zu geben. Oft versuchen sie Dinge mit Modellen zu erklären, die auf dem vollkommenen Markt aufbauen. Der Markt ist mächtig, doch entfaltet er seine Kräfte immer etwas anders und selten so, wie es in einer perfekten Lehrbuch-Welt sein sollte. Man darf also skeptisch sein, wenn man einen Vollblutökonomen die ganze Zeit nur Markt, Markt, Markt schreien hören. Das Polypol zum Beispiel gibt es in der Realität sehr häufig, allerdings nur mit unvollkommenem Wettbewerb. Insbesondere die Produkte sind nie identisch. Jedes Restaurant bietet andere Speisen und Serviceleistungen an, jeder Bäcker hat ein individuelles Sortiment. Daher haben wir Konsumenten Präferenzen für den einen oder anderen Anbieter. Sei es, weil das Essen besser, die Bedienung freundlicher oder das Lokal einfach näher ist.

Alle Anbieter könnten also auch als einzigartige „kleine Monopole" angesehen werden. Tatsächlich wird das Polypol zumeist als *monopolitische Konkurrenz* verstanden. Das einzige Chinarestaurant in der Stadt kann seine Preise in einer gewissen Spanne relativ frei setzen, ohne seine

Stammkunden zu verlieren. Erst wenn die Preise sehr hoch sind, wird der Wettbewerbsdruck deutlich spürbar. Die Kunden gehen dann zum Chinesen in die Nachbarstadt oder zum Italiener um die Ecke.

Monopolistische Konkurrenz ist aus Wohlfahrtssicht eine „gute" Marktform. Aufgrund der Präferenzen für einzelne Anbieter ist die Zahlungsbereitschaft der Kunden hoch, der Preis schreckt kaum jemanden ab, zum Bäcker, Restaurant oder zum Friseur zu gehen. Und sollte der Lieblingsanbieter doch einmal zu teuer sein, gibt es günstige Alternativen. Die Konsumenten bekommen folglich die Menge, die sie wollen – die Wohlfahrt ist maximal. Aber auch selbst wenn jemand auf ein chinesisches Essen wegen des hohen Preises verzichten muss, ist diese Einschränkung durch die allgemein hohe Vielfalt bei monopolistischer Konkurrenz gerechtfertigt.

Ganz anders ist dies in einem Monopol. Hier gibt es in einem abgegrenzten Markt nur einen Anbieter – ohne echte Alternativen. Das Monopol kann regional (z. B. nur ein Zementanbieter in der Region) oder auch produktbezogen sein (z. B. der einzige Anbieter einer speziellen Chemikalie). Natürlich ist so eine Marktabgrenzung nie genau. Man kann Zement auch aus einer anderen Region heranschaffen oder eine andere Chemikalie in der Produktion einsetzen. Daher ist es bei der Bewertung eines Monopols auch egal, ob es tatsächlich nur einen Anbieter oder doch noch ein paar kleinere Konkurrenten gibt. Was zählt ist der Einfluss auf das Marktergebnis, bzw. kurz die *Marktmacht*. Der Monopolist beherrscht den Markt, während im Wettbewerb der Markt die Unternehmen beherrscht.

Marktbeherrschung äußert sich ganz konkret in *Preissetzungsspielräumen*. Der Monopolist muss nicht den Marktpreis akzeptieren, sondern er kann seinen Peis fast nach Belieben setzen. Natürlich steht dabei der Gewinn im Vordergrund. Im Modellfall wird dieser maximal, wenn der Grenz-umsatz den Grenzkosten entspricht. Das heißt die Kosten der letzten produzierten Einheit entsprechen genau dem zusätzlichen Umsatz durch den Verkauf dieser Einheit. Würde eine Einheit mehr verkauft, entstünden mehr zusätzliche Kosten als Umsatz – der Gewinn würde fallen. Der Preis liegt im Monopol regelmäßig über den Grenzkosten und ist somit höher als unter Wettbewerb; die Menge ist geringer.

Neben dem Preissetzungsspielraum äußert sich Marktmacht auch im Einfluss auf die Marktstruktur. Hierin liegt langfristig das eigentliche Problem des Monopols. Denn der Monopolist kann Wettbewerb dauerhaft unterdrücken. Die plumpste (und teuerste) Methode ist ein Preiskrieg. Versucht ein kleiner Anbieter Marktanteile zu gewinnen, bzw. in den Markt des Monopolisten einzutreten, so senkt dieser temporär die Preise. Der kleine Anbieter hat den kürzeren Atem und geht schnell pleite.

Eine trickreichere und billigere Methode andere Wettbewerber zu verdrängen ist es, Zulieferer und Abnehmer unter Druck zu setzen. Beispielsweise kann der Monopolist dem Großhändler mit einem Lieferstopp drohen, wenn er das Konkurrenzprodukt in sein Sortiment aufnimmt. Den kurzfristigen Umsatzrückgang vor Augen, wird dieser folgen. Noch cleverer ist es, glaubhaft mit solchen Maßnahmen zu drohen. Dann nämlich traut sich erst gar kein Konkurrent in den Markt einzutreten. Kosten für den Monopolisten: null.

Monopole sind aus drei Gründen schlecht. Wie schon mehrfach gesagt, ist es einerseits die *geringere gehandelte Menge* im Vergleich zu einer Wettbewerbssituation, welche die Wohlfahrt verringert. Ohne Monopol würden mehr Nachfrager zum Zuge kommen – es geht Wohlfahrt verloren. Denken Sie nur an die hohen Preise für Festnetz-Ferngespräche, bevor weltweit die staatlichen Telefon-Monopole liberalisiert wurden. Die Gebühren wurden zwar gerne einmal beim Geburtstag der Oma hingeblättert – mehr als ein 5-Minuten-Gespräch sollten es dann aber doch nicht sein. Im heutigen Wettbewerb hingegen kommen Oma und Enkel in den Genuss mehrstündiger Gespräche. Diese längere Telefondauer ist es, welche die Wohlfahrt erhöht hat. Die geringeren Preise haben zudem für eine Verschiebung von Produzentenrente hin zur Konsumentenrente gesorgt. Dies ist zwar zunächst wohlfahrtsneutral, in vielen Situationen jedoch im Sinne einer „gerechten" Verteilung gesellschaftlich gewünscht.

Der zweite Grund, warum Monopole schlecht sind, ist nicht sofort offensichtlich – allerdings langfristiger oft noch wichtiger als die Mengeneinschränkung: Monopole hemmen *Innovation und Vielfalt*! In vielen Jahrzehnten staatlicher Telefonmonopole hat sich auf dem Telekommunikationsmarkt fast nichts getan, obwohl es sich um ein sehr lukratives Produkt in einem riesigen Markt mit großem technischem Fortschritt handelt. Eigentlich perfekte Bedingung für ein Höchstmaß an Innovationen. Stattdessen gab es triste staatliche Standard-Telefone mit Minutenpreise auf dem Niveau eines Eisbällchens. Man kann den Telefonmonopolen nicht einmal einen Vorwurf machen. Fließen dicke Gewinne, gibt es eben wenig Anreiz etwas zu ändern. Selbst wenn durch Innovationen noch größere Gewinne winken, bergen Neuerungen immer Gefahren. Wichtige Parameter des Geschäftsmodells könnten sich ändern und das ganze Monopol gefährden. Wie real diese Gefahr ist, zeigt die Telekommunikationsindustrie selbst. Nachdem die staatlichen Monopolprivilegien in immer mehr Bereichen aufgehoben wurden, nahm die Industrie eine explosionsartige Entwicklung. Die hohen Monopolgewinne lockten Scharen von Wettbewerbern an. Billig-Vorwahlen, Anbieterwechsel, ISDN-Dienste, Handys, DSL, Flatrate, Smartphone, Internettelefonie – alles innerhalb von 30 Jahren. Danke Wettbewerb!

Ein dritter Grund, warum im Monopol Wohlfahrt verloren geht, ist die *mangelnde Effizienz*. Zwar spiegelt sich diese letztlich in der geringen Menge wider, sie ist jedoch inhaltlich ein eigener Punkt. Zu Beginn des Kapitels haben Sie bereits über die positive Kraft des Wettbewerbs gelesen. Diese geht im Monopol verloren. Monopole sind faul. Genauso wie beim mangelnden Anreiz zu Produktinnovationen, kümmert sich kaum jemand um die Verbesserung der internen Prozesse. Wieso auch? Jede Änderung – und darunter fallen auch Kosteneinsparungen – bringt zunächst einmal nur Ärger mit den betroffenen Kollegen. Da der Gewinn des Monopols auch so schon höher als bei anderen Unternehmen ist, passiert meistens nichts.

Für Sie heißt das: Arbeiten Sie in einem Monopol! Da kann man noch Mensch sein. Denn je weniger Wettbewerb einen Arbeitsplatz umgibt, desto einfacher ist es, ein hohes Gehalt bei gleichzeitig wenig lästigen Veränderungen zu erzielen. Falls im Monopol nebenan gerade nichts frei ist (denn es gibt immer weniger Monopole), versuchen Sie es ruhig auch bei ehemaligen Monopolisten wie Versorgern oder staatlichen Einrichtungen. Auch hier ist der Wettbewerb weniger hart – zumindest, wenn man einmal drin ist. In diesem Sinne hat die Ineffizienz der Monopole auch etwas Gutes, nämlich für die Menschen die dort arbeiten. Wie groß die Ineffizienz sein kann, zeigen die Massenentlassungen bei den ehemaligen staatlichen Telefonmonopolisten nach der Liberalisierung. In wenigen Jahren wurde bis zu einem Viertel der Belegschaft entlassen, ohne dass der Umsatz eingebrochen wäre. Hierin liegt die Wohlfahrtseinbuße aus der Ineffizienz. Die entlassenen Menschen hätten schon immer etwas anderes, Produktiveres machen können, ohne die Leistungsfähigkeit des Unternehmens einzuschränken. Und vielleicht wären sie sogar glücklicher dabei gewesen.

An dieser Stelle kann man sich berechtigterweise fragen, warum es im Fall der Telekommunikationsmärkte überhaupt staatliche Monopole gab? Der Grund liegt darin, dass es sich bei der Kostenstruktur um ein *natürliches Monopol* handelt. Allerdings ist dieser Begriff ziemlich irreführend. Denn er beschreibt nur, dass die Grenzkosten (also die Kosten der letzten produzierten Einheit) immer fallen. Die optimale Betriebsgröße ist folglich unendlich; ein einzelner effizienter Anbieter kann einen günstigeren Preis erreichen, als dies bei mehreren Anbietern möglich wäre. Das Problem liegt allerdings im kleinen Wörtchen „effizienter" Anbieter. Denn das Modell des natürlichen Monopols nimmt an, dass es keine Innovations- und Effizienzverluste gibt. Es stellen sich also alle Vorteile des Wettbewerbs ganz ohne Wettbewerb ein. Ein Wunder? Nein, ein typisches Beispiel, wie Standard-Modelle gerne einmal an der Realität vorbeigehen.

Natürliche Monopole gibt es nur sehr wenige, da in allen großen Organisationen Komplexitätskosten entstehen, die irgendwann selbst erhebliche Größenvorteile übersteigen. Am klarsten qualifizieren sich „Netz-Produkte" mit großem Investitionsaufwand wie Wasser, Strom, Verkehr oder eben Telekommunikation. So macht es sicherlich keinen Sinn, zwei komplette Schienennetze zwischen den gleichen Städten zu verlegen. Egal wie innovativ und kostensenkend der Wettbewerb der Bahn-Betreiber wäre, die extra Kosten können niemals gerechtfertigt werden. In solchen Fällen ist aber genau zu prüfen, an welcher Stelle wirklich ein Monopol Sinn macht. Sind die Schienen einmal verlegt, können diese prinzipiell von mehreren Anbietern genutzt werden. Es gilt: Netz = Monopol, Betrieb = Wettbewerb.

Auch im Fall der Telekommunikation liegt rein von den Netzkosten her ein natürliches Monopol vor. Allerdings zeigt die Realität, dass der „ineffiziente" Betrieb mehrerer paralleler Netze, z. B. im Mobilfunk, insgesamt große Vorteile bringt. Gleiches gilt für den Wettbewerb digitaler

Produkte. Theoretisch reicht eine Software pro Anwendungsproblem, tatsächlich gibt es oft dutzende. Obwohl digitale Produkte mit ihren einmaligen Produktionskosten und Kopierkosten nahe null ein natürliches Monopol sind, ist der Wettbewerb meist hart. Gibt es doch einmal ein Monopol, basiert dies meist auf Marktmacht und nicht auf Größenvorteilen. Navigationssoftware ist ein interessantes Beispiel. Diese gibt es in sehr ähnlicher Weise von vielen verschiedenen Anbietern. Der Wettbewerb blüht. Ein Grund ist Kostenoptimierung im für Konsumenten nicht sichtbaren Bereich. So werden die Rohdaten für sämtliche Navis weltweit von lediglich zwei kommerziellen Anbietern bereitgestellt, was zeigt, dass im Bereich der Wertschöpfung mit extremen Größenvorteilen der Markt tatsächlich hoch konzentriert ist.

Die meisten vermeintlichen natürlichen Monopole sind in der Realität *Oligopole*, also Märkte mit wenigen Anbietern aber vielen Nachfragern. Das Oligopol ist neben dem Polypol die bedeutendste Marktform. Zudem ist es auch die Spannendste. Während die Nachfrager wie im Polypol und Monopol das Marktergebnis einfach hinnehmen, verhalten sich die Anbieter *strategisch*. Denn jede Handlung eines Anbieters hat einen spürbaren Einfluss auf den Markt und damit jeden einzelnen Wettbewerber. Beispiel: Senkt ein Mobilfunkanbieter die Preise, so werden die anderen Anbieter zeitnah Kunden verlieren. Als Konsequenz werden sie eventuell mit Änderungen des eigenen Angebots reagieren. Dies wiederum kann der erste Anbieter, der die Preise senkt, antizipieren. Es ergeben sich zahlreiche mögliche Konstellationen, die im BWL-Studium in spieltheoretischen Modellen durchgerechnet werden.

Auf Oligopolmärkten herrscht häufig ein harter Wettbewerb, gerade wenn es sich um *weite Oligopole* mit 5–10 großen Anbietern handelt. Während sich einige wenige als Preisführer etablieren, können die anderen Anbieter nur mit innovativen und beim Kunden besonders gefragten Produkten erfolgreich sein. Denken Sie nur an die Autoindustrie, wo sich einige globale Konzerne einen immensen Wettbewerb liefern. Zum Wohle von uns Kunden! Relativ zum Einkommen ist ein Mittelklassewagen heue viel günstiger als früher, obwohl er umweltfreundlicher, sicherer, schneller und in praktisch jeder anderen Hinsicht besser ist. Fortschritt dank Wettbewerb!

Aus Anbietersicht ist der harte Wettbewerb natürlich nicht die beste aller Welten. Selbst der Marktführer kann sich seiner Gewinne nicht sicher sein. Alle Oligopolisten haben daher einen Anreiz, den *Wettbewerb zu begrenzen*. Dies geht umso einfacher, je weniger Anbieter es gibt und desto größer die Rolle des Preises ist. Denn je weniger Beteiligte, desto leichter ist die „Kontrolle" der anderen; je wichtiger der Preis, desto weniger Möglichkeiten bestehen, sich durch Qualität und Service von den anderen abzusetzen. Darüber hinaus muss es für Branchenfremde natürlich schwierig sein, in den Markt einzutreten.

Ist all dies gegeben, so haben Oligopolisten mehrere Möglichkeiten sich abzustimmen. Am einfachsten ist es, nichts am Status Quo zu verändern. Marktanteile und Gewinnspannen bleiben auf Jahre unverändert. Bisweilen gilt aber auch der größte Anbieter als Preisführer. Verändert er den Preis, ziehen alle nach. Das Ganze kann auch reihum erfolgen – dann ist es nicht so auffällig. Tankstellenbetreibern wird ein solches Verhalten bisweilen vorgeworfen. Durch geheime Signale stimmen sich die Oligopolisten ab. Wird das abgestimmte Verhalten sogar am Verhandlungstisch im Flughafenhotel erreicht, so spricht man von einem Kartell. In allen Fällen nähern die Oligopolisten das Marktergebnis dem eines Monopols an – der Monopolgewinn wird unter allen verteilt.

Profiteure des beschränkten Wettbewerbs sind alle am Unternehmen Beteiligten: Besitzer, Arbeitnehmer, Lieferanten, und durchaus auch staatliche Einrichtungen – z. B. eine Gemeinde die schöne Gewerbesteuereinnahmen erzielt. Leidtragender ist hingegen die Gesellschaft. Die negativen Auswirkungen des beschränkten Wettbewerbs wurden ausführlich diskutiert. Man sieht: Gewinner des wirtschaftlichen Wettbewerbs ist keiner der Teilnehmer. Gewinner sind die Konsumenten.

Dies heißt im Gegenzug, dass Wettbewerb zumindest kurzfristig für alle direkt daran Beteiligten schlecht ist.

Kein Wunder also, dass an dieser Stelle der Staat einspringt und die Wettbewerbsfahne für seine Bürger hochhält. In der EU gibt es eine eigene Generaldirektion für Wettbewerb, die sich um alle großen Fälle kümmert. Kleinere potenzielle Wettbewerbseinschränkungen werden von nationalen Behörden oder auch einzelnen Bundesländern geregelt. In Deutschland sind dies beispielsweise die *Kartellämter*, deren Befugnisse im Gesetz gegen die Wettbewerbsbeschränkung *GWB* geregelt sind.

Insgesamt werden jährlich hunderte Fälle alleine in der EU bearbeitet. Die jährlichen Strafzahlungen gehen regelmäßig in die Milliarden! Einzelne Konzerne, wie Microsoft oder Intel, sind sogar mit hohen dreistelligen Millionenstrafen unter die EU-Räder geraten. Trotzdem werden die Behörden nicht arbeitslos. Daran sieht man, welche Vorteile illegale Wettbewerbsbeschränkungen den Unternehmen bieten.

Die Kartellbehörden gehen, wie der Name sagt, gegen *Kartelle* und *abgestimmtes Verhalten* vor. Es soll also verhindert werden, dass sich rechtlich selbstständige Unternehmen zusammen die Vorteile eines Monopols sichern. Ein zweiter Einsatzbereich ist die *Fusionskontrolle*. Bei dieser wird geprüft, ob Unternehmenszusammenschlüsse zu einer marktbeherrschenden Stellung führen. Alle Fusionen und Übernahmen, die zu einem Monopol bzw. einer monopolartigen Stellung führen, sind verboten. Eine Ausnahme gibt es für Unternehmen, die im Wahlkreis des Wirtschaftsministers viele Arbeitnehmer beschäftigen … Hier kann eine Ministererlaubnis erteilt werden, welche die nationalen Kartellämter überstimmt.

Marktmacht, hier verstanden, als die Fähigkeit, Wettbewerb zu beschränken, entsteht aber nicht nur durch Kartelle oder durch Fusionen. Vornehmlich entsteht Marktmacht durch Erfolg! Die Guten setzen sich im Wettbewerb gegen die Schlechten durch. Oft ist ein einzelnes Unternehmen sogar besser als alle anderen zusammen. Da Erfolg allerdings bisweilen überheblich macht, sind die Kartellwächter auf der Hut. Wann immer ein Unternehmen im relevanten Markt eine marktbeherrschende Stellung hat, droht Ungemach. Bei der Diskussion des Monopols wurden bereits Beispiele für den sogenannten *Behinderungsmissbrauch* genannt. Denken Sie an die Drohung, Händler nicht mehr zu beliefern, wenn diese Konkurrenzprodukte ins Sortiment aufnehmen. Selbst in angrenzenden Märkten können Konkurrenten behindert werden. In einem berühmten Fall wurde Microsoft verurteilt, seine dominierende Stellung im Markt für Betriebssysteme mit Windows missbraucht zu haben, um Konkurrenten auf dem Mediaplayer-Markt gezielt zu verdrängen.

Man kann sich denken, welche feine Spielwiese der Missbrauch von Marktmacht für die Juristenzunft ist. Weder gibt es klare Fakten, noch gleichen sich zwei Fälle – im Zweifel gewinnt die Seite mit dem besseren Anwalt. (Und wo arbeiten die besseren Anwälte? In der freien Wirtschaft oder im Kartellamt?) Alleine schon die Frage nach dem relevanten Markt ist selten leicht zu beantworten. Hat ein Hersteller mit 60 % Marktanteil in der Teppichproduktion eine beherrschende Stellung, auch wenn sein Anteil am Markt für Bodenbeläge insgesamt nur 10 % beträgt?

Selbst *Preismissbrauch* – neben dem Behinderungsmissbrauch die zweite Möglichkeit Marktmacht auszunutzen – ist schwer zu greifen, obwohl Preise vergleichsweise gut zu beobachten sind. Denn woher will man wissen, welcher Preis sich unter Wettbewerb einstellen würde, wenn es eben keinen Wettbewerb gibt? Preismissbrauch kann sowohl bei sehr hohen Preisen (Monopolgewinn) als auch bei sehr geringen Preisen vorliegen (Verdrängungswettbewerb). Eine Fluglinie, die eine Route auf der es keine Konkurrenz gibt, besonders teuer verkauft, oder ein Supermarkt der Milch und Butter unter Einstandspreis hergibt, um kleineren Konkurrenten die Kunden abzuluchsen, sind hierfür bekannte Beispiele.

Daneben gibt es jedoch auch vollkommen legale *Preisdifferenzierung*, welche keinen negativen Einfluss auf die Wohlfahrt oder den zukünftigen Wettbewerb hat. Denken Sie an ein Restaurant, welches ein günstiges Studentenmenü anbietet. Während andere Gäste den normalen Preis zahlen, lockt der niedrige Preis Studenten von der Mensa oder von zuhause weg. Es entsteht also echtes Zusatzgeschäft und das auch noch außerhalb der Stoßzeiten (Studenten essen ja bekanntlich immer). Auch verschiedene Versionen eines Produktes dienen der Preisdifferenzierung. Das Basismodell der Elek-trozahnbürsten mag die Zähne schon perfekt säubern. Trotzdem wird für 50 Euro Aufpreis die Version mit externem Display gekauft, welche für den Anbieter natürlich viel profitabler ist.

Anbieter, die einen *Preissetzungsspielraum* haben – egal ob ungewünscht (Marktmacht) oder gewünscht (Produktdifferenzierung) – versuchen diesen verständlicherweise zu nutzen. Bei perfekter Preisdiskriminierung würde jeder Konsument genau das bezahlen, was er maximal hergeben würde. Die gesamte Rente fließt dann dem Produzenten zu – der Konsument geht leer aus. Dies ist aus Verteilungssicht natürlich nicht gewünscht. Allerdings steigt regelmäßig auch die Wohlfahrt, da mehr Kunden bedient werden als bei einem festen Preis für alle! In der perfekten Welt würde der letzte Kunde lediglich die Grenzkosten zahlen (d. h. bei noch niedrigeren Preisen würde der Anbieter Verlust machen), so tief würde ein Anbieter mit Preissetzungsspielraum im normalen Wettbewerb nicht gehen.

Wettbewerb an der Tankstelle?

Der Benzinpreis ist wohl eines der beliebtesten Wirtschaftsthemen am Stammtisch. Auch Sie sollten nach der bisherigen Lektüre in der Lage sein, ein paar schlaue Aussagen zu treffen. Es liegt nämlich auf der Hand, dass die Ölkonzerne mit ihren Tankstellen unter einer Decke stecken. Es besteht Parallelverhalten. Sobald eine Kette den Preis erhöht, ziehen alle anderen nach. Der Wettbewerb ist beschränkt – zum Nachteil des Verbrauchers. Profiteure sind die Tankstellen.

Zu beachten ist dabei, dass es sich um ein sehr homogenes Gut handelt. Trotz aller Werbebemühungen gelingt es den Ölkonzernen nicht, sich zu differenzieren. In den Augen der Verbraucher ist jedes Benzin genauso gut wie ein anderes. Getankt wird, wo es am billigsten ist. Die Tankstellen-Pächter unterbieten sich daher wann immer es geht, um zusätzliche Autofahrer anzulocken. Dieser harte Preiswettbewerb findet Ausdruck in einem fast einheitlichen Preis – zum Vorteil des Verbrauchers. Tiefer kann keine Tankstelle mehr gehen, ohne Verlust zu machen. Der Benzinpreis zeigt daher korrekt die Knappheit des Gutes Benzin an. Die Milliardengewinne in der Industrie gehen komplett an die Rohölproduzenten, nicht an die nachgelagerten Stufen der Wertschöpfungskette.

3.4   Wann Märkte versagen

Auf den vergangenen Seiten wurden zahlreiche Vorzüge des wirtschaftlichen Wettbewerbs beschrieben. Allerdings erleben viele Menschen Wettbewerb mit seinen ständigen Veränderungen auch als anstrengend – um es mal gelinde auszudrücken. Auch wenn dieses Unwohlsein extrem schwer zu messen ist, sollte ein guter Ökonom solche Aspekte immer im Auge behalten. Was nützt uns großer materieller Reichtum, wenn alle unglücklich sind? Solche Gedanken finden auch in der Idee der sozialen Marktwirtschaft ihren Ausdruck. Die Diskussion über eine ‚optimale Wettbewerbsintensität' sollte jedoch nicht als Deckmantel für eine Pauschalkritik dienen. Gerne vorgetragen wird beispielsweise, Wettbewerb führe zu Verschwendung. Denken Sie an den beschriebenen Schweinezyklus oder an den Internet-Boom Ende der 1990er-Jahre, wo Milliarden in nicht funktionierenden Geschäftsmodellen versenkt wurden. Dies sind völlig korrekte Beispiele, jedoch wäre die Alternative eine illusorische perfekte Welt, d. h. funktionierende Planwirtschaft. Um die

Vorzüge der Marktwirtschaft zu genießen, wird es nie ohne ein gewisses Maß an Verschwendung gehen.

Gerne wird von Wettbewerbskritikern auch ein recht gegenteiliges Argument ins Feld geführt: zu harter Wettbewerb gebe den Unternehmen nicht genug Luft, mal etwas zu wagen. Schon kleine Verluste können den Untergang bedeuten. Wenige große Anbieter, die sich untereinander „gut verstehen", seien im Sinne der Innovation also gar nicht so schlecht. Dieses Argument ist ebenfalls ziemlicher Unsinn. Denn in einer funktionierenden Marktwirtschaft schaffen es gute Ideen immer, Kapital von Dritten anzulocken (Kredit, Unternehmensbeteiligung etc.). Wie sonst kam es im oben beschriebenen Internet-Boom zu solch hohen Investitionen – selbst in anscheinend weniger gute Ideen?

Die Finanzierung ist also kein pauschales Problem in der Marktwirtschaft. Kritisch kann es hingegen an anderer Stelle werden. Nämlich dann, wenn andere die Früchte fremder Investitionen erhalten. Die Rede ist von *geistigem Eigentum* bzw. allen Dingen und Ideen die aufwendig zu erschaffen, aber leicht zu kopieren sind. Wenn man eine Milliarde in die Entwicklung und Zulassung eines neuen Medikaments investiert, muss man saftige Preise dafür nehmen. Sonst ist man ziemlich schnell pleite. Als Resultat haben neue Medikamente eine riesige Gewinnspanne. Die Herstellkosten des Wirkstoffs mögen bei wenigen Cent liegen, doch der hohe Preis wird benötigt, um die vergangenen Forschungsausgaben wieder herein zu holen. Für Wettbewerber sind solche Gewinnspannen ein gefundenes Fressen: Medikamente, Marken, Software, Medien – alle können für wenig Geld kopiert werden. Warum also ein Medikament für teures Geld selber entwickeln, wenn ein erfolgreicher Wirkstoff einfach nachgebaut werden kann? Ein valides Argument, doch führt dies im Umkehrschluss dazu, dass niemand mehr ein Medikament entwickelt. Hier versagt der Markt. In einer komplett unreglementierten Marktwirtschaft würde keiner in aufwendige Entwicklung investieren, wenn vor allem andere davon profitieren.

Nun wäre ein Leben ohne Software, Medien und Marken recht langweilig, ohne Medikamente sogar gefährlich. Daher gibt es schon seit dem Mittelalter *Schutzrechte* für geistiges Eigentum (englisch „*intellectual property*"). Davor gab es den heutigen Beruf des Autors nicht. Bücher wurden von reichen Leuten zum Spaß geschrieben bzw. finanziert und konnten dann frei kopiert werden – natürlich mit künstlerischen Ergänzungen des Abschreibers. Auch technische Erfindungen wurden nicht von Geschäftsleuten vorangetrieben, sondern von Tüftlern. Der Entwicklung von Schutzrechten am geistigen Eigentum wird eine zentrale Rolle in der rasanten wirtschaftlichen und technologischen Entwicklung der letzten Jahrhunderte beigemessen. Alleine der Begriff „Eigentum" im Namen zeigt bereits, welchen Wert Ideen in einer modernen Marktwirtschaft haben. Schutzrechte gewähren dem Schöpfer bzw. Eigentümer eines immateriellen Gutes das Recht zur alleinigen Nutzung. Unterschieden werden das *Urheberrecht* für geistige Schöpfungen im Bereich der Medien und gewerbliche Schutzrechte. Gewerbliche Schutzrechte können sich als *Patent* auf technische Erfindungen beziehen, aber auch auf *Marken* und ähnliches.

Wirtschaftlich betrachtet, gewähren alle Schutzrechte ihrem Besitzer für die Dauer ihrer Gültigkeit ein Monopol. Getreu nach dem Motto „lieber etwas Unvollkommenes, als gar nichts", beschränken Schutzrechte den Wettbewerb. Monopolgewinne und eingeschränkte Menge werden im Kauf genommen, da es im Wettbewerb nicht mal das gäbe. So ist es auch nicht verwunderlich, dass Schutzrechte von nahezu allen Wirtschaftswissenschaftlern als sinnvolles Mittel betrachtet werden. Allerdings gehen die Meinungen über Umfang und Dauer weit auseinander. Urheberrechte gelten meist bis 70 Jahre nach dem Tod des Urhebers – Mickey Mouse sei Dank. In den USA wurde nämlich die letzte Verlängerung der Schutzspanne wesentlich von Walt Disney vorangetrieben. Ansonsten wären die frühen Mickey Mouse-Werke bereits heute öffentlich und hätten daher nicht mehr an Fernsehsender verkauft werden können. Aber auch in diesem Fall wären nur die Medien frei zugänglich gewesen. Einfach eine Mickey Mouse auf den Joghurt drucken geht nicht. Denn Mickey Mouse ist auch als Marke registriert. Marken können beliebig oft verlängert werden, solange sie aktiv vom Besitzer genutzt werden.

Während die lange Schutzdauer für Urheberrecht und Marken vergleichsweise wenig umstritten ist, sieht dies bei Patenten ganz anders aus. Frühe Aids-Medikamente hätten beispielsweise den Ausbruch von Aids bei Millionen HIV-positiver Menschen verzögern oder gar ganz verhindern können. Doch die Medikamente waren patentgeschützt und wurden von den Erfindern nur für teures Geld abgegeben. Es dauerte Jahre, bis flexible Lösungen für ärmere Länder gefunden wurden. Andererseits wären die Medikamente ohne die Monopolpreise möglicherweise nie entwickelt worden. Es ist notorisch schwer, ein optimales Gleichgewicht zwischen Monopolgewinnen und Innovation zu finden. Patente gelten meist 20 Jahre, doch die Spanne, ab wann sich die Entwicklungskosten rentieren, schwankt. In vielen Fällen trägt die Gesellschaft daher zu hohe Kosten – im Fall der Medikamente bedeutet Monopol im Extremfall für arme Menschen den unnötigen Tod. Andererseits droht bei zu geringem Patentschutz die Gefahr, ganz auf wertvolles neues Wissen und Produkte zu verzichten.

Auch zieht ein Patentsystem Ineffizienz und Missbrauch an. Um eine technische Methode abzusichern, werden oft auch alle in der Entwicklung probierten Alternativen patentiert – damit kein Wettbewerber vielleicht doch etwas daraus machen kann. Teilweise gibt es regelrechte Patentschlachten, in denen sich die Teilnehmer alles patentieren lassen, was geht. So legen sie ein rechtliches Minenfeld, welches einzig der Abschreckung von Wettbewerbern dient. Zudem versuchen sich Unternehmen immer wieder triviale Dinge patentieren zu lassen. Berüchtigt ist das „1-Klick-Patent" des Internethändlers Amazon. Dem Unternehmen gelang es, sich in den USA den online Einkauf mit nur einem Klick patentieren zu lassen. Wie bei vielen Software-Patenten ist es sehr fragwürdig, ob die Innovation nicht auch ohne Patentschutz passiert wäre. Denn Amazon wird seinen Mitarbeiter wohl kaum sagen: „Hören Sie auf zu denken, wir sind nicht geschützt, falls Sie eine Idee haben."

Schutzrechte definieren einen klar umrissenen Eigentumsanspruch, der in vergleichsweise einfacher Weise vor Gericht geltend gemacht werden kann. Das macht Eigentumsrechte wertvoll. Regelmäßig findet geistiges Eigentum daher Verbreitung über *Lizenzen*. Zum Beispiel wenn ein Unternehmen auf sein Shampoo die Schlümpfe druckt oder wenn ein Maschinenbauer einen patentierten Mechanismus verwenden will. Es gibt sogar Unternehmen, die nichts selber produzieren, sondern nur Lizenzen verkaufen. Die gute Version dieser Unternehmen sorgt für die Verbreitung von Ideen, die schlechte verkauft Passierscheine für Patent-Minenfelder. Moderne Brückentrolle sozusagen. Während für große Unternehmen viel auf dem Spiel steht und Patentstreitigkeiten häufig vor

Gericht landen und zu Millionenzahlungen führen, wird es im Kleinen und im Ausland sehr schwierig. Während es ein Modelabel noch als Ritterschlag empfinden mag, wenn die erste Kopie seiner Marke auftaucht, kann in anderen Fällen Produktpiraterie zu einem echten Problem werden. Beispielsweise wenn Maschinen- oder Autoteile von minderer Qualität sind oder gefälschte Medikamente gefährliche Stoffe beinhalten.

Besonders relevant ist das Problem für digitale Medien, denn hier geht echter Umsatz verloren. Ein illegales MP3-Lied ist genauso gut wie ein gekauftes. Die Musikbranche durchlebte aufgrund der Produktpiraterie im Internet ab den späten 1990er-Jahren einen tiefgreifenden Wandel. Musikverkäufe sanken und die Bedeutung von Streaming-Abos und Konzerten als Einnahmequelle nahm zu.

Die vorteilhaften Effekte von Wissenschaft und Forschung auf die Volkswirtschaft lernt man im BWL-Studium meist als Beispiel für positive Externalitäten kennen. *Externalitäten* beschreiben Situationen, in denen die Entscheidung eines Marktteilnehmers einen nicht-kompensierten Einfluss auf andere Marktteilnehmer hat. Dadurch ist die eigene Entscheidung nicht optimal im Sinne der Allgemeinheit. Im Beispiel gibt es im freien Wettbewerb ohne Schutzrechte zu wenig Forschung und Innovation. Die Theorie der *Verfügungsrechte* (englisch „property rights theory") befasst sich mit dem Thema. Denn das Kerninstrument sowohl positive externe Effekte zu bewirken als auch negative externe Effekte zu verhindern, ist das geschickte Zuweisen von Rechten und Pflichten. Im Idealfall werden durch Rechte und Pflichten aus *öffentlichen Gütern* private Güter. Ein *privates Gut* zeichnet sich dadurch aus, dass es in der Menge begrenzt ist und man gleichzeitig andere vom Konsum ausschließen kann. Märkte mit privaten Gütern funktionieren aus Wohlfahrtssicht zumeist sehr gut.

Bei einem echten öffentlichen Gut ist weder der Konsum begrenzt, noch kann man jemand ohne großen Aufwand davon ausschließen. Ein Beispiel wäre das Straßennetz einer Kleinstadt (ohne Stau, versteht sich). Jeder kann es nutzen so viel er will. Der Staat sollte hier für ein Angebot sorgen, weil keiner sonst dafür zahlen würde. Alternativ kann er die Rahmenbedingungen schaffen, damit das öffentliche Gut am Markt angeboten wird. Die diskutierten Patente sind ein solches System, da sie Exklusivität beim Konsum generieren.

Das Angebot echter öffentlicher Güter klappt meist ganz gut. Problematisch sind hingegen öffentliche Güter, bei denen Rivalität im Konsum besteht. Das heißt, die Menge ist begrenzt während der Zugang für jeden frei ist. Es kommt zu einem Überkonsum. In den Straßen der Großstadt führt dies zu Stau. Ein Überkonsum kann aber auch sehr gefährlich sein und wirtschaftliche Grundlagen zerstören. Ein Lehrbuchbeispiel ist die Jagd. Die individuell rationale Verhaltensweise – so viel jagen wie es geht – hat einen negativen Einfluss auf alle anderen. Denn irgendwann sind kaum mehr Tiere da. Würde sich jeder anders verhalten und nur nach einer Quote jagen, so könnte insgesamt eine bessere, nachhaltige Situation erreicht werden.

Das Jagdbeispiel beschreibt einen klassischen negativen externen Effekt. Diese sind an vielen Stellen im Umweltbereich relevant. So ist es einer Fabrik am oberen Flusslauf zunächst einmal egal, ob sie giftige Abwässer in den Fluss leitet. Die Fische und Fischer flussabwärts finden das aber weniger lustig, ganz abgesehen von den Kindern im Natur-Bad. Die Produktion der Fabrik hat durch ihre Umweltverschmutzung negative externe Effekte auf Produktion und Konsum flussabwärts. Im BWL-Studium schlägt man sich an dieser Stelle mit *Produktionsfunktionen* herum. Diese beschreiben mathematisch, wie sich der Output zum Einsatz verschiedener Inputfaktoren verhält. Im Fall von Externalitäten sind die Produktionsfunktionen verschiedener Produzenten voneinander abhängig. Im Beispiel hat die Fabrik direkt Einfluss auf die eingesetzte Produktionsfaktor-Menge bzw. -Qualität der Produzenten flussabwärts. Sie steuert ungefragt Gift bei. Dies unterscheidet echte externe Effekte vom normalen Marktgeschehen. Dieses hat zwar Einfluss über Preise, jedoch nicht direkt auf die eingesetzten Faktoren.

Versagt der Markt, so wird aus der unsichtbaren Hand ein unsichtbares Wildschwein. Unkontrolliert stürmt es durch die Wirtschaft und verursacht Schaden. Böses will es jedoch nicht, ihm fehlen nur die Preisinformationen. Im Fluss-Beispiel kann daher einfach Abhilfe geschaffen werden, oder komplizierter ausgedrückt, kann der externe Effekt *internalisiert* werden. Der Staat reguliert die Nutzung des Flusswassers und lässt nur die Zuführung von geklärtem Abwasser zu. Dies entspricht einem sehr hohen Preis für die Verschmutzung, welche nur noch illegal möglich ist. Die Fabrik trägt daher lieber die Kosten der Abwasserreini-

gung und stellt möglicherweise die giftige Produktion auf ein umwelt-
verträgliches Verfahren um. Dies ist für die Fabrik teurer, spart der
Gesellschaft insgesamt aber Geld. Die Wohlfahrt ist höher als ohne die
Regulierung.

Komplizierter wird es, wenn eine große Zahl von Wirtschaftsteilneh-
mern oder gar die ganze Welt betroffen ist. So ist es jedem einzelnen
Unternehmen, Menschen und häufig auch Land zunächst einmal völlig
egal, wie viel CO_2 man ausstößt. Warum auch? Neben den Milliarden
anderer Menschen und Millionen anderer Unternehmen hat das eigene
Verhalten keinen merkbaren Einfluss auf die weltweite CO_2-Menge.
Allerdings wäre es für alle vorteilhaft, wenn man mit vereinten Kräften
die CO_2-Menge und damit hoffentlich eine negative Klimaveränderung
verringert. Nach der Property-Rights-Theorie ist die Lösung einfach.
Man einigt sich auf eine Gesamtmenge, die über einen Marktmechanismus weltweit auf alle Beteiligten verteilt wird – d. h. es werden Nut-
zungsrechte zugeteilt. So wird die gesetzte Menge genau von denen
produziert, die am meisten für das Verschmutzungsrecht zahlen und folglich auch den größten Wert damit schaffen. So die Theorie. In der Praxis
kämpfen solche Mechanismen jedoch mit mangelnden Kontroll- und oft
auch Sanktionsmechanismen. Selbst wenn einige die Sache relativ ernst
nehmen, wie beispielsweise Europa im Fall der CO_2-Reduktion, verhalten sich andere als *Trittbrettfahrer* (englisch „free rider"). Sie profitieren
von den Bemühungen Dritter, tragen selber aber nichts bei. Kein Wunder, wenn da auch den Musterschülern die Lust vergeht.

3.5   Wir steigern das Bruttosozialprodukt

Wenn Sie jemanden auf der Straße fragen, worum es bei Wirtschaft geht,
ist die Antwort nicht selten: „ums Bruttosozialprodukt". Auf Nachfrage
was genau dahinter steckt, wird es schon schwieriger: „Na, alles halt."
Dies ist jedoch keine schlechte Antwort. Denn mit dem Bruttosozialprodukt und ähnlichen Konzepten wird versucht, den Wert der Wirtschaft
für uns Menschen zu erfassen. Neben fast jedem BWL-Studenten beschäftigen sich hunderte Statistiker in aller Herren Länder mit der
„*Volkswirtschaftlichen Gesamtrechnung*". Vor lauter Definitionen und

Mathematik darf man aber nicht den Blick für das Wesentliche verlieren. Dies ist die eigentliche Kunst in diesem Gebiet.

Obwohl das Bruttosozialprodukt (BSP) im deutschsprachigen Raum der wohl bekannteste Begriff ist, steht er in Politik und Forschung nicht im Fokus. Tatsächlich wissen viele Politiker nicht einmal, dass BSP offiziell durch den Begriff *Bruttonationaleinkommen* (BNE) ersetzt wurde. Da das BNE die Wirtschaftsleistung nur der *Staatsbürger* misst und Ausländer ignoriert, geht das Konzept an der politischen Realität vorbei. Denn Politik wird für alle Menschen im Land gemacht; das wirtschaftliche Wohlbefinden aller Einwohner zählt. Daher wird heute vor allem das *Bruttoinlandsprodukt* (BIP) diskutiert. Das BIP misst die Wirtschaftsleistung eines *Landes*, egal welchen Pass die Menschen dort besitzen.

Im BIP enthalten ist traditionell alles, was einen *Preis* hat. Denn nur Geldeinheiten können verglichen und aufaddiert werden. Der Haarschnitt vom Friseur trägt genauso zum BIP bei, wie der Neubau eines Kraftwerks oder der darin produzierte Strom. Die Höhe des Preisniveaus ist dabei allerdings egal. Wie bei den Überlegungen zur Wohlfahrt, geht es auch beim BIP um die produzierten *Mengen* und die *Qualität* der Güter. Stellen Sie sich vor, die Preise auf den Rohstoffmärkten brechen ein und es fängt eine große Rabattschlacht auch bei fertigen Gütern an. Gemessen in den dann fallenden Preisen, würde die Wirtschaftsleistung zurückgehen, obwohl genauso viel produziert und verkauft wird. Daher wird das BIP nicht in den aktuellen „nominalen" Preisen, sondern immer „*real*" gemessen. Das heißt, die Bewertung der Güter erfolgt zu festen Preisen eines Basisjahres. So beeinflussen nur noch Mengenänderungen das BIP.

Die Wirtschaftsleistung kann aus drei verschiedenen Perspektiven betrachtet werden. Naheliegend ist es, die *Entstehung* des BIP zu untersuchen. Wer erstellt die Güter und Dienstleistungen einer Volkswirtschaft? Genauso errechnet sich das BIP aber auch aus der *Verteilung* der Güter und Dienstleistung. Wer bekommt was? Aus der Verteilungsrechnung ergibt sich logisch die dritte Betrachtungsweise – die *Verwendung*. Denn Güter und Dienstleistungen werden nicht nur erstellt und auf die Menschen verteilt, sondern auch zum Konsum oder zum Sparen genutzt. Da es sich um drei Perspektiven auf eine Sache handelt, muss am Ende natürlich in allen Fällen das gleiche BIP rauskommen.

Die Entstehungsrechnung des BIP ist sehr einfach. Sie addiert lediglich die Preise aller Güter und Dienstleistungen auf, die in einem Jahr produziert werden. Ein wichtiges Prinzip ist jedoch zu beachten: Es wird immer nur der *Mehrwert* genommen – sonst zählt man doppelt! Wenn also ein Landwirt für 100 € Korn an einen Müller verkauft, der daraus für 200 € Mehl an einen Bäcker verkauft der dann für 300 € Brot verkauft, so beträgt das BIP genau 300 €. Jeder hat auf seiner Produktionsstufe 100 € Mehrwert geschaffen. Im Ergebnis bedeutet dies, dass sich das BIP nur aus der Summe der *Endprodukte* ergibt. Zwischenprodukte werden nicht betrachtet, da sie bereits in den Preisen der Endprodukte enthalten sind. Am Rande ist noch eine Besonderheit zu erwähnen, die sich aus produktbezogenen Steuern wie der Mehrwertsteuer ergibt. Solche Steuern (abzüglich möglicher Subventionen) sind Teil der Marktpreise und werden daher im BIP mitgezählt. Wenn Sie diese weglassen, spricht man von der Bruttowertschöpfung.

Die Verteilungsrechnung des BIP ist komplizierter. Grundsätzlich muss der gesamte Wert der Produktion verteilt werden, allerdings abzüglich der Vorleistungen. Auch hier würde sonst doppelt gezählt. Man muss sich also überlegen, wofür ein Unternehmen außer für Vorprodukte und Dienstleistungen sein Geld ausgibt. Der größte Kostenblock – normalerweise 50–60 % des BIP – entfällt auf *Arbeitnehmerentgelte*. Das Pendant sind die *Unternehmensgewinne* von 20–30 %. Dies hört sich einfach an, ist statistisch aber der schwierigste Block, da darin auch sämtliches Vermögenseinkommen enthalten ist. Das heißt die Unternehmergewinne sind mit privatem Einkommen vermischt, z. B. wenn Zinsen auf das Tagesgeldkonto gezahlt werden. Unternehmensgewinne und Arbeitnehmerentgelte bilden das Volkseinkommen. Neben dem Volk ist auch der *Staat* im Produktionsprozess mit dabei. Er schlägt über Produktionsabgaben wie die Gewerbesteuer oder Zölle zu – Subventionen werden gegengerechnet. Zusammen landet man beim Nettoinlandsprodukt. Als letzter Block zum BIP fehlen nun noch die *Ersatzinvestitionen*. Denn ein Teil der Produktion muss dafür verwendet werden, die Produktionskapazitäten aufrecht zu erhalten. In der Buchhaltung würde man von Abschreibungen sprechen. Diese machen den Unterschied zwischen netto und brutto aus.

Die Berechnung des BIP anhand der Verwendung der Wirtschaftsleistung ist wieder einfach: Man kann investieren oder konsumieren. *Investitionen* umfassen alle Güter und Dienstleistungen, die aufgewendet werden, um ein zukünftiges Produktionspotenzial zu generieren. Dies können Neu- bzw. Nettoinvestitionen wie der Bau einer Fabrik aber auch Ersatzinvestitionen wie die Überholung einer Maschine sein. Wie im Absatz zuvor gesehen, machen die Ersatzinvestitionen den Unterschied zwischen brutto und netto aus. Der Großteil des BIP – meist 50–70 % – wird jedoch von *privaten Haushalten konsumiert.* Auch den Staat darf man hier nicht vergessen, der nicht selten in gleicher Größenordnung wie die Investitionen konsumiert. Neben Klassikern wie der sozialen Sicherung zählen übrigens auch Rüstungsausgaben zum *Staatskonsum.* Um die Verwendungsrechnung wirklich aufgehen zu lassen, müssen noch Im- und Exporte von Gütern und Dienstleistungen berücksichtigt werden. Denn alles was exportiert wird, kann bei uns nicht mehr verwendet werden. Bei den Importen ist es genau andersherum. Daher wird zu Investitionen und Konsum noch der *Außenbeitrag* (Exporte minus Importe) addiert.

Anhand des BIP wird gerne die Wirtschaftsmacht verschiedener Länder verglichen. Wann hat China die USA als bedeutendste Wirtschaft der Welt überholt? Eine einfache Frage, auf die es allerdings keine genaue Antwort gibt. Vom zu benutzenden *Wechselkurs* bis zu vielen Details der Berechnung gibt es verschiedene Meinungen. Wie beispielsweise soll *Schwarzarbeit* berücksichtigt werden? Sie wird nicht offiziell gemessen, kann aber je nach Land einen erheblichen Teil des Wirtschaftslebens ausmachen. Auch *Qualitätsverbesserungen* bei gleichem Preis werden nur selten zum BIP addiert. Insbesondere wird das BIP durch die zunehmende Bedeutung von IT und *Digitalisierung* verzerrt. Der Umsatz der Musikindustrie z. B. ist mit der Digitalisierung deutlich zurückgegangen, während der Zugang der Menschen zu Musik drastisch gestiegen ist. Das heißt BIP runter, Nutzen rauf. Genauso werden *unentgeltliche Leistungen* nicht berücksichtigt. Gehört die Erziehungs- und Betreuungsleistung der Großeltern nicht auch zum BIP? Nach der gängigen Definition könnte man das BIP auch dadurch steigern, dass man jeweils beim Nachbarn gegen Entgelt Kochen und Putzen geht. Leckerer und sauberer würde es dadurch zwar nicht, die Wirtschaft wäre aber gewachsen.

Natürlich werden die Effekte struktureller Unterschiede im Zeitablauf und zwischen Ländern abgeschätzt. Wirklich vergleichen kann man das BIP jedoch nur für einen relativ engen Zeitraum. Zudem muss zwischen verschiedenen Ländern die unterschiedliche Einwohnerzahl berücksichtigt werden. Am Ende zählt nämlich das, was pro Person vorhanden ist. Daher wird für vergleichende Zwecke das *BIP pro Kopf* verwendet. Japan hatte lange Zeit eine stagnierende und zuletzt fallende Einwohnerzahl. Dadurch hat sich das BIP pro Kopf in den vergangenen Jahrzehnten im Durchschnitt ähnlich gut wie das der USA entwickelt – trotz der in den Medien immer wieder thematisierten Rezessionen und Wachstumsschwäche Japans. Das positive wirtschaftliche Bild was man von den USA in den Medien bekommen hat, muss also in Relation zur steigenden Einwohnerzahl im gleichen Zeitraum gesehen werden.

Darüber hinaus gilt es, auch noch die *Arbeitszeit pro Kopf* zu beachten. Natürlich ist es besser, einen gegebenen Output mit weniger Arbeitseinsatz zu erzielen. Allerdings macht dies die Messung nicht leichter, zumal hier auch noch die Kapitalintensität der Wirtschaft zu beachten ist. Daher schauen Volkswirte insbesondere auf die Steigerung der *Arbeitsproduktivität* innerhalb eines Landes, d. h. das Verhältnis der Ausbringungsmenge zur Arbeitseinsatzmenge. Wohl keine andere Kenngröße spiegelt die von uns Menschen wahrgenommene persönliche wirtschaftliche Fortentwicklung besser wieder.

Aber selbst wenn man auf Arbeitsproduktivität und BIP pro Kopf schaut, bleibt oft ein gewisses Unbehagen – gerade bei nicht Wirtschaftswissenschaftlern. Die große Frage dahinter: Misst das BIP das Richtige? Was zählt wirklich? Liebe, Gesundheit, Freunde, Erfolg, Macht? Geld taucht nur bei wenigen Menschen als wesentlicher Faktor auf. Wie passt es da, dass es beim BIP einzig und alleine ums Geld geht? Zunächst einmal kann zur Beruhigung der Statistiker eines gesagt werden: Geld steht für all jene Dinge, die es seinem Besitzer ermöglicht. Die im BIP enthaltenen Preise zeigen zudem Knappheit gut an. Dies geht auch in die richtige Richtung. Allerdings wurde schon in Kap. 2 diskutiert, dass eigentlich unser Nutzen gemessen werden sollte. Stellen Sie sich vor, zwei Länder wenden die gleichen Ressourcen für ihr Fernsehprogramm auf. In einem Land mag es die Menschen hoch erfreuen, während es im anderen nur Gähnen verursacht. Im BIP sieht man diesen Unterschied nicht.

Ein anderes Problem der BIP-Messung sind *„negative" Wirtschaftsleistungen*. Denn gemessen wird alles, was einen Preis hat – vollkommen egal, ob wir es überhaupt haben wollen. Stellen Sie sich vor, eine Müllhalde verseucht das Grundwasser und muss aufwendig saniert werden. Das BIP steigt dadurch um viele Millionen. Viel besser wäre es, anstatt der Aufräumarbeiten in der Sonne zu liegen (BIP niedriger) oder etwas Sinnvolleres wie die Entwicklung einer neuen Recyclingtechnologie zu verfolgen (gleiches BIP). Falls Sie sich schon einmal gefragt haben, „Wie kann *ich* das BIP steigern?", dann haben Sie nun einen Denkanstoß. Wie wäre es mit einem Autounfall? Möglichst mit vielen Verletzten! Rettungsdienst, Polizei, Krankenhaus, Gutachter, Anwalt, Werkstatt, Versicherung – da brummt die Wirtschaft! Mit Arbeiten könnten Sie das BIP niemals so stark steigern.

Wie man anhand der verschiedenen Beispiele sieht, sollte das BIP nur als Indikator für unser wirtschaftliches Wohlergehen genutzt werden. Moderne Ansätze wie der *„Genuine Progess Indicator"* (GPI) ziehen negative Effekte, insbesondere Umweltschäden, von der Wirtschaftsleistung ab. Um unser gesamtes Wohlergehen zu erfassen, ist allerdings ein noch fundamentalerer Blick notwendig. Politische Rahmenbedingungen, Gesundheit oder die gefühlte Sicherheit der Menschen sollten berücksichtigt werden. Befürworter der Kernenergie argumentieren gerne über die wirtschaftliche Tragfähigkeit der Technologie, vergessen jedoch dabei Millionen von Menschen die vor Kernenergie Angst haben. Auch die Spreizung von Arm und Reich in einem Land (statistisch gemessen anhand des Gini-Koeffizienten) hat einen erheblichen Einfluss auf das Wohlergehen. Die Armen sind unglücklicher als die Reichen glücklich. Weitgehende Konzepte zur Messung des Wohlergehens beziehen daher auch Dinge wie Zufriedenheitsumfragen, Lebenserwartung oder Bildungsgrad mit ein.

Eine der bekanntesten Messzahlen ist der *Human Development Index* (HDI), welcher neben dem BIP auch Bildung und Lebenserwartung berücksichtigt. Tatsächlich zeigen sich im Vergleich zum BIP einige Unterschiede in Rangfolge und Abstand der Länder. Während viele Golf-Staaten nach Pro-Kopf BIP weit vorne sind, stehen sie aufgrund schlechter Bildungskennzahlen im HDI weiter hinten. Vergleichsweise ärmere Länder, wie Neuseeland, schaffen es dagegen im HDI weit nach vorne.

Auch wenn der HDI theoretisch eine bessere Mess- und Steuerungsgröße für die Politik eines Landes ist, so konnte er das BIP bisher nicht annähernd als führende Größe gefährden. Einerseits haben solche alternativen Ansätze ein höheres Level an Subjektivität, da nicht alle Einflussgrößen so klar wie die im BIP enthaltenen Preise gemessen werden können. Andererseits treten Sie gegen ein über viele Jahrzehnte bewährtes Konzept der Wirtschaftspolitik an. Hier bedarf es wohl auch in der Politik einmal einer guten Portion Unternehmergeist, bis sich ein größeres Land vom BIP als Messgröße des wirtschaftlichen Wohlergehens verabschiedet.

Kritische Stimmen behaupten, das BIP werde immer die Messlatte bleiben, solange wir sklavisch am Wachstum hängen. In der Tat geht es in fast jeder wirtschaftspolitischen Diskussion irgendwo um Wachstum bzw. konkreter um *Konjunktur*. Während Konjunktur in den Medien vereinfacht als Veränderung des BIP dargestellt wird, steckt in der VWL ein nuanciertes Konzept dahinter. Konjunktur beschreibt die Auslastung des *Produktionspotenzials* der Wirtschaft im Zeitablauf. Saisonale Effekte wie ein Rückgang der Bauwirtschaft im Winter sollten dabei genauso wie langfristige Technologie-Trends, wie z. B. der Verbrennungsmotor oder das Internet ausgeblendet werden. Fokus der Konjunkturanalyse ist nämlich, wie Wirtschaftspolitik mittelfristig die wirtschaftliche Entwicklung eines Landes stabilisieren kann.

Typischerweise durchläuft die Konjunktur einen *Zyklus*. Im *Aufschwung* herrscht positive Stimmung; die Kapazitätsauslastung steigt und neue Jobs werden geschaffen. Im folgenden *Boom* herrscht Euphorie; die Kapazitäten sind ausgelastet und Arbeitslosigkeit ist kaum ein Thema. Doch Überinvestitionen und steigende Zinsen führen zur *Rezession*. Die Stimmung kippt; durch unterausgelastete Kapazitäten entstehen Verluste, die Arbeitslosigkeit steigt deutlich während das BIP leicht fällt. Gelingt es hier nicht gegenzusteuern, kann die Wirtschaft in eine *Depression* fallen. Die Menschen haben Angst; Massenarbeitslosigkeit und wirtschaftlicher Verfall bestimmen das Bild.

Im einfachen Marktmodell ist eigentlich gar kein Platz für Konjunktur. Der Preis führt immer zum Ausgleich von Angebot und Nachfrage, so dass die wirtschaftliche Kapazität immer ausgelastet sein sollte. Liegt kein „*externer Schock*" wie eine Naturkatastrophe vor, ist Konjunktur demnach Ausdruck von Marktbeschränkungen, insbesondere von zu hohen Löhnen. Vertreter dieser Sichtweise fallen in das *neoklassische* bzw. angebotsorientierte Lager. Im Mittelpunkt der Konjunkturpolitik – wenn man überhaupt davon sprechen kann – stehen strukturelle Themen, wie z. B. der Abbau von Regulierung und die Erhöhung von Leistungsanreizen. Ein aktives Eingreifen des Staates in die Wirtschaft bringe hingegen nichts, da die heutigen Mehrausgaben für die Menschen eine zukünftige Mehrbelastung bedeuten, die heute schon im Verhalten berücksichtigt wird.

Der neoklassischen Sichtweise steht die *nachfrageorientierte* Theorie entgegen, welche oft mit dem Ökonomen John Maynard Keynes verbunden wird. Nach dieser Theorie kann die Wirtschaft eine Abwärtsdynamik entwickeln, wenn alle negative Erwartungen haben. Eine automatische Erholung ist nicht garantiert, da auch Gleichgewichte bei Unterauslastung der Kapazitäten und Arbeitslosigkeit entstehen können. Um dies zu verhindern, sollte Konjunkturpolitik *antizyklisch* erfolgen. Im Boom werden Mittel angespart, mit denen im Abschwung die gesamtwirtschaftliche Nachfrage gesteigert werden kann. Konkret geht dies durch Steuersenkungen und höhere Staatsausgaben, welche gezielt kurzfristig zu einer höheren Nachfrage führen. Dadurch kommt es zu einem positiven *Multiplikator-Effekt.* Zusätzliche Staatsausgaben für die Reparatur einer Straße führen schließlich nicht nur beim Bauunternehmen, sondern auch bei dessen Zulieferern zu mehr Nachfrage, was wiederum positive Auswirkungen auf viele anderen Wirtschaftsteilnehmer hat. Wenn möglich, sollte der Staat neben solchen fiskalpolitischen Maßnahmen auch geldpolitisch eingreifen und temporär für ein unerwartet niedriges Zinsniveau sorgen.

An dieser Stelle könnte man sich nun intellektuell die Köpfe einschlagen. Machen wir aber nicht. Beide Positionen haben ihre Berechtigung. Eine Stärke der angebotsorientierten Sichtweise ist der Fokus auf der Beseitigung struktureller Marktbeschränkungen. Nachfrageorientierte Modelle hingegen beziehen als zentrales Element Stimmungslage und imperfekte Erwartungen mit ein – eine realistische Annahme. Wie auch immer der wirtschaftspolitische Ansatz lautet: Konjunktur ist furchtbar schwer zu steuern. Insbesondere drohen durch lange Entscheidungs- und Wirkungswege Zeitverzögerungen (englisch „*time lags*"). So wirkt der für die Rezession gedachte Konjunkturimpuls bisweilen erst im Aufschwung oder gar erst im Boom; die Konjunkturschwankungen werden größer anstatt kleiner. Aus wirtschaftspolitischer Sicht ist es daher hilfreich, *automatische Stabilisatoren* zu haben. An den Lohn gekoppelte Sozialversicherungsbeiträge, wirken automatisch antizyklisch. Fallen Arbeitsplätze weg oder sinken die Löhne, so nehmen die Sozialversicherungen weniger ein. Gleichzeitig aber steigen tendenziell deren Ausgaben. Die Lücke ist kurzfristig aus dem Staatshaushalt zu decken.

Wachstumsdifferenzen

Konjunktur ist ein Dauerbrenner in den Wirtschaftsnachrichten: 1,3 Prozent; 2 Prozent; 0,3 Prozent – so sieht es mit dem Wachstum in vielen entwickelten Volkswirtschaften aus. Ein Blick in den Unternehmensteil der Zeitung zeichnet dagegen ein anderes Bild: 6,7 %; 15 %; 3,2 %. Achten Sie einmal darauf! Einzelne Unternehmen wachsen anscheinend immer schneller als die Volkswirtschaft. Aber warum?

Dahinter stecken zwei wesentliche Gründe. Zunächst einmal schaffen es besonders die aufsehenerregenden Zahlen in die Nachrichten, während eher stabile Teile der Volkswirtschaft unerwähnt bleiben. Zudem gibt es einen systematischen Grund: Unternehmen berichten ihr Wachstum nominal, also inklusive Inflation. Konjunktur hingegen ist real, d. h. Inflation spielt hier keine Rolle. Vereinfacht gesprochen, zählt beim BIP nur die Menge, während die Unternehmen auch Preiserhöhungen als Wachstum angeben.

Die Diskussion von Konjunkturpolitik zeigt interessante Perspektiven auf. Aber eine Frage beantwortet sie nicht: Warum geht es eigentlich immer um Wachstum? Ein fundamentaler Grund wurde bereits an verschiedenen Stelle in diesem Buch genannt: Menschen streben aus ihrer *Natur* heraus nach mehr – Stillstand ist keine Option. Mit Unternehmergeist wollen wir etwas bewegen. Wettbewerb ist ein tief verankertes Prinzip. Es ist das Wachstum, welches unseren materiellen Lebensstandard steigert. Genauso wie die Beantwortung einer Frage oft viele neue Fragen aufwirft, multipliziert sich auch das Wachstum. Die Entwicklung des PCs beispielsweise zog ganze Wirtschaftszweige für Software, Peripherie, PC-Kurse und selbst spezielle Möbel nach sich.

Ein weiterer zentraler Grund ist eher praktischer Natur. Durch die hohe *Produktivität* ist in entwickelten Volkswirtschaften Arbeit der teuerste Produktionsfaktor. Gerade in etablierten Wirtschaftszweigen besteht daher latenter Druck, Mitarbeiter zugunsten von Technik und Automatisierung abzubauen. Obwohl das BIP dadurch nicht sinkt, gehen so Arbeitsplätze verloren. Durch Wachstum können neue Arbeitsplätze geschaffen werden.

Auf solche Argumente wird bisweilen zynisch erwidert, dass wir ohnehin in den kommenden Jahren an die Grenzen des Wachstums stoßen werden. Überbevölkerung und Ressourcenknappheit werden uns schon bald zu einem radikalen Kurswechsel zwingen. Aber hat Wachstum wirklich *Grenzen*? In einzelnen Bereichen werden ständig Wachstumsgrenzen erreicht, z. B. beim Abbau von Kohle in einer Region oder bei der globalen Expansion einer Baumarktkette. Die Menschheit als Ganzes konnte allerdings bisher nicht vom Jahrtausende währenden Wachstumspfad abgebracht werden. Wachstumsbefürworter stellen also fest: Es ist unwahrscheinlich, dass wir gerade heute an die Wachstumsgrenze stoßen. Überbevölkerung ist aus einer anderen Perspektive lediglich Unterentwicklung. Mit besserer Technologie und angepassten Gesellschaftsformen können sehr viele Menschen würdig miteinander leben. Ressourcen waren schon immer knapp und es ist nur eine Frage des Ressourcen-Managements, wie wir damit umgehen. Steigende Preise lenken uns automatisch in Richtung eines nachhaltigeren Ressourcenumgangs.

Sie sehen, über das Thema lässt sich trefflich streiten. Aber egal wie Ihre Meinung sein mag, es gibt eine gute Nachricht: *Fortschritt* geht immer – auch ohne ein steigendes BIP! Wenn bei gleichen Preisen und Löhnen weniger gearbeitet wird und die Qualität der Produkte und Dienstleistungen steigt, dann geht es uns allen besser. Das BIP ist unverändert. Das gleiche gilt, wenn wir unseren Reichtum besser verteilen. Beispielsweise durch die Verringerung von Arbeitslosigkeit oder durch von allen als fair empfundene Sozialsysteme.

4

Börse – Der beste und schlechteste Markt der Welt

Kein Wirtschaftsbuch ohne Börse! Aktien, Anleihen, Optionen, Futures, Leerverkäufe – alle muss man kennen, natürlich schon während des BWL-Studiums. Wie sonst hätte man in der Mensa den attraktiven Kommilitonen von der medizinischen Fakultät imponieren können? Auch im Alltag lässt sich bisweilen mit dezentem Börsenwissen punkten. Vielleicht kann es sogar einmal vor Fehlentscheidungen bei der Geldanlage schützen.

Der erste Kontaktpunkt im BWL-Studium zum Thema Börse hat allerdings meistens nichts mit Geldanlage zu tun. Vielmehr ist die Börse Anschauungsobjekt als *Markt*. Wie zuvor bereits angedeutet, kommt der Aktienhandel sehr nah an das Modell des vollkommenen Marktes heran und ist damit theoretisch das Beste, was reale Märkte so zu bieten haben: Alle gehandelten Aktien eines Unternehmens sind identisch, es gibt oft tausende aktive Marktteilnehmer, Informationen werden in Echtzeit über das Internet verbreitet und die Transaktionsgebühren sind gering. Der Preis – an der Börse Kurs genannt – ist zu jedem Zeitpunkt durch Angebot und Nachfrage gegeben. Und hier sehen Sie schon, warum für so manchen die Börse der schlechteste Markt der Welt ist. Angebot und Nachfrage an der Börse haben wenig mit unmittelbaren Konsumbedürf-

© Springer Fachmedien Wiesbaden GmbH, ein Teil von Springer Nature 2020
F. Dittrich, *Was ich im BWL-Studium hätte lernen sollen*,
https://doi.org/10.1007/978-3-658-28485-5_4

nissen von Menschen zu tun. Denn an der Börse wird *Zukunft* gehandelt. Theoretisch geht es um konkrete Erwartungen zur Entwicklung der Wirtschaft oder einzelner Unternehmen. Oft ist es jedoch reine *Psychologie*, die Kurse treibt.

Selbst wenn fast alle rational handeln, reichen schon wenige nicht voll rational handelnde Teilnehmer aus, um alles durcheinander zu bringen. Eines der bekanntesten Phänomene ist der Herdentrieb: Als Grundregel gilt es, einfach das zu machen, was die anderen auch tun. Bekannt wurden einige Fälle, in denen Aktienhändler an große Aufträge irrtümlich eine Null zu viel drangehangen haben. Allerdings resultierte aus den Fehlern oft kein Verlust, sondern ein Gewinn! Durch die riesigen Käufe bzw. Verkäufe stiegen oder fielen die Kurse. Und zwar so stark, dass viele andere sich dachten: „Da muss etwas im Busch sein, mache ich also besser mal das Gleiche". Der Kurstrend setzt sich so fort.

An der Börse passieren also bisweilen schier unglaubliche Dinge. Gleichzeitig scheint das Ganze ziemlich weit weg vom Leben. Börse löst dadurch bei vielen Menschen Unbehagen aus – außer bei BWL-Absolventen. Denn die Zusammenhänge sind tatsächlich sehr einfach. Börsen sind nichts anderes als Marktplätze. Gehandelt wird allerdings kein Gemüse, sondern Finanzprodukte wie Aktien (Anteile an Unternehmen), Anleihen (Kredite), Währungen und Derivate. Derivate sind abgeleitete Finanzprodukte, wie z. B. eine Option, in der Zukunft eine Aktie zu einem festen Kurs kaufen zu dürfen. Darüber hinaus gibt es Waren-Börsen, z. B. für Öl. Aber eins nach dem anderen.

4.1   Aktien und Anleihen – Die Börsen-Klassiker

Starten wir mit einem simplen Beispiel – einem Landwirtschaftsbetrieb mit 10.000 Hektar Acker. Firmiert dieser als Aktiengesellschaft mit 1000 *Aktien*, so steht jede Aktie für zehn Hektar Acker und anteilig zugehörige Maschinen etc.. Aktien sind ein *Realwert*. Durch den Besitz der Aktie steht Ihnen theoretisch ein Tausendstel des Betriebsvermögens sowie ein entsprechender Anteil am ausgeschütteten Gewinn zu. Ganz genau genommen geht es bei den Aktienanteilen allerdings um das Reinvermögen, bzw. in den Worten der Buchhaltung, um das „*Eigenkapital*". Ist ein Teil des Ackerlandes auf Kredit gekauft, so „gehört" dies den Kreditgebern und nicht den Aktionären.

Der Aktienkurs zeigt an, wie viel derzeit für den betreffenden Unternehmensanteil gezahlt werden muss. Multipliziert mit der Aktienanzahl ergibt sich die *Marktkapitalisierung*. Es ist allerdings wichtig zu verstehen, dass der Aktienkurs nicht mechanisch mit dem Geschäftsverlauf des Unternehmens zusammenhängt. Insbesondere hat ein Unternehmen nicht mehr oder weniger Geld zur Verfügung, wenn sich der Kurs verändert. Für Sie als Wirtschaftswissenschaftler ist dies sonnenklar, doch wird das Konzept von Laien oft nicht verstanden. Oben wurde schon angesprochen, wie auch die Psychologie Kurse bewegen kann. Grundsätzlich steigt der Kurs tendenziell, wenn der Gewinn des Unternehmens steigt – insbesondere langfristig. Von den täglichen Kursbewegungen kann man aber keine eindeutigen Rückschlüsse auf die Verfassung eines Unternehmens ziehen. Insbesondere bedeutet ein fallender Aktienkurs zunächst einmal gar nichts für das Unternehmen.

Da Sie als Aktionär Anteil an einem echten Geschäft erworben haben, können Sie von Ihrer Aktie im Zeitablauf einen Zugewinn erwarten – sonst würden Sie diese ja gar nicht erst kaufen. Der Zugewinn kann einerseits in Form von *Dividenden*, also Bar-Ausschüttungen, anfallen. Andererseits kann der Kurs steigen, wenn Gewinne einbehalten werden und die Geschäftsaussichten gut sind. Wenn Sie die Aktie dann verkaufen, machen Sie einen *Handelsgewinn*. Ihre gesamte *Rendite* einer Periode errechnet sich aus dem Verkaufspreis plus Dividenden im Verhältnis zum Kaufpreis.

Natürlich ist es in der Realität nicht ganz so leicht. Während einige Unternehmen Gewinne machen und die Kurse steigen, geht es mit anderen bergab. Als Aktionär trägt man unternehmerisches Risiko! Im Durchschnitt über viele Aktien und lange Zeiträume werden Sie eine gute Rendite im Vergleich zu einem Sparkonto machen. Allerdings trägt man dafür das Risiko von Kursschwankungen, bzw. wenn man sein angelegtes Geld kurzfristig benötigt, von Kursverlusten. Hierin spiegelt sich ein fundamentaler Zusammenhang an der Börse wider: Je mehr *Risiko* man trägt, desto höher sollte die erwartete Rendite sein. Die Kunst ist es, dies im Vorhinein richtig einzuschätzen.

Zwei der wichtigsten Börsen-Fragen sind daher: Was ist die Aktie heute wert? Und wie wird sich der Kurs langfristig entwickeln? So gibt es dann auch eine Heerschar von Analysten und Hobby-Anlegern, die sich darüber den Kopf zerbrechen. Die wohl offensichtlichste Quelle, um den Wert einer Aktie zu bestimmen, ist die Bilanz der Aktiengesellschaft. In dieser sind alle Vermögensgegenstände mit ihrem Wert aufgelistet. Leider ist die Bilanz jedoch nach dem Vorsichtsprinzip aufgestellt und enthält wesentliche Dinge wie den Wert von Marken nicht. Der sich aus der Bilanz ergebenden *Buchwert* ist daher eher als Untergrenze für den Aktienkurs zu verstehen. Der tatsächliche Wert muss auf eine andere Weise bestimmt werden.

Grundsätzlich kommen drei *Bewertungsverfahren* infrage. Das einfachste ist es, den *aktuellen Kurs* als fairen Wert zu sehen. Dies ist eine sehr effiziente Methode, da man keinen Analysten – ja nicht mal seinen Kopf braucht. Zugleich schneidet dieser Ansatz gerade für große, viel gehandelte Aktien (Fachwort: liquide) als Anlagestrategie regelmäßig sehr gut ab. Demut zahlt sich an der Börse aus! Sobald man anerkennt, dass in den Kursen schon die Analysen und Ideen vieler schlauer Leute stecken, erzielt man bessere Anlageergebnisse als der Durchschnitt dieser schlauen Leute. Insbesondere, weil man viel weniger Aufwand als die anderen hat. Einzig *Insider* mit nichtöffentlichem Wissen über das Unternehmen könnten einen Strich durch die Rechnung machen, wenn sie immer als erste kaufen oder verkaufen. Um dies zu verhindern, ist der Handel des Managements und andere Insider mit eigenen Aktien streng reglementiert.

Zugegebenermaßen ist die erste Bewertungsmethode ziemlich langweilig. Es ist die Ambition der meisten Anleger, besser als der Durchschnitt zu sein – in Börsensprache „den Markt zu schlagen". Daher werden Bewertungsmethoden verwendet, die Aufschluss über die Unter- bzw. Überbewertung einer Aktie geben sollen. Theoretisch am saubersten sind *Diskontierungsverfahren*. Bei diesen schaut man sich an, welche Zahlungsflüsse (englisch „cash flows") zukünftig pro Jahr aus der Aktie zu erwarten sind. Im zweiten Schritt überlegt man sich, was diese zukünftigen Zahlungsflüsse heute wert sind. Sie werden auf den heutigen

Zeitpunkt abgezinst bzw. diskontiert. Auch hier hilft ein einfaches Beispiel. Konkret betrachten wir eine Aktie, die 10 € Euro Dividende pro
Jahr zahlt. Steht die erste Dividende kurz bevor, geht sie mit einem Wert
von 10 € in die Rechnung ein. Die nächste Dividende in einem Jahr ist
aus heutiger Sicht etwas weniger Wert, sagen wir 9,50 €, was ungefähr
einer Diskontierungsrate von 5 % entspricht. Dahinter steckt die simple
Idee, dass Geld heute mehr wert ist als Geld morgen. Nach dieser Logik
ist die Dividende in zwei Jahren aus heutiger Sicht noch weniger wert
(gut 9 €). Zusammen sind alle zukünftigen Dividenden heute 200 €
wert. Liegt der Kurs unter oder über diesem Wert, sollte man die Aktie
kaufen bzw. verkaufen.

Da Diskontierungsverfahren lange in die Zukunft blicken, sind sie
stark von Annahmen abhängig. Insbesondere sind sie anfällig, eher die
Meinung des Analysten als eine neutrale Einschätzung widerzuspiegeln.
Auch kann die Bewertung grob danebenliegen, vor allem, wenn man
von unrealistisch großem Markterfolg ausgeht. Ein Internet-Start-up ist
schnell einmal Milliarden wert, wenn man eine rosa Zukunft diskontiert.
Hier ein fiktives Beispiel: Es gibt zwei Milliarden Internetnutzer, deren
Zahl um 5 % im Jahr zunimmt. Jeder Tausendste kauft bei „Bohne365.
com" für zehn Euro im Monat Kaffeebohnen, wovon die Hälfte als
Gewinn bleibt. Die Diskontrate ist 8 %. Dies hört sich nicht nach viel
an, ergibt aber bereits einen Wert von gut 3 Milliarden Euro. Halbiert
man die Diskontierungsrate auf 4 %, explodiert der Wert auf über 7 Milliarden Euro – was für eine Aufnahme in den DAX reichen könnte. Man
sieht, Diskontierungsverfahren müssen mit Vorsicht betrachtet werden,
nicht zuletzt, weil einzelne Aktien isoliert betrachtet werden. Das Marktgeschehen drumherum wird also ausgeblendet.

Daher kommen als weitere Bewertungsverfahren *Multiplikatoren* zum
Einsatz. Der Kurs wird dabei als Vielfaches einer Kenngröße, z. B. dem
Gewinn pro Aktie, dargestellt. Beträgt der Gewinn 1 € und der Kurs liegt
bei 15 €, so beträgt das Kurs-Gewinn-Verhältnis (KGV) 15. Das KGV kann
man nun zwischen verschiedenen Unternehmen einer Branche vergleichen
und so einen Hinweis auf relativ günstige oder teure Aktien bekommen.

Alle Bewertungsverfahren haben ihr Für und Wider. Den aktuellen
Kurs als Wert anzunehmen, lohnt sich vor allem bei großen Aktien und
für Anleger mit wenig Erfahrung. Dagegen sind Diskontierungsverfahren

nur etwas für Profis. Allerdings sind sie methodisch die wohl beste Basis, den Markt zu schlagen. Multiplikatoren wiederum vereinfachen stark, bieten sich aber gut für schnelle Plausibilitätschecks an.

Neben den Aktien bilden *Anleihen,* wie eingangs genannt, die zweite große Anlageklasse. Tatsächlich haben Anleihen ein größeres Volumen als Aktien und bilden damit den bedeutendsten Teil der Finanzmärkte. Neben den Unternehmen kommen hier auch öffentliche Organisationen, insbesondere Staaten, ins Spiel. Staatsanleihen großer, starker Volkswirtschaften wie den USA oder Deutschland gelten als sicherste Anlagen der Welt und bilden damit einen Eckpfeiler der Finanzmärkte. Allerdings gilt es auch hier, die Spreu vom Weizen zu trennen. Dies hat die Eurokrise ab 2009 gezeigt. Zum ersten Mal seit Jahrzehnten gerieten europäische Staaten reihenweise in Finanznot.

Während man sich mit Aktien am Eigenkapital und damit am Unternehmen selbst beteiligt, sind Anleihen ein Anteil am *Fremdkapital.* Wie der Name schon sagt, handelt es sich dabei um geliehenes Geld. Anleihen funktionieren entsprechend genauso wie ein *Kredit.* Für die Anleihen bekommt der Herausgeber (Fachwort: Emittent) Geld vom Anleger. Im Gegenzug muss er einen vereinbarten *Zins* zahlen. Eine Anleihe hat z. B. einen Nennbetrag von 1000 € und einen nominalen Zins von 4 %, d. h., Sie erhalten jedes Jahr 40 € Zinsen. Am Ende der Laufzeit gibt es zusätzlich die 1000 € zurück.

Es stellt sich die Frage, warum man hierfür eine Börse braucht? Denn Kredite können auch Banken vergeben. Allerdings haben Banken ein Problem, wenn sehr große Beträge und lange Laufzeiten gefragt sind. Hier spielt die Börse ihre Stärken aus. Anleihen werden typischerweise an sehr viele verschiedene Investoren verkauft. So trägt keiner ein extremes Risiko, wie es bei einer Bank der Fall wäre, die einem einzelnen Kreditnehmer Milliardenbeträge leiht. Da die Anleihen an der Börse jederzeit verkauft werden können, besteht zudem hohe Flexibilität für die Investoren. Banken auf der anderen Seite können ein Problem bekommen, wenn sie hohe Beträge langfristig verleihen, aber selber ihr Geld nur kurzfristig, z. B. als Einlagen auf Sparkonten, zur Verfügung haben.

Genauso wie bei Aktien ist es eine Kunst, den Wert von Anleihen zu bestimmen. Auch hier ist es die einfachste Methode, den *aktuellen Kurs* als fairen Wert anzunehmen. Ansonsten werden zur Bewertung von

Anleihen *Diskontierungsverfahren* eingesetzt. Diese sind im Vergleich zu Aktien recht einfach, da die Cashflows feststehen. Im Beispiel oben gibt es jedes Jahr 40 € und am Ende zusätzlich 1000 €. Die Gretchenfrage ist dann allerdings, was das Ganze heute wert ist. Wie bei den Aktien ist klar, dass der Wert heute kleiner sein muss als die Summe der zukünftigen Zahlungen. Mit welchem Faktor diskontiert wird, hängt jedoch von den Risiken der Anleihe ab.

Handelt es sich um eine deutsche Staatsanleihe, so ist das Risiko, sein Geld nicht zurück zu bekommen, nahe Null. Der Kurs der Staatsanleihe ist daher einzig vom Zins bestimmt. Kostet die Anleihe heute z. B. 1000 €, ist dies gleichbedeutend mit einem Zins von 4 %. Denn Sie bekommen jedes Jahr 40 Euro und am Ende das Geld zurück. Liegt der Marktzins tiefer, z. B. bei 2 %, so wird der Kurs der Anleihe über 1000 € liegen. Denn mit der Anleihe bekommt man, bezogen auf den Nominalwert, mehr als die fairen 2 % Marktzins. Deswegen kostet sie mehr. Nehmen Sie an, die Anleihe läuft genau noch ein Jahr. Dann wäre der Kurs heute bei ca. 1020 €. Dafür bekommen sie in einem Jahr 40 € Zinsen und den Nennwert von 1000 € zurück. In Summe haben sie 20 € mehr als vorher. Dies entspricht den 2 % Zinsen. Diese Rechnerei mag ein wenig kompliziert anmuten, doch drückt sie ein Kernprinzip der Bewertung von Anleihen aus: Zinsen runter, Kurs rauf – und andersherum natürlich. Auch wenn es nicht intuitiv ist, lohnt es, sich diesen Grundsatz zu merken. Neben den Zinsen kommen, wie angesprochen, meist noch Risiken ins Spiel – insbesondere das Ausfallrisiko. Besteht nämlich die Möglichkeit, sein Geld nicht komplett wiederzusehen, wird man dafür eine Risikoprämie verlangen. Im Beispiel der einjährigen 4 %-Anleihe könnte der Kurs z. B. bei 960 € liegen. Neben den 40 € Zinsen bekommt man dann bei Rückzahlung des Nennbetrags von 1000 € auch noch 40 € Risikoprämie.

Wie bei der Aktienbewertung ist die Einschätzung des Risikos ziemlich subjektiv. Große Investoren bilden sich hier gerne eine eigene Meinung. Viele andere vertrauen auf *Rating-Agenturen*. Genauso wie ein Hotel Sterne hat, vergeben Ratingagenturen Noten für die Qualität des Schuldners bzw. einer spezifischen Anleihe. Ein AAA-Rating steht für höchste Sicherheit, der Kurs solcher Anleihen ist meist einzig vom Zins bestimmt. Über AA und A geht es dann zur Stufe BBB. Ab BB und schlechter, spricht man von Ramschanleihen. Ähnlich wie in einem schlechten Hotel gibt es eine gute Chance, böse überrascht zu werden. Das muss aber natürlich nicht so sein. Daran sieht man, bei Ratings geht es um Wahrscheinlichkeiten. Geht ein Unternehmen mit AA-Rating pleite, so heißt das nicht, das Rating war falsch. Denn statistisch müssen auch ein paar AA-Anleihen ausfallen, denn sonst wäre die Kategorie AAA gar nicht besser.

Ratingagenturen – Wächter des Finanzmarkts eingeschlafen?

Ratingagenturen haben es über die Jahrzehnte geschafft, sich nicht nur einen guten Ruf in der Risikobewertung, sondern auch ein faktisches Monopol aufzubauen. Und zwar mit freundlicher Unterstützung des Gesetzgebers. In zahlreichen Ländern, insbesondere den USA, schreiben Gesetze für einige Anleger vor, wie viel Risiko diese eingehen dürfen; gemessen wird es am Rating einiger weniger Agenturen. Viele Pensionskassen dürfen z. B. nicht in Ramschanleihen investieren. Wenn also Tausende Unternehmen mit viel Geld per Gesetz Ratings kaufen müssen, wissen Sie, was dann passiert? Warren Buffet, der erfolgreichste Investor der Welt, wird Aktien von Ratingagenturen kaufen!

Zahlreiche Kritiker werfen den Ratingagenturen vor, durch den fehlenden Wettbewerb eingeduselt zu sein und – schlimmer noch – ihre Position bösartig für politische Manipulation auszunutzen. Ganz nüchtern muss man hier aber zunächst festhalten, dass die Agenturen im Bereich klassischer Unternehmensanleihen bis heute einen guten Job machen. Trotz einiger weniger Skandale in diesem Bereich sind die Ausfallstatistiken sauber. Die Gefahr, den guten Ruf und damit den rechtlichen Sonderstatus zu verlieren, ist anscheinend ausreichend, um dauerhaft für gute Arbeit der Ratingagenturen zu sorgen.

Ganz anders sieht es im Bereich strukturierter Finanzprodukte aus. Hier haben sich Banker, insbesondere seit den 2000er-Jahren, neben sinnvollen Finanzprodukten auch wilde Finanz-Konstrukte ausgedacht. Verschiedene Anleihen wurden zusammengeworfen und dann wieder zerstückelt, um gezielt ein bestimmtes Anlagerisiko zu erreichen. Und die Ratingagenturen haben ihren quasi-staatlichen Stempel daruntergesetzt – natürlich gegen saftige Gebühren. Dass hier andere Maßstäbe angesetzt wurden, war allen Beteiligten klar. So konnten plötzlich AAA-bewertete Produkte mit viel mehr Rendite als AAA-Unternehmensanleihen gekauft werden. Und jeder Banker weiß: mehr Rendite = mehr Risiko. Trotzdem war das Geschrei groß, als alles in der Finanzkrise 2008 den Bach runterging. ... Überlebt haben die Ratingagenturen bis heute.

4.2   Hinter Börse steckt noch viel mehr

Bisher haben Sie gelesen, was es an der Börse zu kaufen gibt und was das Ganze wert sein könnte. Offen ist aber die Frage, wofür wir Börse überhaupt brauchen? Es sind zwei Gründe, die Börsen bzw. Finanzmärkte in einer Marktwirtschaft wertvoll machen. Zunächst einmal können *Kapitalsuchende* sich über die Börse Geld besorgen – entweder Eigenkapital durch den Verkauf neuer Aktien oder Fremdkapital durch den Verkauf neuer Anleihen. In solchen Fällen fließt also Geld direkt vom Investor an den kapitalsuchenden Emittenten. Daher wird auch vom *Primärmarkt* gesprochen. Wie bei der Diskussion der Anleihen oben schon angesprochen, kann es schwer sein, größere Summen Geld aufzunehmen – gerade wenn es um Risikokapital geht. Börse ist ein sehr effizienter Weg, große Investitionen zu stemmen.

Wenn Wertpapiere nicht vom Emittenten verkauft, sondern zwischen Investoren gehandelt werden, spricht man vom *Sekundärmarkt*. Diesen haben die meisten im Kopf, wenn sie von Börse sprechen, da er bei Aktien eine überragende Rolle spielt. Denn Aktien werden nur einmal ausgegeben und dann hin und her gehandelt. Anleihen hingegen werden periodisch zurückgezahlt und müssen dann neu ausgegeben werden. Dort hat der Primärmarkt eine größere Bedeutung.

Der Sekundärmarkt ermöglicht es Investoren, flexibel Geld *anzulegen*. Dies ist der zweite Grund, warum Börse ein wichtiges Instrument der Marktwirtschaft ist. Investoren können ihr Geld mit praktisch beliebigem Risiko/Rendite-Profil und jeder Laufzeit anlegen. Ob für den Privatmann, der erst auf ein Haus und später für die Rente spart, oder für eine Krankenkasse, die Rückstellungen für das Alter der Versicherten bildet – für alle sind die Finanzmärkte ein sehr effizientes Instrument.

Selbst wenn man als Privatperson keinen direkten Kontakt zur Börse hat, sind die meisten Menschen über *institutionelle Anleger* doch an den Finanzmärkten aktiv. Alle Nicht-Privatinvestoren werden so bezeichnet. Institutionelle Anleger verwalten für praktisch jeden Geld. Hierunter fallen hauptsächlich Versicherungen, Pensionskassen, Banken und Investment-Fonds. Selbst gesetzliche Rentenversicherungen, die im Umlageverfahren Geld einnehmen und direkt wieder auszahlen, sind am Finanzmarkt tätig.

Denn dort können sie effizient ihre täglich benötigte Liquidität managen. Am sogenannten Geldmarkt können taggenau große Summen angelegt oder auch geliehen werden. Man sieht, zumindest mittelbar kommt keiner um Börse herum.

Eine Sonderrolle unter den institutionellen Investoren haben *Fondsgesellschaften*. Fonds sind Zwischenhändler. Sie kaufen große Mengen an der Börse und bieten privaten Investoren dann ein maßgeschneidertes Paket an – genauso wie Veranstalter von Pauschalreisen, die Urlaubern günstige Reisen ohne viel Organisationsaufwand ermöglichen. Fonds ersparen es den Anlegern, sich selber tiefes Börsenwissen anzueignen, und können viel günstiger an der Börse handeln. Allerdings sind die Fondsmanager gut bezahlte Banker, so dass ein Kauf von Wertpapieren in Form von Fonds häufig recht teuer ist. Wirklich lohnend werden Fonds daher erst aus einer anderen Perspektive: Durch die großen Anlagevolumina können die Investitionen auf viele Märkte und Wertpapiere verteilt werden. Fonds bieten ein *diversifiziertes Portfolio* an Wertpapieren. Ein großer Vorteil, da man an der Börse nicht alles auf eine Karte setzen sollte. Die Herren Professoren Makrowitz, Miller und Sharpe haben dies bereits in den 1950er-Jahren herausgefunden und bekamen 1990 sogar den Wirtschaftsnobelpreis für ihre Entdeckung. Fairerweise muss man sagen, dass sie das Ganze auch noch mathematisch schön verpackt in die *Portfoliotheorie* gegossen haben. Als Eckpfeiler der Finanzmarkttheorie ist diese schon seit Generationen fester Bestandteil eines jeden BWL-Studiums.

Die Portfoliotheorie beschreibt, wie man sein Geld gemäß der individuellen Risikopräferenz anlegen sollte. Risiko ist dabei als Schwankung des Kurses zu verstehen. Im Börsenjargon spricht man von *Volatilität*. Die Grundregel der Portfoliotheorie ist einfach: Risiko so breit streuen wie möglich und einen Teil sicher anlegen – mehr muss man sich als normaler BWL-Absolvent dazu nicht merken. Interessant sind die Details trotzdem. Risiko ist nämlich nicht gleich Risiko. Zufällige Ereignisse, z. B. wenn eine nicht versicherte Fabrik abbrennt, sind ein *unsystematisches Risiko*. Ist man Aktionär genau dieses Unternehmens, trägt man in einem solchen Fall unerwartet einen großen Verlust. Hat man aber viele verschiedene Aktien, so sind solche Verluste im Durchschnitt gut berechenbar, da Unfälle immer passieren – d. h. es gibt eigentlich kein Risiko mehr, da man vorher ziemlich genau weiß, was einen in Summe erwartet. Anders gesagt: Unsystematisches Risiko kann „wegdiversifiziert" werden. Der Kurs des Portfolios schwankt nicht mehr aufgrund unternehmens-individueller, oft zufälliger Faktoren. Was bleibt, ist das *systematische Risiko*, das durch einen Konjunktureinbruch, technologischen Fortschritt oder auch die Schwankung der Börsenstimmung eintreten kann. Diesem unterliegen alle Unternehmen. Systematisches Risiko wird an der Börse mit einer höheren erwarteten Rendite bezahlt. Für eine einzelne Aktie betrachtet, bemisst es sich am Risikobeitrag zur Schwankung des Gesamt-markts. Der Gesamtmarkt wird dabei meistens anhand eines *Aktienindex* wie dem DAX oder dem EuroStoxx abgeschätzt. Aktienindizes berech-nen sich zwar alle anders, sie zeigen aber immer die durchschnittliche Kursbewegung der im Index enthaltenen Aktien an. Schwankt eine Aktie deutlich stärker als der Index nach oben und unten, so hat sie auch eine merklich höhere erwartete Rendite. Schwankt eine Aktie jedoch eher gegenläufig zum Index, so kann diese auch eine negative Risikoprämie haben, d. h. man bekommt selbst weniger als für eine sichere Staatsan-leihe! Goldminenaktien sind beispielsweise beizeiten gestiegen, wenn alles andere gefallen ist. Diese negative Korrelation wirkt stark risikodi-versifizierend und wird an der Börse mit niedriger Rendite bezahlt.

In der Praxis hat sich die Portfoliotheorie auf breiter Front durchge-setzt. Denn ein diversifiziertes Portfolio schwankt tatsächlich viel weniger als Einzelaktien. Aber selbst dann geht es noch mächtig auf und ab mit den Aktien. Da passiert es schon einmal, dass ein Unternehmen in einem Quartal einen besonders guten Gewinn macht und plötzlich 10 Prozent mehr wert ist. Von plötzlichen Verlusten in noch größerer Höhe sei hier gar nicht gesprochen. Hinter diesen enorm anmutenden Schwankungen stecken zwei Gründe. Einerseits reflektiert der Aktienkurs die gesamte *Zukunft*. Wenn eine positive oder negative Entwicklung heute auf viele Jahrzehnte hochgerechnet wird, hat dies eben eine große Auswirkung. Zudem muss man die *Hebelwirkung* des Fremdkapitals beachten. Die Aktien eines Unternehmens mögen 100 Millionen wert sein, es besitzt aber Fabriken für 300 Millionen – finanziert mit Kredit oder Anleihen. Gelingt es dem Unternehmen, die operative Rendite aus den Fabriken um 1 Prozent bzw. 3 Millionen zu steigern, so fließen diese komplett den Aktionären zu. Die Zinsen auf die 200 Millionen Schulden sind fix. Aus einem Prozent operativer Verbesserung werden drei Prozent Gewinnsteigerung für den Aktionär. Solche Hebel tragen zur Schwankung der Aktienkurse bei.

Die Hebelwirkungen sind es auch, die Aktien bisweilen etwas Anrüchiges verleihen. *Spekulation!* Schnell reich werden, ohne das geringste Interesse an der Sache. In Kap. 2 wurde das Thema schon angerissen. Zunächst einmal ist jedoch festzuhalten, dass Spekulanten im Durchschnitt nicht steinreich werden. Denn im ersten Schritt ist Spekulation ein *Nullsummenspiel*. Was der eine gewinnt, verliert der andere. Für jeden, der ein Vermögen macht, gibt es zehn andere, die scheitern. Von denen hört man allerdings kein Geprahle. Dennoch hat Spekulation – einen Schritt weiter gedacht – etwas Gutes. Spekulanten versuchen zu kaufen, wenn die Preise niedrig sind und zu verkaufen, wenn die Preise hoch sind. Damit lösen sie ein Problem der „normalen" Marktteilnehmer. Wenn die Preise niedrig sind, finden sich nämlich sonst kaum Käufer. Sind die Preise hoch, gibt es zu wenig Anbieter. Spekulanten bilden in genau solchen Situationen die Marktgegenseite. Ökonomisch gesprochen, steigern sie die Elastizität von Angebot und Nachfrage. Die Preise schwanken weniger stark, was in vielen Fällen auch in Studien belegt werden kann.

Die Mehrzahl der Ökonomen hält Spekulation grundsätzlich für gut. Kaum einer verneint jedoch mögliche negative Aspekte. Ein finanzkräftiger Spekulant kann in einem Markt so große Teile des Handels kontrollieren, dass er Monopolmacht aufbaut. Allerdings gibt es dafür nur wenige Beispiele wie die Silber-Spekulationen der Gebrüder Hunt in den 1970er- und 80er-Jahren. Ein viel häufigeres negatives Phänomen von Spekulation sind *Spekulationsblasen*. Wenn zu viele Spekulanten auf einmal mit Käufen in einen Markt drängen, weichen die Preise über längere Zeiträume vom realwirtschaftlichen Geschehen ab. Irgendwann platzt die Blase – mit negativen Auswirkungen auf die betroffene Industrie – Sie erinnern sich an die Beispiele in Kap. 2. Einige Ökonomen interpretieren die enormen Kursschwankungen an den Rohstoffbörsen in diesem Kontext.

Von Kritikern der Spekulation hört man immer wieder die Forderung, „*Leerverkäufe*" zu verbieten. In Krisenzeiten schaffen sie es sogar bis ins Parlament und damit in die Hauptnachrichten. Leerverkäufe sind das

Hauptinstrument der behäbigen „Börsen-*Bären*". Entgegen den aggressiven „Börsen-*Bullen*", welche niedrig kaufen, um später höher mit Gewinn zu verkaufen, setzen Bären auf die umgekehrte Strategie. Sie wollen teuer verkaufen und später billiger kaufen. Obwohl sie ein leeres Depot haben, verkaufen sie also Aktien. Technisch ist dies für Profi-Anleger recht einfach. Sie leihen sich die Aktien für eine ausgemachte Zeit gegen Gebühr von einem Aktionär, verkaufen diese und kaufen Sie dann rechtzeitig wieder zurück. Die Bären-Kritiker erhoffen sich durch ein Verbot von Leerverkäufen, in Krisen den Druck auf die Kurse zu verringern, da nur noch echte Aktionäre verkaufen können. So könnte ein Crash verhindert werden. Natürlich ist dies ist eine ziemlich leere Hoffnung. Einerseits ist das ganze Konzept fragwürdig, da Leerverkäufe auch wieder gedeckt werden müssen und so Käufe auslösen, wenn die Kurse am Boden sind. Andererseits gibt es mit den Terminmärkten ein Instrument, welches weit über die Möglichkeiten der normalen Börsen hinausgeht und dadurch fast beliebige Bären-Strategien ermöglicht.

An den normalen Börsen wird direkt gehandelt. Der Fachbegriff ist *Kassamarkt* oder englisch „spot market". An den *Terminmärkten* werden dagegen Geschäfte auf Termin geschlossen, es wird mit Bezug auf die Zukunft gehandelt. Termingeschäfte sind also Verträge, bestimmte Rechte oder Pflichten zu erlangen bzw. erfüllen zu müssen. Allgemein spricht man von abgeleiteten bzw. „derivativen" Finanzprodukten, kurz *Derivaten*, da deren Wert vom einem zugrunde liegenden Finanzinstrument abhängig ist (Fachbegriff *Underlying*). Diese Definition hört sich ziemlich luftig an – zu Recht, denn Derivate erlauben praktisch alles, was sich ein kreativer Banker ausdenken kann. Auf fallende Kurse zu setzen, ist da die leichteste Übung. Leerverkaufs-Gegner wenden hier ein, dass es sich gerade nicht um den „echten" Markt handele, sondern nur um Wetten zwischen Bankern. Leider ist auch dies eine leere Hoffnung. Denn Kassamarkt und Terminmarkt hängen eng zusammen. Dies liegt in einem einfachen, aber zentralen Konzept der Finanzierungslehre begründet: *Arbitragefreiheit.*

Immer wenn Transaktionskosten, wie beispielsweise Handelsgebühren, auf einem Markt gering sind, gibt es für ein identisches Finanzprodukt wie beispielsweise eine Aktie nur einen Preis. Andernfalls könnten Sie gleichzeitig zum niedrigeren Kurs an einer Börse kaufen und zum höheren an einer anderen verkaufen und damit einen risikolosen Gewinn erzielen. Dies gilt auch zwischen Kassa- und Terminmarkt. Wenn am Terminmarkt viele auf fallende Kurse setzen, so sinkt der Wert der „bullischen" Derivate. Als Aktionär könnten Sie dann am Terminmarkt zum niedrigen Kurs ein solches Derivat kaufen und am Kassamarkt ihre Aktie zum höheren Kurs verkaufen. Ihre Position hat sich dadurch nicht geändert – allerdings haben Sie einen Arbitragegewinn erzielt. Tatsächlich passiert genau dies tagtäglich an den Börsen: Die Kurse gleichen sich in Sekundenschnelle zwischen Kassa- und Terminmarkt an.

Derivate gibt es in zwei Basis-Varianten: bedingte und unbedingte Geschäfte. Bei *bedingten* Derivaten hat der Käufer das Recht etwas zu tun und der Verkäufer die Pflicht zu Folgen. Entsprechend muss der Käufer etwas für sein Recht zahlen. Bedingte Derivate haben beim Abschluss einen Preis. *Unbedingte* Derivate hingegen bedeuten beidseitige Rechte bzw. Pflichten. Beim Abschluss erfolgen keine Zahlungen. Erst wenn sich der Kurs des Underlying ändert, bekommt das unbedingte Derivat für die Vertragsseiten einen positiven oder negativen Wert. In Summe bleibt der Wert aber null, da der Gewinn des einen der Verlust des anderen ist.

Bedingte Derivate werden auch als Optionen bezeichnet, während bei den unbedingten Derivaten insbesondere Futures und Swaps unterschieden werden. Darüber hinaus gibt es zahlreiche Misch- und Sonderformen. Unabhängig von der Form wird zudem unterschieden, ob Derivate lediglich eine Zahlung auslösen (Standardfall) oder ob die zugrunde liegenden Basisinstrumente zu liefern sind. Das ist insbesondere bei Warentermingeschäften wichtig. Wenn man als Industrieunternehmen z. B. Öl auf Termin kauft, will man es auch geliefert bekommen. Ein solcher Kauf fällt in die Kategorie der *Futures*. Der Kurs des Futures entspricht dem Preis, den man heute bezahlen muss bzw. bekommt, wenn man sich auf ein Geschäft in der Zukunft festlegt. Dabei sind Menge, Qualität und Erfüllungsort genau definiert. Futures gibt es für zahlreiche Finanzprodukte wie Aktienindizes und Rohstoffe.

Auf einigen Märkten spielen die börsengehandelten standardisierten Futures allerdings nicht die Hauptrolle. Es dominieren individuelle Kontrakte (Verträge), welche direkt zwischen Käufern und Verkäufern ausgehandelt werden, meist mit Hilfe eines Händlers oder einer Bank. Die Kontrakte funktionieren zwar genauso wie Futures, werden aber als *For-*

ward bezeichnet. Man spricht von „over the counter" oder kurz *OTC*-Geschäften, weil Forwards nicht an der Börse, sondern „über die Ladentheke" gehandelt werden. Beispiel: Sie planen Ihre große Hochzeit auf Hawaii für kommenden Sommer. Beim jetzigen Dollar-Kurs würde Ihr Budget genau ausreichen. Allerdings haben Sie das Geld erst nach der Bonuszahlung Ihres Arbeitgebers auf dem Konto. Daher fragen Sie bei einer Bank einen Forward an, der Ihnen ungefähr den heutigen Kurs für den Umtausch nächsten Sommer sichert. So haben Sie Planungssicherheit. Auch die Bank trägt kein wesentliches Risiko, weil sie viele solcher Geschäfte gleichzeitig macht, die sich zu einer kleinen Netto-Position saldieren. Eine Gegenposition für die Bank entstünde z. B., wenn ein amerikanisches Paar in Paris heiraten will. Tausende solche Forward-Geschäfte finden zwischen Unternehmen und Banken täglich nicht nur für Währungen statt, sondern auch für zahlreiche Waren, Rohstoffe und Zinsprodukte.

In der Öffentlichkeit weniger bekannt, jedoch im OTC-Bereich die größte Einzelkategorie an Derivaten sind *Swaps*. Zwar handelt es sich hierbei technisch gesehen nur um ein Bündel von Forwards, doch werden Swaps aufgrund ihrer Bedeutung meist als eigene Kategorie betrachtet. Entgegen den Forwards, die als Termingeschäfte an einem einzelnen zukünftigen Zeitpunkt stattfinden, werden bei Swaps regelmäßig Zahlungsströme getauscht. Solche Geschäfte sind vor allem im Zinsbereich wichtig. Eine Bank beispielsweise mag Kredite an lokale Unternehmer zu festen Zinsen vergeben, während sie die Einlagen der Sparer variabel verzinst. Dies ist ein Risiko. Steigen die Zinsen, so steigen auch die Kosten der Bank. Sie muss den Sparern höhere Zinsen zahlen. Die Einnahmen aus den Kreditzinsen sind jedoch fix. Ein Verlust entsteht. Um sich abzusichern, kann die Bank einen Swap „fix gegen variabel" eingehen. Sie reicht dem Kontrakt-Partner jeden Monat die fixen Zinszahlungen der Unternehmer weiter und bekommt dafür eine variable mit dem kurzfristigen Zinssatz schwankende Zahlung. Falls nun die Zinsen und damit die Zinskosten der Bank steigen, so geht es auch mit den Zinseinnahmen bergauf. Mögliche Verluste sind abgesichert.

Wie oben genannt, bilden unbedingte Termingeschäfte in Form von *Optionen* die zweite große Gattung an Derivaten. Die meisten Optionen werden an Terminbörsen oder auch als Optionsscheine an normalen

Kassabörsen gehandelt. Der OTC-Markt spielt meist eine kleinere Rolle. Wie der Name impliziert, gewähren Optionen das Recht, etwas zu kaufen oder zu verkaufen. Kaufoptionen heißen „*Call*", Verkaufsoptionen „*Put*". Während der Verkäufer der Option das Geschäft erfüllen muss, sobald er aufgefordert wird, kann der Käufer die Option wahrnehmen oder sie einfach verfallen lassen. Daher wird auch von asymmetrischen Finanzinstrumenten gesprochen.

Optionen können auf verschiedenste Weise ausgestaltet werden. Alle haben jedoch eine bestimmte Laufzeit und einen Ausübungskurs. Eine Kaufoption auf die Deutsche Telekom kann beispielsweise einen Ausübungskurs von 10 € und eine Laufzeit von 6 Monaten haben. Der Käufer der Option kann also innerhalb eines halben Jahres jederzeit eine Telekom-Aktie für 10 € erwerben. Selbst wenn die Aktie derzeit an der Börse für 9 Euro zu bekommen ist, hat die Option einen Wert. Wird sie für 2 € Aufgeld gehandelt, so macht der Käufer der Option erst einen Gewinn, wenn die Aktie über 12 € steigt. Dann allerdings setzt eine Hebelwirkung ein: Steigt die Aktie auf 14 €, so hat die Option einen inneren Wert von 4 €. Der Käufer hat also mindestens 100 % Gewinn auf seinen Kaufkurs von 2 € gemacht, obwohl die Aktie nur um 56 % gestiegen ist. Man sieht also, bei Optionen ist es wie mit der Liebe – am Ende kommt es auf die inneren Werte an.

Aufgrund der Hebelwirkung und des auf den Kaufpreis begrenzten Verlustpotenzials sind Optionen gerade bei Privatanlegern ein beliebtes Spekulationsinstrument. Im institutionellen Bereich erfüllen Optionen hingegen eine vollkommen andere Funktion. Sie werden als Versicherung gegen Preisspitzen gekauft. Ein europäisches Unternehmen, welches in den USA investiert, muss beispielsweise für eine gewisse Zeit regelmäßige Zahlungen in Dollar leisten. Um die maximale Investition in Euro zu begrenzen, können Dollar-Kaufoptionen erworben werden. Wird der Dollar plötzlich sehr stark – und damit die Investition in Euro viel teuer, kann immer die Option gezogen werden. Mehr als den Ausübungskurs muss der Investor dann nicht für seine Dollar zahlen.

Der Verkauf von Optionen auf der anderen Seite erfolgt häufig durch Banken. Diese begeben viele verschiedene Optionen und funktionieren damit wie eine Versicherung: Die meisten Optionen verfallen wertlos oder werden zu Kursen ausgeübt, bei denen die Bank einen Gewinn macht. Nur wenige laufen tief ins Geld und die Bank zahlt drauf. Insgesamt aber wird ein Gewinn erwirtschaftet. Neben Banken werden Optionen auch von Investoren verkauft, die eine bestimmte Entwicklung der Kurse erwarten. Wer eine Seitwärtsbewegung seiner Aktien erwartet, kann einen Call verkaufen. Stagniert der Kurs dann tatsächlich, so hat der Investor die Optionsprämie eingestrichen. Sollte der Kurs allerdings doch steigen, so entgeht ein Teil des Gewinns, wenn der Käufer seine Option ausübt.

Durch Kombination verschiedener Derivate mit Kassaprodukten lässt sich so ziemlich jedes Anlageprodukt kreieren. Für Unternehmen mit spezifischen Problemen ist dies äußerst hilfreich. Aber auch Privatanleger werden mit *Finanzinnovationen* wie Express- oder Kapitalschutz-Zertifikaten umworben. Hier kann generell nur zur Vorsicht geraten werden. Grundregel sollte sein, nichts zu kaufen, was man nicht versteht. Aber selbst dann gilt Obacht: der Durchschnitt an der Börse ist schlechter als der Durchschnitt! Da Indizes immer nur die Entwicklung der Kurse widerspiegeln, berücksichtigen sie keine Transaktionskosten. Und die sind umso höher, je komplizierter es wird – irgendjemand muss schließlich die Banker bezahlen. Als Anleger ist konsequenterweise eine Demutsstrategie die erfolgreichste: „Ich kenne nicht die Zukunft und bin zufrieden, wenn ich möglichst wenig unter dem Durchschnitt liege". Börse macht so zwar im Zweifel wenig Spaß, doch ist der Erfolg langfristig so am größten.

5

Arbeit ist auch ein Markt

Arbeit und Markt – das passt hervorragend zusammen … und irgendwie auch überhaupt nicht. Zu Beginn des Buchs in den Kap. 2 und 3 wurde schon die mechanische Sichtweise auf die Arbeit als *Produktionsfaktor* besprochen. Nicht nur im englischsprachigen Raum werden Menschen in einem gewissen Kontext vollkommen ernst gemeint als „Ressourcen" verstanden. Ganz klar: Ressourcen können hervorragend gehandelt werden, man denke nur an Öl. Aber haben Sie Öl schon mal streiken, beim Arbeitsamt anstehen oder gar Gefühle zeigen sehen? Natürlich nicht! Zur Beruhigung aller Marktgläubigen und zur Frustration so manchen anderen Lesers, muss jedoch eines zu Beginn festgehalten werden: Arbeit ist nicht anders, sondern nur komplizierter als herkömmliche Ressourcen. Alle Markt-Mechanismen gelten auch auf dem Arbeitsmarkt. Allerdings gibt es dabei so manche Verwerfung, im Fachjargon als *Friktionen* bezeichnet. Angebot und Nachfrage finden deutlich schwerer zusammen als z. B. am internationalen Ölmarkt.

© Springer Fachmedien Wiesbaden GmbH, ein Teil von Springer Nature 2020
F. Dittrich, *Was ich im BWL-Studium hätte lernen sollen*,
https://doi.org/10.1007/978-3-658-28485-5_5

5.1 Arbeitslosigkeit – Wenn man will, aber nicht kann

Das *Arbeitsangebot* sind wir – alle Menschen ab einem gewissen Alter. *Arbeitsnachfrage*, das sind die Arbeitgeber – vom Gemüsestand über die Stadtverwaltung bis zum Weltkonzern. Der Preis auf dem Arbeitsmarkt ist der *Lohn*. Im Prinzip gilt: Je mehr man pro Stunde verdienen kann, desto mehr und länger wollen wir arbeiten. Bei den Arbeitgebern ist es andersherum: Je günstiger Mitarbeiter beschäftigt werden können, desto mehr Arbeitsplätze gibt es. Im Marktgleichgewicht hat jeder Arbeit, der beim gegebenen Lohnniveau arbeiten möchte. Genauso hat jeder Arbeitgeber alle Stellen besetzt, die sich beim gegebenen Lohniveau rentieren. So die Theorie.

In der Praxis: Arbeitslosigkeit – und das obwohl es in der Zeitung gleichzeitig Hunderte Stellenangebote gibt. Ist dies verwunderlich? Nein! Denn Arbeit passt einfach nicht gut in das neoklassische Marktmodell. Jeder Mensch mit seinen individuellen Vorstellungen und Qualifikationen, aber auch jeder Arbeitsplatz ist anders – der gesamte Arbeitsmarkt ist intransparent. Ob einem eine Arbeitsstelle dauerhaft Spaß macht, weiß man oft erst nach Monaten. Darüber hinaus sind Löhne kaum flexibel. Und für weniger als im letzten Job wird schon mal gar nicht gearbeitet! Der Preismechanismus funktioniert auf dem Arbeitsmarkt also nicht gut. Am Ende des Tages gibt es aufgrund all dieser Effekte eigentlich gar keinen allgemeinen Arbeitsmarkt, sondern viele kleine Arbeitsmärkte. So kann es sein, dass gleichzeitig Menschen eine Arbeit suchen, während an anderer Stelle händeringend Leute gesucht werden.

> **Das Arbeitsangebot ist verbogen**
>
> Eines der beliebtesten Fallbeispiele zu Angebot und Nachfrage im ganzen BWL-Studium ist das Angebot an Arbeit. Wie auf einigen anderen Märkten auch, ist das Angebot in der Menge beschränkt. Mehr als 16 Stunden am Tag kann langfristig keiner leisten, egal wie hoch der Lohn ist. Die Besonderheit ist jedoch etwas anderes: In Konkurrenz zur *Arbeit* steht die *Freizeit*. So lange der absolute Lohn gering ist, wird Freizeit gegen zusätzliche Arbeitszeit und damit ein höheres Einkommen getauscht („*Substitutionseffekt*").

> Allerdings wird Freizeit umso attraktiver, je mehr man verdient. Bei sehr hohen Stundenlöhnen wollen die meisten Menschen daher weniger arbeiten („*Einkommenseffekt*").
> In den Abbildungen der BWL-Lehrbücher sehen Sie eine zurückgebogene Angebotskurve – der Lohn steigt, doch die Menge sinkt. Allerdings fällt es gerade Spitzenverdienern schwer, diesen Wunsch auch umzusetzen. Das steht nicht im Lehrbuch. Ein ganz anderes Problem haben Geringverdiener. Hier kann es passieren, dass bei geringem Lohn mehr gearbeitet wird, um sich zumindest das Nötigste leisten zu können. Auch hier ist das Angebot-Nachfrage-Prinzip, d. h. geringer Preis gleich geringes Angebot, auf den Kopf gestellt. Die Angebotskurve ist nach vorne verbogen.

In den Worten der VWL ist Arbeitslosigkeit ein Angebotsüberhang. Es wollen mehr Menschen arbeiten, als zum erzielbaren Lohn Arbeitsplätze vorhanden sind. Arbeitslosigkeit ist also immer relativ zum Lohnniveau zu betrachten. In der Statistik wird nur derjenige gezählt, der auch arbeiten will. In der Regel wird dies daran gemessen, wer bei der Arbeitsagentur als *arbeitssuchend* gemeldet ist. Darüber hinaus gibt es jedoch noch eine „*stille Reserve*" an Arbeitslosen: Wer aufgegeben hat und nicht arbeitssuchend gemeldet ist, fällt durch das Raster. Genauso werden Menschen in Ausbildung und Umschulung nicht als arbeitslos gezählt. Das Gleiche gilt für Menschen, die im „*Zweiten Arbeitsmarkt*", also in staatlich geförderten Sonderprogrammen, beschäftigt sind.

Die zentrale Kennzahl zur Arbeitslosigkeit ist die *Arbeitslosenquote*. Mit ihr wird das Verhältnis von Arbeitssuchenden zur gesamten Zahl der Beschäftigten und Suchenden bezeichnet. Anhand der Arbeitslosenquote kann man die Arbeitslosigkeit sowohl im Zeitverlauf als auch im Vergleich verschiedener Länder einfach betrachten.

Arbeitslosigkeit kann viele Formen und Auslöser haben. Beim Arbeitsplatzwechsel, insbesondere beim ungewollten Wechsel nach einer Kündigung, dauert es seine Zeit, bis eine neue Stelle gefunden ist. Man spricht von *friktioneller Arbeitslosigkeit*. Um die negativen Auswirkungen einer solchen kurzzeitigen Arbeitslosigkeit abzuwenden, gibt es in den meisten Ländern Arbeitslosenversicherungen. Alle Erwerbstätigen zahlen einen kleinen monatlichen Beitrag, während die Versicherung für einen begrenzten Zeitraum einen Teil des letzten Gehalts im Fall des Jobverlusts zahlt.

Saisonale Arbeitslosigkeit entsteht, wenn der Arbeitsanfall nicht gleichmäßig über das Jahr verteilt ist, wie z. B. in der Bauwirtschaft oder bei Erntehelfern. *Konjunkturelle Arbeitslosigkeit* hingegen hängt an größeren Schwankungen der Gesamtwirtschaft. In Abschwung und Krise gehen Arbeitsplätze verloren, insbesondere, da die Löhne nach unten wenig flexibel sind. *Strukturelle Arbeitslosigkeit* hingegen entsteht, wenn Qualifikationen von Arbeitnehmern nicht mehr gebraucht werden bzw. wenn regional ganze Wirtschaftszweige in Bedrängnis geraten. Der Rückgang der Montanindustrie im deutschen Ruhrgebiet ist ein Beispiel dafür.

Oft wird die strukturelle Arbeitslosigkeit als *Sockelarbeitslosigkeit* bezeichnet, da es sich als sehr schwer erwiesen hat, diese zu reduzieren. Je nach Definition wird auch die friktionelle Arbeitslosigkeit zum Sockel dazugezählt. Ein gewisser Sockel an Arbeitslosen wird auch immer im wirtschaftspolitischen Ziel der *Vollbeschäftigung* berücksichtigt. Typische Zielgrößen für die Arbeitslosenquote liegen zwischen drei und sechs Prozent. Aufgrund der friktionellen Arbeitslosigkeit und möglicher struktureller Probleme ist eine niedrigere Quote praktisch unmöglich.

Ein zentraler Grund hinter der Arbeitslosigkeit ist das Auseinanderklaffen zwischen angebotenen und nachgefragten *Qualifikationen* – häufig ausgelöst durch Strukturwandel. Hervorragend ausgebildete Kohlekumpel und Bergbauingenieure mögen nach einer Zechenschließung arbeitslos sein, obwohl in der gleichen Stadt zahlreiche Arbeitskräfte gesucht werden. Allerdings als Programmierer. Auch mangelnde *Motivation,* zu arbeiten, kann ein Grund für Arbeitslosigkeit sein – zumindest in Gesellschaften mit einem sozialen Sicherungsnetz. Dies mag eine politisch inkorrekte Aussage sein, stimmen tut sie trotzdem.

Wie bereits in Kap. 2 diskutiert, steht Arbeit im Spannungsfeld zwischen menschlicher Selbstdefinition (ein natürliches „Recht auf Arbeit" haben) und lästiger Notwendigkeit (streben nach „Faulsein"). Gerade wenn man außerhalb von Arbeit eine Lebenserfüllung findet oder sich in der Gesellschaft aufgegeben hat, ist gewollte Arbeitslosigkeit mit sozialer Mindestabsicherung eine gangbare Option. Allerdings stellen alle ernsthaften Untersuchungen zum Thema fest, dass gewollte Arbeitslosigkeit nur auf einen kleinen Teil der Erwerbslosen zutrifft.

Wie flexibel Arbeitsmärkte auf Umfeldänderungen reagieren, hängt wesentlich von der Regulierung des Arbeitsmarktes ab. Gibt es wenige Regeln und Beschränkungen, spricht man von einem freien Arbeitsmarkt. Gibt es hingegen viele Elemente wie Zulassungsbeschränkungen, Kündigungsschutz, Tarifverträge oder Mindestlöhne, liegt ein regulierter Arbeitsmarkt vor – die Grenzen sind dabei fließend.

Eher *freie Arbeitsmärkte,* wie in den USA oder vielen aufstrebenden Nationen Asiens, zeichnen sich durch schnelle Reaktionszeiten aus. In guten Zeiten entstehen bei steigenden Löhnen schnell neue Arbeitsplätze, während im Abschwung vergleichsweise schnell die Löhne sinken. Zudem verhalten sich Arbeitnehmer auf freien Arbeitsmärkten oft flexibler. Sie sind z. B. bereit, eine Arbeitsstelle anzunehmen, die nicht ihrer Qualifikation entspricht. Arbeitslosigkeit verhindern können freie Arbeitsmärkte allerdings nicht. Im Gegenteil: Wenn die Nachfrage nach den Produkten und Dienstleistungen zurückgeht, passen die Arbeitgeber schnell ihre Kapazität an und brauchen zumindest zeitweise weniger Arbeitskräfte. Die Arbeitslosigkeit steigt in der Krise schneller als im regulierten Arbeitsmarkt! Allerdings weisen die meisten wissenschaftlichen Untersuchungen auf eine geringere Sockelarbeitslosigkeit auf freien Arbeitsmärkten hin, d. h., im Durchschnitt haben mehr Menschen eine Arbeitsstelle.

Auf der anderen Seite wird dies durch einen geringen Schutz der Arbeitnehmer erkauft. Denn Arbeitgeber haben eine ziemlich mächtige Position. Während für einen Arbeitnehmer meistens sehr viel am Arbeitsplatz hängt, so ist der individuelle Arbeitnehmer für den Arbeitgeber meist egal. Wenn man ein Haus gebaut und eine Familie gegründet hat, wird dies besonders deutlich. Man ist auf das Einkommen angewiesen und gleichzeitig wenig mobil. Ökonomisch ausgedrückt ist das Arbeitsangebot bestehender Arbeitnehmer unelastisch. Der Arbeitgeber kann sich gegenüber seinen Arbeitnehmern in einem freien Arbeitsmarkt also einiges erlauben, z. B. Lohnkürzungen oder schlechte Arbeitsbedingungen. Gerade zur Zeit der Industrialisierung hat diese *Machtasymmetrie* zu teils katastrophalen Bedingungen für unqualifizierte Arbeitnehmer geführt.

5.2   Gewerkschaften – Im Kollektiv geht es besser

Vor diesem Hintergrund verwundert es nicht, dass Arbeitnehmer nach Schutz streben. Historisch haben sich Arbeitnehmer großer Betriebe oder ganzer Wirtschaftszweige in Gewerkschaften zusammengeschlossen. Im Kollektiv besteht eine wesentlich stärkere Verhandlungsposition gegenüber den Arbeitgebern. Die Machtasymmetrie auf dem Arbeitsmarkt wird somit aufgehoben. Gewerkschaften setzen sich für höhere Löhne, kürzere Arbeitszeiten, Kündigungsschutz, Arbeitsschutz und ähnliche Themen ein.

Aus einer übergeordneten Perspektive geht es auf dem Arbeitsmarkt um die Verteilung der Unternehmensgewinne zwischen Unternehmensinhabern und Arbeitnehmern. Unter der Annahme, dass sich durch die Gewinn-Umverteilung, z. B. durch höhere Löhne, nichts an der produzierten Menge ändert, ist das Auftreten der Gewerkschaften rein volkswirtschaftlich zunächst wohlfahrtsneutral. Es wird nicht mehr und nicht weniger produziert. Die Umverteilung hin zur vergleichsweise schwachen Gruppe der Arbeitnehmer erscheint hingegen den meisten Menschen gesellschaftlich wünschenswert. Die spannende Frage ist daher, ob auf der anderen Seite nicht doch negative Effekte von der kollektiven Arbeitnehmervertretung auf die gesellschaftliche Wohlfahrt ausgehen.

Gewerkschaften haben sich in den meisten Ländern im Laufe der Zeit starke rechtliche Stellungen erworben. Häufig ist ihr Bestehen sogar verfassungsrechtlich im Rahmen der *Koalitionsfreiheit* geschützt. In Deutschland und anderen Ländern besteht Tarifautonomie. Die Gewerkschaften dürfen die Belange der Arbeitnehmer ohne Eingreifen des Staats gegenüber den Arbeitgebern vertreten. Die Arbeitgeber sind zumeist in Branchen-Verbänden organisiert. Sie bilden das Gegenstück zu den Gewerkschaften. Gemeinsam handeln die beiden Tarifparteien autonom *Tarifverträge* aus. Gewerkschaften funktionieren in gewisser Hinsicht wie eine Versicherung. Mitglieder zahlen einen Teil ihres Lohns als Mitgliedsbeitrag. Kommt es zu einem Arbeitskampf bzw. *Streik*, so fängt die Gewerkschaft den Lohnausfall der Streikenden mit einem Streikgeld ab. Die Organisation von Arbeitskämpfen entspricht der traditionellen Rolle der Gewerkschaft. Denn wenn es gelingt einen gesamten Betrieb durch einen Streik lahmzulegen, wird der Arbeitgeber finanziell empfindlich getroffen. Um dies zu verhindern, sind die Arbeitgeber in den Tarifverträgen zu wesentlichen Zugeständnissen gegenüber den Arbeitnehmern bereit. Um die Streikkosten für die Gewerkschaft zu erhöhen, können die Arbeitgeber als Gegenmaßnahme auch nicht streikende Arbeitnehmer ohne Lohnfortzahlung aussperren.

Ökonomisch betrachtet sind die Auseinandersetzungen von Gewerkschaften und Arbeitgebern ein typischer Anwendungsfall der Spieltheorie: Zwei Parteien führen eine Verhandlung und reagieren Zug um Zug aufeinander. Grundsätzlich haben die Gewerkschaften keinen Anreiz zum Streik, denn durch Streik wird der zu verteilende Kuchen kleiner. Wo nicht gearbeitet wird, gibt es auch nichts zu verteilen. Im Idealfall schaffen es die Gewerkschaften, glaubhaft mit einem Streik zu drohen – ohne überhaupt die Arbeit niederzulegen. Tatsächlich reichen häufig bereits Warnstreiks in einzelnen Betrieben aus, um Einfluss auf die Arbeitgeber einer ganzen Branche zu nehmen. Die Macht der Gewerkschaften ist dabei umso größer, je zentraler die Gruppe der Streikenden in der Wertschöpfung des Betriebs ist. Während eine Hand voll Fluglotsen mit einem Streik einen ganzen Flughafen lahmlegen kann, passiert absolut nichts, wenn in einer Stadt die angestellten Friseure ein paar Tage streiken. Kein Wunder, dass Fluglotsen zehnmal mehr verdienen als Friseure, obwohl beides dreijährige Ausbildungsberufe sind.

Auch wenn Gewerkschaften in den Medien meist im Zusammenhang mit Streiks und Tarifverhandlungen genannt werden, so geht ihre Funktion doch um einiges darüber hinaus. In ihrer modernen Rolle sind sie oft auch Berater für einzelne Arbeitnehmer zu arbeitsrechtlichen Fragen. Eine ganz wesentliche Funktion erfüllen die Gewerkschaften im Rahmen der *Mitbestimmung*. Regelmäßig sind Gewerkschaftsvertreter federführend im *Betriebsrat*. Dieser vertritt in größeren Unternehmen die Arbeitnehmer und muss von der Unternehmensführung in wichtigen betrieblichen Fragen konsultiert werden. Insbesondere wenn es um Entscheidungen mit Einfluss auf die Zahl der Beschäftigten oder Betriebsstätten geht. Neben dieser *betrieblichen* Mitbestimmung gibt es in vielen Ländern auch noch die *unternehmerische* Mitbestimmung. Arbeitnehmervertreter stellen einen Teil der Aufsichtsorgane und nehmen damit direkten Einfluss auf die strategischen Unternehmensentscheidungen. Auch hier sind in aller Regel Gewerkschaftsvertreter tätig.

Auch wenn die Aufgaben der Gewerkschaften breit gefächert sind, so ist und bleibt der *Tarifvertrag* das zentrale Element gewerkschaftlichen Wirkens. Tarifverträge setzen für einen bestimmten Zeitraum insbesondere Arbeitsentgelte und Arbeitszeiten fest. Darüber hinaus gibt es zahlreiche Regelungen zu weiteren Themen wie Arbeitssicherheit oder Kündigungsschutz. Meistens werden Tarifverträge für ein bestimmtes Gebiet geschlossen (Flächentarifvertrag), sie können jedoch auch für eine gesamte Branche oder einzelne Betriebe gelten. Eher stabile Rahmenbedingungen, wie z. B. die Arbeitszeiten, werden in viele Jahre geltenden *Manteltarifverträgen* festgeschrieben. Um die Wurst geht es dann in den für wenige Jahre geltenden *Vergütungstarifverträgen*, in denen Lohn und Gehalt bestimmt werden.

Minimalziel der Gewerkschaften ist es, den *Lebensstandard der Arbeitnehmer* zu erhalten. Dazu sollte der Lohn die Inflation ausgleichen. So können sich alle nach wie vor das gleiche leisten. Darüber hinaus steigt aber häufig auch die Arbeitsproduktivität, im Klartext: Pro Mitarbeiter wird mehr produziert. Gelingt es den Unternehmen den Produktivitätsanstieg in zusätzlichen Gewinn umzumünzen – was im Wettbewerb nicht einfach ist – so besteht für die Gewerkschaften zusätzlicher Raum für Lohnforderungen. Ist die Lohnsteigerung höher als die Inflation, so steigt der *Reallohn*.

Ein Tarifvertrag funktioniert ähnlich wie allgemeine Geschäftsbedingungen (AGB). Als *Kollektivarbeitsvertrag* setzt er für alle betroffenen Beschäftigungsverhältnisse Mindestbestimmungen. Arbeitgeber dürfen also gerne über Tarif zahlen. Abweichungen nach unten hingegen sind nur möglich, wenn der Tarifvertrag Öffnungsklauseln enthält. Die Allgemeingültigkeit macht Tarifverträge auch für Arbeitgeber zu einem effizienten Instrument. Löhne und Arbeitsbedingungen müssen nur einmal für alle Arbeitnehmer ausgehandelt werden und für die Dauer des Tarifvertrags herrscht Planungssicherheit.

Streng genommen, gelten die Tarifverträge nur für Mitglieder der Tarifparteien. Auf Arbeitgeberseite sind dies die Mitglieder der verschiedenen Arbeitgeberverbände, auf Arbeitnehmerseite sind dies die Gewerkschaftsmitglieder. Faktisch werden Tarifverträge allerdings meist auf alle

Arbeitnehmer angewendet, sei es durch allgemeine Gleichbehandlungs-
regeln oder arbeitsvertragliche Festlegung. Zudem könnte jeder durch
Beitritt zur Gewerkschaft einen eindeutigen Anspruch auf Tarifentgelt
erwerben. Auch Arbeitgeber außerhalb der Arbeitgeberverbände orientieren sich gerade in guten Zeiten oft am Tarifentgelt. Ansonsten würden
Arbeitnehmer zur besser zahlenden Konkurrenz abwandern.

5.3   Die Regulierung des Arbeitsmarkts

Tarifverträge setzen in ihrem Wirkungsbereich faktisch einen *Mindestlohn*. Darüber hinaus gibt es – gerade in Ländern mit geringer Tarifautonomie – sehr häufig nationale bzw. branchenspezifische Mindestlöhne.
Niemand darf unter dem Mindestlohn angestellt werden, selbst wenn
alle Beteiligten dies wollen. Typischerweise beträgt der Mindestlohn
30–50 % des Durchschnittlohns eines Landes. Eine Regel zur Ableitung
eines „fairen" Mindestlohns gibt es jedoch nicht. Der natürliche Mindestlohn ist das *Existenzminimum*. Dies ist im harten biologischen Sinne
gemeint. Die Früchte unserer Arbeit müssen unser nacktes Überleben
sichern. Dankbarerweise ist dies nur noch in wenigen Teilen der ärmsten
Länder der Welt relevant. In vielen reicheren Ländern hingegen ist ein
faktischer Mindestlohn durch die *sozialen Sicherungssysteme* gesetzt. Die
wenigsten Menschen sind bereit, den ganzen Tag zu arbeiten, wenn sie
das Gleiche auch mit einem Gang zum Amt bekommen.

Mindestlöhne sind sehr umstritten – egal ob am Stammtisch, in der
Politik oder unter Ökonomen. Im BWL-Studium wird man zunächst
insbesondere mit der neoklassischen Sichtweise konfrontiert. Diese wendet den Marktmechanismus ohne Einschränkungen auf den Arbeitsmarkt an. Genauso wie Mindestpreise für landwirtschaftliche Erzeugnisse
in der EU zu Milchseen geführt haben, führen Mindestlöhne demnach
zu einem Meer an Arbeitslosen. Zum Mindestlohn mögen viele Menschen arbeiten wollen, doch lohnen sich für die Arbeitgeber nur wenige
Jobs zum hohen Mindestlohn. Ergebnis: Arbeitslosigkeit und damit ein
Verlust an Wohlfahrt für die Gesellschaft.

Wird im BWL-Studium dann die nachfrageorientierte Wirtschaftspolitik diskutiert, werden auch einige Argumente für Mindestlöhne kla-

rer. Da Mindestlöhne gezielt einkommensschwache Gruppen mit einer geringen Sparquote bevorteilen, fließt ein großer Teil der höheren Löhne unmittelbar und kurzfristig in den Konsum. Die zusätzliche wirtschaftliche Aktivität und die resultierenden Gewinne können eine negative Beschäftigungswirkung der höheren Löhne kompensieren. Im einfachen Markt-Modell verschiebt sich die Arbeits-Nachfragekurve und die Wohlfahrt steigt. Das heißt es gehen keine Jobs verloren, während die Gruppe der Geringverdiener durch die höheren Löhne bessergestellt wird. Ein sozial wünschenswertes Ergebnis, auch wenn es weiterhin Arbeitslose gibt. Diese wiederum haben nun aber einen höheren Anreiz zu arbeiten, da der Abstand zwischen staatlichen Sozialleistungen und Arbeitsentgelt größer geworden ist. Arbeit lohnt wieder.

Genauso wie in der Theorie, werden sich auch empirisch die Köpfe eingeschlagen. Je nachdem was Sie hören wollen, können Sie sich eine passende Studie aussuchen. Tendenziell (aber nicht immer) wird ein Verlust an Arbeitsplätzen nachgewiesen, wenn der Mindestlohn signifikant über dem Marktlohn liegt, also ein großer Anteil der Beschäftigten eine Lohnerhöhung bekommt. Verdienen die meisten ohnehin schon mehr, so kann nur selten ein Verlust von Arbeitsplätzen nachgewiesen werden.

Die empirischen Befunde zeigen nur eines klar: Jeder Fall ist anders. Trotzdem lassen sich einige allgemeine Schlüsse ziehen. Ein erster wichtiger Faktor ist der *Kostenbeitrag* der betroffenen Arbeit zum Endprodukt. Wird beispielsweise Gebäudereinigung aufgrund eines Mindestlohns deutlich teurer, so ist andererseits der Einfluss auf die Gesamtkosten des Endprodukts „Automobil" verschwindend gering. Da der Fokus in der betrieblichen Praxis auf den großen Kostenblöcken liegt, wird in vielen Fällen nichts geschehen. Auch ein zweiter Faktor spricht für diese These: die *Mobilität*. Gebäudereinigung kann höchstens verringert, nicht aber verlagert werden – ein Gebäude steht nun einmal, wo es ist. Denken Sie als Gegenbeispiel einmal über einen Mindestlohn in der Textilherstellung nach. Bis heute ist der Anteil an manueller Arbeit an den Gesamtkosten der Kleidungsherstellung sehr hoch, während die Produktion aufgrund der einfachen Abläufe überall stattfinden kann. Kein Wunder also, dass die Textilindustrie international sehr mobil ist und sich an günstigen Lohnkosten orientiert. Neben dem Kostenbeitrag und der Mobilität ist als dritter Faktor auch die Produktivität bzw. der „*Wertbeitrag*" der Arbeit für den Erfolg eines Mindestlohns relevant. Ist die betroffene Arbeit grundsätzlich verzichtbar, so sollte der Mindestlohn nicht höher als ihr Wertbeitrag liegen. Beispiel: Ein zusätzlicher Wachmann im Kaufhaus verhindert durchschnittlich 100 Euro Schaden durch Diebstähle am Tag. Sind die Lohnkosten höher, lohnt es nicht, diesen anzustellen. Die Grundregel lautet also: Der Lohn darf bei verzichtbaren Leistungen nie höher als der Wertbeitrag liegen.

In vielen Fällen ist der Wertbeitrag einzelner Gruppen innerhalb der komplexen Wertschöpfungsketten jedoch weit höher als der Lohn. Bisweilen können wenige Mitarbeiter den ganzen Betrieb lahmlegen – man denke an die oben genannten Fluglotsen. Hohe Mindestlöhne können in solchen Fällen selbst langfristig erfolgreich sein – was im Rahmen von Tarifverträgen auch immer wieder gelingt. Allerdings darf die Flexibilität der Produktion im Zeitablauf nicht vergessen werden. Wenn beispielsweise ein Mindestlohn von 20 € für Erntehelfer gesetzt wird, werden diese natürlich nicht direkt rausgeworfen. Ihre Produktivität ist kurzfristig sehr hoch, da der Salat sonst auf dem Feld vergammeln würde. Die unerwartet hohen Erntekosten fügen den Landwirten allerdings insgesamt einen Verlust zu. Im kommenden Jahr bauen sie daher Korn an. Anstatt Erntehelfern arbeitet dann ein Mähdrescher.

Man sieht, es kommt immer auf den Einzelfall an – Pauschalaussagen sind fehl am Platze. Vor allem die gerne von Arbeitgeberverbänden vorgebrachte Aussage, die Löhne seien zu hoch, ist falsch. Die meisten Löhne sind nicht so hoch, weil Sie durch Tarifverträge oder einen staatlichen Mindestlohn getrieben werden. Ganz im Gegenteil! Viele Löhne sind so hoch, weil die Nachfrage nach der entsprechenden Arbeit sehr hoch ist, bei gleichzeitig begrenzter Zahl entsprechend qualifizierter Arbeitnehmer. Also ein völlig normaler Marktmechanismus! Auf breiter Front steigende Reallöhne – ohne großes Zutun von Staat und Gewerkschaften – sind daher ein Zeichen für eine starke Volkswirtschaft. So ist es auch nicht verwunderlich, dass sich vermeintliche Hochlohnländer über Jahre gut im internationalen Wettbewerb schlagen.

Neben Mindestlöhnen ist auch der *Kündigungsschutz* ein zentrales Thema der Gewerkschaften bzw. staatlicher Arbeitsmarktregulierung. Natürlich darf ein Mitarbeiter immer *verhaltensbedingt* gekündigt werden, z. B. wenn er Betriebseigentum stiehlt. Kündigungsschutz bezieht sich also nur auf Mitarbeiter, die sich nichts zuschulden kommen lassen und Ihren Job immer erledigen. Das Kernargument für Kündigungsschutz wurde oben bereits gegeben: Arbeitnehmer sind häufig in einer schwachen Verhandlungsposition, da sie auf Ihre Arbeit angewiesen sind. Ein Arbeitsplatzverlust hat sehr hohe „soziale Kosten" und sollte daher, wenn irgend möglich, vermieden werden – erst recht, wenn es dem Arbeitgeber wirtschaftlich gut geht. Zudem schafft Kündigungsschutz Sicherheit und eine positive Atmosphäre, die Leistung und Unternehmergeist der Mitarbeiter fördert.

Ökonomisch gesehen, verringert Kündigungsschutz die Lohnflexibilität nach unten. Denn eine Lohnsenkung ist nur im gegenseitigen Einvernehmen oder durch eine Änderungskündigung möglich, welche unter Kündigungsschutz jedoch meist verboten ist. Zudem können Unternehmen ihre Mitarbeiterzahl nur über natürliche Fluktuation (Ruhestand, Wechsel zur Konkurrenz) oder Wachstum (trotz mehr Geschäft werden keine neuen Mitarbeiter eingestellt) regulieren. Das heißt für die Arbeitgeber ist die Flexibilität beim Einsatz der Produktionsfaktoren eingeschränkt. Die Menge an Arbeit kann nicht frei bestimmt werden, insbesondere, wenn im Zeitablauf anders qualifizierte Mitarbeiter benötigt werden. Allerdings sind selbst die schärfsten Kündigungsschutzregeln nicht absolut. Spätestens wenn ganze Betriebe geschlossen werden, sind *betriebsbedingte* Kündigungen möglich. Allerdings erhalten die gekündigten Mitarbeiter im Rahmen eines *Sozialplans* oder ähnlicher Instrumente einen an ihrer Lebenssituation orientierten Ausgleich – zumindest wenn der Betrieb nicht pleite ist. Darüber hinaus sind auch Aufhebungsverträge im gegenseitigen Einvernehmen mit einzelnen Mitarbeitern möglich. Auch in diesem Fall geht die faktische Kündigung mit teils erheblichen Ausgleichszahlungen einher. Bei langer Betriebszugehörigkeit wird oft ein Jahresgehalt oder mehr als Abfindung gezahlt.

Kündigungsschutz kommt wirtschaftlich einer Pflichtversicherung gleich. Jeder angestellte Arbeitnehmer genießt den Schutz, nicht gekündigt werden zu können, bzw. eine Abfindung zu erhalten. Der Arbeitgeber fungiert quasi als Versicherer – er verhindert die Kündigung oder zahlt eine Abfindung aus. Hieran kann man schon eins erahnen: Das immer wieder vorgebrachte Argument, die Arbeitgeber würden durch Kündigungsschutz einseitig benachteiligt, ist Unsinn! Wie bei jeder anderen

Versicherung auch, zahlt der Begünstigte die Zeche. Jeder vom Kündigungsschutz betroffene Arbeitgeber macht in seiner Lohnkalkulation einen Abschlag für mögliche zukünftige Kündigungskosten. Ohne Kündigungsschutz wäre das Gehalt der Arbeitnehmer also höher. Der Gehaltsabschlag entspricht einer monatlichen Versicherungsprämie.

Da die Arbeitnehmer also die Kosten tragen, kann berechtigte Kritik am Kündigungsschutz nicht auf die ausschließliche finanzielle Benachteiligung der Arbeitgeber zielen. Valide Kritik zielt eher auf die Inflexibilität des Systems. Die Handlungsoptionen der Arbeitgeber werden durch Kündigungsschutz eingeschränkt und es besteht Unsicherheit, dessen Auswirkungen zu kalkulieren. Genauso werden auch die Arbeitnehmer eingeschränkt. Ein allgemeiner Kündigungsschutz nimmt diesen die Entscheidungsfreiheit, ob und wie viel Kündigungsschutz sie wollen. Der Gehaltsabschlag trifft jeden. Zudem sind die Arbeitgeber keine guten Versicherer. Werden Mitarbeiter aufgrund der Pleite des Arbeitgebers entlassen, so hilft auch der Kündigungsschutz nicht mehr.

Kritiker des allgemeinen Kündigungsschutzes weisen oft auf die Option einer freiwilligen Kündigungs-Versicherung hin. Dies ist allerdings eine fragwürdige Option. Flexible und leistungsstarke Arbeitnehmer dürften in großer Zahl auf die Versicherung verzichten. Ohne Solidargemeinschaft wird es für die verbliebenen Schutzbedürftigen dann unbezahlbar teuer. Beim Kündigungsschutz heißt es also ganz oder gar nicht.

Allerdings kann die Stärke des Kündigungsschutzes – und damit dessen Kosten – durch Regulierung beeinflusst werden.

Man sieht – egal ob Kündigungsschutz, Mindestlöhne oder andere Arbeitsmarktregulierung – einen goldenen Weg gibt es nicht. Irgendjemand wird immer dadurch benachteiligt. Es ist daher nicht verwunderlich, dass es zu entsprechenden *Ausweichreaktionen* kommt. Wie in Kap. 4 diskutiert, besteht bei sämtlichen Eingriffen in den Marktmechanismus die Tendenz zu Ausweichreaktionen der Marktteilnehmer. Das ist auf dem Arbeitsmarkt nicht anders. Unternehmen versuchen beispielsweise, durch kleine Betriebsgrößen Kündigungsschutz zu umgehen. Auch wird bisweilen versucht, sich von der Tarifbindung zu lösen oder Mindestlöhne durch unbezahlte Überstunden zu unterlaufen. Häufig kommt es sogar zu *Schwarzarbeit*, bei der sich die Beteiligten sämtlicher Regulierung, vor allem aber Steuern und Lohnnebenkosten entziehen. In der Regel willigen sowohl Arbeitgeber als auch Arbeitnehmer in Schwarzarbeit ein, da der gesparte Steuerkuchen groß genug ist, um beide deutlich besser zu stellen. Volkswirtschaftlich ist dies ein nicht unerhebliches Problem, ganz abgesehen von der moralischen Komponente: Schwarzarbeit ist Steuerhinterziehung und somit Diebstahl an allen, die sich an die Regeln halten.

Neben solchen Ausweichreaktionen hat Arbeitsmarktregulierung noch eine andere kritische Komponente: sie kann zu *Ungleichbehandlung* führen – meist mit dem englischen Begriff Insider-Outsider-Problematik bezeichnet. Dies ist insbesondere dann der Fall, wenn Löhne eigentlich sinken sollten, dies aufgrund von Mindestlöhnen oder Kündigungsschutz aber nicht tun. Die beschäftigten *Insider* behalten weiterhin zum hohen Lohn ihre Stelle, während es für arbeitslose *Outsider* mit gleicher Qualifikation schwer wird. Obwohl man genauso gut wie andere ist, findet man nur zu deutlich geringerem Lohn eine Stelle. Im schlimmsten Fall wirken die Insider darauf hin, dass niemand unter ihrem Lohn eingestellt werden darf. Dies hört sich zunächst sehr fair an, bedeutet aber oft für die Arbeitslosen, arbeitslos zu bleiben. Besonders hart trifft dies junge Menschen mit eher geringen Qualifikationen, da hier auch noch die Unsicherheit über ihre Fähigkeiten hinzukommt. Die *Jugendarbeitslosigkeit* ist meist besonders hoch.

Ein Grundproblem ist die mangelnde Interessenvertretung der Arbeitslosen. Sie haben im öffentlichen Leben keine echte Lobby, da sie keine Gewerkschaftsbeiträge oder Steuern zahlen. An Parteispenden ist erst gar nicht zu denken. Zwar reden alle Politiker über Arbeitslosigkeit, doch geht es häufig nicht um echte Lösungen für die Arbeitslosen. Arbeitslosigkeit gilt als ein „Problem", welches die Steuerzahler belastet. Es sollte daher ohne eine Benachteiligung für die arbeitende Bevölkerung gelöst werden. So zumindest die zynische aber doch realitätsnahe Betrachtung. Wie gerade gesehen, würden Arbeitslose von einem flexibleren Arbeitsmarkt profitieren. Doch dies ist zum Nachteil der aktuellen Beschäftigten, da in einem flexibleren Arbeitsmarkt aus heutigen Gewinnern morgen leichter Verlierer werden können. Ob Reformen zur Flexibilisierung des Arbeitsmarktes insgesamt wünschenswert sind, sei dahingestellt. Tatsache ist, dass sie ohne Arbeitslosen-Lobby nur selten gewagt werden.

Während die mangelnde Interessenvertretung der Arbeitslosen ein echtes, aber selten erkanntes Problem ist, so ist es mit einem anderen Problem genau andersherum – mangelnder Arbeit. Bisweilen hört man, die Maschinen würden uns Menschen die Arbeit wegnehmen. Die verbleibende Arbeit müsse daher fairer verteilt werden. 30 Stunden die Woche für jeden! Tatsächlich hat sich die geleistete Arbeitszeit pro Person weltweit in den vergangenen Jahrzehnten beständig nach unten entwickelt. Allerdings nicht, weil zu wenig Arbeit da ist, sondern weil wir es uns leisten können. Es gibt keinen Mangel an Arbeit! Jedes Unternehmen hätte für zusätzliche Arbeitnehmer etwas Wertstiftendes zu tun. Gleiches gilt für die Verwaltungen und Organisationen. Fast überall ist sogar der Ruf nach mehr Personal zu hören, egal ob Pfleger, Polizisten oder Lehrer. Theoretisch gibt es immer und für jeden etwas Sinnvolles zu tun! Der Hinweis auf mangelnde Qualifikationen der Arbeitslosen ist natürlich berechtig, insbesondere, wenn es im Rahmen eines Strukturwandels wie der Digitalisierung zur lokalen Häufung von Arbeitslosigkeit kommt. Allerdings gibt es auch in solchen Situationen Lösungen. Neben Fort- und Weiterbildung bestehen häufig Möglichkeiten für einen Quereinstieg. Ganz abgesehen davon, gibt es geringer qualifizierte Tätigkeiten, die fast jeder mit ein wenig Übung ausführen könnte.

Wie viel wirklich gearbeitet wird, hängt also nicht von der Menge an vorhandener Arbeit ab. Andere Faktoren sind bestimmend. Einerseits ist dies die *Notwendigkeit* zur Arbeit: Was muss ich tun, um materiell zu bestehen? Sowohl soziale Sicherungssysteme als auch das individuelle Vermögen spielen hier eine Rolle. Darüber hinaus ist Arbeit eine *Motivationsfrage*: Was habe ich davon, mehr als das Notwendige zu machen? Damit wird die Menge an geleisteter Arbeit zu einer *Geld-Frage*. Klar könnten wir mehr Lehrer gut gebrauchen, doch wird sich niemand den Stress ohne entsprechendes Gehalt antun. Gleiches gilt für geringer qualifizierte Tätigkeiten. Beispielsweise könnte sicher jeder die Straße reinigen. Doch ist es schwer jemanden zu finden, der für zusätzliche Straßenreinigung zahlt.

Eine echte Verteilungsfrage ist Arbeit nur, wenn die Nachfrage nach vorhandenen Spezialqualifikationen fällt. Wenn nur noch die Hälfte an Bergbau betrieben wird, werden auch weniger Bergbauingenieure gebraucht. Wenn alle Fachkräfte weiterhin einen hohen Stundenlohn verdienen sollen, könnte man über Teilzeitstellen für alle nachdenken. Grundsätzlich ist ein Arbeits-Verteilungsmodell aus wirtschaftlicher Sicht jedoch ineffizient. Durch Frühpensionierungen beispielsweise geht wertvolles Wissen verloren während durch Teilezeitstellen Kosten wie Ausbildung oder Anfahrt mehrfach anfallen. Diese Ineffizienz kann freilich auch als gesellschaftlich wünschenswerter Luxus verstanden werden, den sich reiche Länder nach Jahrzehnten harter Arbeit zunehmend leisten können.

Im BWL-Studium hört man solche Argumente allerdings selten. Hier zählt vor allem eines: Arbeit schafft mehr Arbeit. Denn sobald durch Arbeit etwas Produktives geschaffen wird, kann dies in den Modellen der VWL investiert oder konsumiert werden – was wieder gleichbedeutend mit weiterer wirtschaftlicher Aktivität und damit Arbeit ist.

6

Marketing – Die Kunst, den Engpass zu managen

Fragen Sie mal einen jungen BWL-Studenten, was er später gerne machen will. Die häufigste Antwort ist – na was wohl: Marketing. Vielleicht war es auch bei Ihnen so. Tolle Produkte, bunte Bilder, kreative Ideen. Das ist die schöne Seite der Wirtschaft. So zumindest in der Fantasie zu Beginn des BWL-Studiums. Ganz falsch liegt man damit zwar nicht, doch hat Marketing auch sehr viel mit Zahlen, Analysen und Struktur zu tun. Marketing-Manager sind die Spinnen im Unternehmens-Netz. Sie halten alle Fäden zusammen. Produktentwicklung, Marktforschung, Verkauf, alle werden meist vom Marketing koordiniert. Darüber hinaus bestehen Schnittstellen in fast alle anderen Unternehmensbereiche wie Controlling, Logistik oder Produktion. In der Unternehmenspraxis bedeutet Marketing daher als aller erstes *Organisation* und Kommunikation – ganz ohne bunte Bilder und kreative Ideen.

In der Theorie steht Marketing zunächst einmal für alles, was mit Märkten zu tun hat. Es umfasst sowohl den Auftritt auf den *Beschaffungsmärkten*, als auch den *Absatzmärkten*. Im engeren Sinne wird unter Marketing meist letzteres Verstanden: die Vermarktung von Produkten. Damit alleine springt man aber zu kurz. Denn Marketing ist mehr als eine Abteilung – es ist ein Management-Konzept. Es geht um

© Springer Fachmedien Wiesbaden GmbH, ein Teil von Springer Nature 2020
F. Dittrich, *Was ich im BWL-Studium hätte lernen sollen*,
https://doi.org/10.1007/978-3-658-28485-5_6

die Übersetzung der Kundenwünsche in die Unternehmenssteuerung. Kein Wunder also, dass Marketing heutzutage die erste Geige spielt. Der Absatzmarkt ist in den Wertschöpfungsketten fast aller Unternehmen der systematische *Engpass*. Mehr Rohstoffe, Fabriken oder Servicemitarbeiter gehen immer. Die Wünsche der Kunden zu treffen oder ganz neue zu schaffen – das ist die Kunst.

Über weite Phasen der Wirtschaftsgeschichte gab es vergleichsweise viel Nachfrage nach Produkten und Dienstleistungen bei geringem Wettbewerb. Mit anderen Worten, der Verkauf war nicht das größte Problem. In der heutigen Überflussgesellschaft ist dies anders. Es gibt weit mehr Angebote, als wir für ein sorgenfreies Leben brauchen – die Konkurrenz ist groß. Erinnern Sie sich an das Bild der Wertschöpfungskette als Autobahn aus Kap. 3? Die Markt-Ausfahrt hat nur zwei Spuren und ist Tempo 60. Die Herausforderung ist es, den Verkehr auf diesem letzten Stück ohne Rückstau bei gleichzeitig hoher Verkehrsdichte zu managen.

Einen kleinen, jedoch wichtigen Beitrag dazu leistet die *Marktforschung*. Sie wird von Laien häufig mit Marketing verwechselt, doch ist sie eine eigene Disziplin die dem Marketing zuarbeitet. Marktforscher beobachten und analysieren systematisch das Marktgeschehen, insbesondere die Kunden und Wettbewerber. Mit den gewonnenen Erkenntnissen werden Entscheidungen in sämtlichen Teilbereichen des Marketings unterstützt. Marktforschung im großen Stil ist im Ergebnis immer quantitativ. Das heißt, es werden Kennzahlen wie Marktgrößen oder Marktanteile erhoben. Zu Detailaspekten werden jedoch auch rein qualitative Studien durchgeführt, z. B. ein Workshop zur Nutzerfreundlichkeit eines Produkts. Zahlen sind hier nicht involviert. Solche direkten Untersuchungen des Markts werden als Feldforschung oder auch *primäre* Marktforschung verstanden. Eine bedeutende Rolle spielt zudem die *sekundäre* Marktforschung auf Basis vorhandener Daten. Als wertvollste Marktforschungsquelle überhaupt gelten beispielsweise die regelmäßigen Volkszählungen, die enorme Datenmengen zur Analyse bereitstellen. Marktforschung ist in seinen Methoden so speziell und bietet zudem so erhebliche Größenvorteile bei der Erstellung von Datenbanken, dass selbst die größten Unternehmen nur einen Teil ihrer Marktforschung selber abdecken. Viele kleinere Unternehmen haben gar keine eigene Marktforschung und bauen auf externe *Agenturen*.

Marketing hingegen ist immer Kernkompetenz und wird in Eigenregie durchgeführt. Egal ob als Hersteller von Konsumgütern, als Händler oder als Investitionsgüter-Unternehmen – das Verständnis der Märkte und die konsequente Ausrichtung des gesamten Unternehmens an diesen ist Grundlage des Erfolgs. Lediglich in der Kreativarbeit wird das Marketing meist von externen Agenturen unterstützt.

Konsumgütermarketing, englisch oft mit B2C für „business to consumer" abgekürzt, zielt direkt auf die Konsumenten. Diese stehen vor dem Regal oder sitzen vor dem Bildschirm und entscheiden sich für ein bestimmtes Produkt. Es gilt also, das eigene Produkt zum attraktivsten im Auge der Konsumenten zu machen. Allerdings verkaufen die Hersteller meistens an *Händler* – dies erschwert die Sache. Führt ein Händler nur eine Sorte Pinienkerne, so wird kaum ein Konsument für die Pinienkerne extra in ein anderes Geschäft gehen. In diesem Fall zählt also insbesondere die Attraktivität des Produkts für den Händler. Denn er bestimmt faktisch, welche Pinienkerne vom Kunden im Geschäft gekauft werden. Händler als Zwischenstufe müssen also im B2C-Marketing ebenfalls berücksichtigt werden.

Im *Investitionsgütermarketing* mit dem englischen Kürzel „B2B" für „business to business", geht es in erster Linie um die Zufriedenheit des Geschäftspartners. Nur wenn das Zwischenprodukt am Ende für den Konsumenten noch erkennbaren Wert stiftet, spielt auch dieser eine Rolle, z. B., wenn Carl Zeiss Objektive an Kamera-Hersteller verkauft. Im B2B Kontext verliert Marketing im engen Sinne der „Vermarktung" durch eine Fachabteilung an Bedeutung – als Managementkonzept bleibt es aber zentral. Je geringer die Rolle von Konsumenten für ein Unternehmen ist, desto häufiger übernimmt der *Vertrieb* als Abteilung die führende Rolle. Im B2B-Geschäft steht kein Kunde mehr vor dem Regal und entscheidet sich spontan für ein Produkt. Anstatt dessen handelt es sich um einen systematischen, teils langwierigen und komplexen Entscheidungsprozess. Hier schafft eine individuelle Betreuung durch den Vertrieb Mehrwert. Inhaltlich geht es wie beim klassischen Marketing aber immer um eines: Den Kundenwünschen gerecht werden und dadurch möglichst viel verkaufen. Marketing und Vertrieb werden daher häufig als eng verwandt oder sogar als Einheit betrachtet.

Modernes Marketing geht häufig noch einen Schritt weiter. Es versteht sich als *Beziehungs-Management*, nicht als reine Verkaufsbemühung. Einmal gewonnene Kunden sollen dauerhaft zufriedengestellt und so zu Wiederholungskäufen angeregt werden. Daher geben einige Computerhersteller fünf Jahre Garantie, so dass viele Kunden tatsächlich in den Genuss einer kostenlosen Reparatur kommen. Ein anderes interessantes Beispiel sind Onlinehändler. Diese werten systematisch ihre Kundendaten mit Hilfe von „customer relationship management" kurz CRM-Software aus, und können so den Kunden ein maßgeschneidertes Angebot bieten. Automobilzulieferer wiederum binden wichtige Auto-Hersteller tief in die eigene Produktentwicklung ein, um perfekt angepasste Produkte zu fertigen.

Die Idee hinter Beziehungsmarketing ist sehr einfach: Es ist viel profitabler, *Stammkunden* zu bedienen, als aufwendig mit Lockangeboten und Ähnlichem *Neukunden* zu gewinnen. Die Beziehungspflege darf also auch einiges kosten. Hat ein Kunde erst einmal eine Präferenz für einen Anbieter entwickelt, so muss die Konkurrenz schon deutlich besser sein, damit er wechselt. Hinter solchen Anbieter-Präferenzen steckt ein grundlegendes menschliches Verhalten, welches in der BWL mit dem englischen Begriff „endowment effect" bezeichnet wird. Was wir einmal haben, geben wir ungern für etwas anderes auf, selbst wenn es besser ist. Steigen beispielsweise in einem überfüllten Zug an einer Station viele Fahrgäste aus und genügend Sitzplätze werden frei, so bleiben etliche Leute trotzdem stehen. Im Laufe der Evolution war ein solches Verhalten für uns nützlich, da die Aufgabe einer sicheren Sache meist mit einem Risiko verbunden war. Heutzutage ist die Unsicherheit hingegen gering. Unser instinktives Verhalten hat daher nur noch wenig Nutzen für uns. Clevere Marketing-Manager nutzen solche und andere *menschliche Verhaltensweisen* aus.

Werden wir also über den Tisch gezogen? Dies kann man so oder so sehen. Einerseits zielt Marketing, wie anfangs gesagt, auf die Erfüllung der Kundenwünsche ab. Wenn wir als Kunden zufrieden sind, dann zahlen wir hohe Preise und bescheren den Unternehmen ordentlich Profit. Gutes Marketing bedeutet demnach einen Zugewinn für alle Beteiligten. Andererseits kann das auch mit ziemlich viel heißer Luft einhergehen. Die Werbung mag suggerieren, nur Hautcreme mit Avocado-Öl könne uns noch perfekt pflegen. Selbst wenn in der Creme dann nur 0,04 % Avocado-Öl enthalten ist. Aus dieser Perspektive redet uns gutes Marketing neue Wünsche ein, die dann nicht einmal erfüllt werden – und zwar ohne dass wir es merken.

Wie auch immer man es definiert, die Kunst ist es, überhaupt gutes Marketing zu machen. Denn Marketing und Vertrieb sind ein raues Pflaster – auch wenn das nicht in die bisweilen romantischen Vorstellungen zum Thema passt. Kein anderer Unternehmensbereich segelt so hart am Wind des Wettbewerbs. In der Finanzabteilung wird keiner versuchen, dem Wettbewerber einen Buchungssatz abzuluchsen. In Marketing und Vertrieb ist dagegen schnell einmal ein Millionenumsatz weg, weil Produktgestaltung oder der Preis nicht stimmen. Daher muss im Marketing alles passen.

Zunächst wird im Rahmen der *Marketingstrategie* das Spielfeld bestimmt. In der Marktanalyse wird der Markt aus *Produktsicht* unterteilt, z. B. elektrische und nicht elektrische Werkzeuge. Dann erfolgt in den einzelnen Produktkategorien häufig eine Segmentierung aus *Kundensicht*, z. B. Heimwerker und Profi. Nur in aussichtsreichen Segmenten bieten Unternehmen dann Ihre Produkte oder Leistungen an. Dazu gilt es, im *operativen Marketing*, den richtigen Mix sämtlicher kundenrelevanter Faktoren zu finden. Seit den 1960er-Jahren hat sich in Theorie wie Praxis die Einteilung des *Marketing-Mixes* in vier Blöcke durchgesetzte: Produktpolitik, Preispolitik, Kommunikationspolitik und Vertriebspolitik. Kurz wird von den „vier P" gesprochen, da es im Englischen „product, price, promotion, place" heißt.

6.1 Das richtige Produkt

Die grundsätzlichste aller Entscheidungen im Unternehmen ist die Wahl der angebotenen Produkte oder Dienstleistungen. So lange es einem Unternehmen wirtschaftlich gut geht, sieht man selten einen radikalen Wandel im Produktportfolio. Vielmehr werden bestehende Produkte verbessert, angrenzende hinzugefügt oder veraltete aus dem Sortiment genommen.

Die meisten Produkte durchleben einen typischen *Lebenszyklus*. Die Einführungsphase ist durch hohe Marketing- und Vertriebsaufwendungen, jedoch noch geringe Umsätze und Anfangsverluste gekennzeichnet. Mit dem „break-even", also dem Erreichen der Gewinnzone, wird gefeiert und es beginnt die Wachstumsphase. Dank der Werbung steigen Umsatz und Gewinn schnell an, Konkurrenzprodukte kommen in den Markt. Flacht das Wachstum ab, so gelangt ein Produkt in die Reifephase. Es gilt, sich klar gegenüber den Wettbewerbern zu positionieren. In der Sättigungsphase beginnt der Markt zu schrumpfen, die Konkurrenz ist hart. Bis schließlich in der Degenerationsphase immer mehr Wettbewerber Verluste machen und den Markt verlassen. Der Produkt-Lebenszyklus hat Implikationen auf sämtliche Elemente des Marketing-Mix. Die Produktpolitik selbst ist besonders in der Einführungsphase bei der Produktwahl und in der Sättigungsphase wichtig. In dieser sollen optimale Produktvarianten möglichst lange die Gewinne sichern. Allgemein wird versucht, ein ausgewogenes *Portfolio* aus Produkten in den verschiedenen Lebensphasen zu haben. So können Produkte in der Wachstums-/Reifephase als Cash cow Innovationen finanzieren – dieses Konzept wurde schon in Kap. 3 als Instrument des strategischen Managements beschrieben.

Innovationen sind die Königsdisziplin der Produktpolitik. Denn kaum etwas bringt einem Unternehmen mehr Gewinn als ein erfolgreiches neues Produkt. Google beispielsweise hat es mit einer einzigen Innovation – nämlich der auf Suchanfragen individualisierten Werbung – zu einem der profitabelsten Unternehmen der Welt geschafft. Allerdings sind Innovationen teuer und kompliziert. Der erste Engpass ist zunächst die richtige Idee. Auch die Umsetzung der Idee in ein Produkt ist oft schwierig. Nicht zuletzt, weil alles unter Zeitdruck geschieht. Denn der erste Anbieter am Markt genießt oft einen erheblichen Vorteil (englisch „first mover advantage"). Aber auch das hilft nicht, wenn kein Kundenbedürfnis getroffen oder geweckt wird. Aufgrund dieser Schwierigkeiten scheitern die allermeisten versuchten Produktinnovationen und verschwinden schnell wieder vom Markt. Trotzdem liest man gerne einmal in der Zeitung über *Innovationsraten* von 30 Prozent und mehr. Das heißt, 30 Prozent des gesamten Umsatzes werden mit Innovationen der letzten Jahre erzielt. Im Supermarkt würde dies bedeuten, ein Drittel der Produkte wäre vor ein paar Jahren noch nicht da gewesen. Das ist natürlich Unsinn.

Der Grund für die hohen ausgewiesenen Innovationsraten liegt in der gängigen Definition von Innovationen als erfolgreiche Einführung von etwas Neuem im Markt. Dies umfasst einerseits echte Produktinnovationen, die eine Erfindung in ein marktfähiges Produkt umsetzen bzw. wesentliche Neuerungen bei der Produktfunktionalität einführen. Andererseits gelten aber auch neue Varianten, Verpackungen, oder Vertriebsformen als Innovation. Obwohl die Spaghetti schon seit Jahrzenten absolut identisch sind, gelten Sie in der neuen umweltfreundlicheren Folienpackung als Innovation. Tatsächlich beziehen sich die allermeisten Innovationen auf solche Nebensächlichkeiten. Im Fachjargon wird zwischen Produkteinführung (englisch „launch") und Wiedereinführung (englisch „relaunch") unterschieden. Das Wichtigste beim Relaunch ist ein glänzender „NEU"-Aufkleber, welcher für ein paar Wochen auf die Packung kommt. Darüber hinaus wird gerne bei den Rohstoffen eingespart („jetzt sanfter zur Haut") oder auch einmal der Schriftzug geändert. Beim Launch hingegen gibt es wirklich ein neues Produkt. Allerdings stecken gerade im Konsumgüterbereich hinter neuen Produkten meist keine echten Neuheiten. So wird gerne einmal eine vorhandene Sonnencreme in neuer Verpackung und unter neuer Marke als Innovation des Jahres verkauft.

Letztendlich sind all diese Überlegungen zu Innovationen jedoch akademisch. Was zählt, ist die *Wahrnehmung* bei den Käufern. Innovationen versuchen, die Wünsche der Käufer besser zu erfüllen, als bestehende Produkte. Bei Konsumgütern besteht häufig der Zusatznutzen tatsächlich im „NEU-Effekt". Eigentlich soll der Schinken lediglich lecker wie immer sein – wobei man natürlich auch gerne einen besonders innovativen isst. Daher werden Konsumgüter regelmäßig an den aktuellen Zeitgeist angepasst. Selbst Traditionsprodukte, mit denen eine Strategie der Sicherheit und Konstanz verfolgt wird, erfahren immer wieder kleine Aktualisierungen.

Modellhaft betrachtet, stiften Konsumgüter einen *funktionalen* und einen *emotionalen* Nutzen. Kleidung hält warm (funktionaler Nutzen) und Sie fühlen sich wohl (emotionaler Nutzen). Essen macht satt und es schmeckt. Autos transportieren Sie und es macht Spaß zu fahren. Da unsere Grundbedürfnisse und auch unser Streben nach Sicherheit gut befriedigt sind, spielt der emotionale Nutzen heutzutage eine besonders große Rolle. Kein Wunder also, dass auch Innovationen in diese Richtung zielen. In der Kosmetikbranche wird beispielsweise gerne gewitzelt, man verkaufe keine Chemie, sondern Hoffnung. Im Gegensatz zu den Konsumgütern, geht es im Investitionsgüter-Bereich rationaler zu. Innovation bedeutet hier insbesondere *Kosteneinsparung* – was zählt ist der funktionale Nutzen. Wird der Schmelzklebstoff mit 60 anstatt mit 90 Grad verarbeitet, kann man dies in eingesparten Energiekosten messen. Aber auch hier dürfen die Emotionen nicht ausgeblendet werden. Verkäufer wie Einkäufer sind Menschen, mit allem was dazugehört. Eine mathematische Gewinnkalkulation kann bisweilen durch eine gute persönliche Beziehung oder die bekanntere Marke überstimmt werden.

Mit Innovationen wird Einfluss auf das gesamte *Sortiment* genommen. Die Sortiments*tiefe* beschreibt wie viele Varianten eines Produktes es gibt; die Sortiments*breite* wie viele verschiedene Produkte angeboten werden. Besonders klar wird dies im Handel. Ein Sportgeschäft hat eine hohe Sortimentstiefe, während ein Kaufhaus zusätzlich in die Breit geht. Aber auch ein breites, „flaches" Angebot kann sehr erfolgreich sein – Lebensmittel-Discounter sind ein Beispiel. Genauso gibt es Platz für ein schlankes, flaches Angebot, z. B. bei einer Imbissbude, die lediglich Currywurst und Pommes anbietet. Gleiches gilt für Hersteller, die Ihr Produktportfolio ebenfalls mit unterschiedlicher Breite und Tiefe aufstellen können. Tendenziell hat die Tiefe die größere Bedeutung, da man im Markt als Spezialist für ein bestimmtes Produkt anerkannt werden will. Allerdings können attraktive neue Geschäftsfelder meist nur durch eine Verbreiterung erschlossen werden.

Prinzipiell zielen Produktvariationen darauf ab, alle *Kundenwünsche* möglichst gut zu befriedigen. Für jeden soll das richtige dabei sein. Produktvarianten können in Kombination mit einer guten Preisstrategie den Gewinn kräftig erhöhen. Die Sammleredition einer CD mag nur minimal höhere Produktionskosten als die Standard-Version haben, jedoch ist der Preis doppelt so hoch. Allerdings darf man sich auch nicht verzetteln und die Kunden verwirren. Die meisten Konsumenten fühlen sich mit einem mittleren Modell am wohlsten. Werden beispielsweise zwei unterschiedlich teure Mikrowellen angeboten, wird meist die billigere gekauft. Wird jedoch eine Dritte, teurere dazugetan, tendieren mehr Kunden zum dann mittleren Modell. Ähnliches gilt in Bezug auf den Marktanteil:

Massenprodukte, bzw. Marktführer, sind besonders beliebt. Stellt man ein Regal mit zehn verschiedenen Dosensuppen neben eins mit nur einer Sorte, so verbringen die Kunden zwar die meiste Zeit vor dem bunten Regal. Gekauft wird jedoch weit überproportional die Standardvariante.

In Bezug auf die Kunden gilt es also, einen guten Kompromiss aus Sortimentstiefe und Einfachheit zu finden. Aus unternehmensinterner Sicht gilt hingegen ein klarer Grundsatz: Je weniger *Komplexität* desto besser! Eine gute Produktpolitik sollte dies berücksichtigen und zwischen wertstiftender und wertvernichtender Komplexität unterscheiden. Für den Kunden sichtbare Variationen können grundsätzlich Wert stiften. Im nicht sicht- bzw. spürbaren Bereich sollte dagegen soweit es geht standardisiert werden. *Komplexitätsmanagement* betrifft alle Bereiche des Unternehmens, von der Forschung bis zum Vertrieb. Es wird versucht, sowohl die Produkte als auch sämtliche Prozesse so einfach wie möglich zu halten. So werden in der Produktion oft Baukästen oder Plattformen eingesetzt, aus denen alle Produkte gefertigt sind. Der Kleinwagen und die Luxuslimousine eines Autoherstellers haben beispielsweise oft zahlreiche Bauteile gemeinsam. Die interne Komplexität ist minimal, wenn praktisch nur noch ein Produkt verkauft wird, welches durch kleine Änderungen spät im Produktionsprozess zu verschiedenen Varianten gemacht wird. So können Sie im Discounter bisweilen den identischen Teebeutel in anderer Packung wie im Vollsortimentshandel kaufen, allerdings zum halben Preis. Die Haar-Colorationen eines Herstellers enthalten vielfach die identische Farbe unter verschiedenen Marken. Lediglich Verpackung und Qualität der beiliegenden Applikatoren und Pflegeprodukte unterscheiden sich. Die Kunst für die Hersteller ist es, solche Informationen nicht bis an die Kunden dringen zu lassen und damit das Bild eines differenzierten Produktportfolios aufrecht zu erhalten. Zudem müssen die Produkte bzw. Marken so positioniert werden, dass sie sich nicht gegenseitig Kunden abjagen. Im Marketing wird etwas martialisch von Kannibalisierung gesprochen.

Die Verringerung von Komplexität führt nicht nur zur Kostenreduktion. Sie hat auch den Nebeneffekt steigender Qualität. Je einfacher Produkt und Prozesse sind, desto weniger Produktionsfehler treten auf und die Haltbarkeit steigt. Infolge des immer größeren Fokus auf Komplexitätsreduktion hat *Produktqualität* daher sukzessive als Differenzierungsmerkmal an Bedeutung verloren, da die Latte in modernen Produktionssystemen sehr hoch liegt. Es ist schwieriger geworden, sich in Sachen Funktionalität und Haltbarkeit von der Konkurrenz abzuheben. Entsprechend haben emotionale Komponenten wie Design sowie Dienstleistungen wie der Kundenservice in der Produktpolitik an Bedeutung gewonnen. Dinge werden in unserem Leben meist ersetzt, wenn sie „out" sind, nicht, wenn sie verschlissen sind. Die Mode hat die Qualität überholt.

Die größte Konstanz haben heutzutage die *Marken*. Im Bereich der Konsumgüter haben sie sich zum wichtigsten Element der Produktpolitik entwickelt. So ist die gesamte Marketingabteilung heutzutage typischerweise nach Marken aufgestellt. Das Berufsbild wird mit dem englischen Begriff „brand-manager" bezeichnet. Entgegen dem klassischen Produktmanager betont diese Jobbezeichnung die Abgrenzung innerhalb des Produktportfolios über die Marken.

Fast alle Marken haben ein Logo oder einen Schriftzug in bestimmten Farben. Oft gibt es auch einen Spruch oder eine Melodie. Diese Erkennungszeichen definieren Marken im engen juristischen Sinne. Aus betriebswirtschaftlicher Sicht umfassen Marken jedoch viel mehr – sie haben ein *Image*. Kunden verbinden mit dem Logo nicht nur einen Hersteller, sondern haben konkrete Erwartungen zu relevanten Produktdimensionen. Die Marke beeinflusst unsere Wahrnehmung eines Produktes, unabhängig von seinen physischen Eigenschaften. Ein gleichartiges Auto mag unter einer Marke als günstig, unter einer anderen als solide und einer dritten als sportlich erscheinen. Identische Kleidung wird nur aufgrund eines anderen Logos von völlig verschiedenen Gruppen gekauft.

Marken sind in vielen Bereichen der einzige Weg für einen Hersteller, sich in der Wahrnehmung der Kunden signifikant von der Konkurrenz abzuheben. In einem Joghurt-Regal mögen 50 verschiedene Varianten stehen, von denen man nur die Verpackungen sieht. Geschmack unbekannt. Marken können hier eine große *Entscheidungshilfe* für Konsumenten sein. Denn Marken vermitteln Sicherheit – man fühlt sich besser informiert. Mit einer Joghurt-Marke könnte man cremige Konsistenz und süße Früchte, ökologische Verpackung oder besonders lange Haltbarkeit verbinden. Die entsprechende Markenpositionierung wäre „guter Geschmack", „Verantwortung des Herstellers", „praktisch im Haushalt".

Konsumenten leiten Informationen aus ihrer individuellen Marken-Wahrnehmung ab. So verwundert es nicht, wenn einige Informationen faktisch begründet sind (der Joghurt bleibt länger frisch), andere aber keinen Tatsachen entsprechen (der Joghurt ist gesünder). Brand-Manager versuchen regelmäßig, das Markenimage in Hinsicht solcher „weichen", schwer überprüfbaren Faktoren zu schärfen. Die Marke ist ein *Gütesigel*. Sie vermittelt Qualitätssicherheit. Dabei darf natürlich nicht die Glaubwürdigkeit verloren gehen. Im besten Fall gelingt es, sich in unabhängigen *Warentests* vorne zu platzieren. Wie die Marke selbst, sind positive Testergebnisse ein Gütesiegel, insbesondere für die „harten", überprüfbaren Faktoren.

Eine gut entwickelte Marke wirkt häufig *unterbewusst* auf die Kaufentscheidung ein. Konsumenten denken über bekannte Marken gar nicht mehr nach, sondern haben allgemein ein gutes Gefühl. Im Idealfall gelingt es, die Marke selbst zur Information zu machen. Dann ist nicht einmal mehr Detailwissen über das Markenimage nötig: „Das ist eine bekannte Marke, damit kann ich wenig falsch machen". Gerade wenn die Vielfalt des Angebots verwirrend ist, hat eine gute Marke Signalcharakter und schafft Klarheit. Besonders ausgeprägt ist der Signalcharakter, wenn eine erfolgreiche Innovation unter neuer Marke im Markt platziert wird. In seltenen Fällen gelingt es dem Innovator sogar, die Marke als Gattungsnamen zu etablieren. So sprechen z. B. viele Konsumenten von Pampers, wenn sie Einmalwindeln kaufen – egal ob sie das Original von Procter&Gamble oder ein anderes Produkt erwerben. Kostenlose Werbung, direkt in den Köpfen der Verbraucher! Allerdings sind auch solche Pioniermarken kein Selbstläufer und müssen mit entsprechendem Aufwand gemanagt werden. Sonst geht die Verbindung zwischen Marke und Namen verloren. So ist z. B. vielen Menschen nicht bewusst, dass es sich bei einem Jeep um eine Marke von Chrysler handelt, und nicht um ein allgemeines Wort für Geländewagen.

Marken sind in großen Teilen der Wirtschaft zum entscheidenden Faktor geworden. Oft haben sie einen höheren Wert als die Produktionsanlagen, Patente und sonstigen Vermögensgegenstände. Den wertvollsten Marken der Welt wie Coca-Cola, Apple oder Google wird ein dreistelliger Milliardenwert zugemessen. Kein Wunder also, dass Marketing und Marken-Management eine solch bedeutende Rolle spielen. Im Studium wurde der Markenwert mit dem englischen Begriff „*brand equity*" bezeichnet. Engagierte BWL-Professoren bringen ihren Studenten gerne einmal zehn Modelle zur Messung des Markenwerts bei – bei allen kommt allerdings ein anderes Ergebnis heraus. Der einfachste Ansatz ist es, den Markenwert aus dem Unternehmenswert abzuleiten. Zieht man beispielsweise vom Börsenwert eines Unternehmens den Wert für die in der Bilanz ausgewiesenen Vermögensgegenstände ab, so entfällt ein Großteil des nicht-erklärten Werts auf die Marken. Andere Bewertungsmethoden schauen auf die Preisaufschläge, welche mit Markenprodukten gegenüber Nicht-Markenprodukten erzielt werden können. Darüber hinaus kann Brand Equity auch auf Basis der Konsumentenwahrnehmung abgeschätzt werden. Typischerweise wird zwischen Wiedererkennung, wenn man eine Marke sieht (englisch „recognition") und Erinnerung aus freien Stücken (englisch „recall") unterschieden.

Wie fast alle wertvollen Dinge, müssen auch Marken beschützt werden. Denn überall lauern Piraten. Anstatt eines voll beladenen Schiffs, wird heutzutage eine imagebeladene Marke gekapert. Werden komplette Produkte inklusive der Marke kopiert, spricht man von Produktpiraterie. Das Spektrum reicht von der billigen Kopie bis hin zur perfekten Imitation – bisweilen sogar aus der gleichen Fabrik wie das Original. Markenpiraten auf der anderen Seite nehmen es mit den Produkten meist nicht so genau, sondern nutzen die Marke für alles Mögliche. So können Sie auf dem Basar im Urlaub auch mal eine Plastik-Baseballmütze von Louis Vuitton erwerben.

Hauptinstrument im Kampf gegen Markenpiraterie ist der rechtliche Schutz einer Marke. In praktisch allen Rechtssystemen kann eine aktiv genutzte Marke als Erkennungszeichen auf unbegrenzte Dauer geschützt werden. Wird diese kopiert oder in wesentlichen Teilen imitiert, so kann der Besitzer des Markenrechts auf Unterlassung und eventuell Schadenersatz klagen. Allerdings geht *Markenschutz* nur so weit, wie der Arm des Gesetzes reicht. An so mancher Landesgrenze ist da Schluss. Auch kann nicht alles als Marke registriert werden. Fragen Sie einmal im Chinaimbiss um die Ecke, woher die Eigentümer kommen. Nicht selten ist die Antwort: „Aus Vietnam – aber China kennt man besser." Hier kann natürlich keiner etwas zum Schutz der Marke Chinaimbiss tun. Selbst auf

diesem Buch steht dick BWL, obwohl die Hälfte des Inhalts VWL ist. ...
BWL kennt man eben besser.

Bekanntheit und ein gutes Image für eine Marke zu erreichen, ist eine
der größten Herausforderungen des Marketings – insbesondere finanziell! Neben den Mitarbeitern im Unternehmen, die eine Marke konzipie-
ren und dann beständig weiterentwickeln, fallen hohe Kosten für Werbung an. Der Erfolg ist trotzdem ungewiss. Microsoft hat beispielsweise
Milliarden in die Marke Windows Vista investiert – das Image blieb jedoch katastrophal, auch nachdem die anfänglichen Produktprobleme
weitgehend behoben waren.

Da der Aufbau neuer Marken sehr teuer ist, werden häufig bestehende
Marken für neue Produkte benutzt. Im besten Fall wird die vorhandene *Markenreputation* komplett auf das neue Produkt übertragen. Ein
Flüssigwaschmittel kann daher unter der gleichen Marke wie das Pul-
verwaschmittel auf den Markt gebracht werden. Allerdings setzt das bestehende Markenimage auch Beschränkungen zur Produktpositionierung
im Markt. Es besteht daher die Gefahr, dass ein neues Produkt unter der
bestehenden Marke nicht gut ankommt. Im schlimmsten Fall können
sogar die Verkäufe der bestehenden Produkte leiden.

Eine Möglichkeit, die Reputation bestehender Marken zu nutzen und
gleichzeitig ein höheres Level an Flexibilität in der Markenpositionierung zu erreichen, sind *Dachmarken*. Unter einem einheitlichen Marken-
schirm werden individuelle Labels oder Submarken aufgebaut. Zunehmend versuchen Unternehmen sich selbst als Dachmarke zu etablieren.
Allerdings ist dies immer ein Spagat zwischen Allgemeingültigkeit und
speziellem Markenimage. Daher bezieht sich das *Unternehmensimage*
meist auf allgemein positive Eigenschaften, wie besonders guter Kunden-
service. Beliebt ist auch die Positionierung als ökologisch bewusstes Unternehmen. Hier gehen nämlich betriebswirtschaftlich positive Effekte –
wer wenige Ressourcen wie Wasser und Strom verbraucht, spart bares
Geld – mit einem gewünschten Image-Effekt einher. Allerdings besteht
die Gefahr, als Öko-Unternehmen mit wenig leistungsfähigen Produkten
assoziiert zu werden. Besonders gut funktioniert das Konzept des Unternehmens als Marke im Handel. Walmart hat sich zum Beispiel in großen
Teilen der Welt das Image des günstigsten Anbieters aufgebaut. Selbst
wenn es fast überall Konkurrenten mit gleichen oder noch besseren Prei-

sen gibt. Ein guter Name ermöglicht es im Handel auch *Eigenmarken* (englisch „private label") zu verkaufen. Zwar werden diese meist nicht für herausragende Qualität vom Kunden wahrgenommen, wohl aber für ein gutes Preis-Leistungs-Verhältnis. Bei preisbewussten Kundengruppen ein äußerst erfolgreiches Konzept.

Interessanterweise bauen selbst einige Unternehmen des Investitionsgüterbereichs ihren Namen zu einer Marke aus. Und das mit einem Bekanntheitsgrad weit über die meist engen Kundenschichten hinaus. Ziel solcher Anstrengungen ist es, eine *Unternehmensidentität* (englisch „*corporate identity*") aufzubauen. Dazu gehören neben einem konsistenten Auftritt in der Öffentlichkeit (Design, Kommunikation) auch interne Werte und Verhaltensregeln. Die Corporate Identity macht aus einem Unternehmen ein Original. Dadurch wird es auf dem Arbeitsmarkt stärker wahrgenommen und gilt als attraktiverer Arbeitgeber. Auch unternehmensintern hat es Vorteile, für seine Mitarbeiter greifbar zu sein. Das Zugehörigkeitsgefühl der Mitarbeiter steigt und im besten Fall wird sogar Unternehmergeist geweckt.

6.2 Der Preis ist heiß

Gleich zu Beginn des BWL-Studiums lernt man eine wichtige Grundregel der Mikroökonomie: Der Preis ist egal! Denn er ergibt sich auf Märkten automatisch aus Angebot und Nachfrage – Kap. 4 hat das nochmal gezeigt. In den mathematischen Modellen ist der Preis die abhängige Variable. Er resultiert aus der Menge, welche als unabhängige Entscheidungs-Variable gesetzt wird. Blöd nur, dass es in der Realität genau andersherum ist: Man schreibt einen Preis ans Regal, nicht wie viele Stücke darin liegen. Denn wenn es leer ist, wird einfach nachbestellt. Der andere Weg – erst einmal 1000 Autos produzieren und dann schauen was man dafür bekommt – ist in den meisten Fällen keine ernsthafte Option.

Da auch im Studium der erste Eindruck zählt, ist es für die Marketingprofessoren gar nicht so leicht, den Studenten die zentrale Bedeutung des Preises klar zu machen. Nachfragefunktionen lassen sich in der Realität nur grob schätzen und die Kunden haben verschiedenste, nur vage bekannte Präferenzen. Gerne kaufen wir auch einmal aus dem Bauch heraus. Die Markt-Modelle aus dem Lehrbuch sind deswegen lediglich ein Anhaltspunkt für die Preispolitik. Daher sollten Sie sich als Grundregel merken: Der Preis ist wichtig! Tatsächlich ist er das *schlagkräftigste* Element des Marketing-Mixes überhaupt (Produkt, Preis, Werbung, Vertrieb). Denn jeder Euro Preisänderung ist ein Euro, den man mehr oder weniger auf seinem Konto hat. In den Worten der Ökonomie findet über Preisänderungen ein direkter Rententransfer statt. So gehen Marketingmanager regelmäßig mit großem Respekt an das Thema heran. Ist einmal ein „funktionierender" Preis gefunden, wird selten das Risiko eingegangen, diesen grundlegend zu ändern. Über die anderen Faktoren des Marketing-Mixes lässt sich eine weichere, weniger risikoreiche Steuerung des Geschäfts realisieren.

Die Kernfrage der Preispolitik ist die richtige *Höhe* des Preises. Obwohl das Ziel meist ganz einfach Gewinnmaximierung heißt, ist die Antwort auf die Frage sehr schwierig. Zunächst einmal braucht ein Unternehmen detaillierte Informationen über seine Kosten und Produktionsmöglichkeiten. Man muss wissen, wie hoch sowohl die variablen Kosten der Produktion als auch die fixen Kosten der Verwaltung etc. sind. Beides muss im Lichte der Produktionskapazitäten und des gesamten Produktportfolios betrachtet werden. Die Ausweitung des einen Produktes könnte eventuell Kapazitäten für ein anderes wegnehmen. Bei einem hohen Preis mag zwar viel im Vergleich zu den variablen Produktionskosten übrigbleiben – man spricht von einer hohen Marge, doch ist am Ende die verkaufte Menge zu klein, um die fixen Verwaltungskosten abzudecken. Ein detailliertes *Kostenverständnis* ermöglicht es Unternehmen, die Vorteilhaftigkeit verschiedener Preis-/Mengenkombinationen zu beurteilen. Dies gelingt in der Regel auch recht gut. Allerdings reicht es bei der Preissetzung nicht alleine, zu wissen, was man will. Man muss auch wissen, was man kann! Als Anbieter steht man im Wettbewerb zu Konkurrenten; die Käufer handeln nach ihren Präferenzen. Marktwirtschaft ist ein Wunschkonzert, allerdings nur für die Kunden.

Daher ist es eine zentrale Marketingaufgabe, die *Struktur der Nachfrage* zu verstehen. Eine klar definierte Nachfragefunktion wie in der BWL-Vorlesung kommt dabei zwar nie heraus, doch reicht auch ein ungefähres Verständnis, wie viel man zu welchem Preis absetzen kann. Neben gezielter Marktforschung und regional begrenzten Testmärkten zählt hier insbesondere auch die Erfahrung der Marketingmanager. Trotz aller Bemühungen bleibt das Thema Preis in der Praxis jedoch eine der schwierigsten Entscheidungen. Ob es passt, sieht man immer erst im Nachhinein.

Man mag nun einwenden, wozu der ganze Aufwand? Der Preis ist mit ein paar Klicks oder einem neuen Etikett geändert – da kann man doch ein paar Mal ausprobieren! Hierzu muss man allerdings wissen: Preise sind wie Menschen. Man bekommt höchstens noch eine zweite Chance, danach sieht es aber düster aus. Wenn Konsumgüter nicht laufen, werden sie vom Handel teils schon nach einigen Wochen wieder ausgelistet. Raum für Preisexperimente bleibt da nicht. Im Investitionsgüterbereiche besteht zwar deutlich mehr Flexibilität, doch sind auch hier schwankende Preise ein Zeichen der Schwäche. Besonders schwierig kann es werden, wenn ein Kunde erfährt, dass ein anderer deutlich bessere Konditionen bekommen hat. Dann wird nachverhandelt.

Allgemein spielt beim Preis eine gehörige Portion *Psychologie* mit. Käufer nehmen Preiserhöhungen (etwas Schlechtes) viel intensiver wahr als Preissenkungen (etwas Gutes). Dementsprechend ist es ein Leichtes, Preise zu senken, während Preiserhöhungen ein Kampf sind. Der anfängliche Preis sollte also nicht zu niedrig sein. Aber Achtung! Ist der Preis zu hoch, kann ein Marktstart schnell missglücken. Die Ware liegt wie Blei im Regal und wird nach wenigen Monaten ausgelistet. Anstatt permanenter Preissenkungen werden daher bevorzugt *Rabatte* eingeräumt. Auf den regulären „*Listenpreis*" gibt es zeitlich begrenzte und bisweilen an gewisse Bedingungen geknüpfte Preisnachlässe. Im Konsumgüterbereich wird häufig der englische Begriff „price promotion" verwendet. So kann eine Preissenkung ohne Veränderung des Listenpreises erreicht werden.

Warum es den 99 Cent Shop gibt, den 1,02 Euro Shop jedoch nicht

Psychologische Überlegungen sind zentral bei der Preissetzung des Handels. Dies hört sich hochtrabend an, ist aber ganz einfach. So werden Preise typischerweise knapp unter runde Beträge gesetzt, z. B. 1,99 Euro für ein Brot. Einerseits macht dies Preise optisch günstiger, im Beispiel taucht keine 2 vor dem Komma auf.

Allerdings ist dieser Effekt begrenzt – ganz dumm sind wir Konsumenten ja nicht. Viel wichtiger ist, dass ungewohnte Preise seltsam aussehen und Unbehagen auslösen. Ein Brot für 2,17 Euro kann einfach nicht schmecken.

Läuft ein Vertriebsmitarbeiter Gefahr, seine Umsatzziele zu verfehlen, so geistern ihm sofort Rabatte im Kopf herum. Es gibt kurzfristig keinen sichereren Weg, die verkauften Stückzahlen und so auch den Umsatz zu steigern. Obacht ist jedoch geboten, Preisaktionen nicht zum Standard werden zu lassen. Der Baumarkt Praktiker beispielsweise machte so häufig „20 Prozent auf alles"-Aktionen, dass viele Kunden mit Großeinkäufen bis zur nächste Aktion warteten – der Gewinn brach ein. Als die Aktionen abgeschafft wurden, blieben viele Kunden ganz weg. Sie kaufen bei Praktiker aus Prinzip nur mit 20 Prozent Rabatt. Kurz darauf ging Praktiker pleite.

Die Feinsteuerung der Preise durch Rabatte spielt auch im B2B-Marketing eine wichtige Rolle. Neben Investitionsgütern umfasst dies insbesondere den Einkauf des Handels bei den verschiedenen Herstellern. Man sollte meinen, dass sich in einem so professionellen Umfeld alle Beteiligten ganz rational über den *Nettopreis* unterhalten, dass also nur das Geld zählt, welches am Ende tatsächlich den Besitzer wechselt. Aber weit gefehlt! Schon ein mittelständischer Konsumgüterhersteller vergibt gerne einmal über 100 verschiedene Rabatte auf den Listen- bzw. *Bruttopreis*. Oster-Spezial-Einführungsbonus? Pauschalvergünstigung 2020b? Der Kreativität sind keine Grenzen gesetzt.

Viele der Rabatte reflektieren objektive Kostenunterschiede. Beispielsweise mag es einen Bonus für Aufträge über eine komplette Lastwagenladung und damit weniger Transportkosten geben. Ein genereller Mengenrabatt reflektiert niedrigere Kosten in Verwaltung und eventuell Produktion. Es ist billiger, immer wieder mit dem gleichen Geschäftspartner zu interagieren. Mengenrabatte werden häufig als Jahresbonus ausgezahlt, nachdem die gesamte Abnahmemenge feststeht. Bei der Großzahl der Rabatte geht es jedoch nicht um Kostenunterschiede, sondern einfach um den günstigsten Preis. Da direkte Verhandlungen über den Nettopreis und damit die Preisliste tabu sind, erfolgt die Preisverhandlung weitgehend über Rabatte.

Vor allem zwischen *Handel* und Herstellern ist die Rabattverhandlung so kompliziert, dass die Händler ihren *Netto-Einstandspreis* pro Artikel am Ende oft nur schätzen können. Da auch die eigenen Kosten des Händlers schwer einzelnen Artikeln zuordenbar sind, liegt der Fokus bei der Preissetzung des Handels häufig auf Artikelgruppen wie Tiefkühlgemüse oder übergeordneten Warengruppen wie Tiefkühlkost. Die *Handelsspanne*, also der Unterschied zwischen Einstandspreis und Verkaufspreis, wird für das gesamte Sortiment optimiert. So rücken die Kosten eines einzelnen Artikels in den Hintergrund und die Händler können flexibel auf Preisaktionen der Konkurrenz reagieren.

Allerdings unterliegt die Preissetzung verschiedenen Restriktionen. Betriebswirtschaftlich ist eine *Preisuntergrenze* durch die *Kosten* gegeben. Kurzfristig lohnt ein Verkauf bis hinab zu den variablen Kosten. Das heißt der Preis muss mindestens die Material- und andere nur bei Produktion anfallende Kosten abdecken. Langfristig, über mehrere Monate, müssen natürlich auch fixe Kosten wie Gehälter für fest angestellte Mitarbeiter oder Mieten erwirtschaftet werden. Sonst entstünde beim gegebenen Preis dauerhaft ein Verlust.

Kostenorientierung stellt nicht nur eine Untergrenze für Preise dar, sondern wird auch aktiv als Preissetzungsmechanismus genutzt. Insbesondere im Bereich großer, mit viel Unsicherheit verbundener Investitionsprojekte, werden häufig *Kosten-Plus*-Verträge geschlossen. Man einigt sich auf die Ziele, einen Projektplan und die Kosten der Inputs wie z. B. Arbeitsstunden. Abgerechnet werden dann die tatsächlich anfallenden Kosten zuzüglich eines Gewinnaufschlags. Über einen solchen Mechanismus übernimmt der Auftraggeber das Projekt-Risiko, was tendenziell zu besseren Konditionen der Anbieter führt als bei einem Festpreis. Allerdings profitieren die Anbieter von Überschreitungen des Projektplans, da sie in jedem Fall einen Gewinnaufschlag auf ihre Kosten erhalten. Um solche negativen Anreize zu vermeiden, bedarf es also zusätzlicher Mechanismen. Beispielsweise können Boni für die Einhaltung des Projektplans gewährt werden.

Neben den Kosten werden Preise auch durch das Wettbewerbsrecht nach unten begrenzt. So ist es fast überall im Handel verboten, Waren unterhalb des Einkaufspreises zu verkaufen. Insbesondere gilt dies für Lebensmittel. Die Wettbewerbsrechtliche Befürchtung ist es, Händler mit einem großen Sortiment könnten durch gezielte *Kampfpreise* kleinere „Läden um die Ecke" mit begrenztem Sortiment verdrängen. Während sich der Supermarkt Verluste bei einem Teil seiner Produkte eine Weile leisten könne, gehe der kleine Händler schnell pleite. Rein ökonomisch überzeugt diese Argumentation aber nicht, da Massenanbieter ohnehin günstigere Einkaufspreise als kleine Spezialisten haben. Diese differenzieren sich im Wettbewerb über Service. Ganz abgesehen davon gibt es praktisch immer Streit über die Höhe des Einkaufspreises. Der Hauptnutzen wettbewerbsrechtlicher Preisbegrenzungen dürfte also nicht in einer Verbesserung des Markmechanismus liegen, sondern in politischen Effekten. Mit Initiativen zur Sicherung der Lebensmittelqualität oder zum Schutz kleiner Geschäfte lässt sich bei den Wählern punkten.

Im Restaurant die anderen für sich zahlen lassen

In vielen gastronomischen Ausbildungsberufen lernen Azubis bis heute, Preise über eine pauschale Zuschlagskalkulation zu bilden. Zum Beispiel Warenwert plus 200 %. Nudeln mit Einkaufswert 1 € werden also für 3 € verkauft, Steak für 6 € wird für 18 € verkauft. Im Durchschnitt passt das für die Restaurants. Auf das einzelne Gericht gesehen, ist diese Preissetzung jedoch grob falsch! Denn ein großer Teil der Kosten ist fix, er fällt unabhängig vom Gericht an. Miete, Personalkosten, Versicherung usw. sind pro Gast nahezu identisch. Liegen diese bei 7 €, so sind die Vollkosten der Nudeln 8 €, die des Steaks 13 € – das sollten die Preisuntergrenzen sein. Sie sehen schon, wenn Sie irgendwo Nudeln für 3 € bekommen, schlagen Sie zu! Es gibt nicht nur leckere Nudeln, sondern auch noch das gute Gefühl, die Steak-Esser dafür zahlen zu lassen.

Besser machen es übrigens viele Gastronomieketten wie Starbucks. Da der Warenwert eines kleinen Kaffees nur unwesentlich größer als der eines großen Kaffes ist, beträgt der Preisunterschied auch nur wenige Cent, selbst wenn die Kaffeemenge die doppelte ist.

Auch wenn die Kostenüberlegungen zur Preisuntergrenze wichtig sind, so ist das eigentliche Ziel der Anbieter doch ein möglichst hoher Preis. Um die *Preisobergrenze* abzuschätzen, muss der Blick nach außen auf den Markt gerichtet werden. Es geht wieder einmal um die ominöse Nachfragekurve. Im Lehrbuch wird sie mit wenigen Buchstaben oder Zahlen beschrieben, doch in der Praxis ist sie nur schwer zu bestimmen: Wie viel sind die Kunden bereit zu zahlen?

Zwei Kernkomponenten bestimmen den Verlauf der Nachfragekurve. Einerseits ist dies der *Nutzen*, den das betroffene Produkt beim Nachfrager stiftet. Eine Spülmaschine beispielsweise mag Ihnen pro Tag 15 Minuten Zeitersparnis bringen. Wenn Ihnen diese 3 € wert ist, beträgt ihr Nutzen im Jahr über 1000 €. Hält die Spülmaschine fünf Jahre, so wäre die Nutzen-basierte Preisgrenze 5000 €. Nicht schlecht! Allerdings landet man bei einer solchen Betrachtung bei einer Nachfragekurve für die Produktkategorie. Als zweite Komponente müssen daher auch alternative Produkte innerhalb der Kategorie betrachte werden. Erst dann ergibt sich die Nachfragekurve nach einem bestimmten Produkt, wie sie für die Preissetzung durch den Marketing-Manager relevant ist. Gibt es eine hervorragende Spülmaschine bei der Konkurrenz für 800 €, so ist es illusorisch, deutlich über diesen Preis hinauszugehen. Der *Wettbewerb* setzt fast immer enge Preisschranken nach oben.

In einer aus Anbietersicht perfekten Welt würde also ein hoher Kundennutzen auf geringen Wettbewerb treffen. In Kap. 4 wurde bereits der Verdurstende in der Wüste genannt, welcher auf einen Wasserverkäufer trifft. Ein vergleichbares, aber vollkommen reales Beispiel sind patentierte Medikamente gegen lebensbedrohliche Krankheiten. Hier sind Medikamentenpreise von vielen Tausend Euro nicht selten. Leider (für die Anbieter) bzw. zum Glück (für die Nachfrager) sind solche Situationen jedoch selten. Die Marketing-Manager müssen also die richtige Preisstrategie im Lichte des Wettbewerbs finden. Zudem muss der Preis mit dem gesamten Marketing-Mix abgestimmt sein.

Eine *Niedrigpreisstrategie* passt zu einfachen, aber funktionalen Produkten. Man versucht in einem Qualitätssegment den niedrigsten Preis zu haben und diesen dauerhaft zu halten. Gewinnsteigerungen werden über Kosteneinsparungen erzielt. Dahinter steckt das Konzept der *Erfahrungskurve*. Es besagt, dass die Stückkosten immer weiter sinken, je mehr man schon in der Vergangenheit produziert hat. Selbst wenn es dauerhaft nur eine Produktionsstätte gibt, entstehen in der Regel Kostenvorteile durch geringere Ausfallzeiten und weniger Ausschuss. Die Erfahrung macht den Unterschied – gerade bei der Niedrigpreisstrategie.

Eine *Hochpreisstrategie* hingegen passt zu differenzierten Produkten. Diese werden zumindest von einigen Käufern konkurrierenden Produkten klar vorgezogen. Zwar wird so weniger verkauft, allerdings zu hohen Margen. Gewinnsteigerungen werden im Zeitablauf eher durch steigende Preise erzielt, z. B. wenn ein neues Modell eingeführt wird.

Eine besonders ausgeklügelte Strategie ist die *Preisdifferenzierung*, die bereits in Kap. 4 diskutiert wurde. Immer wenn es möglich ist, die Nachfrager zu segmentieren, können unterschiedliche Preise für gleiche oder ähnliche Produkte gesetzt werden. Die Kunden selektieren sich selbst. In der Vorlesung wurde von Preisdifferenzierung zweiten Grades nach Pigou gesprochen. Studenten lassen sich leicht über den Studentenausweis segmentieren. Eingefleischte Fans können mit teuren Sammlereditionen angesprochen werden. Voraussetzung sind jedoch stabile Segmentierungsmerkmale. Könnte sich jeder an der Uni kostenlos einschreiben, wäre der Studentenrabatt hinfällig. Auch darf über Preisdifferenzierung keine Marktmacht zur Einschränkung des Wettbewerbs ausgespielt werden. Illegale Preisdiskriminierung wird kartellrechtlich verfolgt.

Eine Sonderform der Preisdifferenzierung ist die *Preisbündelung*. Ein Bündel an Produkten wird für einen festen Preis verkauft, der in der Regel unter der Summe der Einzelpreise liegt. Für den Kunden bedeutet das neben einem günstigeren Preis leichtere Entscheidungen und meist höheren Komfort. Für Anbieter ist die Bündelung immer dann attraktiv, wenn die Grenzkosten, also die Kosten einer zusätzlich produzierten Einheit, gering sind. Dies trifft insbesondere für digitale Produkte zu. Ein Office-Paket ist oft günstiger als auch nur zwei der Einzelanwendungen; bei der Bank bekommen Sie zum Girokonto ein kostenloses Depot mit dazu und im Supermarkt eine Computerspielesammlung mit 100 Spielen. Die Grenzkosten sind in allen Fällen minimal. Der zusätzliche Nutzen beim Kunden ist hingegen hoch. Bündelung ist aber selbst bei spürbaren Grenzkosten relevant: Im Restaurant lohnt es sich, das Menü aus mehreren Gängen vergünstigt abzugeben, da die Kosten für den Tisch, die Bedienung und die Miete wenig von der Menge der Speisen berührt sind.

Preisdifferenzierung basiert genauso wie eine reine Hoch- oder Niedrigpreisstrategie auf *festen* Preisen. Zwar wird bisweilen mit Preisänderungen auf den Wettbewerb reagiert, doch ändert dies nichts am Grundsatz fixer Preise. Sie stehen auf unbestimmte Dauer fest in der Preisliste. *Dynamische* Preisstrategien hingehen bestehen aus einer geplanten Preis-Abfolge. Der Preis ist abhängig von der verstrichenen Zeit („Einführungspreis bis April") oder der verkauften Menge („limitierte Startauflage"). Ist der Preis zunächst hoch und sinkt im Zeitablauf, spricht man von einer *Abschöpfungsstrategie* bzw. englisch „skimming". Ziel ist es, Konsumentenrente von Nachfragern mit hoher Zahlungsbereitschaft abzuschöpfen. Innovative Produkte aus der Unterhaltungselektronik werden gerne zu hohen Einführungspreisen auf den Markt gebracht. Wer den letzten Schrei will, muss mehr zahlen. Die *Penetrationsstrategie* verfolgt einen gegenteiligen Ansatz. Durch niedrige Einführungspreise soll schnell ein großer Marktanteil aufgebaut werden. Dies ist insbesondere in den schon in Kap. 4 angesprochenen Netzmärkten und bei digitalen Produkten wegen ihrer niedrigen Grenzkosten eine erfolgreiche Strategie. So wurden zur Einführung der zweiten DVD-Generation die konkurrierenden Player HD DVD und Blu-ray zu subventionierten Preisen angeboten. Beide wollten sich als Standard etablieren. Unter ähnlichen Überlegungen wird eine neue Zeitung zum Einführungspreis abgegeben, um schnell Bekanntheit zu gewinnen und vom Start an eine attraktive Werbeplattform zu sein. Besonders spannend ist regelmäßig die Preisstrategie auf dem Spielekonsolenmarkt. Denn bei Einführung einer neuen Gerätegeneration bestehen erhebliche Gewinnchancen durch eine Abschöpfungs-Strategie, während gleichzeitig die Marktdurchdringung von zentraler Bedeutung ist.

Eine Sonderrolle unter den Preisstrategien spielen *Auktionen*. Im Exkurs in Kap. 4 wurden Auktionen als Preisfindungsmechanismus bereits unter dem Stichwort „Fluch des Gewinners" diskutiert. Allerdings sind Auktionen keine echte Preisstrategie. Denn die Entscheidungsvariable ist nicht der Preis, sondern es sind die Auktionsbedingungen. Aufgrund des hohen Aufwands und der Unsicherheit über den tatsächlichen Preis, finden sich Auktionen als Preisfindungsmechanismus im Massenmarkt nur selten. Milchauktion um 10:30 Uhr bei Aldi, dann Butterauktion um 11:00 Uhr bei Lidl? Das wird es nie geben!

Die Rahmenbedingungen spielen nicht nur bei Auktionen eine Rolle, sondern bei allen Preisstrategien. Besonders wichtig sind die *Zahlungsbedingungen*. Je nach Situation ist der Kaufpreis sofort an der Kasse fällig (Supermarkt), im Voraus zu leisten (Versandhandel) oder erst eine Weile später zu entrichten (Handwerkerrechnung). Zahlungsbedingungen können allerdings auch als Teil des Preises betrachtet werden. Zahlen Sie z. B. Ihren Urlaub ein Jahr im Voraus zur Hälfte an, so hat der Reiseveranstalter das Geld zwölf Monate zur freien Verfügung. Ihnen fehlt es. Würden Sie in der Zeit von der Bank 100 € Zinsen dafür bekommen, so müssen Sie dies gedanklich auf den Reisepreis aufschlagen. Sie haben dem Reiseveranstalter praktisch einen kostenlosen Kredit gewährt. Frühe

Zahlung schlägt sich daher oft in einem niedrigeren Preis wieder. Generell gilt: Fallen Zahlung und Transaktion auseinander, so haben die Zahlungsbedingungen immer eine *Finanzierungskomponente*. Während Sie bei der Reisebuchung dem Reiseveranstalter einen Kredit gewähren, so ist dies bei Ratenzahlungen genau anders herum. Ein Auto drei Jahre lang mit Raten abzubezahlen ist ökonomisch das Gleiche wie ein Bar-Kauf mit zusätzlichem Kreditvertrag. Die Zinsen, die man für den Kredit zahlen würde, sind beim Ratenkauf im Preis versteckt.

Besonders deutlich wird dies bei „Null-Prozent-Finanzierungen". Sie bekommen das Auto sofort und zahlen es bequem über mehrere Jahre ab – ganz ohne Zinsen. Alternativ könnten Sie dem Händler anbieten, alles direkt bar zu zahlen. Fast immer bekommen Sie so einen Preisnachlass. Die Null-Prozent-Finanzierung ist daher gleichzusetzen mit einem Rabatt. Auch bei zinslosen Autokrediten bekommt man nichts geschenkt, da man auf einen günstigeren Anschaffungspreis bei sofortiger Zahlung verzichtet.

Tatsächlich gehen Zahlungsbedingungen und Preisgestaltung immer Hand in Hand. Besonders ausgeprägt ist dies im B2B-Bereich. Nicht selten wird länger über die Zahlungsbedingungen als über den Preis verhandelt. Die Gestaltung der Zahlungsbedingungen wird, ähnlich wie Rabatte, häufig taktisch eingesetzt. Wird ein Rohstoff knapp, gehen einige Abnehmer dazu über, schneller als vereinbart zu zahlen und werden deswegen bevorzugt beliefert. Eine entscheidende Frage bei all den Überlegungen zu Zahlungsbedingungen und Preisen ist, ob die Konkurrenz reagiert? Wenn nein, kann die einmal gewählte Preisstrategie durchgezogen werden. Andernfalls ist Preissetzung bzw. Marketing im Ganzen ein Spiel aus Aktion und Reaktion der verschiedenen Unternehmen. Daher ist es wichtig, gezielt auf seine Kunden Einfluss nehmen zu können.

6.3   Kommunikation durch Werbung

Tolle Plakate an der Straße, klasse Fernsehspots, eine riesige Internetkampagne – all dies geht vielen BWL-Studenten beim Thema Werbung durch den Kopf. Auch ohne BWL-Studium dürften die Assoziationen ähnlich sein – vielleicht ohne die positiven Adjektive. Werbung ist das Gesicht des Marketings – und Marketing das Gesicht der Wirtschaft. Damit nimmt Werbung eine Sonderrolle ein, insbesondere im Konsumgütergeschäft. In einigen Unternehmen werden 20 Prozent und mehr des Umsatzes für Werbung ausgeben.

Viele Werbeexperten sehen sich dabei nicht als Manager, sondern als Künstler. Das sieht man nicht nur an deren Kleidung, sondern auch an den zahlreichen Werbefestivals. Am Festival of Creativity, welches nur wenige Wochen nach den Filmfestspielen im französischen Cannes stattfindet, nehmen fast 10.000 Fachbesucher eine ganze Woche lang teil. Damit ist es eine der größten kulturellen Veranstaltungen der Welt. Bei einem Buchhalter-Kongress hingegen, ist es schwer, auch nur ein paar Hundert Leute für ein Wochenende zusammen zu bekommen.

In einer typischen Marketingvorlesung ist von dieser schillernden Welt der Werbung allerdings wenig zu sehen. Im Rahmen des Marketing-Mixes wird nicht sofort über Werbung, sondern über *Kommunikationspolitik* gesprochen. Es geht um alles, was ein Unternehmen mitteilen will. Adressaten sind nicht nur die Kunden und die Endverbraucher, sondern unter anderem auch die Geschäftspartner. Ziel ist es immer, die Einstellung der anvisierten Zielgruppe zum Unternehmen und seinen Produkten zu verbessern. Zur Kommunikationspolitik zählen neben der klassischen Media-Werbung daher auch Verkaufsförderung und alternative Werbeformen bis hin zur Öffentlichkeitsarbeit. Eins ist allerdings klar: Am Ende soll sich die Kommunikationspolitik positiv in Umsatz und Gewinn widerspiegeln. Also doch Werbung.

Werbung im engen Sinn sind alle an die Nachfrager gerichteten Kommunikationsmaßnahmen, die den *Markenwert* (englisch „brand equity") erhöhen sollen. Im Englischen wird von „pull marketing" gesprochen. Die Kunden sollen in die Läden zum Produkt gezogen werden. Werbung schafft die nötigen positiven Assoziationen und Wünsche, so dass Nachfrager aktiv das Produkt suchen. Der Handel sieht die Gewinnchance und bestellt beim Hersteller. Idealerweise hat Werbung sowohl einen kurzfristigen Einfluss auf den Absatz, als auch eine nachhaltige Steigerung des Markenwerts zur Folge.

Neben der Werbung spielt auch die *Verkaufsförderung* (englisch „sales promotion") eine zentrale Rolle in der Kommunikationspolitik. Allerdings steht hier nicht der Markenwert, sondern der *Preis* im Fokus. Oben wurden bereits Preis-Promotions in Form von Rabatten besprochen. Im Kopf des Nachfragers entsteht nicht eine positive Assoziation mit dem Produkt – diese sollte im Idealfall schon vorhanden sein. Im Vordergrund steht der Gedanke, ein Schnäppchen zu machen. Die Ware wird vom Hersteller in den Handel gedrückt, die Kunden ergreifen dann die Gelegenheit das günstige Produkt zu kaufen. Im Englischen wird von „push marketing" gesprochen. Die Markentreue ist dabei oft gering. Beim nächsten Kauf darf es ruhig eine andere Marke sein.

In Theorie wie Praxis werden die unterschiedlichen Prinzipien von Werbung und Verkaufsförderung immer wieder durcheinandergeworfen. Insbesondere, weil einige Maßnahmen, die typischerweise der Verkaufsförderung zugerechnet werden, Werbecharakter haben. Wenn ein Kunde beispielsweise einen Coupon aus der Zeitung ausschneidet, um damit beim Händler einen Rabatt auf ein bestimmtes Produkt zu bekommen, so erhöht dies den Markenwert. Denn der Kunde beschäftigt sich aktiv mit der Marke, indem er ein Bild davon ausschneidet um zum Händler trägt.

Besonders deutlich wird dies bei Rabattsystemen, die verbreitet im Handelsmarketing eigesetzt werden. Vordergründig geht es bei Payback und Co. um einen Preisnachlass. Das wichtigste Ziel ist jedoch langfristige Kundenbindung, nicht nur kurzfristig mehr Umsatz. Entscheidender Faktor ist auch hier wieder die aktive Beschäftigung mit dem Rabattsystem, z. B. durch Anmeldeformulare, das Mitführen einer Karte oder die Auswahl von Prämien. So bauen die Kunden eine emotionale Beziehung zu den beteiligten Händlern auf, während diese zudem wertvolle Informationen zum Kaufverhalten gewinnen. Geschickt werden dabei menschliche Verhaltensweisen ausgenutzt: Früher hat die Frau Beeren gesammelt, heute sammelt sie Payback-Punkte.

Bei Werbung spielen Psychologie und Emotionen eine große Rolle – obwohl dahinter ein *strukturierter Prozess* steht: Es geht darum, eine Werbebotschaft über einen Kanal an seine Zielgruppe heranzutragen. Zu allen drei Elementen – Botschaft, Zielgruppe, Kanal – machen sich die Marketing-Manager in einem „*briefing*" detaillierte Gedanken. Bis es steht, gehen gerne einmal Monate ins Land. Die dann folgende Kreativarbeit leisten fast überall spezialisierte *Werbeagenturen*. Offensichtlich bieten größere Unternehmen kein geeignetes Umfeld, dauerhaft innovative

Werbung zu kreieren. In den Marketing-Abteilungen sind eben doch Manager und keine Künstler tätig. Aus dem Briefing entwickeln die Agenturen ein Konzept oder „*storyboard*", welches die abstrakten Vorgaben in ein konkretes Projekt mit allen Details zur Kampagne überführt. Ist das Storyboard abgestimmt, beginnt die Produktion der Werbung, z. B. eines Fernsehspots. Oft wird im Englischen von „*copy*" gesprochen. Auch die Copy durchläuft meist verschiedene Versionen, bis die Werbung nach vielen Monaten die Kunden erreicht. Ein aufwendiger Prozess für eine einfache Botschaft: Kauf mich und mach mich reich!

Allerdings ist das Ziel, mit den Kunden Geld verdienen zu wollen, wenig sexy. Daher fließt bei der Erstellung des Briefings viel Energie in die Ausarbeitung der *Werbebotschaft*. Gute Werbebotschaften sind einfach und verbergen zudem die ökonomischen Absichten des Werbenden. Im Idealfall lösen Sie eine konkrete positive Assoziation aus. „BMW – Freude am Fahren" ist ein gutes Beispiel.

Abstrakt betrachtet, bedeutet Werbung Informationsübertragung von einem Werbenden als Sender zum Konsumenten als Empfänger. Die Information kann faktenorientiert („mit drei Jahren Garantie") oder eher emotional sein („die Krönung des Kaffeegenusses"). Im Idealfall ist das beworbene Produkt so klar gegenüber dem Wettbewerb differenziert, dass die Werbebotschaft eine einzigartige Produkteigenschaft betrifft – z. B. „das schnellste Datennetz Europas". Im Englischen wird von „*unique selling proposition*" (USP) gesprochen. Ist das Produkt dagegen nur eines unter vielen, so versucht Werbung zumindest eine „*unique advertising proposition*" zu vermitteln, also eine Alleinstellung durch die Werbung. Ein Produkt ist dann alleine durch die Marke differenziert, z. B. „Strom ist gelb".

Der *Informationsgehalt* der Werbung stellt einen echten ökonomischen Mehrwert dar, also einen positiven Beitrag zur Wohlfahrt. Denn Werbung reduziert die Informationsasymmetrie zwischen Werbenden mit voller Information und den Kunden mit beschränkter Information. Die Kunden erfahren mehr über das Produkt und können eine bessere Kaufentscheidung treffen. So verwundert es nicht, dass immer wieder sehr erfolgreich mit Geld-zurück-Garantien geworben wird. Diese reduzieren die Unsicherheit der Kunden dramatisch, weil sie das Produkt bei Nichtgefallen zurückgeben können. Das heißt die Kosten eines Fehlkaufs sind in jedem Fall gering. Stimmt die Produktqualität jedoch, so kommt es trotz der Garantie nur zu wenigen Rückgaben.

Neben der transportierten Werbebotschaft ist die Werbung selbst ebenfalls Information. Sie ist ein Signal für Erfolg. Wie ein Pfau mit seinen Federn seine Kraft demonstriert, zeigt der Werbende was er sich mit seinen hervorragenden Produkten leisten kann. Insbesondere, wenn ein Produkt langfristig regelmäßig beworben wird, entsteht bei Konsumenten ein hohes Maß an Vertrauen – egal wie die konkrete Werbebotschaft ist. Daher hat Werbung einen besonders großen Effekt auf bestehende Kunden. Diese werden nach dem Kauf durch die Werbung in ihrer Kaufentscheidung bestätigt.

Die Werbebotschaft muss natürlich immer auf die anvisierte *Zielgruppe* ausgerichtet sein, das zweite Kernelement des Briefings. Dazu bedienen sich die Marketing-Manager neben banalen Dingen wie Alter und Geschlecht auch sozioökonomischer Segmentierungsmodelle. Eine Wahnsinns-Wortschöpfung, die jedoch einfach zu verstehen ist. Die Konsumenten werden anhand von verschiedenen Faktoren in Gruppen mit ähnlichem Kaufverhalten eingeteilt. Neben gut messbaren Dingen wie Einkommen oder Bildungsabschlüssen werden auch weichere Faktoren wie kulturelles Verhalten (Kino oder Theater?) und ökologische Einstellung berücksichtigt. Ein bekanntes Beispiel ist die Sinus-Milieu-Studie. Die soziale Gruppe der LOHAS, abgekürzt aus dem Englischen „lifestyle of health and sustainability", führt beispielsweise ein gesundes und nachhaltiges Leben. LOHAS haben hohe Bildungsabschlüsse und gute Einkommen. Im Konsum ist ihnen Nachhaltigkeit genauso wichtig wie Qualität. Eine Werbebotschaft für LOHAS sieht daher anders aus als beispielsweise für das kleinbürgerliche „traditionelle Milieu". Die Königsdisziplin ist es freilich, universelle Werbebotschaften zu entwickeln, die viele oder gar alle Menschen in gleicher Weise ansprechen.

Werbebotschaften und Zielgruppen sind daher entscheidend für die Wahl des *Werbekanals*, dem dritten Element des Briefings. Relevante Selektionskriterien sind die *Reichweite* (Wie viele Personen werden erreicht?), die *Streuung* (Wie homogen ist die Gruppe der erreichten Personen?) sowie die *Informationstiefe* (Kann der Werbeträger detaillierte Erklärungen transportieren?).

Die größte Bedeutung hat klassische *Media-Werbung*. Dazu zählen Fernsehen, Zeitungen/Zeitschriften, Internet, Plakatwerbung und Radio. Fernsehwerbung erreicht die meisten Menschen auf einmal, hat aber auch eine große Streuung in Bezug auf soziale Gruppen. Entsprechend eignet sich „Massenwerbung" für überall erhältliche Produkte am besten fürs Fernsehen. Tageszeitungen erreichen ebenfalls eine breite Zielgruppe, sind lokal, aber oft eingegrenzt. Ein ähnliches Profil hat Radio. Mit Zeitschriften können teils sehr spezielle Zielgruppen angesprochen werden (z. B. Jäger-Fachmagazin). Zudem können über Texte detaillierte Informationen zum Produkt gegeben werden. Plakate dagegen haben eine extrem breite Streuung (jeder sieht sie), sind lokal exakt eingegrenzt und bieten nur begrenzt Raum für detaillierte Informationen.

Digitale Werbung bietet die größte Flexibilität im Spektrum zwischen lokaler Eingrenzung und Fokussierung auf eine Zielgruppe. Zudem ist die mögliche Informationstiefe maximal – Text, Video, Ton und Bilder stehen zur Verfügung. So kann im Internet einerseits sehr breit, z. B. mit einem Banner für alle Nutzer einer Webseite geworben werden. Auf der anderen Seite kann Werbung für individuelle Nutzer anhand von Suchbegriffen und der IP-Adresse personalisiert werden. Darüber hinaus erlaubt digitale Werbung Interaktion mit dem Nutzer, beispielsweise über eine Online-Abstimmung. Aus dem einseitigen Sender-Empfänger-Modell der klassischen Media-Werbung wird zweiseitige Kommunikation. Daher kann digitale Werbung auch zu den *alternativen Werbeformen* gerechnet werden, die sich in verschiedenen Punkten von der Media-Werbung unterscheiden. Gemeinsam haben die alternativen Formen, dass keine Massenmedien als direkte Werbeträger eingesetzt werden. Auch Telefon- und Haustür-Marketing erlauben, ähnlich der digitalen Werbung, zweiseitige Kommunikation. Allerdings unterliegen diese Werbeformen strengen gesetzlichen Auflagen. Individualisierte Post-Werbung ist einfacher zu bewerkstelligen, bietet jedoch lediglich die individuelle Ansprache ohne Feedback.

Beim „*product placement*" spielen Massenmedien eine entscheidende Rolle, sind aber nicht direkter Werbeträger. Die zu bewerbenden Produkte werden in einem nicht-werblichen Kontext platziert. Klassisches Beispiel ist die positive Darstellung von Autos einer bestimmten Marke in einem Kinofilm. James Bond ist zu diesem Zweck von Aston Martin bis Toyota schon fast jede Marke gefahren. Auf ähnliche Weise bedient sich auch Sponsoring und Lizensierung der indirekten Verbreitung einer Werbebotschaft über Massenmedien. So sehen Millionen von Zuschauern die Trikot-Werbung eines Fußballteams im Fernsehen – und dies in einer emotionsgeladenen Atmosphäre. Zwar muss bei Sponsoring auf die aktive Gestaltung einer Werbebotschaft verzichtet werden, doch gibt es dafür einen positiven Image-Effekt. Dieser geht weit über die reine Werbewirkung durch die Verbreitung des Logos hinaus. Gesponserte Teams oder einzelne Stars übertragen Reputation auf die beworbene Marke – sie „erbt" also positive Assoziationen mit dem Star. Daher beschränken sich Werbende meist nicht auf reines Sponsoring, sondern nutzen die *Reputationsübertragung* auch in klassischer Media-Werbung. Wirbt ein Supermodel für Haarspray, so kann dieses nur hervorragend sein. Allerdings darf die Glaubwürdigkeit nicht zu sehr herausgefordert werden. Das Supermodel beim Burger-Schlemmen könnte ein Werbe-Flopp werden. Neben der Reputationsübertragung ist das Engagement eines Stars selbst ein positives Signal. Anscheinend wird so viel von dem Haarspray verkauft, dass man sich das Supermodel leisten kann. Und tatsächlich, die Kosten des Stars, im Marketingjargon mit dem englischen Fachbegriff „testimonial" bezeichnet, betragen häufig ein Drittel und mehr des gesamten Werbebudgets.

Deutlich günstiger ist die *Öffentlichkeitsarbeit* (englisch „public relations", kurz PR), welche auch zur Kommunikationspolitik gezählt wird. Ihr Ziel ist die Verbesserung des Unternehmensimages, z. B. wenn ein Baustoffhersteller nach einem Erdbeben kostenlose Produkte und Mitarbeiter für den Wiederaufbau bereitstellt. Durch diese Öffentlichkeitsarbeit gewinnt das Unternehmen an Sympathie – nach außen wie nach innen. Die verbesserte Wahrnehmung in der Öffentlichkeit trägt positiv zum Image der Unternehmensmarken bei. Genauso macht sich das Unternehmen attraktiver als Arbeitgeber. Bei einem „guten" Unternehmen arbeitet man gerne. Öffentlichkeitsarbeit ist daher ein zentraler Baustein in der Pflege der oben angesprochenen Corporate Identity.

Die tatsächliche Auswahl der Werbeform wird am Ende von schnöden betriebswirtschaftlichen Überlegungen bestimmt. Gute Kreativarbeit ist zwar eine Erfolgsvoraussetzung, reicht alleine aber nicht aus. Das *Werbebudget* muss genau geplant und der Werbeerfolg gemessen werden. Es umfasst alle Kosten für Konzeption, Produktion, Media und Handling. Die Konzeptionsphase beinhaltet die Kosten für Marketing-Manager und Agenturen bis zur Erstellung des Storyboards. Auch bei der Produktion fallen noch mal Managementkosten sowie die tatsächlichen Produktionskosten an. Zum Beispiel für den Dreh eines Fernsehspots oder die Produktion von Plakaten. Soweit vorhanden, sind die Stars bzw. Testimonials regelmäßig der teuerste Einzelposten in der Produktion. Aber selbst bei teuren Produktionen macht der Kauf von Werbeplätzen in Form von TV-Werbeblöcken, Anzeigen, Plakatwänden etc. den Löwenanteil des Werbebudgets aus. Bei Verkaufsförderung mit Werbecharakter, wie z. B. Coupons oder Sammelmarken, fallen zudem Abwicklungskosten während der Kampagne an.

Bei der Festlegung des Werbebudgets müssen sämtliche Kostenblöcke von vornherein berücksichtigt werden. Die Aufteilung des Budgets auf die Blöcke ergibt sich meist aus Erfahrungswerten. Allerdings sagt dies nichts über die optimale Höhe aus. In der Theorie wird das *optimale Werbebudget* in wenigen Minuten anhand einiger mathematischer Ableitungen bestimmt. Der Grenzertrag der Werbung, d. h. der zusätzliche Gewinn, den die letzte Werbeeinheit generiert, ist im Optimum genau gleich den Grenzkosten, also jenem Preis, der für die letzte Werbeeinheit gezahlt wird. Die Marketing-Theorie bedient sich also der in Kap. 4 diskutierten mikroökonomischen Grundlagen. Im Marktmodell verschiebt sich durch Werbung die Nachfragekurve. Mehr Menschen wollen das beworbene Produkt kaufen, die Zahlungsbereitschaft ist gestiegen. Zum gleichen Preis kann mit Werbung mehr verkauft werden. Alternativ kann auch der Preis erhöht werden, ohne dass die Menge fällt. Die optimale Preis-Mengen-Kombination ist im Modell durch die Berechnung des optimalen Werbebudgets gegeben.

In der Praxis: Alles anders – wie immer. Nur selten wird auch nur versucht, das Werbebudget anhand mathematischer Modelle abzuleiten. Im besten Fall kommt eine Mischung von Erfahrungswerten und Marktanalysen zum Einsatz. Dem Budget liegt dann zumindest eine *Kosten-Nutzen-Abwägung* zugrunde. Häufiger sind allerdings *Daumenregeln,* wie ein festes absolutes Budget, also der gleiche Betrag pro Jahr oder ein festes relatives Budget, nämlich immer den gleichen Anteil vom Umsatz. Ein festes absolutes Werbebudget hat zumindest den Charme, in einer Krise automatisch mehr zu werben, da Werbung dann billiger ist. Für eine fixe Werbequote dagegen spricht fast nichts, außer dass es eine einfache Regel ist. Die Werbung beeinflusst den Umsatz, nicht der Umsatz die Werbung. Daher sollte das Werbebudget auch die Entscheidungsvariable sein und nicht aus dem Umsatz abgeleitet werden.

Ein in der Praxis zentraler Mechanismus bei der Festlegung des Werbebudgets – gerade bei großen Unternehmen – missachtet diesen Grundsatz interessanterweise komplett. Streng genommen gibt es überhaupt keinen Mechanismus. Denn Werbung wird zur *Ergebnissteuerung* eingesetzt. Beide großen Blöcke der Werbung – Verkaufsförderung und Media – kommen dabei zum Einsatz. Promotions werden genutzt, um kurzfristig den Umsatz zu beeinflussen. Liegt er unter den Zielen, wird die Verkaufsförderung intensiviert. Media-Werbung auf der anderen Seite wird genutzt, um den Gewinn zu steuern. Denn eine Reduktion des Werbebudgets führt kurzfristig oft nur zu kleinen Umsatzeinbußen. Insbesondere bei reiner Imagewerbung. Vor allem börsennotierte Markenartikelhersteller mit hohem Werbebudget können diese Flexibilität nutzen, um eine hohe Prognosequalität der Umsatz- und Gewinnentwicklung zu realisieren. Dies erhöht das Anlegervertrauen und führt dadurch tendenziell zu einer höheren Aktienbewertung. Dieser Nutzen kann die Vorteile eines zur Gewinnmaximierung analytisch abgeleiteten Werbebudgets überwiegen.

Daher beschränken sich Marketing-Manager oft auf die Aufteilung des Werbebudgets und betrachten dessen Höhe als eine von ihnen unbeeinflussbare unternehmenspolitische Variable. Die zentrale Frage bleibt trotzdem die gleiche: Welcher Werbeträger liefert welchen Werbeerfolg? Im Fall eines gegebenen Budgets wird die Frage lediglich konkreter: Für welche Werbeträger soll das Media-Budget aufgewendet werden? Fachbegriff: *Mediaselektion*.

Um sich der Antwort zu nähern, werden zunächst *Media-Daten* analysiert. Hierunter werden statistische Angaben zu den einzelnen Medien verstanden. Diese werden nicht individuell erhoben, sondern von großen, meist kommerziellen Dienstleistern in Datenbanken zur Verfügung gestellt. Media-Daten umfassen einerseits Basisangaben, wie Auflage oder Werbepreise. Spannender sind jedoch Strukturinformationen – z. B. welche sozialen Gruppen ein bestimmtes Medium wie oft benutzen. Zwar sind dies nur Schätzungen, deren Qualität ist aufgrund der großen Stichproben aber hoch. Kernvariablen in der Media-Analyse sind die *Reichweite* (Wie viele Personen kommen mit dem Werbeträger in Kontakt?), die *Kontakthäufigkeit* (Wie viele Kontakte gibt es pro Person?) und die Kontaktverteilung bzw. *Streuung* („Wie verteilen sich die Kontakte auf die anvisierte Zielgruppe"). Hinzu kommt noch die *Kontaktqualität*, die allerdings schwieriger zu quantifizieren ist.

Ein qualitativ hochwertiger Kontakt trägt besonders viel zum Werbeerfolg bei. Typischerweise erfolgt er in einer emotional positiven Situation mit viel Aufmerksamkeit und in einer guten „Umgebung". Ein Fernsehspot zum Ende der Halbzeitpause eines wichtigen Fußballspiels, bei dem die eigene Mannschaft gewinnt, ist als Werbeumfeld sehr wünschenswert. Ein Werbeblock zwischen zwei Erotiksendungen spät in der Nacht hingegen weniger. Die Kontaktqualität ist zudem auch immer vom Medium abhängig. Ein Werbeblättchen mag sich für die Sonderangebote eines Supermarkts gut eignen, für Medikamente aber nicht.

Aus Reichweite und Streuung ergibt sich der *Berührungserfolg*. Dieser beschreibt, wie viele Personen der Zielgruppe mit der Werbung erreicht werden. Der Berührungserfolg sagt aber nichts über das eigentliche Ziel aus – den Verkaufserfolg. Es nutzt nichts, wenn die Werbung bei der Zielgruppe lediglich weit verbreitet ist. Sie muss auch beachtet werden, auf Interesse stoßen, einen Wunsch nach dem beworbenen Produkt auslösen und letztlich zum Kauf führen. Diese Wirkungskette wird auf den englischen Begriffen beruhend als *AIDA* bezeichnet („attention, interest, desire, action"). AIDA läuft umso besser, je größer die Kontakthäufigkeit und vor allem je höher die Kontaktqualität ist. Kurzfristig ist vor allem der letzte Teil Action (= Kauf) von Interesse. Unter langfristigen Aspekten ist jedoch auch der vorletzte Schritt Desire von großer Bedeutung. Der dauerhafte Wunsch der Konsumenten nach einer Marke ist entscheidend für ihren Wert (Brand Equity).

Etablierte Werbekampagnen, die regelmäßig in ähnlicher Form gefahren werden, lassen sich vollständig anhand von Media-Daten planen. Die Kundereaktion ist hinreichend bekannt. Neuartige Kampagnen hingegen bergen selbst bei perfekter Media-Analyse Potenzial für so manche Überraschung. Daher wird im Vorfeld häufig die *Marktforschung* bemüht. In Labortest wird die Reaktion potenzieller Kunden auf verschiedene Versionen der Kampagne beobachtet oder abgefragt (Interview, Fragebogen). Die volle AIDA-Kette bis zum letzten und wichtigsten Punkt „Action" kann im Labor aber nur unzureichend geprüft werden. Daher werden regional begrenzte Feld-Tests durchgeführt. Nicht selten erfährt eine Kampagne nach einem Markttest noch wesentliche Änderungen.

Bei der gesamten Media-Analyse darf eine entscheidende Komponente nicht vergessen werden: der Preis! Der beste Werbeplatz nützt nichts, wenn er zu teuer ist. Genauso kann sich ein wenig Erfolg versprechendes Werbemedium trotzdem lohnen, wenn es billig ist. Um die verschiedenen Werbemedien vergleichbar zu machen, wird der Preis für Tausend Kontakte berechnet. Er wird treffend als „TKP" für *Tausend-Kontakt-Preis* bzw. im Englischen als „CPM" für „cost per mille" bezeichnet. Typischerweise wird der TKP auf Kontakte mit der gewünschten Zielgruppe bezogen. Mit dem TKP alleine lassen sich bereits verschiedene Werbemöglichkeiten innerhalb eines Mediums vergleichen. Eine Anzeige für Männerdeo lohnt sich eher in einem Politikmagazin mit 50 % männlichen Lesern für 10 € TKP als in einem Computermagazin mit nur männlichen Lesern für 30 €. Denn im Politikmagazin kosten tausend Kontakte mit Männern nur 20 € im Vergleich zu den 30 € beim Computermagazin.

Selbst wenn ein Vergleich des TKP sinnvolle Schlussfolgerungen zulässt, ist diese Methode begrenzt, da sie nur den *Input* betrachtet. Gerade über Mediengrenzen hinweg reicht dies aber nicht aus. Eine parallele Bewertung der Kontaktqualität und des letztlichen Verkaufserfolgs, d. h. des *Outputs,* ist zwingend erforderlich. Auf Suchbegriffe abgestimmte Internet-Textanzeigen können 100 € und mehr TKP kosten, während eine Internet-Banner-Werbung schon für weniger als 1 € TKP zu haben sein kann. Ist die Banner-Werbung deswegen ein Schnäppchen? Nicht unbedingt, denn die individualisierten Textanzeigen führen zu einem extrem hohen Verkaufserfolg.

Nur wenn Gewinn und Markenwert steigen, ist eine Werbekampagne erfolgreich. Im Bereich großer Medien-Kampagnen ist allerdings auch bei diesen einfachen Kriterien noch Vorsicht geboten. Es besteht nämlich die Gefahr, dass man mehr für eine *Kategorie* als für das eigene Produkt wirbt, vor allem, wenn man keine Unique selling proposition hat. In wenig beworbenen Randsegmenten ist dies immer wieder zu beobachten.

So mag eine Kampagne für Männer-Haar-Colorationen den eigenen Absatz ankurbeln, doch verkaufen die Konkurrenten auch mehr.

Das wohl beste Maß zu Erfassung des Werbeerfolgs ist in solchen Fällen der *Marktanteil*. Er ist als Umsatz der eigenen Produkte im Verhältnis zum Gesamtumsatz des Marktsegments definiert. Ein erhöhter Marktanteil zeigt also, dass man im betrachteten Zeitraum dank der Werbung besser im Vergleich zur Konkurrenz geworden ist. Auch äußere Einflüsse, die alle Marktteilnehmer betreffen, werden durch Betrachtung des Marktanteils ausgeblendet, z. B., wenn eine Schönwetterperiode zum Mehrverkauf von Grillwürstchen führt. Die Zielgröße Marktanteil zeigt noch mal deutlich, wie wettbewerbsgetrieben Marketing und insbesondere die Werbung sind. Machen die Konkurrenten Werbung und Promotionen, sinkt prompt der eigene Marktanteil. Die Produkte stapeln sich im Lager. Als einzige Lösung bleibt es, mit eigenen Aktionen dagegenzuhalten. Werbung provoziert mehr Werbung – es kommt zu einer wahren *Werbeflut*.

Der ökonomische Nutzen der Werbung in Form verringerter Informationsasymmetrien dürfte in der Tat schon mit relativ wenig Werbung weitgehend erreicht werden. Aus dieser Perspektive ist ein Teil der Werbung *Verschwendung*. Allerdings ist die Werbemenge insgesamt nur kaum zu steuern. So lange sich Werbung aus der Perspektive des einzelnen Werbenden lohnt, wird dieser Werbung machen. Daran ändert auch die bereits bestehende erhebliche gesetzliche *Reglementierung* des Werbemarktes nichts. Es handelt sich also um ein typisches Rattenrennen (siehe Exkurs in Kap. 4). Die Vorteile des Wettbewerbs können nur unter Inkaufnahme einer gewissen Verschwendung realisiert werden. Aber: Wer Marktwirtschaft akzeptiert, muss auch dies akzeptieren.

Anders sieht es mit *inhaltlicher Kritik* an Werbung für spezifische Produkte aus. Da Tabakwerbung zu einem erhöhten Tabakkonsum führen soll, ist die Forderung nach einem Werbeverbot leicht nachvollziehbar. Allerdings ist es in diesem konkreten Fall umstritten, ob die reduzierte Werbung wirklich zu weniger Rauchen und nicht nur zu höheren Gewinnen der Tabakanbieter führt. Tabaksteuern, Rauchverbote und Aufklärung scheinen die erfolgreicheren Instrumente zu sein.

Neben der Kritik an spezifischer Werbung ist häufig auch eine Pauschalkritik zu hören: Werbung an sich sei schlecht, da sie den Konsumenten *unnötige Bedürfnisse* einrede. Werbung für Antifaltencremes suggeriere, Falten seien etwas Schlimmes. Daraufhin kaufen einige Konsumenten für gutes Geld Antifaltencreme und sind dann enttäuscht, wenn trotzdem noch Falten da sind. Aus ökonomischer Sicht sind dem zwei Punkte entgegenzusetzen: Zunächst ist die Annahme zu bezweifeln, Werbung suggeriere neue Bedürfnisse. Trotz erheblichen Werbeaufwands scheitert die Mehrheit der Innovationen. Offensichtlich haben also andere Faktoren ein erhebliches Gewicht in der „Bedürfnisbildung" der Konsumenten. Falls Werbung doch ganz neue Bedürfnisse kreiert, ist darüber hinaus anzuzweifeln, ob dies tatsächlich so schlimm ist. Stellen Sie sich vor, Sie kaufen sich von Werbung geleitet ein Stadt-Fahrrad mit Hightech 14-Gang-Nabenschaltung. Dies mag objektiv keinen praktischen Vorteil zum alten 7-Gang-Rad bringen. Und doch freuen Sie sich bei jedem Antritt über ihre tolle neue Schaltung, mit der Sie alle anderen abhängen. In den Worten der VWL: Die Schaltung und damit auch die Werbung generieren echten Zusatznutzen.

6.4   Der Vertriebsweg ist das Ziel

Die attraktivste Werbung, die geringsten Preise und das beste Produkt nutzen nichts, wenn nicht auch der letzte Teil des Marketing-Mix gelingt: Das Produkt muss an den Mann gebracht werden! Dies ist Aufgabe der *Distributionspolitik*. Sie umfasst einerseits die physische Distribution der Produkte, die als *Logistik* bezeichnet wird. Andererseits wird die Gestaltung der Absatzwege darunter verstanden. Es geht darum, Kunden zu erreichen und Transaktionen abzuschließen. Der Fachbegriff ist akquisitorische Distribution. Tatsächlich spielt im Marketing dieses *Distributions-Management* klar die erste Geige, während die Organisation des Warenflusses den Spezialisten des Supply Chain Managements überlassen wird. So verwundert es kaum, wenn BWL-Professoren jüngeren Semesters häufig nur noch von *Vertriebspolitik* sprechen.

Die Vertriebspolitik kann sehr unterschiedliche Züge annehmen, je nachdem, welche Ziele verfolgt werden. Häufig steht der *Distributionsgrad* im Vordergrund. Er beschreibt, welcher Anteil der potenziellen Käufer einfachen Zugang zum Produkt hat. Dem entgegen steht das Ziel, einen möglichst hohen *Einfluss* auf die gesamte Vertriebskette zu haben. Im Idealfall werden sämtliche Entscheidungen selber getroffen. Wie bei allen anderen Unternehmensteilen, ist auch die *Effizienz* eine wichtige Zielgröße im Vertrieb. Sie wird anhand von Kennzahlen wie Kosten pro Neukunde oder Umsatz pro Mitarbeiter gemessen.

Die großen Entscheidungen der Vertriebspolitik drehen sich um die *Vertriebswege* (Wo wird vertrieben?), die *Vertriebsorgane* (Wer macht den Vertrieb?) und die *Vertriebssteuerung* (Wie wird vertrieben?). Es gilt, die Vertriebspolitik in enger Abstimmung mit den anderen Teilen des Marketing-Mix zu gestalten. Auch das weitere *Vertriebsumfeld* aus Kunden und Konkurrenten hat Einfluss auf die grundsätzliche Ausrichtung des Vertriebs.

Insbesondere die *Produkteigenschaften* setzen viele Restriktionen für den Vertrieb. Ein Fachgeschäft für Tütensuppen scheint genauso wenig erfolgversprechend wie ein Haustürvertreter für Juwelen. Alle Produkteigenschaften, wie Lagerfähigkeit oder Komplexität, müssen berücksichtigt werden. Auch die Anzahl und geografische Verteilung der Kunden ist wichtig. Sollen Millionen Konsumenten im ganzen Land erreicht werden, braucht es eine andere Vertriebsstruktur als für einen Investitionsgüterhersteller mit nur zehn potenziellen Kunden weltweit. Auch die Gewohnheiten der Endkunden müssen berücksichtigt werden. Selbst wenn z. B. ein Versandhandel für lange frisch bleibendes Obst und Gemüse problemlos möglich ist, wird dies von den meisten Konsumenten bis heute nicht angenommen. Darüber hinaus sind auch in der Vertriebspolitik immer die *eigenen Fähigkeiten* gegen die der Konkurrenz abzuwägen. Ein Versicherer mit traditionellen Verkaufsbüros mag es attraktiv finden, einen parallelen Online-Vertrieb aufzubauen – gerade wenn nur wenige Mitbewerber diesen Vertriebskanal nutzen. Doch ist der Erfolg fraglich, falls einige der Konkurrenten den Online-Vertrieb bereits als Kernkompetenz etabliert haben.

Die gerade genannten Beispiele betreffen im besonderen Maße das erste große Entscheidungsfeld der Vertriebspolitik: Wo soll vertrieben werden? Grundsätzlich stehen zwei Vertriebswege zur Verfügung: *direkter* Vertrieb und *indirekter* Vertrieb. Beim direkten Vertrieb werden die Produkte und Leistungen direkt vom Hersteller an den Endkunden vermarktet. Man spricht von einem *hierarchischen* Vertrieb, da das Unternehmen über alle Schritte bis zum Abschluss der Transaktion selbst entscheidet. Beim indirekten Vertrieb sind Händler zwischengeschaltet. Der Vertrieb ist also *marktlich* organisiert, denn ein Teil der Entscheidungen wird dezentral von den Händlern getroffen.

Direktvertrieb wird meist dann als Absatzweg gewählt, wenn das Geschäft klein, komprimiert oder kompliziert ist. Eine Pizzeria (klein) wird wohl kaum ihre Pizza backen und dann über einen Pizza-Händler vertreiben, externe Lieferdienste sind das höchste der Gefühle. Genauso vertreibt ein Automobilzulieferer meist sämtliche Produkte direkt, auch wenn es sich um einfache Teile handelt. Bei der überschaubaren Zahl potenzieller Kunden (komprimiert) ist ein direkter Kontakt zu jedem einzelnen kein Problem. Für einen Hersteller von Industriezentrifugen mit tausenden potenziellen Kunden ist dies schon schwieriger. Da die Produkte jedoch sehr individuell und erklärungsbedürftig sind (kompliziert), ist auch hier fast nur direkter Vertrieb zu finden. Ein hoher Distributionsgrad ist im Investitionsgüterbereich daher eine besonders große Herausforderung.

Neben den Investitionsgüterherstellern findet sich Direktvertrieb vor allem bei Kleinunternehmen im Dienstleistungsbereich, wie z. B. bei Friseuren. Diese haben eigene Ladenlokale. Aber auch mittelgroße Hersteller im Konsumgüterbereich wenden das Modell erfolgreich an. Vornehmlich über das *Internet* werden vor allem sehr spezielle Produkte angeboten, die mangels breiter Nachfrage nur schwer im Handel platzierbar sind. Von individualisierbarer Schokolade bis hin zu bunten Singlespeed-Fahrrädern ist alles dabei. Hier kommen die Faktoren „kompliziert" (individuelle Produkte) und „komprimiert" (wenige potenzielle Kunden) zusammen. Das Internet hilft sowohl den Unternehmen bei der Informationsvermittlung als auch den Kunden bei der Suche nach den speziellen Produkten.

Ein *indirekter Vertrieb* über Händler ist angesagt, wenn das Unternehmen groß ist, die Produkte einfach bzw. standardisiert sind und es zahlreiche Kunden gibt. Also genau entgegengesetzt zum direkten Vertrieb. Die allermeisten Konsumgüter, viele Dienstleistungen und auch etliche Investitionsgüter (z. B. Baufachhandel) werden über Händler vertrieben. Händler sind ein- oder mehrstufig organisiert – es wird von *Groß- und Einzelhandel* gesprochen. Großhändler kaufen von Produzenten ein und geben die Waren an andere Händler weiter. Solche Strukturen sind insbesondere vorzufinden, wenn es viele kleine Produzenten gibt (z. B. Landwirtschaft) oder wenn Handel international betrieben wird. Oft gibt es sogar eine Kette mehrerer Händler. Am Ende steht dann ein Einzelhändler, der die Ware an die Verbraucher vertreibt. Einzelhändler müssen dabei nicht Kleinbetriebe sein. Auch große Handelsketten, die direkt bei den Herstellern kaufen, gehören dazu.

Ökonomisch betrachtet, steht hinter dem Handel ein einziges zentrales Argument, welches aus vielen Perspektiven betrachtet werden kann: *Transaktionskostenreduzierung*. Die Hersteller ersparen sich durch den Handel eine aufwendige Vertriebsinfrastruktur (Ladenlokale, Logistik etc.). Die Kunden profitieren ebenfalls, da ihre Wegekosten geringer sind. Anstatt zu vielen kleinen Geschäften zu laufen, genügt ein Großeinkauf im Supermarkt. Da jeder seine Produkte anders zusammenstellen will, ist dies ein schlagendes Argument. Ein einzelner Hersteller könnte niemals mit dem breiten Portfolio eines Händlers konkurrieren. Händler sind in *Massenmärkten* nötig, um den maximalen Distributionsgrad zu realisieren. Es gibt keinen günstigeren Weg, so viele potenzielle Kunden zu erreichen. Auch die effiziente Logistik des Handels trägt dazu bei. Die Hersteller können wenige volle Lastwagen an die Zentralläger der Händler schicken, anstatt zahlreiche Kleinlieferungen an die Verkaufsstellen direkt zu machen. Der Handel macht die Hersteller unabhängiger vom Engpassfaktor Vertrieb. Insbesondere können sich Hersteller dadurch auf bestimmte Produktgruppen spezialisieren, welche direkt nur kaum vertrieben werden könnten.

Bei all den Vorteilen des Handels für die Hersteller, ist auch eine Reihe von Nachteilen zu bedenken. Tatsächlich hat der Handel in fast allen Dimensionen entgegengesetzte Ziele zu denen der Hersteller. Insbesondere muss der durch die *Effizienzvorteile* größere Gewinn-Kuchen zwischen Hersteller und Handel geteilt werden. Dies ist ein großes Thema, da der Handel im Konsumgüterbereich sehr konzentriert ist und dadurch eine erhebliche *Marktmacht* hat. Tausenden Herstellern stehen oft weniger als zehn zum Teil internationale Einkäufer gegenüber. Selbst kleinere, unabhängige Händler schließen sich für den Einkauf in großen Genossenschaften zusammen. Nur sehr wenige Hersteller-Marken wie z. B. Pampers von Procter&Gamble sind so stark, dass Vollsortiments-Händler nicht darum herumkommen, diese zu listen. Hier haben die Hersteller die bessere Position. Ansonsten ist die Stellung des Handels stärker – Handelsmacht schlägt Brand Equity.

Der Druck auf die Einkaufspreise wird vielfach noch durch die bereits genannten *Handelsmarken* bzw. im Englischen „private label" erhöht. Vor allem Basisprodukte werden vom Handel unter eigener Marke zu günstigem Preis vertrieben, z. B. vom Drogeriemarkt dm unter der Marke Balea. In diesen Fällen positioniert sich der Händler selber als Markenhersteller. Großen europäischen Discountern, wie Aldi oder Lidl, ist dies hervorragend gelungen. Die Stellung unabhängiger Markenhersteller wird dadurch weiter geschwächt. Oft übernehmen diese sogar die Produktion der Eigenmarken für den Handel, um die Fabriken auszulasten.

Die Interessen von Herstellern und Handel laufen neben den Einkaufspreisen auch bezüglich weicherer Faktoren auseinander. Händler hätten gerne eine exklusive Position beim Hersteller, um sich gegenüber der Händler-Konkurrenz abzuheben. Im Idealfall wäre dies der *Exklusivvertrieb* einer bekannten Marke – zumindest aber werden exklusive Promotions und Händler-spezifische Produktvarianten angestrebt. Die Hersteller wollen natürlich das Gegenteil: einen einheitlichen Markenauftritt, geringe Komplexität im Produktportfolio und eine Listung bei allen Händlern. Dieser Konflikt zieht sich durch die gesamte Hersteller-Händler-Beziehung. Beide wollen möglichst viel Entscheidungsfreiraum.

Mit der wachsenden Verhandlungsmacht der Händler und den Möglichkeiten der Telekommunikation hat sich über die Zeit ein „*Multichannel*"-Ansatz als Standard etabliert. Fast alle Produkte können indirekt bei einer Vielzahl von Händlern erworben werden. Zudem sind sie teils sogar direkt beim Hersteller zu beziehen. Dabei werden vollkommen verschiedene Vertriebskanäle vom Supermarkt über den Fabrikverkauf bis hin zum Versandhandel genutzt. Aber auch der Exklusivvertrieb über einen einzigen Vertriebskanal ist teilweise vorzufinden. Gerade starke Marken können so komplett nach den Wünschen des Herstellers vertrieben werden. Apples iPhone wurde bis 2010 beispielsweise in vielen Ländern sehr erfolgreich von einem einzigen Mobilfunkanbieter vertrieben.

Ist die Frage nach dem Absatzweg (Wo?) geklärt, gilt es als Teil der Vertriebspolitik über die *Vertriebsorgane* (wer?) zu entscheiden. Die Wahl geht von internen Organen in Form von Vertriebsmitarbeitern über gebundene Vertriebsorgane wie z. B. Vertragshändler sowie unabhängige Vertriebsorgane, wie z. B. Makler, bis hin zu unabhängigen Händlern.

Alle Unternehmen haben zumindest einige Vertriebsmitarbeiter, egal ob ein direkter oder indirekter Vertriebsweg gewählt wurde. Der eigene Vertrieb wird typischerweise in Außendienst (englisch „field sales force") und Innendienst (englisch „office sales force") unterteilt. Außendienstmitarbeiter sind, wie der Name suggeriert, außerhalb des Unternehmensstandorts tätig. Sie besuchen Kunden, nehmen dort Aufträge auf und stellen neuen Produkte vor. Oft übernehmen sie auch Service-Funktionen, wie die Wartung einer Maschine oder die Pflege eines Produktregals. *Außendienst* ist also das, was landläufig unter Vertrieb verstanden wird. Der *Innendienst* hat zwei Funktionen. Einerseits unterstützt er den Außendienst bei administrativen Tätigkeiten, beispielsweise bei der Bearbeitung von Aufträgen oder der Erstellung von Präsentationsmaterial. Andererseits übernimmt der Innendienst auch echte Verkaufs- uns Servicetätigkeit. Die Kunden können jederzeit bei einem zentralen Ansprechpartner Aufträge erteilen und auch alle anderen Angelegenheiten besprechen.

Während der Außendienst aus praktischen Gründen immer regional begrenzt ist (man kann nicht überall gleichzeitig sein), ist der Innendienst häufig überregional nach Produkten, Marken oder Kunden strukturiert. Vor allem die Ausrichtung nach Kunden ist wichtig. Im Investitionsgüterbereich und gegenüber dem Handel ist sie sogar der Standard. Konkret ist der Innendienst nach „key accounts" gegliedert. Ein *Key-Account*-Manager, kurz *KAM*, ist für ein oder mehrere Schlüsselkunden mit all ihren Standorten zuständig. Die Vertriebsstruktur folgt damit den zentralisierten Einkaufsstrukturen der meisten Industriekunden und Händler. In einer Key-Account-Struktur verliert der Außendienst an Bedeutung, da das Geschäft nun per Computer und Telefon gemacht wird. Trotzdem darf dessen Wertbeitrag nicht unterschätzt werden. Der freundliche Mitarbeiter vor Ort kann in vielen Situationen den Unterschied machen. Dies ist besonders bei erklärungsbedürftigen Investitionsgütern der Fall – vor allem, wenn ein Servicemitarbeiter schnell vor Ort ist und teure Ausfallzeiten verhindern kann. Aber auch im Handel ist der Außendienst nützlich. Er kann beispielsweise beeinflussen, ob einzelne Supermärkte mehr als die zentral vorgeschriebene Mindestmenge bestellen oder wie gut die Produkte in den Regalen positioniert werden.

Allerdings findet der Außendienst seinen Meister im CATMAN. Dies steht für *„category managment"*. Im Konsumgüterbereich schwingen sich die stärksten Hersteller einer Warengruppe, wie z. B. Wasch- und Reinigungsmittel, oft zum „category captain" auf. Innendienstmitarbeiter des Herstellers entwerfen dann Vorschläge für den Auftritt der *gesamten* Kategorie – inklusive aller Konkurrenzprodukte. Dies umfasst insbesondere die Regalfläche pro Marke und die Produktplatzierung. Der Händler erhält so kostenlos eine professionelle Produktkonfiguration, die den eigenen Umsatz und Gewinn maximiert. Gleichzeitig maximiert der Category-Captain natürlich seine Präsenz im Regal – ein enormer Vorteil gegenüber der Konkurrenz. Das eigene Waschmittel wird auf Augenhöhe platziert, während man sich für die Konkurrenz recken oder bücken muss.

Der eigene Vertrieb wird bisweilen von *unabhängigen Vertriebsorganen* unterstützt. Diese sind rechtlich selbstständig, erfüllen dabei aber ähnliche Aufgaben wie der Außendienst und sind oft an enge Vorgaben gebunden. Handelsvertreter sind eigentlich normale Außendienstler, arbeiten aber für mehrere Unternehmen gleichzeitig. Vor allem wenn in einem Gebiet nicht genug Kunden für einen vollen Mitarbeiter sind, macht dies Sinn. Kommissionäre treten dagegen im eigenen Namen auf, arbeiten aber auch auf Rechnung des Herstellers. Werden Kommissionäre nur fallweise beauftragt, spricht man von Maklern. Die Bedeutung dieser Vertriebsform ist bis auf Spezialgebiete, wie Immobilien und Versicherungen, jedoch recht gering.

Neben den unabhängigen Vertriebsorganen, die jederzeit die Zusammenarbeit beenden können, gibt es auch *gebundene Vertriebsorgane*. Diese müssen sich mehr oder weniger stark an konkrete Vorgaben des Herstellers halten und sind ein zentrales Element in der Vertriebslandschaft. Die engste Bindung haben *Verkaufsfilialen*. Diese sind zwar eigenständige Einheiten (oft auch rechtlich), stehen aber unter kompletter wirtschaftlicher Kontrolle des Herstellers. *Vertragshändler* auf der anderen Seite binden sich lediglich für einen längeren Zeitraum exklusiv an einen Hersteller und benutzen dessen Logo. Wirtschaftlich sind sie dagegen unabhängig und haben vergleichsweise große Entscheidungsspielräume.

Zwischen eigenen Filialen und Vertragshändlern stehen *Franchise-Systeme*. Hier stellt ein Hersteller ein weitreichendes Verkaufskonzept inklusive Ladendesign, Mitarbeiterschulung und Unterstützung in administrativen Tätigkeiten bereit. Als Gegenleistung ist meist eine Grundgebühr plus Gewinn- oder Umsatzbeteiligung fällig. Hersteller versuchen durch Franchising, die Entscheidungshoheit bei eigenen Filialen mit dem Unternehmergeist der Vertragshändler zu verbinden. In der Praxis ist die Gratwanderung zwischen Einflussnahme und Gewinnabschöpfung einerseits, sowie unternehmerischem Erfolg andererseits, nicht immer einfach. So fahren viele große Hersteller, wie z. B. McDonalds, zweigleisig mit einem System aus eigenen Filialen und Franchisenehmern.

Eigene Filialen zählen im ökonomischen Sinne noch zum direkten (hierarchischen) Vertrieb – selbst wenn es oft ganz normale Geschäfte sind – da sie komplett weisungsgebunden sind. Franchisenehmern und Vertragshändlern hingegen sind nicht eindeutig einem Vertriebsweg zuordenbar. Einerseits haben Sie insbesondere in der zentralen Frage der Preissetzung einige Freiheit. Dies ist ein Merkmal des Handels. Andererseits setzen sie wie im Direktvertrieb viele Vorgaben der Hersteller um.

Beim *unabhängigen Handel* gibt es dagegen kaum Einschränkungen der Entscheidungsfreiheit. Er ist rechtlich wie wirtschaftlich selbstständig und setzt seine eigenen Marketinginstrumente ein. Alles was nicht gegen Wettbewerbsrecht oder ähnliche allgemeine Regeln verstößt, ist erlaubt. Zwar können mit den Herstellern vertragliche Vereinbarungen getroffen werden, doch beziehen sich diese meist auf operative Dinge. Zum Beispiel: „Pro Filiale müssen zwei Displays mit der neuen Soße bis maximal drei Meter vom Nudelregal weg platziert werden". Preisvorgaben und Preisabsprachen sind hingegen fast überall gesetzlich verboten.

Das wichtigste Element des unabhängigen Handels ist das umfangreiche Sortiment. Es werden Produkte konkurrierender Hersteller im gleichen Geschäft verkauft. *Handelsmarketing* findet daher immer im Kontext des Sortiments statt. Ob Produktauswahl, Preissetzung oder Werbung, alles kann nur im Zusammenhang sinnvoll gesteuert werden. Auch die Einteilung der Händler in verschiedene Gruppen wird regelmäßig anhand des Sortiments getroffen. Discounter führen daher in vielen Produktgruppen jeweils nur wenige Artikel des unteren/ mittleren Preissegments mit dem Fokus auf Handelsmarken (breites, flaches Sortiment). Fachgeschäft hingegen führen in wenigen Produktgruppen viele Produkte aller Preissegmente mit Fokus auf Marken (enges, tiefes Sortiment).

Sind die Vertriebsstrukturen mit der Wahl von Vertriebsweg (Wo?) und Vertriebsorganen (Wer?) bestimmt, eröffnet sich das weite Feld der *Vertriebssteuerung* (Wie?). Es geht um die konkrete Ausgestaltung der Vertriebstätigkeit, zu der hier nur einige Beispiele genannt seien. Der Vertrieb ist Brückenkopf zwischen Hersteller und Markt und damit von zentraler Bedeutung. Läuft hier etwas schief, gibt es kaum eine Chance, zu korrigieren. Daher kommt den *Anreizsystemen* im Vertrieb eine besondere Bedeutung zu. Glücklicherweise lässt sich die Vertriebstätigkeit sehr gut an Umsatz und Deckungsbeiträgen quantitativ messen, so dass glasklare Anreizsysteme möglich sind.

Typischerweise erhalten Vertriebsmitarbeiter einen im Vergleich zum Rest der Belegschaft überdurchschnittlichen hohen Anteil variabler Vergütung in Form einer *Provision*. Diese ist an den Umsatz geknüpft. Mehr Umsatz resultiert also in mehr Gehalt. Doch Achtung: Es müssen auch Deckungsbeitrags-Ziele vom Management gesetzt werden. Jeder Umsatz soll dazu beitragen, die allgemeinen Kosten des Unternehmens zu decken und einen Gewinn zu erwirtschaften. Bisweilen werden Listenpreise und Rabatte daher fest vorgegeben, dann geht es tatsächlich nur noch um die verkaufte Stückzahl. Über die Provisionen hinaus haben sich im Vertrieb auch „weiche" Faktoren im Arbeitsumfeld als erfolgssteigernd erwiesen, z. B. die Ehrung als Mitarbeiter des Monats. Offensichtlich zieht der Job besonders wettbewerbsorientierte Mitarbeiter an.

Ein anderes zentrales Element der Vertriebssteuerung ist die Wahl der *Kommunikationsformen*, die im Zusammenhang mit der Wahl der Vertriebsorgane gesehen werden muss. Gerade im B2B-Bereich ist der Vertrieb oft die zentrale Schnittstelle zum Absatzmarkt. Es gilt zu entscheiden, ob teure, persönlich direkte Kommunikation über den Außendienst oder günstigere, persönlich digitale Kommunikation, z. B. per Telefon, erfolgen soll. Auch unpersönliche Kommunikation, wie beim technischen Onlineservice, wird oft gewählt. Hier weiß der Kunde allerdings nicht, mit wem er es zu tun hat. Eine wichtige Frage ist auch die *Kommunikationsintensität*. Wie häufig soll ein Vertriebler mit seinen (potenziellen) Kunden kommunizieren? Vor allem bei Investitionsgütern und im Handel macht der Kontakt zum Kunden den Unterschied und will wohl dosiert sein. Man kann ganze Bücherregale mit Literatur zum optimalen Verkaufsgespräch füllen. Gerne erspare ich Ihnen jedoch das Lesen und fasse in einem Satz zusammen: Im Verkaufsgespräch muss ein gemeinsamer Interessenraum geschaffen und dort eine für beide möglichst gute Position gewählt werden. Oder konkreter: Man muss verstehen, was der Kunde will, und auf dieser Basis einen gemeinsamen Nenner finden. So gelangt man zu einer langfristigen Kundenbeziehung.

Allerdings muss eine langfristige Beziehung nicht immer das Ziel sein. Im Fall von Laufkundschaft ist der *Vertriebsfokus* oft transaktional. Es geht um den Verkauf – *egal wie*. Ein Restaurant neben einer Touristenattraktion braucht die Kunden nur einmal ins Lokal locken. Ein Warenhaus dagegen muss regelmäßig an die gleichen Kunden verkaufen – im Fokus stehen die Kundenwünsche. Der Verkauf erfolgt *mit System*. Gibt es nur eine Handvoll Kunden und komplizierte Produkte, so reicht ein systematischer Vertrieb allerdings nicht aus. Ein Automobilzulieferer muss in einer engen Kundenbeziehung zu den Automobilherstellern stehen. Der Vertriebsfokus liegt darauf, *zusammen* eine fruchtbare Geschäftsbeziehung aufrecht zu erhalten. Dies reflektiert die bereits angesprochene Idee des Customer-Relationship-Managements.

Man sieht, das Feld Vertriebsstruktur und -steuerung ist weit. Dabei wurde die klassische *physische Distribution* sogar komplett ausgeblendet. Historisch spielte diese allerdings die wichtigere Rolle. Abnehmer für die Produkte zu finden war nicht der Engpass, wohingegen die sichere, pünktliche und kostengünstige Verteilung ein merkliches Problem darstellen konnte.

Heute findet sich die Distribution nur selten in Marketing- oder Vertriebsverantwortung und auch im Studium ist das Gebiet meist als Vertriebs-Logistik in der *Supply-Chain-Management*-Vorlesung angesiedelt. Die Distribution steht als einer von vier Bereichen neben der Beschaffungs-, der Produktions- und der Entsorgungslogistik. Es ist ein typisches Expertenthema, in dem man sich im Studium auch mathematisch austoben durfte. Ausgeklügelte Planung ist gefragt, wo z. B. ein Lager gebaut werden sollte und welche LKW-Routen zu fahren sind. Denn es gibt viele Milliarden Lösungsmöglichkeiten. Auch die Frage nach der richtigen Balance zwischen geringer Lagerhaltung und hoher Lieferfähigkeit ist eine komplexe Angelegenheit.

Alle Bereiche der Logistik haben drei einander bedingende Aspekte gemeinsam: *lagern*, *umschlagen* und *transportieren*. Lagerhaltung ist nötig, da sich der Zeitpunkt von Produktion und Nutzung bei Gütern praktisch immer unterscheidet. Immer wenn sich der Lagerbestand ändert oder direkt vom Band geliefert wird, werden Produkte umgeschlagen. Der Transport ist nötig zur Überwindung der räumlichen Distanz zwischen Ort der Produktion oder Lagerung und Ort der Nutzung.

Die Durchführung der Vertriebs-Logistik wird in der Unternehmenspraxis häufig von *Drittanbietern* erledigt, da das Thema nicht als Kernfaktor der Wertschöpfungskette betrachtet wird. Allerdings gibt es auch Ausnahmen, in denen die Logistik *Kernkompetenz* ist und als Basis für einen Wettbewerbsvorteil dient. Der Möbelhersteller Ikea beispielsweise hat trotz eines im Branchenvergleich breiten Angebots fast immer alles zum Mitnehmen auf Lager. Während bei einem Luxusanbieter zwei Monate Lieferzeit für die neue Küche fast zum guten Ton gehört, sind bei Ikea zwei Wochen schon die Ausnahme. Kein Wunder, da Logistik bei Ikea ein Kernthema des Marketings ist.

7

Geld – Das Blut der Welt

In der Wirtschaft geht es nur ums Geld! So zumindest die verständliche Meinung vieler, wenn nicht gar der meisten Menschen. Allerdings wissen Sie, dass es bei Wirtschaft noch um einiges mehr geht. Tatsächlich wurde das Thema Geld bis hierher höchstens einmal gestreift. Auch im BWL-Studium wird selten darüber gesprochen. Und trotzdem, am Ende läuft es immer auf das Geld hinaus. Geld ist im Alltag der *Hauptberührungspunkt mit Wirtschaft*. Welche Bedeutung das Thema hat, zeigt alleine schon, dass es – außer für Sex – für wohl keinen anderen Begriff mehr Synonyme gibt:

> *Mäuse, Kröten, Mücken, wo seid ihr nur hin*
> *Knete, Tacken, Piepen, ich bin mitten drin*
> *Zaster, Schotter, Asche, so wie's mir gefällt*
> *Bares, Eier, Kohle, das ist meine Welt*
> *Geld, Geld, Geld!*

Warum uns Geld so wichtig ist, kann jeder leicht beantworten. Ohne Geld hätten wir eine ganze Menge Probleme! Man könnte nicht einkaufen gehen, man könnte nicht für seine Arbeit bezahlt werden, man könnte keinen Kredit für ein Haus aufnehmen, ja man könnte nicht mal mit

© Springer Fachmedien Wiesbaden GmbH, ein Teil von Springer Nature 2020
F. Dittrich, *Was ich im BWL-Studium hätte lernen sollen*,
https://doi.org/10.1007/978-3-658-28485-5_7

einem Bündel Scheine jemand anderes beeindrucken. Geld ist für die Wirtschaft, was das Blut für unseren Köper ist: Transportmittel, Informationssystem, Lebenselixier! Der Vergleich zeigt auch noch eine andere Dimension. So einfach die Bedeutung von Geld zu verstehen ist, so schwierig wird es im Detail. Geldtheorie gehört zu den komplexesten Themen im BWL-Studium und hat schon so manche studentische Hirnwindung verdreht. Nicht dass die mathematischen Modelle schwieriger sind als andere – es ist vielmehr das Ineinandergreifen vieler verschiedener Konzepte. Daher nähern wir uns dem Thema nochmal in kleinen Schritten.

7.1   Wozu Geld?

Die ursprüngliche Funktion des Geldes war es, damit *anzugeben*. Logisch! Zwar wird dies den meisten BWL-Studenten vorenthalten, doch sie verinnerlichen es trotzdem. Ein Blick über den Tellerrand der BWL hin zu Historikern und Soziologen zeigt klare Hinweise auf diese ursprüngliche Geldfunktion. Zwar reden wir noch nicht über Münzen und Scheine, doch zumindest über deren Vorläufer. So gab es Nomadenhorden, die mehr Tiere hatten als Sie brauchten oder Stämme, die kunstvoll gemeißelte Steine, Schmuck, oder andere für das Überleben unnütze Dinge horteten. Es ging einzig um die Botschaft: Man kann es sich leisten.

Die Vorläufer unseres heutigen Geldes dienten also dazu, eine Hackordnung zwischen den Menschen herzustellen. Der Austausch von Geld fand dann auch nur in diesem Kontext statt, z. B. als Tribut bei kriegerischen Auseinandersetzungen oder als religiöses Opfer. Gekauft wurde nichts. Es ging den Reichen also nicht darum, zu signalisieren, gute Versorger zu sein. Nein, es ging darum, besser als die Anderen zu sein und darüber einen Führungsanspruch in der sozialen Gruppe zu etablieren. Auch in der Tierwelt lässt sich dieses Phänomen beobachten. Das bekannteste Beispiel ist wohl der Pfau. Alle männlichen Pfauen stecken einen beträchtlichen Teil ihrer Energie in den Unterhalt eines wunderschönen Federkranzes (= Geld). Der Pfau mit den besten Federn bekommt die meisten Weibchen. Auch hier zählt die *Relation*: Man muss besser als der Andere sein. Der absolute Level ist irrelevant. Während es die Pfauen bis heute beim Angeben belassen, hat Geld für uns Menschen im Laufe der Zeit noch bedeutende zusätzliche Funktionen gewonnen. Und zwar so bedeutende, dass der Ursprung als *„Protzgeld"* in den Wirtschaftswissenschaften weitgehend unbeachtet bleibt. Geld wird heutzutage als Multifunktionswerkzeug betrachtet, welches gleich drei nützliche Dinge beherrscht: Tauschen, Verwahren und Vergleichen.

Die *Tauschfunktion* ist dabei nächstliegend. Als Arbeitnehmer beispielsweise tauschen Sie Ihre Arbeitsleistung gegen Geld, welches Sie wiederum in Geschäften gegen verschiedenste Waren eintauschen können. Ein Naturaltausch, Ware gegen Ware, ganz ohne Geld, ist heutzutage fast undenkbar. In einer sehr einfachen Wirtschaftsstruktur könnte ein Fischer seine Fische noch gegen eine Decke beim Weber oder einen Krug Wein beim Winzer tauschen. Aber versuchen Sie so etwas einmal als Ingenieur für industrielle Ölfilter! Geld als gemeinsamer Nenner zum Austausch von Gütern und Dienstleistungen ist in einer arbeitsteiligen Wirtschaft unverzichtbar.

Neben dem Tausch dient Geld zudem der *Aufbewahrung* von Werten. Sie können z. B. jeden Monat etwas zurücklegen und sich davon später einen tollen Urlaub, ein Auto oder gar ein Haus leisten. Ohne Geld wäre es dagegen unmöglich, größere Dinge anzuschaffen. „Geld stinkt nicht", hieß es schon bei den Römern (pecunia non olet). Ursprünglich ist damit gemeint, dass auch schmutzige Geschäfte als Geldquelle akzeptabel sind – konkret ging es um Steuern auf öffentliche Urinale. Doch lässt sich diese Volksweisheit auch anders verwenden: Geld ist nicht vergänglich, es ist immer frisch. Beim Fischer von oben hingegen würde es schnell unangenehm, würde er in Fischen auf seinen Urlaub sparen. Anders ausgedrückt: Geld speichert Arbeitsleistung. Man könnte z. B. nicht 40, sondern 80 Stunden die Woche arbeiten. Dann würde man doppelt so schnell sein Geld verdienen und könnte alle 6 Monate ein halbes Jahr Pause machen und von seiner zuvor geleisteten Extra-Arbeit zehren. Ganz konkret wird das Thema, wenn Sie privat für Ihr Alter vorsorgen und einen Teil Ihres Gehalts regelmäßig zur Seite legen. Zwar haben Sie heute weniger zur freien Verfügung, doch gibt es zukünftig dafür eine Zusatzrente. Dank Geld können Sie die Früchte Ihrer Arbeit speichern und später genießen – eine sehr wichtige Funktion.

Darüber hinaus ermöglicht uns Geld den *Vergleich* grundverschiedener Güter und Dienstleistungen. In Euro und Cent können Sie den Wert von Pizza, Rückenmassagen und Dämmstoffplatten vergleichen. Lieber vier Pizzen, oder eine Massage? Oder doch fünf Dämmstoffplatten? Sie entscheiden! Im Rahmen der Gesamtwirtschaft schafft Geld eine Transparenz von unschätzbarem Wert. Der in Kap. 4 analysierte Preismechanismus zeigt lediglich die relative Knappheit von Gütern an. Erst Dank des Geldes sind alle Preise miteinander vergleichbar.

In Kombination der Tausch- und Aufbewahrungsfunktion ergibt sich eine ganz zentrale weitere Funktion des Geldes: Es dient als *Kreditmittel*. Während Sie im Vorsorge-Beispiel zuvor einfach nur Geld beiseitegelegt haben, könnten Sie es auch einer Bank geben. Diese verpflichtet sich, Ihnen das Geld später zurückzugeben. Zwischenzeitlich legt die Bank Ihr Geld in einen Topf mit dem Geld weiterer Sparer und leiht es anderen als Kredit. Sparen und Kredit kann also als Tausch „Geld heute" gegen „Geld morgen" interpretiert werden. Als *Privatperson* können Sie sich beispielsweise einen Kredit für ein Haus nehmen. Alleine würden Sie Jahre daran bauen, dank Kredit können Sie es sofort in Besitz nehmen. Der Kredit wird mit den Sparbeiträgen vieler einzelner Menschen, gebündelt durch eine Bank, finanziert. Dafür verpflichten Sie sich der Bank gegenüber, den Kredit zurückzuzahlen. Das heißt über die Laufzeit des Kredits arbeiten Sie zum Teil für die Bank – die Früchte Ihrer zukünftigen Arbeit genießen Sie allerdings schon heute. Kredit ist natürlich nicht nur für Privatpersonen ein wichtiges Thema. Ein *Unternehmen* hat z. B. hohe Investitionen für den Bau einer Fabrik, die es per Kredit finanziert. Über die Zeit kann das investierte Geld über den Verkauf von Produkten wieder zurückgezahlt werden. Die Beispiele zeigen, wie zentral Kredite und Banken in unserer Wirtschaft sind. Kaum ein Unternehmen erwirtschaftet immer die passende Geldmenge, sondern es müssen ständig Gelder angelegt oder geliehen werden.

7.2   Woher kommt das Geld?

Interessanterweise erfüllt Geld all seine Funktionen unabhängig von der *physischen Form*. So gibt es zahlreiche verschiedene Währungen auf der Welt. In vielen Fällen existiert Geld sogar nur virtuell in Form von

Nullen und Einsen in einem Computer. Beispielsweise wurde schon zwei Jahre bevor es den Euro als Münzen und Scheine gab, damit gehandelt und verglichen. Geld an sich ist heutzutage wertlos – man kann es weder essen, anziehen, noch sich damit fortpflanzen. Es definiert sich über eine Idee, nicht über die konkrete Form. Dies hört sich zwar toll an, macht das Verständnis aber nicht leichter. Zunächst einmal sollte man sich daher vor Augen führen, woher Geld überhaupt kommt.

Am einfachsten ist es, sich erst einmal alles Geld, Konten und Banken wegzudenken. In dieser Welt wären Sie, wie oben beschrieben, auf den *Naturaltausch* angewiesen. Sie müssten Ihre Sonntagsbrötchen womöglich gegen ein selbstgestricktes Paar Socken eintauschen. Offensichtlich ist dies auf Dauer für alle Beteiligten eher unbefriedigend. Sie setzen sich daher an Ihren Computer und entwerfen einen schönen Geldschein, den Sie nächsten Sonntag farbig ausgedruckt mit zum Bäcker nehmen. Beim Bäcker müssen Sie dann aber leider feststellen, dass dieser doch lieber Socken nimmt als Ihr Geld. Was soll er auch damit? Niemand garantiert ihm, dass er woanders etwas dafür bekommt oder dass Sie nicht einfach immer neue Geldscheine ausdrucken.

Es wird schnell klar, Geld muss von einer *übergeordneten Instanz* kommen. Historisch waren dies typischerweise staatlich konzessionierte Privatbanken, welche Münzen und später auch Scheine für einen begrenzten regionalen Bereich herausgaben. In einer modernen Marktwirtschaft hingegen, wird diese Rolle von einer staatlich garantierten *Zentralbank*, häufig auch Notenbank genannt (von Note = Geldschein) übernommen. Diese hat die Geldhoheit für ein ganzes Land oder sogar einen internationalen Währungsraum wie die Eurozone inne. Anstatt jeden sein eigenes Geld herstellen zu lassen, druckt also die Zentralbank fälschungssichere Geldscheine, die sich jeder gegen entsprechende Sicherheiten von ihr leihen und damit bezahlen kann. Nun könnten Sie sich fragen, warum die Leute der Zentralbank mehr als Ihnen selber trauen sollten? Historisch haben die Zentralbanken *Vertrauen* geschaffen, in dem Sie Währungen an Sachwerte – insbesondere Gold – gebunden haben. Die Bäckerin hat also die Sicherheit, falls sie beim Metzger für Ihren Geldschein (den Sie zuvor von der Zentralbank geliehen hat) kein Würstchen bekommt, diesen zu einem festen Kurs in Gold umtauschen zu können.

Heutzutage ist diese feste Bindung an Gold weitgehend verschwunden, nicht zuletzt da die Geldmenge von der vorhandenen Goldmenge abhängig war. Zwar haben die Zentralbanken heute immer noch hohe Gold- und Devisenreserven (Devisen = ausländische Währungen), doch entsteht das Vertrauen erst durch die *Unabhängigkeit* von der Politik und einen klaren Auftrag – die Wahrung der Geldwertstabilität. In vielen Ländern der Welt wird beispielsweise gerne der US Dollar als Zahlungsmittel akzeptiert, obwohl es eigene lokale Währungen gibt. Mehr als ihrer eigenen Zentralbank vertrauen die Menschen der amerikanischen Zentralbank Federal Reserve für eine dauerhafte Akzeptanz des Dollars als Zahlungsmittel und einen stabilen Wert zu sorgen.

Fassen wir bis hierher noch mal zusammen: Geld kommt in die Welt, indem es sich jemand von der Zentralbank leiht. Das heißt: *Geld = Kredit*. Es wird von anderen als Tauschmittel akzeptiert, weil sie darauf vertrauen, es im Zweifel bei der Zentralbank ohne Verlust wieder in Sachwerte tauschen zu können. Wenn alle dieses Vertrauen teilen, funktioniert das System – jeder nimmt gerne das Geld. Das heißt: *Geld = Vertrauen*. Getreu dem Motto „Vertrauen ist gut, Kontrolle ist besser", gibt es zahlreiche Regeln und Mechanismen, die für eine Stärkung der Geldakzeptanz sorgen. Zumeist beziehen sich diese auf die oben bereits genannte Unabhängigkeit und Zielsetzung der Zentralbank. Aber auch die Erhebung einer Währung zum gesetzlichen Zahlungsmittel, welches jedes Unternehmen annehmen muss, gehört dazu.

Neben der Zentralbank gibt es eine zweite, vom Umfang noch viel bedeutendere Geldquelle: die ganz normalen Banken und Sparkassen. Diese können *Geschäftsbankgeld* schaffen, welches nur auf dem Papier bzw. im Computer existiert – es gibt dafür keine Münzen und Scheine. Daher wird das Geschäftsbankgeld auch Buchgeld genannt. Beispiel: Bringt der Bäcker von oben sein Geld nicht zum Metzger, sondern zahlt es auf sein Sparbuch ein, so kann die Bank dieses Geld nehmen und an jemand Drittes, z. B. den Fischer von noch weiter oben, verleihen. Jetzt verfügen sowohl der Bäcker als auch der Fischer über den gleichen Geldbetrag, obwohl es dafür nur einmal Scheine und Münzen von der Zentralbank gibt. Die ursprüngliche Geldmenge hat sich verdoppelt! Denn genauso wie der Fischer sein geliehenes Geld ausgeben kann, kann auch der Bäcker über sein Kontoguthaben verfügen. Natürlich kann die Bank jetzt nicht mehr dem Bäcker sein Bargeld auszahlen, da es ja der Fischer hat. Doch kommt es in der Realität dank des bargeldlosen Zahlungsverkehrs praktisch nie zur Situation, dass eine Bank mehr bar auszahlen muss, als sie im Tresor zur Verfügung hat. Daher können sich die Banken in der Realität sogar von einzelnen Transaktionen lösen. Schließt der Bäcker z. B. sein Konto und lässt sich das Geld zurücküberweisen, so müsste die Bank eigentlich auch das Geld vom Fischer zurückverlangen. Dies geschieht aber nicht, da die Banken tausende solcher Transaktionen parallel machen. Die Geldschöpfung entwickelt so eine Eigendynamik – es werden Zahlungsmittel zur Verfügung gestellt, die vorher nie eingezahlt wurden.

Nur in einer extremen *Vertrauenskrise* rennen die Kunden zur Bank und stellen sich in langen Schlangen bzw. in einem Pulk am Bankschalter an, um ihr Guthaben abzuheben. Im Englischen heißt dies passend „bank run". Wenn es wirklich einmal so weit kommt, springt im Zweifel die Zentralbank ein, welche die Kredite der Bank aufkauft und dafür Bargeld bereitstellt. Alternativ kann auch eine staatliche Stelle den Kunden ihre Guthaben garantieren und so Vertrauen schaffen. Aber selbst das hilft nicht immer, wie z. B. der Bank Run auf die britische Northern Rock 2007 gezeigt hat. Das Institut musste komplett verstaatlicht werden. Die meisten Ökonomen halten solche Maßnahmen allerdings für gerechtfertigt, denn das Gefährlichste für das Bankensystem überhaupt ist eine Massenpanik.

7.3   Wer bewacht das Geld?

Denkt man das Beispiel vom Bäcker und Fischer von oben weiter, so können die Geschäftsbanken unendlich viel Geld schaffen. Zahlt der Fischer nämlich sein Geld wieder bei einer Bank ein, kann diese es erneut weiterverleihen usw.. Das hört sich zunächst schlimm an, ist es aber gar nicht. Die Geldmenge hat nämlich ihre natürliche Grenze in der *Kreditnachfrage*. Wenn keiner mehr Geld leihen will, wird auch kein neues Geld geschaffen! Und da man seinen Kredit auch irgendwann zurückzahlen muss, überlegen es sich die meisten Privatleute und Unternehmen gut, ob Sie einen Kredit aufnehmen. Genauso verleihen die Banken kein Geld, wenn sie befürchten, der Kredit könnte nicht zurückgezahlt werden.

Da Geld ein ganz zentrales Element unseres Wirtschaftssystems ist, wollen die Zentralbanken die Geldmenge allerdings nicht ihren natürlichen Schwankungen überlassen. Insbesondere geht es darum, *Inflation*, also die Entwertung des Geldes, zu verhindern. Daher gibt es verschiedene Instrumente, die Geldmenge bzw. die Buchgeldschöpfung der Geschäftsbanken zu beeinflussen. Die Geldmenge setzt sich aus zwei Teilen zusammen. Die im Umlauf befindlichen Münzen und Scheine bilden die *Geldbasis* M0, wobei M für das englische „money" steht. Ebenso sind alle Einlagen der Geschäftsbanken bei der Zentralbank Teil der Geldbasis. Denn die Geschäftsbanken können sich ihr Geld auf den Zentralbankkonten jederzeit in Münzen und Scheinen auszahlen lassen. Da die Zentralbank über M0 relativ direkt bestimmen kann, spricht man auch von *Zentralbankgeld*.

Der andere, weit größere Teil des Geldes ist das durch die Geschäftsbanken geschaffene *Buchgeld*, dessen Entstehung oben im Beispiel erläutert wurde. Typischerweise wird das Buchgeld nach *Liquidität*, also nach zeitlicher Verfügbarkeit, betrachtet. Addiert man zur Geldbasis die Sichteinlagen, d. h., kurzfristig verfügbaren Girokontoguthaben, so erhält man die relativ eng gefasst Geldmenge M1. Mit M1 wird im täglichen Leben bezahlt. Zudem sind für die Zentralbank auch geldnahe Instrumente relevant, die kurz- bis mittelfristig in Sichteinlagen umgewandelt werden können. Dies sind insbesondere Termingelder, also Einlagen bei Geschäftsbanken mit einer vereinbarten Laufzeit von 1–24 Monaten. Die Termingelder haben meist einen ähnlichen Umfang wie M1, mit der zusammen sie die erweiterte Geldmenge M2 bilden. Addiert man dann auch noch geldnahe Wertpapiere, ist die weit gefasste Geldmenge *M3* erreicht ist. Unter geldnah versteht man dabei alle Wertpapiere mit kurzer Laufzeit von maximal zwei Jahren – von der Staatsanleihe bis zur Schuldverschreibungen der Zentralbank selbst. M3 wird normalerweise von den Zentralbanken als Zielgröße verwendet. Allerdings kann M3 nur teilweise direkt beeinflusst werden. Lediglich die Menge des Zentralbankgelds M0 liegt komplett in der Hand der Zentralbank. Da die Buchgeldschöpfung aber auf verschiedene Weise von dieser abhängt, besteht auch ein Einfluss auf M3. Das wichtigste Instrument zur *Geldmengensteuerung*, die Zinsen, betrachten wir später noch in einem größeren Kontext. Darüber hinaus gibt es Instrumente, die direkt die Geld- bzw. Kreditmenge beeinflussen.

Viele Zentralbanken legen eine *Mindestreserve* fest. Für jedes Kundenguthaben müssen die Geschäftsbanken einen Betrag an Zentralbankgeld vorhalten, so dass die verleihbare Summe immer kleiner wird. Der Bäcker zahlt 1000 € ein, von denen 100 € bei der Zentralbank hinterlegt werden müssen. Der Fischer bekommt daher nur 900 € geliehen usw.. Im Laufe der Zeit hat die Mindestreserve tendenziell an Bedeutung verloren, da sie in internationalen Finanzmärkten als unflexibel gilt. Neben der Mindestreserve gibt es selten auch direkte Einschränkungen der Kreditvergabe, beispielsweise die Begrenzung von Immobilienkrediten auf einen bestimmten Teil des Kaufpreises.

Ebenfalls eine Auswirkung auf die Geld- bzw. Kreditmenge – zumindest über längere Zeiträume – haben *Eigenkapitalvorschriften*. Beispiel: Geht der Fischer von oben pleite, so hat die Bank zunächst ein Problem. Sie hat dem Bäcker versprochen sein Geld aufzubewahren und es ihm später zurückzuzahlen. Doch das Geld ist jetzt futsch – der Fischer kann nichts zurückzahlen! Nur wenn die Bank eigenes Vermögen hat, kann sie den Bäcker auszahlen. Ansonsten ist auch sie pleite. Eigenkapitalvorschriften geben vor, wie viel eigenes Vermögen Banken in Relation zur vergebenen Kreditsumme haben müssen. Die Krux an der Sache ist, dass Eigenkapital nur von den Eigentümern der Bank kommen kann – leihen geht nicht! Fragen Sie sich einmal selbst, ob Sie Ihr privates Geld hergeben würden, um für eventuelle Verluste ihres Unternehmens zu haften. Wahrscheinlich würden Sie zumindest vorsichtig sein. Deswegen funktionieren Eigenkapitalvorschriften. Wird ein höheres Eigenkapital durch die Zentralbank vorgegeben, so überlegen es sich die Banken zweimal, neue Kredite zu vergeben und so mehr Geld zu schaffen.

Während die Idee der Eigenkapitalvorschriften sehr einfach ist, ist deren Ausgestaltung höchst komplex. International werden prinzipiell *harmonisierte Regeln* angewendet, die ihre gemeinsame Wurzel im beschaulichen Schweizer Städtchen Basel haben. Dort sitzt der Basler Ausschuss für Bankenaufsicht, ein Club, der die Finanzregulierungsbehörden fast aller großen Volkswirtschaften umfasst. Dieser erstellt in einem mehrere Jahre dauernden Prozess die „*Basel*"-Regularien (Basel I, II, III). Zunächst einmal sind diese Regularien das, was man erwartet, wenn man eine große Gruppe von Beamten und Bankern über Jahre zusammensetzt: Tausende Seiten Papier. Denn verbindlich werden die Regulierungsvorschläge erst, wenn Sie in nationales Recht umgesetzt werden. Das dauert meist noch mal mehrere Jahre und das Ergebnis sieht überall anders aus.

Ein wesentlicher Grund, warum das Ganze so kompliziert ist, ist die Einbeziehung des *Kreditrisikos*. Wenn Fischer im Durchschnitt öfter pleite machen als Bäcker, soll eine Fischer-Bank mehr Eigenkapital haben als eine Bäcker-Bank. Allerdings ist es nicht gerade einfach, im Vorhinein das Kreditrisiko zu bestimmen. Auch ist zu beachten, ob ein Klumpenrisiko besteht. Nur Bäcker können z. B. riskanter sein als eine Mischung aus Bäckern und Fischern. Es gibt also einen Portfolio-Effekt wie er in Kap. 5 besprochen wurde. Genauso könnte noch eine Vielzahl weiterer Faktoren genannt werden.

Bei all diesen komplexen Dingen muss man sich natürlich fragen, was deren Nutzen ist. Hier gibt es eine einfache Antwort: die *Stabilität* das Bankensystems und eine faire Wettbewerbsbasis. (Zumindest, wenn alles so funktioniert wie gedacht.) Geld und Kredit sind, wie oben gezeigt, das Blut im Kreislauf der Wirtschaft. Kommt es hier zu Störungen, kann das schnell negative Auswirkungen auf die Wirtschaft als Ganzes haben – auch auf kerngesunde Teile. Die weltweiten *Wirtschaftskrisen* 1929 und 2008 fingen z. B. beide als Finanzkrisen an. Eigenkapitalvorschriften sollen dafür sorgen, dass Banken auch in Krisenzeiten genügend eigenes Vermögen haben, um Verluste aufzufangen. So werden gesunde Teile der Wirtschaft nicht in Mitleidenschaft gezogen. Im Beispiel: Auch wenn der Fischer pleitegeht, soll die Bank dem Bäcker noch Kredit gewähren, um z. B. einen neuen Ofen zu kaufen. Wie die genannte Finanz- und Wirtschaftskrise 2008 allerdings gezeigt hat, gibt es noch einige Arbeit für die Damen und Herren in Basel!

Finanzkrise

Finanzkrise ist, wenn Banker Angst haben. Spätestens wenn die erste größere Bank pleite macht, fragen sich alle: Wer ist der nächste? Aufgrund der komplexen Verflechtungen der Banken untereinander lässt sich das in Krisensituationen leider nicht so genau sagen. Daher vertraut keiner mehr dem anderen – und wem man nicht vertraut, leiht man auch kein Geld! Die

Zinsen für kurzfristige Kredite zwischen Banken (Interbankenmarkt) schießen nach oben; vielen Banken wird überhaupt nichts mehr geliehen. Auch
von der Zentralbank gibt es nichts, wenn nicht genug verpfändbare
Wertpapiere als Sicherheit vorhanden sind. Der Geld- bzw. Blutfluss im
Kreislauf der Wirtschaft stockt. Damit ist die Finanzkrise nicht nur ein Problem
der Banker, sondern von allen. Einerseits wird es auch für Unternehmen
schwieriger, Kredite zu bekommen. Denn die Banken horten aus Angst ihr
Geld. Andererseits wird aus einer Vertrauenskrise schnell eine selbsterfüllende Wahrheit: Unternehmen erwarten aufgrund der allgemein schlechten Stimmung kurzfristig weniger Nachfrage am Markt. Daher schränken
sie vorsorglich ihre Aktivitäten ein, sie brauchen weniger Mitarbeiter und
fragen auch weniger bei anderen Unternehmen nach.
Und schon ist aus einem Schnupfen auf dem Finanzmarkt eine schwere
Grippe der Wirtschaft geworden.

Man könnte jetzt einwenden, warum man nicht einfach allen Banken
gleich viel und ausreichend hohes Eigenkapital vorschreibt? Der Grund
ist einfach: Zu hohes Eigenkapital hemmt die gesamte Kreditvergabe – in
unserem Bild den Blutfluss. Wenn Sie als Unternehmer gezwungen sind,
sehr viel eigenes Geld als Sicherheit zur Verfügung zu stellen, lohnt sich
irgendwann das Geschäft nicht mehr. Anstatt ein Einkommen zu erzielen, wird alles Geld im Geschäft gebunden. Wird andererseits nicht nach
Risiko differenziert, so verschiebt sich die Kreditvergabe hin zu risiko-
reichen Geschäften – in unserem Bild bekommen nicht alle Organe das
benötigte Blut, andere dafür zu viel. Mit relativ sicheren Krediten, z. B.
an eine Gemeinde, verdienen Banken in der Regel weniger als an risiko-
reichen Konsumentenkrediten. Wenn für beide der gleiche Eigenkapitalanteil fällig ist, würde dies den kleinen Gewinn der sicheren Kredite
schnell zunichtemachen, während die Kredite mit hohem Risiko besonders attraktiv sind. Für die Wirtschaft als Ganzes ist dies nicht förderlich.

Interessanterweise halten die meisten Banken mehr als das vorgeschriebene Eigenkapital. Offensichtlich hat es einen Wert, als sicherer
Geschäftspartner zu gelten. Allerdings gibt es auch Banken, die gerade
einmal das Minimum an Eigenkapital aufweisen. Häufig ist dies der Fall,
nachdem bereits Verluste angefallen sind. Zusammenfassend kann man
daher be(un)ruhigt sagen: Die nächste Finanzkrise kommt bestimmt!
Denn die Anreize der Banken, hohe Risiken einzugehen, sind schwer mit

Regulierung zu beseitigen, genauso wie aus Vertrauen nie Sicherheit werden wird (siehe dazu den Exkurs zu Finanzkrisen).

Wir haben den Blick auf das Eigenkapital aus der Perspektive der Geldmengensteuerung begonnen. Ganz nebenbei haben wir so auch das Thema Bankenregulierung erschlagen, welches bei den meisten wohl nicht besonders hoch auf der Beliebtheitsskala im BWL-Studium stand. Bravo! Allerdings hat sich gezeigt, dass Eigenkapitalvorschriften komplex in Ihrer Anwendung und daher kaum zur kurzfristigen Geldmengensteuerung geeignet sind. Dies ist eine gute Stelle, endlich näher auf das Thema Zinsen zu schauen. Zinsen sind aus einer Vielzahl von Blickwinkeln relevant und interessant.

7.4   Was kostet Geld?

Der Grundsatz ist wieder einmal sehr einfach: *Zins = Mietpreis des Geldes*. Genauso wie auf einem Gütermarkt gibt es ein *Geldangebot* und eine *Geldnachfrage*. Wenn viele Leute Geld übrig haben, es aber nur wenige leihen wollen, dann ist der Zins niedrig. Geld ist „billig". Andersherum ist Geld „teuer" bzw. der Zins hoch, wenn viele Leute Geld leihen wollen, es aber nur wenige zur Verfügung stellen. Wichtig ist dabei, dass Geld nicht gekauft, sondern nur „gemietet" wird. Nachdem man es eine Weile gegen Zinsen genutzt hat, muss man es zurückzahlen. Entsprechend werden Zinsen immer für einen *Zeitraum*, gewöhnlich für ein Jahr, ausgedrückt. Angeboten wird Geld z. B. von Menschen, die auf ein Auto sparen oder auch von Rentenkassen, die das Geld ihrer Mitglieder anlegen. Nachgefragt wird Geld dagegen von Menschen, die ein Auto kaufen wollen, aber nicht genug gespart haben, oder auch vom Staat, der Geld leiht, um Löcher in den öffentlichen Rentenkassen zu stopfen. Man sieht, schon hier hört es mit der Einfachheit auf. Man kann aus den gleichen Gründen Geld leihen, aber auch anlegen – den Unterschied macht der Zeitpunkt des dahinterliegenden Bedürfnisses.

So ist es auch eine eingängige Perspektive, Zinsen als Maß *zeitlicher Konsumpräferenzen* zu betrachten. Am Ende des Tages nutzt uns Geld nur, wenn wir es ausgeben. (Vom Angeben einmal abgesehen.) Sie können entweder jetzt in den Urlaub fliegen oder nächstes Jahr. Die meisten von uns ziehen es vor, jetzt zu fahren. Die Alternative wäre es, das Geld ein Jahr aufs Konto zu legen und sich im kommenden Jahr von den Zinsen ein paar Cocktails mehr zu leisten. Die extra Cocktails sind der Preis den man erhält, wenn man ein Jahr auf seinen Urlaub wartet. Anders ausgedrückt bedeutet dies, Geld heute ist uns mehr wert als Geld morgen. Noch kürzer: Geld ist Zeit. So ist es auch nicht verwunderlich, dass es für unterschiedliche Zeiträume unterschiedlich hohe Zinsen gibt. Das Modell dafür ist die *Zinsstrukturkurve*. In der Regel ist es auf das Jahr gerechnet billiger, sich Geld für einen kurzen als für einen langen Zeitraum zu leihen. Wenn man Geld erst weiter in der Zukunft zurückzahlen muss, hat man mehr Flexibilität und zudem Planungssicherheit. Daher ist man bereit, höhere Zinsen für sein Geld zu zahlen. Beim Sparen hingegen wird man unflexibler und will mehr Zinsen haben, je länger man auf sein Geld verzichten muss.

Der Blick auf Zinsen aus der Brille zeitlicher Konsumpräferenzen ist eingängig. Eine andere Perspektive ist jedoch genauso aufschlussreich. Zinsen können auch als Entlohnung realer *Produktivität* betrachtet werden. Anstatt in den Urlaub zu fahren, könnten Sie sich ein kleines Stück Land kaufen, auf dem Sie einen Gemüsegarten anlegen. Nun verbringen Sie zwar einige Zeit im Garten, doch sollten Sie durch gesparte Kosten beim teuren Ökogemüse-Einkauf in Summe ein Plus erzielen, selbst wenn Sie für Ihre Arbeit einen Stundenlohn ansetzen. Das Land können Sie später wieder verkaufen. Was bleibt, ist ein jährlicher Ertrag. Nicht in Geld, sondern ganz konkret in Salat und Radieschen. Und doch handelt es sich hierbei um Zinsen! Sie könnten Ihr Geld nämlich alternativ nicht direkt in Land investieren, sondern zur Bank bringen. Jemand anderes (der noch mehr vom Salat versteht als Sie) leiht es sich und kauft dann selber Land zum Gemüseanbau. Einen Teil seines Ertrags muss er gegen Geld verkaufen und der Bank als Zinsen zahlen; einen Teil dieser Zinsen bekommen Sie. Im letzten Schritt gehen Sie dann auf den Markt und kaufen sich von Ihren Zinsen – na was wohl – Salat und Radieschen.

Die beiden aufgezeigten Perspektiven auf den Zins sind Kehrseiten der gleichen Medaille. Mit Geld kann man entweder *konsumieren* oder *investieren*. Konsum bedeutet, man hat jetzt etwas von seinem Geld. Investieren dagegen bedeutet, man hat erst mal nichts davon, schafft aber Mehrwert für die Zukunft. Zinsen sorgen für den Ausgleich zwischen beiden Dimensionen. Sie zeigen gleichzeitig an, wie teuer der heutige Konsum im Vergleich zu dem morgigen ist und wie viel Mehrwert man schaffen kann bzw. sollte, wenn man heute auf Konsum verzichtet und investiert. Wenn jemand heute auf Kredit in den Urlaub fährt, muss jemand anderes – z. B. Sie – heute für ihn arbeiten. Sie können erst morgen in den Urlaub, wenn der andere dann für Sie arbeitet. Abstrakt betrachtet, wirkt Ihr Sparen wie eine Investition. Denn Sie schaffen den Mehrwert, dass jemand anderes sich sofort einen Wunsch erfüllt, obwohl er eigentlich damit noch warten müsste. Dafür bekommen Sie Zinsen.

Ganz besonders wichtig: Zinsen sind vollkommen real und kein Konstrukt der Finanzwelt! Sie reflektieren den Nutzen, bereits heute etwas zu haben, was man sich erst morgen leisten kann. Dieser Nutzen ist meist ziemlich genau in Geldeinheiten zu bestimmen. Zum Beispiel: Wie viel würde man extra zahlen, um bereits heute das neue Auto zu haben anstatt in einem Jahr? Genauso spiegeln Zinsen die Früchte wider, die durch Investitionen geschaffen werden. Oben im Beispiel waren dies tatsächlich Salat und Radieschen. Zinsen an sich sind daher nicht unfair oder gar etwas Unsittliches, wie es einige Menschen empfinden. Ganz im Gegenteil – Zinsen schaffen einen fairen *Ausgleich* zwischen unterschiedlichen Interessen.

Leider geschieht mit Kredit und Schuld-Zinsen aber auch immer wieder *Missbrauch*. Dies geht bisweilen so weit, dass Menschen bewusst in hohe Schulden und finanzielle Abhängigkeit getrieben werden – oft aus Notsituationen oder Nichtwissen heraus. Dann ist man über Jahre oder gar ein Leben lang finanziell abhängig und bezahlt meist sehr hohe Zinsen, oft an zwielichtige „Kredithaie" oder Pfandhäuser. Einige Lohnsteuer-Finanzierer beispielsweise werben mit „Null Kosten" für die sofortige Auszahlung der jährlichen Steuererstattung, reißen sich dann aber doch 30 Prozent und mehr Zinsen und Gebühren unter den Nagel. Natürlich sind dies extreme Fälle, wie sie in der regulären Kreditwirtschaft kaum vorkommen. Aber auch normale Banken wandern auf einem moralisch schmalen Pfad, denn Sie verdienen nun mal Geld mit Schulden. Es besteht also ein Interesse, dass wir immer Schulden haben – egal ob das für uns gut oder schlecht ist.

Mysterium Geld – Spielwiese für Verschwörungstheorien

Geld ist wunderbar, grausam, einfach, schön, verwirrend. Jeder von uns hat eine emotionale Beziehung dazu, sei sie positiv oder negativ. Geld ist greifbar, es interessiert alle. Aber in seinen Details ist es so kompliziert, dass man es selbst mit BWL-Studium nicht leicht versteht. Kein Wunder also, dass sich die wildesten Theorien aller Couleur um das Thema ranken. Besonders Verschwörungstheorien im Internet erfreuen sich großer Beliebtheit.

So wird beispielsweise der baldige Zusammenbruch des Weltfinanzsystems gepredigt, weil alles Geld nicht ausreicht, um die bestehenden Kredite zurückzuzahlen. Das ist technisch richtig, aber zur Enttäuschung der Verschwörungstheoretiker absolut egal! Beispiel: Sie haben großen Hunger, aber leider nichts zu essen. Sie leihen sich daher von einem Freund einen Apfel und versprechen, ihm morgen zwei Äpfel zurückzugeben. Abends stellten Sie dann fest, dass Sie zuhause nur noch einen Apfel haben. Nun haben Sie zwei Optionen: Entweder Sie drehen ein Video und kündigen im Internet den bevorstehenden Weltuntergang an, oder Sie bringen Ihrem Freund morgens einen Apfel und eine Birne mit. Genauso ist es mit dem Geld. Es ist ein Tauschmittel, welches Platzhalter für reale Werte ist.

Um im Gedankenspiel alles Geld zu vernichten, also alle Kredite zurückzuzahlen – was weder jemand will, noch kann – muss ein Teil des Ausgleichs über reale Werte erfolgen. Der Bäcker, der auf Kredit einen Ofen gekauft hat, gibt neben dem Geld auch ein paar Brötchen her. Er gibt einen Teil des realen Wertzuwachses, den er mit dem Kredit erzielt hat, ab. Tatsächlich findet dies wieder über Geld statt: Hat der Bäcker beispielsweise 100 € Kredit zu 10 % Zinsen bekommen, so zahlt er der Bank direkt 10 € Zinsen aus dem gerade erhaltenen Kredit (ihm bleiben 90 € für den Ofen). Für die Zinsen kann die Bank dann Brötchen kaufen. Der Bäcker hat dann wieder 100 € (unter der Annahme, dass er den Ofen zum Kaufpreis wieder zurückgeben kann), mit denen er seinen vollen Kredit zurückzahlen kann.

In diesem Beispiel ist alles Geld zurückgezahlt – die Welt ist gerettet. So lässt sich jede Verschwörungstheorie meist mit einfachen Argumenten widerlegen, selbst wenn es dazu ganze Bücher gibt.

Bisher haben wir Zinsen als Marktpreis zwischen Geldangebot und Geldnachfrage betrachtet. Doch so einfach ist es nicht! Anders als auf normalen Märkten gibt es mit der *Zentralbank* einen Spieler, der seinen eigenen Regeln folgt. Ähnlich einem Monopolisten kann die Zentralbank den Preis in einem gewissen Spielraum frei bestimmen, indem Sie die Angebots- bzw. Nachfragemengen setzt. Allerdings gibt es im Vergleich zu einem Monopol zwei wesentliche Unterschiede. Die Zentralbank agiert sowohl als Anbieter von Geld als auch als Nachfrager. Zudem gibt es auf beiden Seiten sehr viele Marktteilnehmer. Da kann es durchaus mal passieren, dass Anbieter und Nachfrager machen was sie wollen und der Zentralbank auf der Nase herumtanzen.

Wie genau kann die Zentralbank Zinssätze bestimmen? Ihr Hauptinstrument sind sogenannte *Offenmarkt-Geschäfte*. Wie der Name suggeriert, tritt die Zentralbank als Teilnehmer am für alle offenen Markt für Kredit und Finanzgeschäfte auf. Mit dem kleinen Unterschied natürlich, dass Sie als Einziger Geld drucken kann. Ganz konkret kauft die Zentralbank bestimmte „zentralbankfähige" Anleihen guter Schuldner von den Geschäftsbanken an und transferiert nach Erhalt Geld auf deren Zentralbank-Konto. Mit dem Kauf wurde historisch in aller Regel direkt eine Rückkaufvereinbarung getroffen bzw. die Sicherheiten wurden von vorneherein nur verpfändet. Man spricht auch von *Pensionsgeschäften*, weil die Wertpapiere „ein paar Mal bei der Zentralbank übernachten". Nach Ablauf des Geschäfts wird die Sicherheit zurück- bzw. wieder freigegeben und das Geld muss plus Zinsen zurückgezahlt werden. Alternativ kann auch eine Verlängerung vereinbart bzw. ein neues Geschäft abgeschlossen werden. So können sich die Geschäftsbanken auch längerfristiger Geld von der Zentralbank leihen und wöchentlich die benötigte Menge anpassen. Allerdings zu einem vorgegebenen Zins.

Der Zinssatz, den die Zentralbank verlangt, wird als *Leitzins* bezeichnet. Dieser ist so wichtig, dass man sogar regelmäßig in den Nachrichten davon hört. Denn alle Geschäftsbanken, die Geld brauchen, um z. B. selber neue Kredite zu vergeben, können sich zu diesem Zinssatz Geld leihen – sofern sie genügend verpfändbare Wertpapiere haben. Da die Banken einen Gewinn machen wollen, verleihen Sie das Geld natürlich nur zu höheren Zinsen weiter. Der Leitzins bildet also eine *Untergrenze für Kreditzinsen*. Genauso ist der Leitzins eine *Obergrenze für Guthabenzinsen*. Denn wenn die Banken viel Geld von ihren Sparern auf dem Konto haben, müssen Sie sich weniger Geld von der Zentralbank leihen. Grundsätzlich macht es daher keinen Sinn, den Sparern mehr Zinsen als der Zentralbank zu zahlen.

In der Realität ist die Sache dann aber doch nicht ganz so einfach, denn nicht jede Geschäftsbank hat genügend verpfändbare Wertpapiere im eigenen Vermögen. Die einzigen Geldquellen sind dann andere Banken (die wieder Sicherheiten wollen) oder eben doch die Sparer. Häufig sind die Zinsen auf Privatkonten daher höher als der Leitzins. Im Großen und Ganzen kann man dennoch feststellen, dass die Zentralbank das *kurzfristige* Zinsniveau mit den traditionellen Instrumenten gut kontrollieren kann. Zur Beeinflussung *langfristiger* Zinsen für Zeiträume von mehreren Jahren hingegen besitzt die Zentralbank keine eigenen Steuerungs-Instrumente. Zwar sind die kurzen Zinsen ein wichtiger Einflussfaktor auch für die langfristigen Zinsen, doch spielen in der langen Frist insbesondere auch die Erwartungen der Kreditnehmer und -geber eine Rolle. Als neues schlagkräftiges Mittel, um Einfluss auf die langfristigen Zinsen zu nehmen, hat sich seit der Finanzkrise 2008 der Ankauf meist staatlicher Anleihen erwiesen – eine neue Auslegung der Offenmarktgeschäfte. Allerdings ist dieses Vorgehen umstritten, da es einer Staatsfinanzierung durch die Zentralbank – also einfacher gesagt, dem Drucken von Geld, entspricht. Selbst wenn die Gefahr für die Geldwertstabilität in einer deflationären Umgebung gering ist, so droht zumindest staatliche Verschwendung durch das billige Geld.

Ähnliche Überlegungen, wie zum Einfluss der Zentralbanken auf den Zins, gelten auch für die weit gefasste Geldmenge M3. Über den Leitzins beeinflusst die Zentralbank lediglich die *Geldbasis*. Je höher die Geldbasis, desto stärker kann auch das Geschäftsbankgeld wachsen. Sie erinnern sich an das multiplikative Geldmengenwachstum im Beispiel vom Bäcker und Fischer oben. Allerdings spielen auch hier die Erwartungen der Wirtschaftsteilnehmer eine wichtige Rolle. So haben die Zentralbanken z. B. in den Jahren von 2008 bis 2013 den Markt mit vielen Hundert Milliarden billigem Zentralbankgeld geflutet, doch ist die Geldmenge insgesamt in etwa stabil geblieben. In vielen Ländern ist sie sogar gefallen! Obwohl Geld mit allen Mitteln billig gemacht wurde, haben sich nur wenige getraut zuzugreifen.

Zinsen sind in normalen Zeiten ein filigraner Mechanismus, wo es oft um Zehntel Prozentpunkte und weniger geht. Dieser Preismechanismus kann aber auch ins Stottern geraten, wenn es zu *Inflation* kommt. Bisher haben wir nur abstrakt festgestellt, dass zu viel Geld im Umlauf ein Problem sein kann. Jetzt gilt es, das Phänomen in Gänze zu verstehen. Inflation bedeutet kurz gesprochen einen *Anstieg des Preisniveaus*. Oder anders herum einen *Verlust an Kaufkraft* des Geldes. Konkret drückt sich Inflation in steigenden Preisen aus. Wenn Sie beim Bäcker das gleiche Brot heute für 2 €, morgen jedoch für 2,10 € bekommen, dann hat ihr Geld beim Bäcker 5 % an Kaufkraft verloren. Sie bekommen weniger Brot für den Euro. Wenn nun die Preise im Durchschnitt aller Güter und Dienstleistungen steigen (Preisniveau), spricht man von Inflation.

Da es unmöglich ist, auch nur annähernd alle Preise zu verfolgen, wird Inflation anhand eines repräsentativen *Warenkorbs* gemessen. Er enthält alles, was der durchschnittliche Haushalt zum Leben braucht. Im offiziellen deutschen Warenkorb sind dies: Knäckebrot, Feinkostsalat auf Fleischbasis, Pommes, Korn oder Doppelkorn, Zigaretten, BH, Knabenhemd, Schnürsenkel, Altbauwohnung, Steinkohle, Eckbank, Schwedenofen, Kleingewächshaus, Reifenwechsel, Heimkinopaket, Mundharmonika, Farbkasten, Eis, Sonnenstudiobesuch, Handtasche, Bundesliga-Dauerkarte und noch viele weitere Produkte und Dienstleistungen – insgesamt mehrere Hundert. Die statistischen Ämter, welche die Inflation berechnen, halten sich hier streng an eine der Grundregeln der Statistik, welche übrigens auch bei Unternehmensberatern sehr beliebt ist: Fehler sind nichts Schlimmes – man muss nur genug davon machen, denn irgendwann gleichen sie sich aus. Im Einzelfall ist es nämlich schwer zu sagen, wie sich ein Preis wirklich entwickelt hat. Was zum Beispiel, wenn sich die Qualität eines Produktes ändert? In Summe hingegen lässt sich schon ganz gut messen, wie viel mehr ein Haushalt für einen gewissen Lebensstandard hinlegen muss.

Inflation ist bei vielen Menschen ein Schreckgespenst, vor allem in den Generationen, die Phasen hoher Inflation erlebt haben. Denn das Gesparte verliert an Wert, im Extremfall ist alles Geld weg! In einer *Hyperinflation*, wie nach dem ersten Weltkrieg in Deutschland, hat man Millionen in der Hand und bekommt dennoch nicht mal ein Brötchen dafür. Mit der Inflation ist auch schnell das Vertrauen weg. Das Geld verliert all seine Funktionen. Man kann damit nicht mehr angeben, es nicht mehr sparen, keiner will es im Tausch haben und sinnvolle Vergleiche sind nicht mehr möglich, da sich Preise ständig ändern. Kurzum, eine Katastrophe für die Menschen, da der Wirtschaftskreislauf ohne Blut dasteht.

Zum Glück kommt es in modernen Volkswirtschaften mit unabhängigen Zentralbanken heute nicht mehr zu solchen Hyperinflationen. Aber auch weniger starke Inflation (5–20 % trabend, 20–100 % galoppierend) beeinträchtigt das *Vertrauen* in Geld und hat dadurch negative Auswirkungen auf die Wirtschaft. Gespartes verliert an Wert, wirtschaftliche Aktivitäten verzerren sich hin zu Sachwerten (lieber ein Haus bauen, als Geld durch Inflation verlieren) und es setzen sich mitunter Preis-Spiralen in Gang. Arbeitnehmer beispielsweise müssen mehr für ihren Lebensunterhalt aufbringen und verlangen stark steigende Löhne, die wiederum die Produkte weiter verteuern usw.. All dies führt zu Unruhe und Vertrauensverlust, beides keine guten Voraussetzungen für eine florierende Wirtschaft mit vielen Arbeitsplätzen. Gewinner der Inflation sind lediglich Schuldner mit festen Kreditzinsen. Diese zahlen weiterhin die gleichen Raten, kommen aber immer leichter an Geld.

Bei all den Problemen, die Inflation mit sich bringt, ist es wenig verwunderlich, dass deren Vermeidung ein wichtiges – häufig sogar das einzige – Ziel der Zentralbanken ist. Offizielle Steuerungsgröße ist, wie oben genannt, die weit definierte Geldmenge M3. Hinter diesem Ansatz steht die Theorie des *Monetarismus*. Diese sagt: Es geht nur ums Geld. Das Preisniveau bestimmt sich demnach aus dem Verhältnis vom Geldumlauf zur Wirtschaftsleistung. Im Studium lernt man dies als die *Quantitätsgleichung* kennen. Anders gesagt, wenn die umlaufende Geldmenge stärker wächst als die Wirtschaft, kommt es zur Inflation. Dabei wird angenommen, dass sich die Umlaufgeschwindigkeit des Geldes, d. h. wie schnell man es im Durchschnitt ausgibt, konstant ist. So zählt für den Geldumlauf tatsächlich nur die Geldmenge. Über diese Theorie lässt sich trefflich streiten, ist doch eine ihrer Konsequenzen, dass sich der Staat mit wirtschaftspolitischen Eingriffen zurückhalten und der Zentralbank das Feld überlassen sollte; obwohl sich Staatseingriffe nachweislich in einigen Situationen auszahlen. Insbesondere die Annahme, die Umlaufgeschwindigkeit des Geldes sei konstant, erscheint fragwürdig. Wem wäre es zu verübeln, in einer wirtschaftlichen Notsituation weniger auszugeben und seine Kredite zurückzuzahlen, selbst wenn man Steuergeschenke erhält?

In der Praxis ist Inflation mit den Mitteln des Monetarismus alleine daher nie zu erklären. Erst die konträre Theorie des *Neo-Keynesianismus* hilft, das ganze Bild zu verstehen. Demnach wird Inflation durch einen simplen Mechanismus verursacht: Die Nachfrage übersteigt das Angebot. Steht z. B. täglich eine lange Schlange vor dem Friseurladen, so erhöht dieser schnell seine Preise. Erst mittelfristig wird ein weiterer Friseur eingestellt. Gesamtwirtschaftlich betrachtet, entsteht Inflation demnach, wenn das Produktionspotenzial ausgeschöpft ist. Weitere Nachfrage wird mit höheren Preisen abgefangen. Kurzfristig kann nicht mehr produziert werden. Insbesondere wird dies in den Löhnen sichtbar. Der Ökonom Alban W. Phillips hat dieses Phänomen in einer Kurve – der *Phillips-Kurve* – verarbeitet. Sie zeigt ein inverses Verhältnis zwischen Arbeitslosigkeit und Inflation. Wenn die Arbeitslosigkeit fällt, steigt ab einem gewissen Punkt die Inflation.

Während sich Anhänger des Monetarismus und des Keynesianismus ständig in den Haaren liegen, ist eine dritte Quelle für Inflation weniger umstritten: die *Inflationserwartungen*. Rechnen alle Arbeitnehmer mit drei Prozent Inflation, so pochen Sie auf entsprechende Tarifverträge. Die Arbeitgeber erhöhen im Gegenzug ihre Preise und kompensieren so die Kostensteigerung. So wird die Erwartung eine selbsterfüllende Vorhersage. Daher verwundert es kaum, dass die Zentralbanken ein großes Gewicht auf die Steuerung der Inflationserwartungen legen, z. B. über Äußerungen in Publikationen oder Pressekonferenzen. *Stabile* Erwartungen sind der beste Garant für eine stabile Inflation! Offiziell werden die Inflationserwartungen allerdings nur selten als Steuerungselement zugegeben, nicht zuletzt, weil die Zentralbanken so ihren eigenen Einfluss eher schwächen würden. Da sie auch keinen direkten Einfluss auf die Auslastung der Wirtschaft nehmen können (neo-keynesianische Theorie), versuchen die Zentralbanken Inflation offiziell daher ausschließlich über Geldmengensteuerung zu begrenzen.

Interessanterweise ist das Ziel keine absolute Geldwertstabilität, sondern eine geringe Inflation. Denn das Risiko von negativer Inflation, sogenannter *Deflation*, ist noch höher einzuschätzen als das von Inflation. Zunächst hört es sich nach einer prima Sache an, wenn alles billiger wird. Doch führt Deflation in spiegelbildlicher Weise zur Inflation zu wirtschaftlicher Instabilität – mit den Zusatzproblemen, dass negative Preisspiralen besonders schlimm sind. Wird alles teurer (Inflation) kauft man möglichst schnell – Konsum wird beschleunigt. Wenn jedoch alles billiger wird, ist es nur natürlich, mit Käufen zu warten. Dadurch aber entsteht Druck auf die Unternehmen, die Preise zu senken und Mitarbeiter zu entlassen. Dies wiederum verstärkt die Kaufzurückhaltung usw.. In solchen Situationen ist die Zentralbank zudem schnell am Ende ihres Lateins. Wenn alles billiger wird, leiht selbst zu einem Zins von null keiner gerne zusätzliches Geld. Die natürliche Grenze des Gelmengenwachstums ist erreicht. Denn wo kein Kredit, da kein Geld. Selbst negative Zinsen der Zentralbanken, also eine Gebühr an die Geschäftsbanken für die Verwahrung deren überschüssigen Geldes, haben sich als zahnloser Tiger erwiesen.

In Japan bestehen deflationäre Tendenzen schon seit Mitte der 1990er-Jahre. Weder die Zentralbank mit Niedrigzinsen noch der japanische Staat mit großen schuldenfinanzierten Investitionsprogrammen konnten daran dauerhaft etwas ändern. Auch für Europa und Nordamerika besteht bei zahlreichen Ökonomen Sorge, die extrem niedrigen Zinsen der 2010er-Jahre seien der Anfang einer deflationären Spirale. Das Beispiel Japan zeigt eindrucksvoll, wie unser Konsumverhalten von den Zukunftserwartungen abhängt – und nicht von kurzfristigen politischen Entscheidungen. Dies haben die Zentralbanken verstanden und setzen sich daher zumeist klare Inflationszielen, typischerweise um zwei Prozent pro Jahr. In dieser Größenordnung ist die Gefahr einer Deflation sehr klein, und die Nachteile der Inflation sind noch nicht spürbar.

Gemessen wird Inflation dabei anhand der Konsumpreise in Form des *Verbraucherpreisindex*. Mit Blick auf das tägliche Leben ist diese Sichtweise auch wenig umstritten. Allerdings werden im Verbraucherpreisindex nicht die *Vermögenswerte* berücksichtigt. Hier kommt es im Zuge niedriger Zinsen regelmäßig zu erheblicher Inflation. Beispielsweise haben sich vielerorts die Immobilienpreise in wenigen Jahren verdoppelt, während die Mieten im Verbraucherpreisindex weit weniger stark gestiegen sind. Diese Art der Inflation ist der Nährboden für künftige Finanzmarktkrisen, die wiederum sehr wohl Einfluss auf unser tägliches Leben haben.

Betrachtet man die Inflation – zumindest gemessen an den Verbraucherpreisen – und Zinsen zusammen, so gibt es eine klare Beziehung: hohe Inflation = hohe Zinsen, niedrige Inflation = niedrige Zinsen. Dies rührt einmal aus der beschriebenen Geldmengensteuerung der Zentralbank. Wenn die Preise steigen (Inflation), gibt es tendenziell zu viel Geld im Umlauf. Die Zentralbank macht es daher teurer sich Geld zu leihen (hohe Zinsen). Andersherum gilt dies bei niedriger Inflation. Auch aus der Definition des Zinses als Mietpreis des Geldes bzw. Maß zeitlicher Konsumpräferenzen lässt sich diese Beziehung ableiten. Als wir oben Zins definiert haben, sind wir implizit von stabilen Preisen ausgegangen. Der Zins beschreibt, wie viel es uns wert ist, heute etwas zu haben, was wir uns erst morgen leisten können. Dieser Zins wird auch als *Realzins* bezeichnet – er drückt rein den Preis des Geldes aus, unabhängig vom Preisniveau.

Wenn sich jedoch das Preisniveau ändert, ist dies im tatsächlich zu zahlenden *Nominalzins* reflektiert. Er setzt sich aus dem Realzins und einer Inflationsprämie zusammen. Leiht man sich z. B. 1000 € zu einem Realzins von 2 % bei Inflation von 4 %, so zahlt man Kreditzinsen von 6 %. Zum Realzins von 2 % würde einem niemand Geld leihen. Denn während man nach einem Jahr 1000 € plus 20 € Zinsen zurückzahlt, wäre das Geld für den Kreditgeber nur noch 960 € wert. Auch mit den 20 € Zinsen fällt ein Verlust an. Besonders relevant ist die Inflation beim Thema Sparen. Gerade auf kurzfristige Anlagen wie Tagesgeld werden häufig so geringe Zinsen gezahlt, dass nach Abzug der Inflation nichts mehr übrigbleibt! Da hilft auch der *Zinseszins*-Effekt nicht viel, nach dem Sie auf die Zinsen, die sie in einem Jahr erhalten, im nächsten Jahr wieder Zinsen bekommen. In den meisten Ländern war mit kurzfristigen Sparanlagen in den vergangenen Jahrzehnten kaum mehr als durchschnittlich ein Prozent nach Abzug der Inflation zu erzielen. Heute liegt der Realzins für Sparer oft bei null oder darunter. Wir können also festhalten: Vom Sparen wird man heutzutage nicht reich! (Arm allerdings auch nicht.)

Auch in historischen Dimensionen betrachtet, macht diese Feststellung Sinn. Hätte beispielsweise im Jahre Null eine Familie einen Euro angelegt und diesen immer dem erstgeboren Kind vererbt – was würde der Familie heute bei historisch durchschnittlichen Realzinsen von 2 % gehören? Alles und noch viel mehr! Um genau zu sein, gut 300 Mal der globale Kapitalstock, vom Ackerland über Aktien bis zur öffentlichen Infrastruktur. Tatsächlich lagen die historischen Realzinsen wohl sogar eher über zwei Prozent. Doch gab es parallel eine beständige erhebliche Kapitalvernichtung durch *Kriege*. Seit Ende des zweiten Weltkrieges ist es hingegen nicht mehr zu wesentlichen Konflikten zwischen den Weltmächten gekommen. Dieser „große Frieden", wie einige Historiker sagen, sowie der enorme wirtschaftliche Aufschwung ärmerer Länder der vergangenen Jahrzehnte haben die Investitionslandschaft nachhaltig verändert. Viele hoch rentable und leicht abschöpfbaren Investitionen sind getätigt. Mit den derzeitigen Investitionen lässt sich einfach weniger verdienen, was sich global in dauerhaft sinkenden Realzinsen ausdrückt. Wie sagte der berühmte Wirtschafts- und Sozialwissenschaftler Kenneth Ewart Boulding so schön: „Jeder, der glaubt exponentielles Wachstum könne in einer endlichen Welt dauerhaft weitergehen, ist entweder verrückt oder ein Ökonom."

Inflation – Der einzige Weg aus der Staatsverschuldung!

Oder doch nicht?

Staatsschulden kennen fast nur einen Weg: nach oben! Ob Finanzkrise, Naturkatastrophe, Krieg oder einfach nur eine alternde Bevölkerung – Politiker finden immer einen Grund, warum man heute Geld ausgeben muss, was ihre Nachfolger morgen erst an Steuern einnehmen. In vielen Industrienationen haben die Schulden der öffentlichen Hand bereits 100 % der jährlichen Wirtschaftsleistung überschritten. In den Augen einiger Experten ein bedenkliches Niveau. So verwundert es nicht, dass auch immer wieder vor Inflation gewarnt wird. Denn, wie in diesem Kapitel beschrieben, es profitieren Schuldner von einer Geldentwertung. Wenn das allgemeine Preisniveau steigt, wachsen auch die Steuererträge, während die Schulden gleichbleiben. Also wird schnell mal zum Hörer gegriffen und der Zentralbank-Chef gebeten, die Geldmenge wachsen zu lassen? Zu kurz gedacht! Anders als z. B. Häuslebauer, leiht sich ein Staat Geld nicht zu festen Zinsen, um es dann Jahre später zurückzuzahlen. Nein, der größte Teil der Staatsschulden hat Laufzeiten von wenigen Jahren und ist zudem häufig mit variablen Zinsen ausgestattet, die alle paar Monate an das aktuelle Niveau angepasst werden. Kommt es zur Inflation, winken zwar schnell höhere Steuereinnahmen, doch steigen auch die zu zahlenden Nominalzinsen – während die Realzinsen, also Nominalzins minus Inflation, konstant bleiben.

Einzig wenn die Inflation immer weiter steigt, klappt der Trick, da trotz steigender Zinsen bestehende und neue Kredite immer weiter entwertet werden. Das würde allerdings Hyperinflation bedeuten und ist in entwickelten Volkswirtschaften aus freien Stücken heraus undenkbar – führt dies doch fast unweigerlich zum Ende des Staatssystems. Auch die anfänglichen Vorteile von ein bisschen Inflation werden schnell von den Nachteilen auf die Gesamtwirtschaft zunichtegemacht. So können Sie beim nächsten Medienkommentar zum Thema beruhigt abwinken – sich aus den Schulden „heraus zu inflationieren" klappt nicht! Es hilft leider nur sparen, pleitegehen oder den Zinssatz dauerhaft nahe Null zu halten.

Neben der Inflation gibt es noch weitere Faktoren, die den Nominalzins beeinflussen. Insbesondere sind höhere Zinsen fällig, wenn das *Kreditrisiko* steigt. Das Thema wurde schon bei der Diskussion der Eigenkapitalvorschriften für Banken angerissen. Der Zusammenhang ist einfach: Wenn Gefahr besteht, sein Gespartes nie wieder oder später als geplant zurück zu bekommen, will man dafür höhere Zinsen haben. Beispiel: Oben hatten wir angenommen, dass Fischer häufiger Pleite machen als Bäcker. Der Einfachheit halber sagen wir, jeder zehnte Fischer kann am Ende des Jahres nicht zurückzahlen, wohingegen Bäcker nie pleitegehen. Wenn Bäcker 5 Prozent Zinsen zahlen, dann müssen Fischer mindestens 15 Prozent Zinsen zahlen, denn ein Zehntel der Kredite geht verloren. Die höheren Zinsen gleichen den durchschnittlichen Verlust aus. In der Realität sind es sogar noch mehr als 10 Prozent Risikoprämie, denn die meisten von uns sind risikoavers und ziehen die sicheren 5 Prozent vom Bäcker den unsicheren Zahlungen der Fischer vor – auch wenn hier im Durchschnitt ebenfalls 5 Prozent rauskommen.

Mit dem Element Risiko haben wir nun alle Faktoren zusammen, die den Zins bestimmen. Nominalzins = realer Zins + Inflationsprämie + Risikoprämie. Der reale Zins sowie die Inflationsprämie hängen dabei von *globalen* Faktoren ab, die niemand alleine beeinflussen kann. Für den Realzins sind Geldangebot und Geldnachfrage, für die Inflation Kapazitätsauslastung, Geldmenge und Umlaufgeschwindigkeit entscheidend. Die Risikoprämie hingegen gilt immer für *einen* Schuldner! Daher ist es eine Kernaufgabe der Banken, das Risiko der einzelnen Schuldner einzuschätzen. Gelingt es einer Bank zum Beispiel, jeden zehnten Fischer der Pleite macht im Vorhinein zu identifizieren, dann macht Sie ein super Geschäft: Hohe Zinsen ohne Risiko. Anders herum wird es brenzlig, wenn Banken Risiken zu niedrig einschätzen. Irgendwann sitzen sie auf *„faulen Krediten"*. Diese sehen zwar von außen meist noch gut aus, aber die Chance alles zurückzubekommen ist gering. So lange sich der Anschein wahren lässt, ist es eine menschliche Reaktion, dies auch zu tun; da Banken nur aus Menschen bestehen, geschieht dies tatsächlich auch regelmäßig. Anstatt reinen Tisch zu machen, werden Kredite verlängert oder umgeschuldet. Dies mag zwar helfen, kurzfristig sein Gesicht zu wahren – die Banken selbst haben nämlich meist als einzige einen guten Überblick – doch ist es wenig förderlich fürs Geschäft, mit solch einem Klotz am Bein herumzulaufen.

Ein Auslöser für die Deflation in Japan ab Mitte der 1990er-Jahre war die hohe Zahl fauler Kredite, die in den Büchern der Banken schlummerten. Diese machten die gesamte Branche extrem vorsichtig bei der Kreditvergabe an lokale Industrieunternehmen. Es wäre interessant gewesen zu sehen, ob die Offenlegung der faulen Kredite und Bündelung in „Bad Banks" nicht besser gewesen wäre. So hätten zwar die bestehenden Banken beim Verkauf der faulen Kredite an die Bad Banks ihre Verluste realisieren müssen, allerdings wäre es danach mit weißer Weste und ruhigem Gewissen weitergegangen. In den wenigen Fällen, in denen nach einer Krise Transparenz über Bad Banks geschaffen wurde, sind die Erfahrungen mittel- und langfristig positiv. Beispielsweise haben skandinavische Länder Anfang der 1900er-Jahr sehr von diesem Modell profitiert.

Trotz aller Bemühungen der Banken, Risiken einzuschätzen, ist eines klar: Wäre es möglich, den Eintritt von Risikofällen genau vorherzusagen, gäbe es kein Risiko mehr! Vor allem externe Faktoren sind unberechenbar, weil sie der Kreditnehmer nicht beeinflussen kann. Das können große Ereignisse wie Krieg oder Naturkatastrophen sein, oder auch kleine, wie der Bau einer Umgehungsstraße, was Bäckern die Kundschaft raubt. Daher stürzen sich die *Risikoanalysten* der Banken gerne auf große Datenberge und versuchen statistisch zu ermitteln, was im Durchschnitt passiert. Ähnlich wird es auch mit „internen Risiken" gemacht, die vom Kreditnehmer selbst ausgehen. Hier werden Daten über die Kreditnehmer gesammelt und mit möglichst vielen anderen verglichen. Bei Unternehmen werden vor allem die Finanz-Abschlüsse untersucht. Bei Privatleuten ist es meist die Schufa oder eine ähnliche Datenbank. Hier werden Information zur Zahlungsmoral gesammelt, die regelmäßig von angeschlossenen Unternehmen und Organisationen bereitgestellt werden. Je mehr positive Einträge Sie haben, desto leichter erhalten Sie Kredit. Wenn nur wenig über Ihre Kredithistorie bekannt ist bzw. wenn es keine gibt, wird es schon schwieriger, Geld zu leihen. Wenn man negative Einträge hat, gilt man als Risiko! Daher sollte man es sich zweimal überlegen, sich beispielsweise mit einer Telefongesellschaft über die Rechnung zu streiten. Wenn man hier nicht zahlt, gibt es einen negativen Schufa-Eintrag, der im Zweifel Jahre später die Eigenheim-Finanzierung verteuert. So wird man Opfer der Statistik.

Ganz andere Kreditregeln scheinen für *Banken* und *Staaten* als Schuldner zu gelten. Immer wenn es zu Finanzkrisen kommt, gibt es einige Banken, die sich übernommen haben und kurz vor der Pleite stehen oder es bereits sind. Manchmal erwischt es sogar ganze Staaten. So ist das Leben – sollte man meinen. Wer sich mit Schulden übernimmt, ist eben pleite und muss alles hergeben, was er hat. Den Rest der Verluste tragen dann die Schuldner, denn die haben ja vorher Zinsen inklusive Risikoprämie genau für diesen Fall bekommen. Ein kurzer Blick in die Nachrichten zeigt jedoch: So ist das Leben nicht! Große Banken und Staaten werden immer wieder gerettet. Zunächst erscheint das unfair. Wenn man als Privatmann seinen Kredit nicht zurückzahlen kann, kommt man in Teufels Küche – niemand rettet einen, schon gar nicht der Steuerzahler. Warum also die Extrawurst für diejenigen, die den größten Mist gebaut haben? Das Zauberwort heißt „*Systemrelevanz*". Ab einer gewissen Größe sind Banken so stark vernetzt, dass Ihr Zusammenbruch wie ein Dominostein den Zusammenbruch anderer Banken auslöst. Ähnliches gilt für Staaten, wo selbst die kleineren groß genug sind, erhebliche Turbulenzen an den Finanzmärkten auszulösen – inklusive folgender Wirtschaftskrise. So etwas zu verhindern, liegt im Interesse aller. Daher werden Rettungspakete geschnürt.

Rettungspakete nehmen die verschiedensten Formen an. Alle zielen jedoch darauf, kurzfristig günstiges Kapital zur Verfügung zu stellen und auch mittelfristig die Zinslast des bestehenden Schuldenberges zu verringern. Mit dem Rettungspaket soll die negative Zins-Risiko-Spirale gebrochen werden. Wenn eine Bank oder ein Staat sich finanziell übernommen hat, steigt die Risikoprämie im Zins. Der Zinsanstieg wiederum erhöht die aktuelle finanzielle Belastung, so dass das Risiko der Zahlungsunfähigkeit stetig weiter steigt. Vor allem wenn Einmal-Faktoren die Krise ausgelöst haben – die Bank oder das Staatssystem also prinzipiell gut funktioniert – macht es Sinn, auf die beschriebene Weise einzugreifen. In diesem Fall kommt am Ende bisweilen sogar ein Plus für den Steuerzahler heraus. So brachte die Bankenrettung der USA 2008 der US Regierung zweistellige Milliardengewinne, weil fast alle Notkredite des Staats von den Banken zurückgezahlt wurden und zudem Gewinne mit Bankaktien erzielt wurden.

Leider ist es nicht immer so einfach und Verluste bleiben häufig doch an der Allgemeinheit hängen. So fielen in Deutschland aus der Banken-rettung 2008 zweistellige Milliardenverluste an. Es besteht ein Dilemma zwischen der Notwendigkeit, systemrelevante Banken zu retten, und den Anreizen, die aus dieser Tatsache resultieren. Sobald eine Bank weiß, im Fall der Fälle vor dem Zusammenbruch gerettet zu werden, kann sie sehr hohe Risiken eingehen. So bekommen die Bank-Aktionäre über Jahre schöne Dividenden und vor allem die Bank-Manager riesige Gehalts-Boni. Wenn das Ganze in die Grütze geht, löffelt der Steuerzahler die Suppe aus. Natürlich versuchen schon Generationen von Regulierern dieses Dilemma aufzulösen. Doch ist es schwierig, Banken daran zu hin-dern, eine systemrelevante Größe zu erreichen. Es ist nicht einmal klar, wann diese erreicht ist. Genauso ist es fast unmöglich, für eine auch in Extremfällen adäquate Risikovorsorge zu sorgen – ohne das normale Geschäft der Banken wesentlich zu behindern. Für Staaten ist das Thema noch schwieriger. Diesen kann man nämlich gar nichts vorschreiben. Man kann sich also schon mal freuen, bei der nächsten Finanzkrise zu sagen: „Ich habe es gewusst!"

7.5 Kryptowährungen – Das neue Geld?

Eine grandiose neue Technologie wird unser Leben revolutionieren. Start-ups schießen aus dem Boden. In der Tagesschau wird berichtet. Einige denken es sich schon: Es geht um Linux in den 1990er-Jahren! Und heute? Wann haben Sie das letzte Mal etwas von Linux gehört? Wahrscheinlich gar nicht. Dennoch benutzen Sie Linux jeden Tag. Denn die Mehrzahl aller App- und Web-Server laufen auf Linux-Produkten. Wenn man Android mitzählt (es hat einen Linux-Kern) läuft Linux sogar auf der Großzahl der Mobiltelefone.

Ein ganz vergleichbarer Hype ist in den 2010er-Jahren zum Thema Blockchain und Bitcoin entstanden. Auch hier ist die Prognose ähnlich – davon werden Sie in 20 Jahren nichts mehr hören. Allerdings werden Sie die Blockchain täglich nutzen. Aus ökonomischer Sicht wird der Einfluss der Blockchain vielleicht noch bedeutender als der von Linux sein. Während es bei Linux insbesondere um Kostenreduktion ging, ermöglicht die Blockchain zusätzlich eine ganz neue Anwendungsklasse.

Die Blockchain etabliert erstmalig einen unknackbaren „Kopierschutz" und damit, ökonomisch gesprochen, *Knappheit* bei digitalen Gütern. Dies kommt einer Revolution gleich. Digitale Güter haben Grenzkosten von null, Sie erinnern sich an die Überlegungen in Kap. 4. Sie können beispielsweise ein MP3-Lied ohne Aufwand kopieren. Einher geht keine Rivalität im Konsum – wir können beide das MP3-Lied hören, danach ist es immer noch da. Dies sind die Eigenschaften eines öffentlichen Gutes. Das ist toll für uns Konsumenten, aber schwer zum Geldverdienen für Unternehmen. Daher gibt es Kopierschutz und ähnliche Mechanismen, um Rivalität im Konsum und damit einen positiven Preis zu generieren. Allerdings können technisch findige Menschen durch Veränderung der digitalen Güter die Knappheit wieder aufheben. Der Kopierschutz wird geknackt. Das ist zwar illegal, es ist aber vor der Blockchain nicht annähernd gelungen, die Veränderung der digitalen Güter komplett zu verhindern. Genau hierin besteht die Revolution der Blockchain. Sie schafft ein absolut *unveränderbares* digitales Gutes, sogenannte *Token*. Es ist prohibitiv teuer bis praktisch unmöglich, das System zu manipulieren.

Ganz allgemein gesprochen, funktioniert dies über *verteilte Datenbanken*, die redundant an sehr vielen Stellen Informationen zu den Token speichern. Um zu manipulieren, müsste man gleichzeitig Tausende *dezentrale* Computer hacken – Stand heute ein Ding der Unmöglichkeit. Es gibt in der Blockchain also keine zentrale Instanz, wie z. B. eine Bank, die man angreifen könnte. Stattdessen wird von jemanden zu Beginn ein Regelwerk festgelegt, welches geschickt *ökonomische Anreize* setzt, die Blockchain aufzubauen und zu betreiben. Im Fall von Bitcoin z. B. kann man durch den Einsatz von Computer-Rechenleistung neue Bitcoin „schürfen" (englisch „minen") und Transaktionen validieren, wofür man in Form neu geschaffener Bitcoins entlohnt wird.

Interessanterweise drehen sich viele Ausführungen zur Blockchain – selbst in den Massenmedien – nur um diese Anreizmechanismen unter der Haube. Allerdings sind diese für uns normale Menschen vollkommen egal! Vergleichen Sie es mit der Revolution Elektromobilität. Es ist irrelevant, was unter der Haube passiert (Elektromotor). Die Revolution besteht darin, dass in Kombination mit erneuerbarer Energie und recycelbaren Akkus irgendwann CO_2-neutrale Mobilität möglich ist. Bei der Blockchain kommt es entsprechend nur darauf an, ein knappes digitales Gut zu haben.

Nun aber genug um den heißen Brei herumgeredet. Was heißt knappes digitales Gut denn nun konkret? Im Fall *Bitcoin* war das Ziel, digitales Geld zu schaffen. Sie haben ein Bitcoin auf Ihrem Handy, können es von da in die Sparschwein-App Ihres Kindes verschieben oder am Kiosk auf das Tablet des Händlers übertragen. Bitcoin funktioniert also wie eine echte Geldmünze – sie kann immer nur an genau einer Stelle sein. Heutiges digitales Geld hingegen besitzen Sie nicht. Es liegt auf Konten bei hoch regulierten Banken und muss per Überweisung und ähnlichen Mechanismen zwischen den Banken bewegt werden. Jede Transaktion kann mit Ihnen in Verbindung gebracht werden. Bitcoin hingegen kann man komplett *anonym* nutzen, genauso wie Bargeld.

Wie oben ausführlich erörtert, ist Geld ein *Vertrauensgut*. Quelle des Vertrauens ist bei normalen Währungen die Zentralbank. Bei Bitcoin hingegen ist es genau anders herum. Man ist völlig frei von einer staatlichen Instanz. Das Vertrauen entsteht durch die *Algorithmen* und deren dezentralen ökonomischen Anreizmechanismen. Alles paletti also? Man kann es benutzen wie Geld und alle haben Vertrauen in die Integrität – das muss doch klappen. Leider nein! Bitcoin hat einen fatalen Konstruktionsfehler und wird *niemals* als Geld dienen können. Auch hier besinnen wir uns auf das bereits Gesagte zurück. Geld hat drei Funktionen: tauschen, Werte aufbewahren und vergleichen. Tauschen ist kein Problem, in gewissen Fällen geht dies sogar besser als mit normalem Geld. Zum Beispiel könnten Sie in Deutschland verdiente Euros in Bitcoin tauschen, diese sofort in ein anderes Land transferieren und dort wieder in die lokale Währung tauschen. Vergleichen ist zumindest theoretisch möglich, wenn alle Güter einen Bitcoin-Preis hätten. Praktisch wird Bitcoin diese Funktion aber nicht erfüllen können, da die dritte Funktion von Geld nicht gegeben ist. Bitcoin kann *nicht zur Wertaufbewahrung* genutzt werden.

Die vermutlich erste Bitcoin-Transaktion außerhalb des Internets war der Kauf von Pizza. Für etwa 30 Euro oder damals 10.000 Bitcoin erwarb der Programmierer Laszlo Hanyecz zwei Pizzen. Heute dürfte dem Mann beim Gedanken an die Pizza schlecht werden, wären seine Bitcoin doch je nach Tageskurs über 100 Millionen Euro wert! Sie haben richtig gelesen – über 50 Millionen Euro pro Pizza. Ganz offensichtlich stimmt hier etwas nicht. Der Konstruktionsfehler von Bitcoin liegt darin, dass die maximale Menge von Bitcoin technisch festgelegt ist. Zusätzliche Bitcoin kommen immer langsamer ins System, bis irgendwann Schluss ist. Dies hat zwei Implikationen: Erstens kann Bitcoin sich nicht langsam zu einem Zahlungsmittel entwickeln. Wächst die Transaktionsmenge in Bitcoin, so muss bei konstanter Umlaufgeschwindigkeit auch die Menge an Bitcoin wachsen. Tut sie dies nicht, kommt es zur *Deflation*. Die Pizzen kosten anstatt 10.000 Bitcoin heute nur noch 0,003 Bitcoin – sozusagen Hyperdeflation. Zweitens ist Bitcoin somit insbesondere als *Spekulationsobjekt* interessant. Die Menge ist begrenz, man kann sie über Börsen leicht handeln und alle sagen, dies sei das nächste große Ding. Tatsächlich geht es mit dem Bitcoin-Kurs wild bergauf und bergab.

Im Umkehrschluss kann Bitcoin nicht zur Wertaufbewahrung dienen. Stellen Sie sich vor, Sie legen Geld für Ihren Bali-Urlaub in ihr Bitcoin Wallet, nur um vor dem Urlaub festzustellen, dass die Bitcoin in Euro getauscht nur noch für ein Wochenende in Bremen reichen. Oder schlimmer noch, Sie bekommen Ihr Gehalt in Bitcoin, wissen aber nie, welcher Anteil Ihres Gehalts für die Miete ein paar Tage später in Euro draufgeht. Die Volatilität macht auch die Vergleichsfunktion unmöglich. Zum Beispiel kaufen Sie Milch bei Lidl für 0,000089 Bitcoin. Am nächsten Tag flackert auf dem elektronischen Preisschild bei Aldi 0,000103 Bitcoin für die Milch. Haben Sie gestern nun ein riesen Schnäppchen gemacht, oder hat sich bloß der Spekulationskurs verändert und Aldi ist sogar billiger?

Vor diesem Hintergrund wird dann auch schnell der Fehler des Arguments des Vertrauens in Bitcoin klar. Die Blockchain schafft Vertrauen in die *einzelne Bitcoin*. Diese ist absolut sicher. Allerdings gibt es keinen Mechanismus für Vertrauen in den *Wert* der Bitcoin. Dieser schwankt spekulativ. Der große Neuheitswert der Dezentralität, welcher Freigeister so von Bitcoin schwärmen lässt, ist es leider, der das System als Währung unmöglich macht. Hinzu kommen praktische Konstruktionsfehler der Bitcoin wie viel zu langsame Transaktionen und zu große Datenbanken. Bleiben also vorerst nur die Zentralbanken. Denen können wir vertrauen, die Geldmenge sauber zu steuern und Inflation und Deflation im Zaum zu halten.

Zugegeben, die besprochenen Mechanismen sind nicht ganz trivial. Es ist durchaus verständlich, wenn Personen weit weg von der VWL in ihrer Begeisterung an Bitcoin als Geld glauben. Dass aber auch Wirtschaftswissenschaftler öffentlich so argumentieren, ist gelinde gesagt verwunderlich. Im Studium haben sie anscheinend nicht aufgepasst. Erinnern Sie sich noch an die Tulpen-Spekulationsblase im 17. Jahrhundert aus Kap. 2? Es ist gut möglich, dass Studierende in 300 Jahren nicht mehr über das Tulpen-Beispiel für eine Spekulationsblase lesen, sondern über Bitcoin. Was bei Tulpen die natürliche Vermehrung, sind bei Bitcoin andere Token: Ethereum, Ripple, Litecoin, … Jeder kann sein eigenes System schaffen. Im besten Fall bleibt dauerhaft ein Spekulationsmarkt für Bitcoin als erste „Kryptowährung" bestehen. Man könnte dann Bitcoin in groben Zügen mit Gold vergleichen – selten und faszinierend.

Wenn Bitcoin also nur eine Blase ist, wo ist dann bitte die anfangs angekündigte Revolution? Ganz einfach, sie kommt erst noch. Gut möglich, dass wir in einigen Jahren tatsächlich mit einer globalen Kryptowährung in der Bäckerei zahlen können. Für die praktischen Probleme von Bitcoin (langsam, rechen- und speicherintensiv) gibt es bereits heute Lösungen. Für die alles entscheidende Wertstabilität gibt es auch Konzepte – allerdings kommen diese bisher nicht um eine zentrale Instanz herum. Wer also könnte die Rolle staatlicher Zentralbanken zukünftig übernehmen? Vielleicht eine globale Organisation der bereits heute weit über 2 Milliarden Menschen tiefes Vertrauen durch Offenlegung nahezu all Ihrer persönlichen Daten zollen? Dieses Potenzial hat auch Facebook erkannt und geht mit dem Libra-Konsortium den Weg zur ersten globalen Kryptowährung. Zunächst wäre es nur eine Repräsentation von Euros oder Dollars als Token – also keine eigen Währung. Das heißt für jeden Libra-Token müsste man z. B. Euros zahlen und bekommt diese zurück, wenn man den Token zurückgibt. Von da ist es allerdings nicht weit zu einer echten Währung mit eigener Geldschöpfung. Mit Transaktionskosten nahe Null und einfacher Handhabung könnte das wirklich den Alltag vieler Menschen vor allem in Ländern mit wenig entwickelten oder dysfunktionalen Finanzsystemen revolutionieren. Es bleibt zu hoffen, dass die verschiedenen staatlichen Regulierungsbehörden das Projekt nicht abwürgen.

Darüber hinaus gibt es zahlreiche weitere Anwendungsfälle für die Token. Sie können jegliches *Verfügungsrecht* vertreten. Zum Beispiel kann an den Token eine Immobilie gebunden sein. In Sekunden könnte man dadurch sicher eine Immobilie verkaufen und rechtlich übertragen – verglichen mit wochen- oder gar monatelangen teuren Prozessen heute. Blockchains wie Ethereum sind bereits auf solche Anwendungsfälle ausgelegt und ermöglichen intelligente Vertragselemente (englisch „smart contracts"). So könnten mit Übertrag des Tokens automatische Steuerzahlungen ausgelöst werden. Auch wirksamer Diebstalschutz könnte Teil des Systems sein. Sobald erste Länder solche progressiven Technologien implementieren, wird es Druck auf andere Länder geben nachzuziehen – die Vorteile sind einfach überwältigend. Oder denken Sie an Identität. Anstatt eines Passes könnten Ihre biometrischen Daten auf einem zentralen Token gespeichert sein. Weltweit müssten Sie am Flughafen nur kurz in den Irisscanner gucken – ganz ohne Dokumente oder gar Passkontrolle. Zunächst dürften sich allerdings Anwendungen in der Privatwirtschaft entwickeln. Vom Wertpapier-Clearing bis zum Kunsthandel gibt es zahlreiche Anwendungsfälle, wo bestehende Systeme effizienter gemacht werden können oder ganz neue Geschäftsmodelle denkbar sind. Sogar eine Revolution des Internets erscheint plausibel, wenn Sie über Ihre privaten Daten auf Tokens verfügen. Vielleicht verkaufen Sie zukünftig selber Ihre Daten, anstatt dass diese, wie heute, von Facebook und Google an Werbetreibende verkauft werden. Auch Mechanismen gegen Fake News sind denkbar und, und, und. Wie bei Linux heute, werden Sie von Blockchain und Token dann allerdings nicht mehr viel hören.

8

Bücher, die die Unternehmenswelt bedeuten

Eine der ersten Assoziationen vieler Menschen mit BWL sind Bilanzen, Buchführung, Zahlenkolonnen. Schreiend langweilige und irgendwie auch suspekte Themen, die wesentlich zum bisweilen negativen Image der BWL beitragen. Selbst unter Wirtschaftswissenschaftlern genießt das *Rechnungswesen* keinen besonders hohen Stellenwert. Es gilt als Rüstzeug, welches in anderen Bereichen der BWL beim Verständnis hilft. In Lehrbüchern ist das Rechnungswesen meist das letzte Kapitel. Erst in der Unternehmenspraxis merkt man als Absolvent dann, wie zentral das Thema tatsächlich ist.

Der Grund ist ganz einfach: *Unternehmenssteuerung* erfolgt anhand von Zahlen; die Quelle dieser Zahlen ist das Rechnungswesen, welches sämtliche Güter und Leistungsströme in Zahlen dokumentiert. *Finanzabschlüsse* sind ein Blick in die Seele des Unternehmens. Zumindest in die wirtschaftliche Seele – und darum geht es ja auch. Kein Manager mit Geschäftsverantwortung kommt um ein gutes Verständnis der Finanzzusammenhänge herum. Allerdings haben viele Top-Manager nie BWL studiert. Trotzdem läuft es. Hieran lässt sich sehen, dass die wirklich relevanten Inhalte des Rechnungswesens gar nicht so schwierig sind. Vieles erschließt sich mit Menschenverstand und etwas Erfahrung von selbst, ganz ohne Fachvorlesungen. Um diese Dinge geht es in diesem Kapitel.

© Springer Fachmedien Wiesbaden GmbH, ein Teil von Springer Nature 2020
F. Dittrich, *Was ich im BWL-Studium hätte lernen sollen*,
https://doi.org/10.1007/978-3-658-28485-5_8

Erfreulicherweise gelten die grundlegenden Zusammenhänge des Rechnungswesens immer, egal ob es um eine Milliarde oder um hundert Euro geht. Das Allerbeste dabei: Diese Konzepte lassen sich ganz ohne Zahlen verstehen, was man im BWL-Studium allerdings oft nicht merkt. Manchmal scheint es sogar, die Rechentriaden in einigen BWL-Vorlesungen behindern ein breites Verständnis des Themas. Es fängt bereits bei den grundlegenden Kategorien des Rechnungswesens an. Während man zu Beginn des BWL-Studiums oft eine Reihe unabhängiger *Berichte* wahrnimmt, geht es in Wirklichkeit um ein eng verzahntes Gesamtwerk. Die *Bilanz* beschreibt das Vermögen und dessen Herkunft, also das, was man zu einem Zeitpunkt hat. Die *Gewinn- und Verlustrechnung* (GuV) dagegen behandelt das Einkommen, also das, was man in einer Periode erwirtschaftet. Die Verzahnung ist eng, da das Vermögen zur Gewinnerzielung genutzt wird und mit dem Gewinn wieder Vermögen gebildet werden kann. Die *Geldflussrechnung* zeigt wiederum auf, was sich auf dem Konto tut. Denn trotz Gewinn mag dort Flaute sein. Bilanz, GuV und Geldflussrechnung werden zusammen als *Finanzbericht* bezeichnet.

Vom Finanzbericht wird vor allem im *externen Rechnungswesen* gesprochen, welches, mit Fachbegriff, *Rechnungslegung* genannt wird. Der Finanzbericht wird anhand international standardisierter Regeln erstellt und inklusive eines Lageberichts und oft vielen weiteren Informationen veröffentlicht. Bei großen börsennotierten Unternehmen gibt es einen besonders ausführlichen jährlichen *Geschäftsbericht*; häufig zudem Quartalsberichte. Anhand der Finanzberichte können sich Investoren, Geschäftspartner, das Finanzamt und jeder andere einen Einblick in die bisherige Entwicklung eines Unternehmens verschaffen. Auch ermöglichen Finanzberichte den detaillierten Vergleich von Unternehmen.

Die starren Regeln des externen Rechnungswesens eignen sich allerdings nicht besonders gut für die interne *Unternehmenssteuerung*. Denn jedes Unternehmen ist anders. Zudem sind neben der Vergangenheit auch Prognosen zur näheren Zukunft von Interesse. Diese findet man im externen Rechnungswesen kaum. Daher stellt das interne Rechnungswesen ein auf das jeweilige Geschäftsmodell zugeschnittenes Zahlenwerk bereit. Kerngrößen wie der Umsatz oder der Gewinn sollten dabei allerdings identisch zwischen interner und externer Sicht sein.

Ein Kernelement des internen Rechnungswesens ist die *Kosten- und Leistungsrechnung*, kurz KLR. Sie dient der Wirtschaftlichkeitsrechnung von Geschäftsentscheidungen sowie der kurzfristigen Planung. Unter der Haube ist die KLR sehr vielschichtig, da die Kosten auf drei unterschiedliche Weisen abgegrenzt werden. In der *Kostenartenrechnung* werden die Kosten-Positionen, wie Material oder Personal zugeordnet. Etwas komplizierter ist die *Kostenstellenrechnung*. Hier erfolgt die Verteilung anhand von Verantwortlichkeiten. Der Chef steht für alle Kosten gerade, die in seinem Verantwortungsbereich anfallen. Bei geteilten Kosten, wie Strom, ergeben sich dabei Zurechnungsprobleme. Richtig kompliziert wird es dann in der *Kostenträgerrechnung*. Hier werden alle Kosten auf die Produkte geschlüsselt. Es ist eine große Herausforderung, einfach anwendbare, aber dennoch genaue Kostentreiber zu bestimmen. Regelmäßig kann nur geschätzt werden, was ein Produkt insgesamt kostet.

Das interne Rechnungswesen wird häufig als *Controlling* bezeichnet. Auch wenn es sich englisch anhört, ist dies eine Wortschöpfung des deutschsprachigen Raums. International wird eher von „management accounting" gesprochen. Damit kommt zum Ausdruck, dass es um mehr als Kontrolle der Geschäftsergebnisse geht. Kernaufgabe des Controllings ist die Datenanalyse und Bereitstellung von standardisierten sowie spontan angeforderten Finanzinformationen. Das Controlling ist im gesamten *Managementzyklus* von Planung, Realisation und Kontrolle involviert (siehe Kap. 3). Im Laufe der Zeit wurde die Rolle des Controllings beständig aufgewertet – insbesondere durch den Trend zu immer komplexeren Geschäftsmodellen sowie die steigende Rechenleistung der Computer. Bereits kleinere Unternehmen generieren häufig riesige Datenberge. Controller sind die Minenarbeiter, die aus den Datenbergen die Informations-Juwelen schürfen und sogleich fein poliert in PowerPoint dem Management zur Verfügung stellen. So hat sich modernes Controlling in die Rolle des internen Geschäftspartners entwickelt, welcher nicht nur der Geschäftsführung, sondern auch den Fachabteilungen in allen Marktlagen zur Seite steht.

Bei ihrer Arbeit müssen Controller den Spagat schaffen, einerseits den gesamten Datenberg zu durchwühlen, andererseits aber nur die dicksten Klunker hervorzuholen. Sie erinnern sich, beim Management geht es darum, sich auf das Wesentliche zu beschränken. Es geht um die großen

Zahlen! Gleiches gilt natürlich auch in den externen Finanzabschlüssen: Vor lauter Bäumen darf man den Wald nicht aus den Augen verlieren. Daher werden Informationen zu *Kennzahlen* verdichtet, welche in der Unternehmenspraxis mit dem englischen Begriff „key performance indicator" *KPI* bezeichnet werden. Alle gleichartigen Informationen werden zusammengefasst – immer abgestimmt auf die jeweilige Management-Frage. Zum Beispiel werden regelmäßig die Herstellkosten im Verhältnis zum Umsatz als KPI betrachtet. Die Herstellkosten fassen dabei zahlreiche Unterpunkte, wie Arbeitslöhne sowie Kosten für Fabriken und Maschinen, zusammen. Solche *Verhältniszahlen*, also die Darstellung einer Größe in Relation zu einer anderen, spielen eine besonders wichtige Rolle unter den KPI. Durch ihre relative Natur eignen sie sich gut für Vergleiche – sowohl im Zeitablauf als auch zwischen verschiedenen Unternehmen. Insbesondere der Umsatz dient als Vergleichsbasis; die KPI dieser Art werden als *Marge* bezeichnet. Am bekanntesten ist die Gewinn-Marge, also Gewinn im Verhältnis zum Umsatz. Oft wird von ihr auch spiegelbildlich als Umsatzrendite gesprochen.

Da KPI Geschäftsvorgänge zusammenfassen, kann es bisweilen nötig werden, *Einmaleffekte* zu bereinigen. Sonst lässt sich die Entwicklung des operativen Geschäfts nicht korrekt beurteilen. In diesem Zusammenhang werden von Controllern oft Überleitungs-Brücken gebaut. Diese zeigen, welche Faktoren die Geschäftsentwicklung beeinflusst haben. So kann beispielsweise der Umsatz in einem Jahr gestiegen sein, obwohl weniger verkauft wurde. Mögliche Gründe, wie Wechselkurseffekte, werden in der Brücke sichtbar. Selbst in den externen Abschlüssen finden sich bisweilen solche Finessen in den begleitenden Informationen.

Mit Fragestellungen dieser Art verbringen Controller einen großen Teil ihrer Zeit, obwohl für den Unternehmenserfolg etwas ganz anderes zählt: die *Zukunft*. Die Tendenz zurückzuschauen ist ein allgemeines Problem bei der Analyse von Finanzdaten. Der Datenberg ist einfach so groß, dass es für die Experten schwer ist, die Finger davon zu lassen. Auch ist es nur menschlich, das Vergangene verstehen zu wollen. So manches Mal verzetteln sich Manager daher in irrelevanten Details der Vergangenheit, die auf Ihrer Managementebene keine Rolle spielen. *Vergangenheitsanalyse* sollte also nur gemacht werden, wenn man daraus für die Zukunft lernen kann.

In der externen Rechnungslegung wird diese Perspektive stiefmütterlich behandelt. Das Management gibt im Geschäftsbericht lediglich einen vagen Ausblick. Der Rest ist Vergangenheit. Dies liegt vor allem daran, dass Abschlüsse von unabhängigen *Wirtschaftsprüfern* (englisch „auditor") geprüft und bestätigt werden müssen. Es zählen Fakten und formale Korrektheit, nicht Spekulationen über die Zukunft. Im Detail ist die Prüfungsarbeit eher langweilig – häufig werden lange Checklisten verglichen und abgehakt. Dagegen wird es auf höheren Unternehmensebenen sehr spannend. Die Wirtschaftsprüfer sind meist ganz nah am Management dran. Sie haben oft vollen Zugriff auf das interne Rechnungswesen und dadurch tiefe Einblicke ins Geschäft. Sie alleine entscheiden, welche Finanzbuchungen noch im Rahmen der Rechnungslegungsvorschriften sind und was zu weit geht.

Aus der machtvollen Position der Wirtschaftsprüfer ergibt sich eine delikate Beziehung zum Management. Dessen Anreiz ist es nämlich, nach außen eine möglichst stabile Geschäftsentwicklung zu zeigen. In guten Zeiten wird daher etwas Gewinn zurückgelegt, von dem in schlechten Zeiten dann gezehrt werden kann. Das Management braucht also ein „konstruktives Verhältnis" zum Prüfer. Denn offiziell darf so etwas natürlich nicht gemacht werden. Im BWL-Studium wird eine solche *Bilanzpolitik* meist nur am Rande behandelt. In der Praxis findet diese jedoch in allen größeren Unternehmen statt. Denn Bilanz, Gewinn- und Verlustrechnung und selbst die Geldflussrechnung erlauben eine gewisse Flexibilität.

8.1 Vermögen – Das, was man hat

Der Grundpfeiler des Finanzberichts ist die *Bilanz*. Schon kleine Unternehmen sind zu ihrer Aufstellung verpflichtet. Dies erfolgt einheitlich nach nationalen Regeln, wie z. B. dem Handelsgesetzbuch *HGB* in Deutschland, oder, bei größeren Unternehmen, nach internationalen Richtlinien wie den International Financial Accounting Standards *IFRS*. Die Bilanz ist so zentral, weil sie die Substanz eines Unternehmens zum Bilanzstichtag beschreibt. Man kann ihr sowohl das Vermögen eines Unternehmens als auch dessen Herkunft entnehmen.

Wie schon der Name zeigt, hat die Bilanz zwei Seiten. Auf der linken Seite steht das *Vermögen*. Häufig wird auch der englische Begriff „assets" oder die Bezeichnung „Aktivseite" verwendet. Abstrakt gesprochen, beschreibt die Aktivseite wie die zur Verfügung stehenden Mittel *verwendet* werden. Auf der rechten Seite bzw. Passivseite ist das Gegenstück zu finden: die *Mittelherkunft*. Vereinfacht wird oft von Schulden gesprochen. Auch der englische Begriff „liabilities" ist gebräuchlich. Aus der zweiseitigen Struktur ergibt sich direkt die Bilanz-Regel Nummer eins: Beide Seiten müssen in Summe *gleich* sein, denn alle verwendeten Mittel kommen auch irgendwo her.

Eine typische „Vorlesungs-Bilanz" überwältigt mit bis zu 50 Positionen. Entsprechend ist die Verwirrung groß. Allerdings vollkommen unnötig! Denn die Bilanz enthält letztlich nur *vier* Dinge. Auf der Aktivseite stehen das *Nettoumlaufvermögen* und das Anlagevermögen. Das Umlaufvermögen umfasst alles, was nur bei aktiver Geschäftstätigkeit benötigt wird, z. B. Rohstoffe. Das *Anlagevermögen* hingegen bildet die Unternehmensstruktur, z. B. Fabriken. Auf der Passivseite finden sich die Bilanzpositionen drei und vier: *Fremdkapital* und *Eigenkapital*. Letzteres ist der Anteil am Vermögen, der den Unternehmensbesitzern zusteht. Fremdkapital bezeichnet entsprechend die Schulden des Unternehmens. Das war es schon – die Bilanz ist fertig!

Praktisch alle Managementfragen lassen sich anhand der vier Bilanzelemente beantworten. Am wichtigsten für die Geschäftssteuerung ist dabei das *Nettoumlaufvermögen*. Da es mit dem Umsatz bisweilen stark schwankt, bedarf es hoher Aufmerksamkeit. Andererseits lässt es sich durch Management-Entscheidungen gezielt steuern. Denn es bestehen zahlreiche Zusammenhänge mit dem operativen Geschäft.

Wie gerade beschrieben, entspricht das Umlaufvermögen dem Kapitalbedarf, der durch den *laufenden Geschäftsbetrieb* entsteht. Auf der Aktivseite beinhaltet es zwei Elemente. Einerseits sind dies die *Lagerbestände* von den Rohstoffen bis zu den fertigen Waren. Andererseits fällt Kapitalbedarf auch für schon erfüllte, aber noch nicht bezahlte Aufträge an. Solange die Kunden nicht gezahlt haben, muss vom Strom bis zu den Löhnen alles vorfinanziert werden. Diese *Forderungen* sind ein ganz entscheidender Bilanzposten, der schon so manches Unternehmen in den Ruin getrieben hat. Wer sein Geld nicht rechtzeitig eintreibt, geht pleite!

Spiegelbildlich kann ein Unternehmen natürlich genau das gleiche machen und seine Lieferanten erst spät bezahlen. Dadurch entstehen *Verbindlichkeiten*, die den dritten Bestandteil des Nettoumlaufvermögens bilden. Da das Geld erst nach einiger Zeit an den Lieferanten geht, kann es zwischenzeitlich die eigenen Vorräte und Forderungen finanzieren. Verbindlichkeiten sind also eine Geldquelle und stehen folglich auf der Passivseite der Bilanz.

Da die Verbindlichkeiten meist kleiner als die Forderungen sind (der Verkaufspreis ist ja auch höher als die Summe der Einkaufspreise), kann man sie mit den Forderungen und Vorräten verrechnen. Deswegen wird von Netto (= nach Abzügen)-Umlaufvermögen gesprochen, was sich dann komplett auf der Aktivseite befindet. Verbreitet ist auch der englische Begriff „net working capital" (NWC). Obwohl das NWC inhaltlich ein klar zusammengehöriger Block ist, findet man es nie in einer offiziellen Bilanz. Denn die verschiedenen Rechnungslegungsstandards erlauben kein *Gegenrechnen* von Bilanzposten der Aktiv- und Passivseite. Es werden dazu immer Nebenrechnungen gemacht. Weil das NWC mit dem Geschäftsvolumen schwankt, wird es häufig in Prozent des Umsatzes ausgedrückt. So ist es im Zeitablauf, bei saisonalem Geschäft und zwischen Unternehmen besser vergleichbar. Die einzelnen Komponenten des NWC werden darüber hinaus regelmäßig in *Reichweiten* betrachtet. Für wie viele Tage muss produziert werden, um die Vorräte aufzubrauchen? Wie viele Tage dauert es, bis die Kunden ihre Rechnung bezahlen? Wie lange lässt man sich Zeit, bevor man selber seine Lieferanten bezahlt? Mit Zielwerten für diese drei KPI wird in der Unternehmenspraxis das Geschäft gesteuert.

Grundsätzlich versuchen Unternehmen ihr NWC und damit ihren Kapitalbedarf zu minimieren. Allerdings kann sich eine Verbesserung jeder einzelnen Komponente *negativ* im Geschäft auswirken. Werden die Vorräte zu stark gesenkt, muss mit Lieferausfällen gerechnet werden. Haben Geschäftskunden zu harte Zahlungsziele, kaufen sie eventuell woanders. Denn bevor sie nicht selber Umsatz erzielt haben, können einige nicht zahlen. Werden Lieferanten monatelang hingehalten, so steht man ganz unten in deren Gunst. Dies kann ein erhebliches Problem werden, falls es einen Lieferengpass gibt und man als Letzter bedient wird.

Die Optimierung des Umlaufvermögens ist also immer eine Abwägung zwischen dem Kapitalbedarf und damit Kapitalkosten einerseits, sowie dem Geschäft andererseits. Diese muss sorgfältig getroffen werden. Dabei gilt es auch zu beachten, dass einzelne Komponenten des Umlaufvermögens eingesetzt werden können, um *Wettbewerbsvorteile* zu erreichen. Oben wurde bereits beschrieben, wie Ikea seine effiziente Logistik als Differenzierungsmerkmal einsetzt. Der Möbelumschlag ist so hoch, dass nichts länger als ein paar Wochen auf Lager liegt. Daher ist auch der Kapitalbedarf begrenzt. Andere Möbelhersteller können da nicht mithalten. Weil deren Möbel im Schnitt nur alle paar Monate umgeschlagen werden, wird vieles erst auf Bestellung produziert. Sonst würden die Lagerbestände explodieren.

Auch der Finanzteil des Netto-Umlaufvermögens (Forderungen und Verbindlichkeiten) kann strategisch eingesetzt werden. Insbesondere dann, wenn sich ein Geschäftspartner besser finanzieren kann als der andere. Beispielsweise gibt es einige Hersteller professioneller Haarkosmetik, die ihren Friseuren ein halbes Jahr und mehr Zahlungsziel einräumen. Da Friseure notorisch schlecht Bankkredite bekommen, geht das Modell sogar noch weiter. Neben den Shampoos und Colorationen gibt es auch noch die Salon-Einrichtung auf Ratenzahlung obendrauf. Die Friseure danken es den Herstellern mit langen Kundenbeziehungen und hohen Preisen für die Produkte. Allgemein gesprochen, fungiert der finanziell stärkere Geschäftspartner bei solchen Modellen wie eine kleine Bank. Im Marketing-Kap. 7 wurde bereits die Null-Prozent-Finanzierung als Beispiel genannt.

Welchen großen Wert Unternehmen der Minimierung des NWC beimessen, sieht man auch an der Gewährung von Skonti. Für direkte Zahlungen gibt es oft einen Rabatt, der einen jährlichen Zinssatz von zehn und mehr Prozent impliziert. Als Konsument sollte man solche Skonti immer wahrnehmen, wenn man kann. Zwischen Unternehmen sieht dies schon anders aus. Forderungen und Verbindlichkeiten sind letztlich ein Nullsummenspiel. Die Forderung des einen ist die Verbindlichkeit des anderen. Das Umlaufvermögen landet daher tendenziell bei denjenigen Unternehmen, die sich am besten finanzieren können. Wenn das Geld klamm ist, kann es bisweilen angeraten sein, auch hohe Skonti nicht wahrzunehmen.

Geld verdienen ohne Gewinn

Eine sehr simple Regel der Marktwirtschaft sagt: Wer keinen Gewinn macht, fliegt! Einzig der Staat kann unprofitable Unternehmen dauerhaft erhalten. ... Sollte man zumindest meinen. Doch es gibt noch eine andere Möglichkeit: Händler für Lebensmittel und andere schnelldrehende Konsumgüter schaffen es nämlich immer wieder, ein riesiges negatives Netto-Umlaufvermögen aufzubauen.

Während die Kunden an der Kasse cash bezahlen, sehen die Lieferanten erst Wochen oder gar Monate später ihr Geld. So landen schnell hohe Millionenbeträge auf dem Konto. Selbst wenn der eigentliche Handel kaum oder gar überhaupt keinen Gewinn abwirft, reichen die Guthabenzinsen aus, den Betrieb dauerhaft am Laufen zu halten.

Verkauft ein Unternehmen alle Lagerbestände und hört auf, Geschäfte zu machen, sinkt das Umlaufvermögen auf null. Was bleibt, ist das *Anlagevermögen*. Wie der Name suggeriert, handelt es sich um Anlagen wie Fabriken, Grundstücke oder auch Büroeinrichtung. Dazu kommen in einigen Fällen *immaterielle Vermögensgegenstände*, wie Lizenzen, sofern diese klar bewertbar sind. All diese Dinge sind von kurzfristigen Schwankungen des Geschäfts unabhängig. Entsprechend ist das Anlagevermögen recht stabil – Menge und Wert ändern sich nur wenig von Jahr zu Jahr. Daher wird es auch „langfristiges" Vermögen genannt.

Auch die Passivseite der Bilanz wird meist nach Fristigkeit sortiert. Oben stehen die *„spontanen Mittel"*, d. h. alle nicht zu verzinsenden Verbindlichkeiten aus Geschäftstransaktionen. Hauptsächlich sind dies die oben beim Umlaufvermögen diskutierten Verbindlichkeiten aus Lieferung und Leistung. Es gehören aber auch Dinge wie erhaltene Anzahlungen dazu. Inhaltlich sind diese zwar im Netto-Umlaufvermögen zu verrechnen, doch sollten Sie zur höheren Transparenz explizit ausgewiesen werden. Unterhalb der spontanen Mittel stehen die *verzinslichen Schulden*, die ebenfalls wieder nach Fristigkeit sortiert sind. Zunächst kommen die kurzfristigen Schulden, wie ein Dispo-Kredit oder Geldmarkt-Schuldscheine. Dann folgen langfristige Finanzverbindlichkeiten, wie Hypothekenkredite oder ausgegebene Unternehmensanleihen. Überhaupt keine Zeitbegrenzung hat der letzte Posten der Passivseite: das *Eigenkapital*. Es ergibt sich automatisch aus den anderen Bilanzposten als Vermögen minus Schulden.

Eine Faustregel besagt, die *Fristigkeit der Passivseite* sollte nicht unter der der Aktivseite liegen. Beispiel: Eine Fabrik wird mit kurzfristigen Schulden finanziert, doch aufgrund stärkeren Wettbewerbs sinkt die Bonität des Unternehmens und die Banken gewähren keinen neuen Kredit. Da die Fabrik nicht schnell verkauft werden kann, droht die Pleite. Im Idealfall sollten Eigenkapital und langfristige Schulden daher das Anlagevermögen übersteigen. Der Überschuss an langfristiger Finanzierung wird als *Betriebsvermögen* oder englisch „working capital" WC bezeichnet. Als konstanter Kapitalstock dient es der Finanzierung des Netto-Umlaufvermögens. Was nicht vom Working Capital abgedeckt wird, muss über kurzfristige Schulden finanziert werden. Verwirrenderweise lernt man das Betriebsvermögen im BWL-Studium meist in einer anderen Definition kennen: Kurzfristiges Vermögen minus kurzfristige Schulden. Das ist mathematisch zwar richtig, inhaltlich aber falsch. Denn diese Betrachtungsweise suggeriert, das Betriebsvermögen hätte etwas mit den stark schwankenden kurzfristigen Bilanzpositionen zu tun. Dabei ist es genau andersherum. Das Betriebsvermögen ist der Fels in der Brandung des Netto-Umlaufvermögens. Wahrscheinlich entsteht dieses Betrachtungsproblem aufgrund der ähnlichen englischen Namen Net Working Capital und Working Capital. Das beide etwas inhaltlich ganz anderes beschreiben, ist tatsächlich verwirrend.

Obwohl die vier Bilanzposten Netto-Umlaufvermögen, Anlagevermögen, Schulden und Eigenkapital eigentlich alles Wichtige beschreiben, lernt man im Studium auch die 46 anderen Bilanzposten kennen. Die meisten davon sind Untergliederungen der Hauptposten. Zudem gibt es auch ein paar noch nicht angesprochene – und bis auf wenige Ausnahmen kaum relevante – Bilanzposten.

Komplett vernachlässigt wurde bisher *Geld*. Es spielt in den meisten Bilanzen nur eine geringe Rolle, da die Unternehmen in entwickelten Wirtschaftsräumen nur sehr wenig davon zum Betrieb gebrauchen. Sie haben die Möglichkeit, ihr Bankguthaben tagesgenau mit den kurzfristigen Schulden zu verrechnen – genauso wie beim Dispo auf einem Privatkonto. Münzen und Scheine werden meist gar nicht verwendet. Eine größere Menge täglich verfügbares Geld taucht daher nur in der Bilanz auf, wenn es keine Schulden zum Verrechnen gibt. Manchmal wird Geld auch aus strategischen Gründen gehalten, z. B. um besonders solide zu wirken. Anders sieht dies natürlich bei weniger entwickelten Zahlungssystemen aus. Hier müssen Bankguthaben und Bargeld für das Tagesgeschäft vorgehalten werden. Da Geld kurzfristige Kapitalverwendung bedeutet, taucht es als Vermögensgegenstand im Umlaufvermögen auf.

Das langfristige Gegenstück zum Geld sind *Finanzanlagen,* wie z. B. Unternehmensbeteiligungen. Auch diese können vernachlässigt werden, weil sie für die Betrachtung des operativen Geschäfts irrelevant sind. Sie könnten auch an die Unternehmensbesitzer übertragen werden. Dann wäre zwar das Eigenkapital um den gleichen Betrag niedriger, für das Unternehmen ändert sich aber nichts.

Ein weiterer zu vernachlässigender Bilanzposten sind die *Rechnungsabgrenzungsposten.* Als Pendant zu den Forderungen und Verbindlichkeiten erfassen Sie Zahlungen, die sich auf Leistungen nach dem Bilanzstichtag beziehen. Beispielsweise eine Mitte des Jahres für zwölf Monate gezahlte Versicherung (Vermögen) oder eine im Dezember vom Mieter erhaltene Zahlung für den Januar (Verbindlichkeit). Die Abgrenzungsposten können problemlos als Teil des Netto-Umlaufvermögens gesehen werden.

Ein deutlich relevanterer Bilanzposten ist der Geschäftswert, welcher meist mit dem englischen Begriff „*goodwill*" bezeichnet wird. Inhaltlich steht hinter dem Goodwill Vermögen, welches nicht in der Bilanz auftaucht bzw. nicht einzeln bewertbar ist. Beispiel: Ein Investor will eine Unternehmensberatung aufkaufen. Diese hat außer Netto-Umlaufvermögen sowie ein paar Laptops und Schreibtischen nichts in der Bilanz stehen. Allerdings muss der Investor ein Vielfaches des Bilanzwerts hinblättern. Ein kleiner Teil mag noch auf konkrete Dinge, wie Marken oder Kundenlisten zuordenbar sein, doch der Rest ist „guter Wille". Mit Goodwill werden Erfahrung und Kontakte bzw. ganz allgemein der Wert einer bestehenden Organisation bezahlt. Allerdings taucht Goodwill nur in der Bilanz auf, wenn ein Unternehmen übernommen wurde. Denn erst wenn jemand Geld auf den Tisch gelegt hat, gibt es eine hinreichend sichere Bewertungsbasis. Bei börsennotierten Unternehmen lässt sich der Goodwill aus dem Unterschied zwischen Eigenkapital in der Bilanz und Marktkapitalisierung, also der Bewertung des Eigenkapitals am Kapitalmarkt, abschätzen. In die Bilanz darf er trotzdem nicht geschrieben werden. Daher gilt beim Vergleich von Bilanzen Obacht, einheitlich mit oder ohne Goodwill zu rechnen.

Ein ebenfalls sehr relevanter Bilanzposten sind *Rückstellungen*. Der Name ist sprechend: Wenn zukünftig Kosten erwartet werden, die sich aber auf heutige Geschäftsvorfälle beziehen, so muss dafür auch heute etwas zurückgelegt werden. Beispielsweise muss eine Rückstellung für gewährte Produktgarantien gebildet werden, weil mit Sicherheit einige Kunden die Garantie in Zukunft nutzen. Wenn dann kein Geld für Reparaturen zurückgelegt wurde, droht Ungemach. Die größten und wichtigsten Rückstellungen sind die *Pensionsrückstellungen*. Analog zum umlagefinanzierten Rentensystem haben viele Unternehmen ihren Mitarbeitern Pensionszusagen gemacht – diese sollten jedes Jahr über Rückstellungen berücksichtigt werden. Die Pensionsverpflichtungen werden anhand komplizierter mathematischer Verfahren errechnet. Wie bei der Bewertung von Anleihen, wird die heutige Pensionslast größer, wenn der Zins sinkt. Schlagen die Zinsen Kapriolen, so kommt es immer wieder vor, dass Schwankungen der Pensionsrückstellungen sogar den Jahresgewinn übersteigen. Technisch bedeutet die Bildung oder Auflösung einer Rückstellung eine Verringerung bzw. Erhöhung des Eigenkapitals. Rückstellungen sind entsprechend als *Schulden* zu klassifizieren. Damit sind sie in der anfangs aufgestellten verkürzten Bilanz enthalten. Entweder in den kurzfristigen Schulden, z. B. für die unterlassene Instandhaltung einer Maschine, oder in den langfristigen Schulden, z. B. für zukünftig anfallende Abrisskosten eines Gebäudes.

Entscheidend für die Bildung von Rückstellungen sind drei Dinge: Sie müssen *wahrscheinlich*, in ihrer Höhe *abschätzbar* und durch *heutige Geschäftsvorfälle* bedingt sein. Typischerweise reicht eine Eintritts-Wahrscheinlichkeit von 50 % aus, eine Rückstellung zu bilden. Aber was heißt das schon? Für jedes Gerichtsverfahren, beispielsweise, findet man einen Experten, der sagt, das Verfahren gehe verloren. In diesem Fall muss für die erwarteten Kosten eine Rückstellung gebildet werden. Ist dies jedoch vom Management nicht gewünscht, gibt es immer auch einen Juristen mit gegenteiliger Meinung. Rückstellungen sind damit das Instrument schlechthin zur im Kapitel-Intro angesprochenen *Ergebnissteuerung*. Sprudelt der Gewinn, tauchen sogleich graue Risikowolken auf. Ein Gerichtsverfahren droht oder eine Fabrik könnte einstürzen. Sind die Zeiten hingen schlecht, ist das Gerichtsverfahren kein Thema mehr und die Fabrik hält auch noch ein paar Jahre. Die Rückstellungen können aufgelöst werden ohne einen Cent zahlen zu müssen – der Gewinn steigt. Trotz relativ enger Rechnungslegungsvorschriften besteht bei Rückstellungen also immer Flexibilität. In der Regel entscheiden die Wirtschaftsprüfer über deren Zulässigkeit. Daher ist dem Management ein partnerschaftliches Verhältnis mit den Prüfern wichtig. Schwieriger wird es hingegen mit den *Steuerbehörden*, die ganze Klassen von betriebswirtschaftlich durchaus sinnvollen Rückstellungen nicht akzeptieren. Denn Rückstellungen verringern den heute zu versteuernden Gewinn. Beispielsweise dürfen keine „Drohverluste" rückgestellt werden, wenn man einen langfristigen Liefervertrag geschlossen hat, der zukünftig wohl nicht kostendeckend erfüllt werden kann.

Durch solche Sachverhalte entstehen Unterschiede zwischen der unternehmerischen Handelsbilanz nach Rechnungslegungsvorschriften und der für den Fiskus relevanten *Steuerbilanz*. Auch temporäre Steuererleichterungen, wie beschleunigte Abschreibungen, können zu Unterschieden führen. Falls solche Unterschiede nur temporär sind, kommt es zu einem recht obskuren Posten in der Bilanz: *latente Steuern*. Auch wenn fast jeder Leser dazu einmal eine Klausuraufgabe gerechnet haben dürfte, fällt es wohl den meisten schwer, latente Steuern zu erklären. Hier zumindest ein Versuch: Werden heute mehr Steuern gezahlt als es sich aus der Handelsbilanz ergibt, dann bedeutet dies im Umkehrschluss, dass zukünftig weniger an den Fiskus abzuführen ist, als man nach der Handelsbilanz müsste. Weniger in der Zukunft zu zahlen ist eine gute Sache und wird daher als aktive latente Steuer als Vermögen auf der linken Bilanzseite erfasst. Fallen mehr Steuern in der Zukunft an, entsteht eine passive latente Steuer.

Solche Spitzfindigkeiten sind allerdings nur für Experten relevant. Zur Unternehmenssteuerung sind sie ohne Belang. Im internen Rechnungswesen werden nicht-operative Sachverhalte meist sogar komplett weggelassen. Die „Bilanz" beseht dann nur noch aus Netto-Umlaufvermögen, Anlagevermögen und Rückstellungen – also denjenigen Posten, die durch die Geschäftsverantwortlichen beeinflusst werden. Bisweilen wird auch der Goodwill mit aufgelistet. Eine vollständige Bilanz ist es dann allerdings trotzdem nicht, sondern lediglich eine Auflistung des gebundenen Kapitals bzw. englisch „*capital employed*". Bei der Betrachtung des Capital employed wird noch mal deutlich, warum die Bilanz so wichtig ist:

Das gebundenen Kapital ist die Latte, an der sich der Gewinn vor Zinsen messen lassen muss. Der entsprechende KPI heißt englisch *„return on capital employed"*, ROCE. Das gebundene Kapital ist der Input, der erzielte Gewinn der Output. Nur wenn ein Unternehmen auf sein gebundenes Kapital einen ordentlichen Gewinn erzielt, ist es wirklich gut.

Diese Perspektive geht leider häufig in der Unternehmenspraxis verloren. Es herrscht eine *„Kapital ist kostenlos"*-Mentalität. Dies liegt unter anderem daran, dass sich Manager ungern für das gebundene Vermögen verantwortlich machen lassen. Denn nur die wenigsten können auf NWC-Reichweitenziele oder gar Anlagen und Gebäude Einfluss nehmen. Im Mittelpunkt des Manager-Interesses steht der *Gewinn*. Er ergibt sich als Unterschied des Eigenkapitals der Start- zur Endbilanz, bereinigt um Zuführungen und Entnahmen der Besitzer, wie z. B. Dividenden. Vereinfacht gesagt, entspricht der Gewinn dem in einer Periode hinzugewonnenem Reinvermögen. Diese Perspektive ist allerdings sehr begrenzt und gibt keinen Aufschluss über den Geschäftsverlauf. Die Bilanz zeigt eben nur pauschale Vermögensänderungen, aber keine Details, wo der Gewinn genau herkommt. Dafür gibt es ein ganz eigenes Rechenwerk.

8.2   Gewinn – Das, was man erwirtschaftet

Ziel praktisch aller Unternehmen ist es, Gewinn zu erwirtschaften. So ist es nur logisch, für das Thema eine detaillierte *Gewinn- und Verlustrechnung*, kurz *GuV*, zu haben. In der Praxis und bei nicht englischen Muttersprachlern ist auch „profit and loss statement" bzw. P&L beliebt, obwohl der korrekte englische Fachbegriff „income statement" ist. Während die Bilanz das Vermögen zu einem Stichtag zeigt, bildet die GuV immer eine *Periode* ab – typischerweise ein Jahr und bei größeren Unternehmen auch Quartale. Als Teil des Jahresabschlusses unterliegt sie, wie die Bilanz, verschiedenen Rechnungslegungsvorschriften. Allerdings besteht gerade in der internationalen Rechnungslegung deutlich mehr Flexibilität als bei der Bilanz.

Säßen Sie jetzt wieder in der Uni, könnten Sie wahrscheinlich über eine eng beschriebene Folie mit 30 oder mehr GuV-Posten staunen. In großen Unternehmen müssen Sie bisweilen sogar einen DIN-A2-Ausdruck bemühen, um die ganze interne GuV lesbar abzubilden. Während frische BWL-Absolventen in der Praxis über die Kürze der internen Bilanz oft erstaunt sind, ist es bei der GuV andersherum.

Wie bei der Bilanz, ist diese Detailtiefe zum Verständnis aber in keiner Weise nötig. Denn die Gewinn- und Verlustrechnung enthält nur *drei* einfache Elemente: *Umsatz, Kosten* und *Gewinn*. Der *Umsatz* ergibt sich aus Preis mal Menge. Er spiegelt das operative Geschäft wider. In der Rechnungslegung wird allerdings häufig nicht von Umsatz, sondern allgemeiner von *Erträgen* gesprochen. Dies ist ein etwas weiter gefasstes Konzept, da alles gezählt wird, was das Vermögen erhöht. Ein Schadenersatz von einer Versicherung zählt als Ertrag, ist aber kein operativer Umsatz. Vom Umsatz werden dann die *Kosten* bzw. in der korrekten Sprache der Rechnungslegung, der *Aufwand* abgezogen. Kosten fallen immer dann an, wenn sich das *Vermögen reduziert*. Dies können Gehaltszahlungen, Werbung oder auch die Abnutzung eines Laptops sein. Zieht man die Kosten vom Umsatz ab, so bleibt hoffentlich ein *Gewinn*. Übersteigen die Kosten den Umsatz, ist ein *Verlust* in der Periode angefallen. Die GuV ist fertig! Obwohl es trivial klingt, liefert diese Mini-GuV bereits die wesentlichen Informationen für die Unternehmenssteuerung. Die beiden wichtigsten KPI sind nämlich das Umsatzwachstum und die Gewinnmarge.

Das *Umsatzwachstum* misst die Umsatzveränderung zwischen zwei Perioden. Es wird im Verhältnis zu den gesetzten Zielen, dem Marktwachstum oder bestimmten Wettbewerbern betrachtet. Eine wichtige Zusatzinformation ist die Zusammensetzung des Wachstums. Wie viel kommt aus zusätzlich verkauften Stücken bzw. *Volumen* (Ist die Kapazitätsauslastung gestiegen?) und wie viel aus *Preissteigerungen* (Konnte die Inflationsrate kompensiert werden?). Zudem werden strukturelle Effekte wie Akquisitionen und Währungskursschwankungen bereinigt. Was bleibt, ist die operative Entwicklung des bestehenden Geschäfts. Oft wird von „*organischem Wachstum*" gesprochen.

Die *Gewinnmarge* entspricht dem Gewinn in Prozent vom Umsatz. Sie beantwortet die Frage, wie viel von einem Euro Umsatz als Gewinn übrigbleibt. Sie ist eine sehr aufschlussreiche Kennzahl, da sie die *Profitabilität* des Geschäfts widerspiegelt. Insbesondere im Vergleich ähnlicher

Unternehmen erkennt man, welches Unternehmen insgesamt am besten ist. Je nach Geschäftsmodell kann die Gewinnmarge sehr unterschiedlich sein. Ein Händler mag mit drei Prozent schon hervorragend dastehen, während für einen Maschinenbauer zehn Prozent enttäuschend sein mögen. Der Grund liegt im unterschiedlichen *Kapitalumschlag*, d. h. dem Verhältnis vom Umsatz zum eingesetzten Kapital. Während der Händler nur ein paar hoch frequentierte Verkaufsflächen und somit außer dem NWC kaum Kapitalbindung haben mag, gibt es beim Maschinenbauer teure Fabriken. Aus Gewinnmarge und Kapitalumschlag zusammen ergibt sich der bereits zuvor genannte Return on Capital Employed ROCE. Der Kreis aus Bilanz und GuV schließt sich.

Auch die in der Unternehmenspraxis weit verbreitete Kapital-ist-kostenlos-Mentalität hat ihr Pendant in der GuV: *„Eh-da-Kosten"*. So wird z. B. in der Produktentwicklung schnell mal eine extra Versuchsreihe gemacht – die Materialien sind ja alle eh da. Es kostet also nichts. Besonders beliebt sind auch Zusatzaufgaben für die Mitarbeiter. Auch hier keine Kosten, das Personal ist ja eh da. Obwohl diese Sichtweise vollkommener Unsinn ist, kann man in jedem Unternehmen täglich Beispiele dafür finden. Die weit verbreitete Meinung, alles was mit „Board-Mitteln" des Unternehmensdampfers gelöst wird, sei kostenlos, ist ganz einfach falsch! Wie oben definiert, fallen Kosten immer dann an, wenn Vermögen bzw. noch allgemeiner *Ressourcen verbraucht* werden. Im Fall der Produktentwicklung bedeutet der Materialverbrauch eine Abnahme des Lagerbestands und wird in der GuV als Kosten erfasst. Bei den Mitarbeitern ist es schwieriger. Hier fließt in der Regel ein monatliches Gehalt an den Mitarbeiter. Egal wie lange sie im Betrieb bleiben, die Kosten in der GuV bleiben augenscheinlich gleich.

Sind die Eh-da-Kosten der Mitarbeiter also tatsächlich null? Nein, sie sind es nicht! Anstatt der Zusatzaufgabe könnte ein Mitarbeiter auch etwas ganz anderes im Betrieb machen. Sinnvolle Dinge, die z. B. zukünftig den Zeitaufwand für bestimmte Arbeiten verringern, gibt es fast immer. Und wenn nicht, ist zumindest die Alternative „Feierabend" etwas wert. Der Fachbegriff für dieses Phänomen ist *Opportunitätskosten* oder auch kalkulatorische Kosten. In Profitabilitätsrechnungen des Controllings werden Opportunitätskosten regelmäßig erfasst. Ganz pragmatisch wird jedem Ressourcenverbrauch, wie z. B. einer Mitarbeiterstunde, ein Preis zugeordnet – egal ob dafür extra gezahlt wird. Im externen Rechnungswesen ist hingegen kein Platz für solche Kosten, da sie nicht unmittelbar belegbar sind. Erst wenn sich Opportunitätskosten manifestieren, z. B. falls ein Mitarbeiter frustriert kündigt und ein neuer angelernt werden muss, tauchen sie in der GuV auf. Dann ist es freilich zu spät etwas zu tun.

Das Phänomen der Eh-da-Kosten hängt eng mit einem anderen weit verbreiteten Missverständnis bzw. wenn es bewusst gemacht wird, Missstand zusammen: Kosten werden mit *Ausgaben* gleichgesetzt. Der Unterschied ist eigentlich ganz einfach: Bei Ausgaben fließt Geld aus dem Unternehmen an Dritte, bei Kosten wird, wie mehrfach gesagt, Vermögen verbraucht. Obwohl einzig die Kosten relevant sein sollten, klebt die Unternehmenspraxis wie magisch an den *Geldflüssen*. Häufig sind Kosten und Ausgaben das gleiche, z. B. wenn Material angeschafft und direkt verbraucht wird. Auch die monatlichen Gehaltszahlungen einer Abteilung sind Kosten und Ausgaben zugleich. Aus der Brille des Abteilungsleiters wird dies auch meistens richtig erkannt. Sobald ein Dritter involviert ist, geht diese einfache Logik aber immer wieder verloren. Zum Beispiel mag für eine Produkteinführung eine neue Verpackung entwickelt werden, anstatt alternativ auf einen bestehenden Standard zurückzugreifen. Denn die Mitarbeiter der Verpackungsentwicklung bekommen ihr Gehalt ja so oder so, es fallen keine zusätzlichen Ausgaben an. Einen externen Dienstleister mit der Entwicklung zu beauftragen wäre hingegen undenkbar, da hier echte Ausgaben an Dritte anfallen. Dies ist eine fatale Denkweise, da die Kosten tatsächlich die gleichen sind und trotzdem unterschiedliche Entscheidungen getroffen werden. Genauso werden häufig Investitionen nicht getätigt, da deren Ausgaben mit Kosten verwechselt werden. So bekommt der Praktikant keinen Laptop, weil die Anschaffung zu teuer ist. Ganz so, als ob sich das Gerät nach den zwei Monaten in Luft auflöst.

Das Problem der Eh-da-Kosten und das Gleichsetzen von Ausgaben und Kosten tritt vermehrt dann auf, wenn im Betrieb Leistungen anderer Abteilungen beansprucht werden. Als Lösung des Dilemmas hat das Controlling interne *Verrechnungspreise* erfunden. Aus Kosten werden so Ausgaben. Im Beispiel müssten die Kosten für die Produktentwicklung als Ausgabe auf dem Projektkonto verrechnet werden, ganz so, als ob eine externe Entwicklung beauftragt worden wäre. Das ist für das Unternehmen als Ganzes zwar ein Nullsummenspiel, doch werden die Kosten auf diese Weise von den Entscheidern korrekter beachtet. Allerdings verursachen solche Lösungen einen hohen Verwaltungsaufwand und bergen ihre eigenen Tücken. Da passiert es schon mal, dass die Obstschale des internen Bewirtungsservice 30 Euro kostet, weil im gleichen Bereich auch die Werkssicherheit angesiedelt ist. Die verrechnet sich fälschlicherweise einfach mit. Im Ergebnis gehen die Mitarbeiter vor einem Workshop selber zum Supermarkt und der Bewirtungsservice sitzt rum. Ein klassischer *Fehlanreiz* durch falsche Preisinformationen.

Alle bisherigen Überlegungen beruhen auf den drei Elementen der Mini-GuV: Umsatz, Kosten und Gewinn. Damit lässt sich bereits ein Gesamtunternehmen steuern und mit anderen vergleichen. Um dessen Teilbereiche und die verschiedenen Prozesse zu verstehen, braucht man jedoch mehr Details. Diese werden beim Aufdröseln der Kosten in *Einzelelemente* und beim Einziehen von *Zwischensummen* deutlich. An dieser Stelle ergibt sich eine trivial anmutende weitere Erkenntnis, die im Studium nie hervorgehoben wird. Gerade gegenüber Nicht-BWLern kann man damit aber Punkten: Die GuV wird immer untereinandergeschrieben! Dies impliziert, dass die oberste Zeile immer der Umsatz und die letzte Zeile immer der Gewinn ist. Dazwischen liegen die Kosten. Die große Erkenntnis daraus: Im Englischen wird synonym zum Umsatz auch der Begriff *„top line"* (oberste Zeile) und für den Gewinn *„bottom line"* (unterste Zeile) genutzt. In der Praxis sind die beiden Begriffe weit gebräuchlich, obwohl die meisten nur so ungefähr wissen, was gemeint ist. Falls Sie in einem Unternehmen tätigt sind, daher mein Tipp für das nächste Gespräch mit dem Chef – oder besser – dem Chef des Chefs. Bringen Sie doch einmal an: „Ich denke, in der Top Line sind wir gut aufgestellt und sollten daher an der Bottom Line arbeiten." Das macht mächtig Eindruck!

Natürlich muss ein solcher Spruch auch mit ein wenig Detailwissen unterfüttert sein. So ist die Top Line z. B. nicht wirklich die erste Zeile. Denn es wird meistens zwischen Brutto-Umsatz nach Preisliste und Netto-Umsatz nach tatsächlich erzielten Preisen unterschieden. Dazwischen liegen die *Rabatte*. Als guter Ökonom sollte man direkt erkennen: „Irrelevant! Es zählt nur, was man am Ende bekommt." Wenn man den Listenpreis um zehn Prozent erhöht, aber dann auch zehn Prozent mehr Rabatt gibt, ist nichts gewonnen. Für einen guten Betriebswirt sieht die Sache allerdings anders aus, wie Sie in Kap. 7 gesehen haben: „Sehr relevant! Mit dem Kunden wird über Listenpreis und Rabatte *verhandelt.*" Tatsächlich geht es nur in den wenigsten Branchen direkt um den Netto-Preis. Die Unterscheidung zwischen Brutto- und Netto-Umsatz bildet also wichtige Verhandlungsparameter ab – auch wenn es hier teils nur um Psychologie geht.

Während die Detaillierung des Umsatzes noch überschaubar ist, gibt es eine enorme Detailtiefe bei der Darstellung der Kosten. Grundsätzlich bestehen zwei Herangehensweisen diese zu untergliedern: nach Kostenarten oder nach Verantwortlichkeiten. Zwar führen beide Methoden zum gleichen Gewinn, doch weisen Sie entscheidende Unterschiede auf. Intuitiver ist zunächst die Auflistung von *Kostenarten*, z. B. auf oberster Ebene Materialaufwand, Personalaufwand, Abschreibungen und sonstiger betrieblicher Aufwand, der nicht den anderen Kostenarten zugeordnet ist. Auf diese Weise werden sämtliche Kosten der Periode erfasst – die Methode wird daher *Gesamtkostenverfahren* bzw. englisch „total cost accounting" genannt. Wird etwas auf Lager produziert, werden die entsprechenden Kosten wieder abgezogen. Gerade aus externer Sicht macht das Gesamtkostenverfahren Sinn, da die Kostenarten oft homogenen Einflussfaktoren unterliegen. Sämtliche Personalkosten werden z. B. von der Gehaltsinflation beeinflusst. Hieran zeigt sich jedoch auch das entscheidende Defizit der Methode: Niemand ist für eine Kostenart verantwortlich. Größere Unternehmen sind entlang der Wertschöpfungskette nach Abteilungen und Prozessen aufgestellt. Die GuV muss helfen, eine solche Organisation zu *steuern*. Entsprechend findet das Gesamtkostenverfahren nur bei kleinen Unternehmen Anwendung.

Als Standard hat sich international das *Umsatzkostenverfahren*, englisch „cost of sales", etabliert. Entgegen dem Gesamtkostenverfahren werden hier entlang der Wertschöpfungskette nur diejenigen Kosten aufgeführt, die zum Umsatz gehören. Kosten für auf Lager produzierte Waren tauchen also gar nicht erst auf. Auf oberster Ebene wird in Herstellkosten bzw. englisch „cost of goods sold" *COGS*, Vertriebs- und Verwaltungskosten bzw. englisch „sales, general and administrative" *SG&A* und sonstigen betrieblichen Aufwand unterteilt. Für jeden Kostenblock werden meist zusätzliche Informationen zu den Kostenarten (Personal, Material etc.) zur Verfügung gestellt. Der Charme des Umsatzkostenverfahrens ist es, dass sich einzelne Manager in der GuV *wiederfinden*. Der Chef der Lieferkette kann so an den Herstellkosten gemessen werden, während der Leiter von Forschung und Entwicklung am entsprechenden Teil der Verwaltungskosten gemessen wird. Die GuV ist damit der zentrale Maßstab für finanzielle Unternehmensziele und erfolgsabhängige Vergütung.

Im internen Rechnungswesen haben alle großen Kostenblöcke und damit auch Verantwortungsbereiche ihre eigene *Kostenzeile* in der GuV. Nach wichtigen Kostenzeilen werden zudem Zwischensummen eingezogen. Diese *Beitragslevel* (englisch „contribution margin") liefern wertvolle Informationen. Der Umsatz minus Herstellkosten wird beispielsweise als *Rohergebnis* oder *Deckungsbeitrag* (englisch „gross profit") bezeichnet. Die Kennzahl zeigt an, wie viel von jedem Euro Umsatz dem Unternehmen für Verkauf, Verwaltung und Gewinn bleibt. Ein kurzer Blick auf diese einzige Zahl ermöglicht bereits klare Rückschlüsse auf das Geschäftsmodell: bei 15 % Rohergebnis bedarf es einer schlanken Organisation, die sich ohne jeden Schnickschnack auf das Massengeschäft konzentriert. Betragen die Herstellkosten dagegen nur 20 %, ist bei 80 % Rohergebnis viel Raum für individuellen Service, extravagante Präsentation oder teure Produktentwicklung.

Nach dem Rohergebnis werden sämtliche regulären Kosten abgezogen, z. B. für Werbung, Produktmanagement, Vertrieb, Kunden-Service, Forschung und Entwicklung oder die Geschäftsleitung. Der entsprechende Beitragslevel, häufig *Gewinnbeitrag* genannt, spiegelt das Ergebnis im Fall eines normalen Geschäftsverlaufs wieder. Vom Gewinnbeitrag werden die verbleibenden nicht-regulären *operativen* Kosten abgezogen. Operativ bedeutet hierbei, dass die Kosten unmittelbar mit dem Geschäft des Unternehmens zusammenhängen. Allerdings fallen sie unregelmäßig an oder sind nicht durch die Verkaufstätigkeit getrieben. Beispiele sind Kosten für Restrukturierungen oder sonstige betriebliche Erträge/Aufwendungen. Sonstige betriebliche Erträge, wie z. B. aus dem Verkauf einer Maschine über Bilanzwert, werden meist bewusst nicht als Teil des Umsatzes aufgeführt, sondern als negative Kosten relativ weit unten in der GuV. Sonst würden sie die Top Line verfälschen. So könnte der Verkauf der Maschine wegen schwacher Nachfrage den Umsatz erhöhen und damit fälschlicherweise ein gutes Geschäft suggerieren.

Nach Abzug aller operativen Kosten ist der wohl wichtigste Beitragsle-vel erreicht: das *Betriebsergebnis* (englisch „operating income"). Noch bekannter ist es unter dem englischen Kürzel *EBIT*, welches für „earnings before interest and tax" steht, also der Gewinn vor Zinsen und Steuern. Aus dieser Sichtweise wird auch direkt deutlich, warum der EBIT so wichtig ist. Er bildet das operative Geschäft eines Unternehmens ab, zu dem oft tausende Mitarbeiter und Manager beitragen. Zinsen und Steu-ern auf der anderen Seite sind weitgehend extern gegeben und werden nur von wenigen Spezialisten im Unternehmen beeinflusst.

Dennoch sind die Kosten-Zeilen nach dem EBIT nicht unerheblich, alleine schon aufgrund ihrer Größe. Hinter dem „I" des EBIT steht nicht nur das Zinsergebnis, also der Saldo aus Zinsertrag und Zinsaufwand, sondern das gesamte *Finanzergebnis*. Es umfasst neben den Zinsen auch das Ergebnis aus Beteiligungen und Wertpapiergeschäften. Nach Abzug des Finanzergebnisses ist der *Vorsteuergewinn*, englisch „earnings before tax" EBT, erreicht. Die vermeintlich letzte Kostenzeile ist dann das *Steu-erergebnis*. Dahinter stecken die Gewinn- und sonstigen betrieblichen Steuern, wie z. B. die Grundsteuer. Da insbesondere die Gewinnsteuern erst im Nachhinein festgesetzt werden, wird der Steueraufwand einer Periode über Rückstellungen approximiert.

Das Steuerergebnis ist nur die vermeintlich letzte Zeile der GuV, weil die meisten Rechnungslegungsvorschriften noch ein *außerordentliches Ergebnis* vorsehen. Dies können nicht operative Einmaleffekte sein, wie z. B. ein großer nicht versicherter Feuerschaden. Internationale Rech-nungslegungsvorschriften fassen vor allem das Ergebnis aus aufgege-benen Geschäftsbereichen als außerordentlich auf. Wird z. B. ein Tochterunternehmen zur Jahresmitte verkauft, kann durch diesen Son-derausweis das ordentliche Ergebnis im kommenden Jahr weiterhin ver-glichen werden. Erst nach Abzug des außerordentlichen Ergebnisses ist endlich der Gewinn erreicht. Mit Fachbegriff wird er als *Jahresüberschuss* bzw. englisch „net income" bezeichnet. Der Jahresüberschuss steht den Unternehmensbesitzern zur Verfügung und kann als Dividende ausge-schüttet werden oder als Eigenkapital im Unternehmen verbleiben. Der einbehaltene Gewinn ist, wie schon gesagt, gleich der Änderung des Eigenkapitals in der Bilanz. Allerdings gibt es auch hier noch einige Son-dereinflüsse.

Wenn der einbehaltene Gewinn nicht die bilanzielle Veränderung des Eigenkapitals erklärt, könnte es Zuführungen oder Entnahmen der Besitzer, z. B. in Form einer Kapitalerhöhung oder Sonderdividende, gegeben haben. Darüber hinaus gibt es noch einige weitere Faktoren, die das Eigenkapital ohne GuV-Ausweis verändern können. Währungskursschwankungen oder Änderungen der finanzmathematischen Berechnungen der Pensionsverpflichtungen sind die häufigsten Punkte. Vor allem internationale Rechnungslegungsvorschriften sehen daher neben der GuV noch eine *Überleitungsrechnung für das Eigenkapital* vor, welche englisch mit „statement of other comprehensive income" bezeichnet wird. Allerdings findet diese Rechnung nur wenig Beachtung, da sie technische Faktoren ohne Einfluss auf Geschäft oder Cashflow erklärt.

Für Konzerne, d. h. Mutterunternehmen mit Tochterunternehmen, ist noch eine Besonderheit zu beachten: Die Rechnungslegung erfasst sämtliche Tochterunternehmen, bei denen die Mutter das Sagen hat – selbst wenn es noch andere Teilhaber mit *Minderheitsbeteiligungen* gibt. Logischerweise steht dann nicht der volle in der GuV ausgewiesene Gewinn den Aktionären der Mutter zu, sondern ein Teil entfällt auf die „Minderheiten". Entsprechend wird der *Gewinn pro Aktie* bzw. englisch „earnings per share" *EPS* immer anhand des Gewinns nach Minderheiten berechnet.

Noch mehr als in der Bilanz bestehen trotz detaillierter Vorschriften einige *Freiheiten* im Ausweis der Kosten. Aus Steuerungssicht sollte natürlich versucht werden, Kosten möglichst genau den Verantwortlichen und damit den Kostenzeilen zuzuordnen. Doch in der Realität sieht es anders aus. Kosten unterliegen der Schwerkraft – sie tendieren in der GuV nach unten zu rutschen. Eine neue Produktionssoftware beispielsweise gehört richtigerweise in die Herstellkosten. Allerdings könnte dies heißen, zehn einzelne Fabrik-Manager von der Sinnhaftigkeit und den zusätzlichen Kosten überzeugen zu müssen. Da ist es natürlich einfacher, die Software in den allgemeinen Verwaltungskosten auszuweisen. Denn hier ist nur der Geschäftsführer zu überzeugen.

Die Freiheiten bei der Erstellung der GuV sind nicht nur nützlich, um sich das Manager-Leben einfach zu machen. Sie dienen auch als Basis der in der Kapiteleinleitung angesprochenen *Ergebnissteuerung*. Bei börsennotierten Unternehmen können Sie grundsätzlich davon ausgehen, dass die GuV die eigentliche Geschäftsentwicklung nur gedämpft widerspiegelt.

Werden die Markterwartungen übertroffen, lief es eigentlich noch besser. Liegen die Zahlen eines Unternehmens unter der sogenannten Konsensus-Schätzung, dann ist die Lage noch schlechter als berichtet. Einzig wenn ein Kehraus nach dem Motto „jetzt ist eh alles egal" stattfindet, ist die eigentliche Lage besser als die GuV zeigt.

Es gibt zwei wesentliche Instrumente, den Gewinn zu beeinflussen: Die bereits bei der Bilanz erläuterten Rückstellungen sowie Abschreibungen. Die Bildung einer *Rückstellung* taucht in der jeweiligen Zeile der GuV als Kosten auf. Wird eine alte Rückstellung aufgelöst, so fallen negative Kosten oder ein sonstiger betrieblicher Ertrag an. Mit Rückstellungen kann der Gewinn folglich in beide Richtungen beeinflusst werden.

Bei *Abschreibungen* steht meist die Gewinnreduktion im Fokus, da negative Abschreibungen bzw. in anderen Worten Zuschreibungen eng reglementiert sind. Erst langfristig besteht die Möglichkeit, „Abschreibungsreserven" z. B. durch den Verkauf von abgeschriebenen Vermögensgegenständen aufzudecken. Inhaltlich steht hinter Abschreibungen ein Wertverlust von Vermögensgegenständen. Sämtliche Einrichtung, Fabriken und Maschinen werden *planmäßig* abgeschrieben. Hält eine Maschine für 10.000 € zehn Jahre, so werden jedes Jahr 1000 € abgeschrieben. Der Betrag taucht als Kosten in der GuV auf, während in der Bilanz der Wert der Maschine um die 1000 € reduziert wird. Der Kauf der Maschine selbst bedeutet zunächst keine Kosten, da in der Bilanz lediglich Vermögen getauscht wird: Geld gegen Maschine. Erst wenn die Maschine über die Zeit abgenutzt wird, verliert sie an Wert. Diese entspricht genau der Definition von Kosten als Verbrauch von Nettovermögen. Abschreibungen sind daher in der Rechnungslegung unverzichtbar, da sie den Wertverzehr an langlebigen Gütern als Kosten über die Jahre verteilen. Zusätzlich werden Abschreibungen genutzt, um den Wertverlust von kurzfristigem Vermögen abzubilden, z. B. wenn Lagerbestände nicht mehr zu verkaufen sind oder ein Kunde pleitegeht und die ausstehenden Forderungen nicht mehr eingetrieben werden können. Solche Abschreibungen sind allerdings immer *außerordentlich*, da kurzfristiges Vermögen normalerweise keinem Wertverlust unterliegt.

Wie bei den Rückstellungen, gibt es auch für Abschreibungen strenge Vorschriften, insbesondere von den Steuerbehörden. Aber dennoch besteht Spielraum. So kann beispielsweise der übergebliebene Lagerbestand der

WM-Sonderedition gut nachvollziehbar auf null abgeschrieben werden, obwohl er sich zur EM-Qualifikation ein paar Monate später doch noch verkaufen lässt. Das Beispiel zeigt, an einigen Stellen wissen nur die Geschäftsverantwortlichen wirklich Bescheid, wie werthaltig das Vermögen ist.

Die Königsdisziplin der Ergebnissteuerung ist die *Umsatzsteuerung*. Im BWL-Studium haben Sie wahrscheinlich gelernt, es sei aufgrund der engen Rechnungslegungsvorschriften praktisch unmöglich, den Umsatz mit legalen Mitteln zu manipulieren. Dieser wird nämlich über drei klare Kriterien definiert: Es muss eine wirksame Vereinbarung geben, der Käufer muss die Lieferung oder Leistung erhalten haben und der Preis muss feststehen. Genau dann wird der Umsatz in der GuV erfasst. Hier erweist sich die Praxis aber etwas flexibler als die Theorie.

Ein einfacher aber effektiver Stellhebel ist die *zeitliche Erfassung* des Umsatzes, der Fachbegriff ist Fakturierung. So können die Vertriebler am Quartalsende gebeten werden, doch etwas zu trödeln und die gelieferten Waren erst zum 1. des Folgemonats in ihren Laptop zu tippen. Umsatz kann so relativ einfach vom aktuellen ins Folgequartal verschoben werden. Genauso kann man mit den Kunden aushandeln, besonders viel oder wenig zu liefern. Gerade bei Konsumgütern ist dieses „Pipeline filling" ein wichtiger Stellhebel, denn der Umsatz des Herstellers landet erstmal im Lagerbestand des Handels. Bei Dienstleistungen könnte zu Jahresende noch mal eine Zwischenrechnung verschickt werden, um den Umsatz zu erhöhen. Im Folgejahr ist der Umsatz entsprechend niedriger.

Durch geschickte Fakturierung kann Umsatz freilich nur zeitlich etwas verschoben werden. Um ihn längerfristig auch über Bilanzstichtage hinweg zu beeinflussen, bedarf es eines tiefen Griffs in die Buchhaltungs-Trickkiste: Rückstellungen in der Rabattzeile. Für einen Gerätehersteller z. B. könnten mit Einführung einer neuen technischen Generation Listungs-Gebühren beim Fachhandel anfallen, weil dieser Einmal-Aufwand für die Verkäuferschulung hat. Diese Listungs-Kosten fallen mit hoher Wahrscheinlichkeit an, sind abschätzbar und durch die heutige Entwicklungs-Entscheidung bedingt. Auch wenn dies nicht im Sinne des Erfinders ist, sind damit die Kriterien für eine Rückstellung erfüllt. Wird dies gut gegenüber dem Wirtschaftsprüfer argumentiert, ist die Rabatt-Rückstellung und dadurch ein negativer Umsatz ruck-zuck gebildet.

Wegen solcher Freiheiten bei Bilanzierung und Gewinnermittlung schwören viele Fachleute einzig auf echte *Geldflüsse*. In der GuV werden daher insbesondere Abschreibungen (englisch „depreciation") und Amortisationen, d. h. Abschreibungen auf immaterielle Vermögensgegenstände, separat ausgewiesen. Denn hinter diesen steht kein Geldfluss. Anstatt auf den operativen Gewinn EBIT wird auf den *EBITDA*, den operativen Gewinn vor Abschreibungen und Amortisationen geschaut. Genauso müssen auch Veränderungen in den Rückstellungen und anderen Positionen berücksichtigt werden, wenn diese keine Geldflüsse auslösen. Das Thema ist so bedeutsam, dass das Rechnungswesen einen eigenen Bericht dafür entwickelt hat. Dieser heißt im Englischen passend „cash flow statement" bzw. im Deutschen Kapitalflussrechnung. Da dies begrifflich allerdings in die Irre führt – es geht schließlich um liquide Mittel und nicht um Kapital – ist die weniger verbreitete Bezeichnung *Geldflussrechnung* besser geeignet.

8.3 Liquidität – Das, was auf dem Konto landet

Der schönste Gewinn ist wertlos, wenn man davon nichts auf dem Konto sieht. „Cash is king!" Versuchen Sie einmal Anfang November beim Elektrohändler einen Fernseher für Ihr anstehendes Weihnachtsgeld zu bekommen, dann wird das Problem schnell klar. Obwohl Sie es schon weitgehend verdient haben, gibt es keinen Fernseher. Das gleiche Prinzip gilt für Unternehmen. Auch hier zählt letztlich nur die Liquidität. Die GuV bildet diese allerdings nur unzureichend ab. Wie diskutiert, ist sie von einer *Geschäftssteuerungslogik* geleitet. Hinzu kommt die Verzerrung durch *steuerliche Gesichtspunkte*. Die Kosten werden oft im Rahmen des Erlaubten maximiert, um so möglichst wenig Steuern zu zahlen. Das betrifft vor allem Abschreibungen und Rückstellungen, für die allerdings kein Geld abfließt.

Entgegen der GuV unterliegt der Geldfluss keinen solchen Verzerrungen, er kann kaum manipuliert werden. Cashflow ist ehrlich – leider aber auch dumm. Gerade weil die „Steuerungselemente" der GuV fehlen, sagt der Geldfluss selber zunächst wenig. Er muss daher immer im Kontext betrachtet werden. Beispiele: Verschleppt ein Unternehmen die Zahlungen an seine Mitarbeiter und Lieferanten, so steigt der Cashflow – obwohl die Geschäftslage dramatisch sein kann. Baut ein Stromversorger dagegen neue Kraftwerke, so ist der Cashflow in der Investitionsphase negativ. Das Geld fließt dafür aber über Jahrzehnte zurück. Aus den beiden Beispielen lassen sich zwei Schlüsse ziehen. Erstens ist der Cashflow nur schwierig ohne weitere Informationen aus GuV und Bilanz zu interpretieren. Zweitens bedarf es einer inhaltlichen Unterteilung des Cashflows, genau wie in den anderen Berichten auch.

In der BWL-Vorlesung zum Cashflow lernt man tatsächlich einmal zu Beginn die relevanten Größen kennen. Die langen Listen mit zig Unterpunkten kommen dann erst in der zweiten Vorlesungshälfte. Geldflüsse entstehen in *drei* Bereichen: im *operativen Geschäft*, bei der *Investitionstätigkeit* und durch Transaktionen im Bereich der *Finanzierung*.

Die wichtigste Größe ist der *operative Cashflow*. Er bildet alle aus geschäftlichen Aktivitäten resultierenden Geldflüsse einer Periode ab. Dies können beispielsweise die Zahlung von Rohstoffen, ausgezahlte Gehälter oder Einzahlungen von Kunden sein. Mittelfristig muss der operative Cashflow positiv sein, sonst kann ein Unternehmen nicht existieren. Denn das Geschäft muss Geld für Investitionen und die Eigentümer erwirtschaften. Oft wird der operative Cashflow daher als Basis der *Innenfinanzierung* bezeichnet.

Auch der *Investitionscashflow* gehört meistens vollständig zum operativen Geschäft. Allerdings bildet er die langfristigen Posten des Anlagevermögens ab, wie Maschinen, Lizenzen oder Gebäude. Der Investitionscashflow ist meist negativ. Denn die Investitionen werden abgenutzt, um operativen Cashflow zu generieren. Beim Verkauf bzw. der „Desinvestition" bleibt dann nur ein Restwert. Je nach Art des Geschäftsmodells und der Unternehmensgröße, kann der Investitionscashflow sehr regelmäßig oder auch sehr zyklisch sein. Häufig wird der englische Begriff „capital expenditure", kurz *CAPEX* benutzt, der Finanzinvestitionen ausschließt.

Insbesondere wenn kurzfristig großer Geldbedarf besteht, kann dieser oft nur vom *Finanzierungscashflow* erbracht werden. Er umfasst alle Transaktionen, welche die Kapitalstruktur ändern. Das heißt Aufnahme und Rückzahlung von Schulden sowie Änderungen des Eigenkapitals, z. B. durch Dividendenzahlungen oder Kapitalerhöhungen.

Im Detail gibt es einige *Abgrenzungsfragen* zwischen den drei Cashflows. Am umstrittensten sind wohl die *Schuldzinsen*, welche international im operativen Cashflow abgebildet werden. Dies ist nach obiger Definition richtig, da Zinsen die Passivseite der Bilanz nicht berühren. Inhaltlich spricht für diese Sichtweise vor allem, dass Zinsen regelmäßig anfallen und meist als ganz normale Kosten geltend gemacht werden können. Andererseits handelt es sich aber um Zahlungen an Kapitalgeber, genauso wie Dividenden auch. Dies würde für einen Ausweis im Finanzierungscashflow sprechen. Um solche Probleme zu umgehen, gibt es zahlreiche *Nebenrechnungen* und Cashflow-KPI – in ebenso zahlreichen Definitionen. Um die Zins-Problematik zu umgehen, wird der *freie Cashflow* (englisch „free cash flow") berechnet. Er beinhaltet sämtliche Zahlungen aus geschäftlichen Aktivitäten, also den operativen Cashflow ohne Zinsen und den Investitionscashflow. Der Free Cashflow steht entsprechend den Kapitalgebern zu. Er kann in Form von Dividenden, Zinsen oder Rückzahlung von Schulden ausgeschüttet oder aber im Unternehmen gehalten werden.

Einen guten Teil der Vorlesungszeit zum Cashflow dürften Sie im Studium mit dessen Berechnung verbracht haben. Wie der Gewinn kann auch der Cashflow direkt aus der Bilanz abgelesen werden. Er entspricht der *Änderung der liquiden Mittel* zwischen den Bilanzstichtagen. Allerdings haben viele Unternehmen praktisch kein Bargeld mehr, der Cashflow ist immer *null*. Sämtliche Zahlungsüberschüsse werden direkt mit kurzfristigen Schulden verrechnet. Auch eine saubere Unterteilung in die drei einzelnen Cashflows ist aus der Bilanz alleine nicht möglich. Daher wird der Cashflow zusätzlich auf Basis von Angaben aus der GuV berechnet. Zwei Methoden kommen zum Einsatz: die direkte und die indirekte Berechnung.

Besonders intuitiv ist zunächst die *direkte Berechnung*. Dabei werden alle zahlungswirksamen Aufwendungen und Erträge einer Periode addiert. Heraus kommt eine zahlungsgleiche GuV. Allerdings werden bei der direkten Berechnung des Cashflows zwingend Informationen zu den Kostenarten aus dem Gesamtkostenverfahren benötigt (Personal, Material etc.). Da jedoch meist das Umsatzkostenverfahren bei der Erstellung der GuV verwendet wird, hat sich die *indirekte Berechnung* des Cashflows als Standard durchgesetzt. Diese Konvention geht so weit, dass selbst bei kleinen Unternehmen mit Gesamtkostenverfahren oft die indirekte

Berechnung angewendet wird. Die direkte Cashflow-Berechnung ist also nahezu ein Lehrbuchrelikt.

Bei der indirekten Berechnung wird der Gewinn um sämtliche nicht zahlungswirksame Aufwendungen und Erträge bereinigt. Dies sind Abschreibungen, Veränderungen der Rückstellungen sowie Buchgewinne und -verluste. Letztere fallen z. B. an, wenn eine abgeschriebene Maschine noch verkauft werden kann. Aus der Bilanz müssen zudem Änderungen der Forderungen und Verbindlichkeiten, Veränderungen der Anlagen sowie Änderungen der Kapitalstruktur beachtet werden. Tatsächlich ist die Berechnung des Cashflows eine der herausforderndsten Aufgabe in der Rechnungslegung, da viele verschiedene Konzepte zusammenkommen. Daher lohnt spätestens hier nochmal ein Blick auf die technischen Grundlagen des Rechnungswesens.

8.4   Alles steht in den Büchern

Generationen von BWL-Studenten haben ihre akademische Laufbahn mit der „Technik des betrieblichen Rechnungswesens" begonnen – Sie wahrscheinlich auch. Ein für die Meisten obskurer Kurs, der schnell in Vergessenheit gerät. Man könnte meinen, man solle zu Studienbeginn erst mal auf Spur gesetzt werden. Wer „Rewe" nicht durchsteht, möge besser wieder gehen. Kern der Vorlesung ist die *Buchführung*, also die Erfassung sämtlicher Geschäftsvorfälle in Form von Zahlen. Es werden Grundregeln und Ordnungssysteme vorgestellt. Rechenaufgaben gibt es in großer Menge oben drauf. Nur mit Verständnis wird gegeizt. Denn erst wenn man das Gesamtbild des Rechnungswesens verstanden hat, machen auch die Grundsätze und Buchungstechniken der Buchführung Sinn. Denn GuV, Bilanz und Cashflow folgen alle dem gleichen System: der *doppelten Buchführung*.

Wie der Name sagt, wird jeder Geschäftsvorfall zweimal gebucht. Dies macht auch Sinn, da es sich immer um *Transaktionen* mit zwei Seiten handelt. Konkret werden mit jedem Buchungssatz Verwendung und Herkunft erfasst – genauso wie es in der Bilanz auf Aktiv- und Passivseite passiert. Tatsächlich sieht jedes Buchungskonto auch so aus wie die Bilanz. Es ist in eine linke und eine rechte Seite geteilt. Mit Fachbegriff wird die *linke Seite* der Konten als „*Soll*" und die *rechte Seite* als „*Haben*" bezeichnet. Allerdings hat dies nichts mit „sollen" oder „haben" zu tun. Jede Eselsbrücke zu diesen Begriffen scheitert – auch wenn man in einer typischen Rewe-Vorlesung mindestens zehn verschiedene in den Sitzreihen aufschnappen kann. Mein Tipp: Bleiben Sie bei links und rechts, alles andere stiftet nur Verwirrung. Die englischen Begriffe „debit" für Soll und „credit" für Haben machen inhaltlich genauso wenig Sinn.

Der Grund für die Probleme mit den Begriffen für links und rechts liegt darin, dass es unterschiedliche *Kontenarten* gibt. Diese werden nach leicht abweichenden Regeln gebucht. Hinter der Bilanz stehen die sogenannten Bestandskonten. Aktive Bestandskonten, die das Vermögen abbilden, werden auf der linken Seite erhöht und auf der rechten verringert. Bei den passiven Bestandskonten ist dies genau andersherum. Beispiele machen es klarer: Wird Material per Banküberweisung gekauft, wird das Materialkonto links erhöht und das Buchungskonto Bank rechts verringert. Passend wird von Aktivtausch gesprochen, da nur Aktivkonten gebucht werden. Würde das Material „auf Ziel" gekauft und erst später bezahlt, würde das Passivkonto Verbindlichkeiten rechts erhöht.

Das Bankkonto soll im Haben sein

Wer kennt es nicht – am Monatsanfang einen Kontoauszug gezogen, und zack ist ein Grinsen im Gesicht. Die schönen schwarzen Zahlen sind mit einem Haben oder H gekennzeichnet. Man hat wieder was! Zum Monatsende sieht es im Gesicht und auf dem Konto dann leider ganz anders aus – Wangen und Zahlen sind rot. Egal, ob ein dickes Soll oder ein dezentes S, die Botschaft ist klar: Man soll wieder etwas einzahlen.

So zumindest die Vorstellung eines klar denkenden Menschen. Doch dann der Schock in der Rewe- Vorlesung:

Haben ist sollen und Soll ist haben!

Denn auf dem Kontoauszug sieht man die Perspektive der Bank. Wenn auf Ihrem Girokonto Geld ist, dann ist dies aus Perspektive der Bank eine Schuld gegenüber Ihnen. Ihr Geld wird bei der Bank daher rechts – also im Haben – auf dem Verbindlichkeiten Konto gebucht. Hat man sein Konto überzogen, so wird dies bei der Bank links – also im Soll – als Forderung der Bank gebucht. Das Soll auf dem Kontoauszug steht also für das Guthaben der Bank, nicht für die Schulden des Bankkunden.

Neben den Bestandskonten der Bilanz gibt es die *Erfolgskonten*, aus denen sich die GuV zusammensetzt. Aufwandskonten werden links gebucht, Ertragskonten rechts. Die Gegenbuchung findet meist auf einem Bestandskonto statt. Auch hier helfen Beispiele: Wird Material verbraucht, ist dies ein Werteverzehr und damit Aufwand. Das Erfolgskonto Materialkosten wird daher links gebucht. Die Gegenbuchung erfolgt auf dem Bestandskonto Material. Es wird rechts verringert. Ein Umsatz hingegen würde ein Bestandskonto, wie Forderungen oder Bank, links erhöhen und dann rechts auf einem Erfolgskonto als Erlös gegengebucht.

Ausgefuchste Leser bemerken an dieser Stelle, dass etwas faul ist. In den letzten Beispielen wurde nur eine Seite der Bilanz verändert. Grundregel ist jedoch, dass die Bilanz immer ausgeglichen ist. Theoretisch gehört also noch eine zweite Buchung hinzu, die auf der einen Seite das Erfolgskonto wieder auf null stellt und auf der anderen Seite das Eigenkapital in entsprechender Höhe verändert. In der *Betriebsbuchführung* wird auf diesen Vorgang jedoch verzichtet. Bei teils tausenden Buchungen täglich ist dies viel zu aufwändig. Erst wenn die Bilanz zum Stichtag in der *Finanzbuchführung*, kurz Fibu, neu erstellt wird, werden die Erfolgskonten in der Betriebsbuchführung auf die beschriebene Weise „abgeschlossen".

Auch wenn die Buchungssätze klaren Regeln folgen, für nicht-Buchhalter werden sie wohl immer obskur bleiben. Für normal-BWLer reicht es allerdings, sich die Buchungslogik *„von links nach rechts"* zu merken. Details kann man im *Kontenplan* nachsehen, der die verschiedenen buchbaren Konten nach Nummern sortiert. Schon in kleinen Unternehmen gibt es oft über 100 genutzte Konten. Standard-Kontenrahmen, die von kleinen und mittleren Unternehmen viel genutzt werden, sehen noch deutlich mehr Konten vor. Bei Großunternehmen sind dann alle Schleusen offen, die Kontenflut beträgt viele Hundert. Daran sieht man auch, warum nicht jeder Geschäftsvorfall direkt in GuV und Bilanz geschrieben wird. Dies wäre einerseits sehr aufwendig, da der gesamte Finanzabschluss ständig neu berechnet werden müsste. Andererseits sind Bilanz und GuV trotz ihrer Details noch viel zu hoch aggregiert. Nur eine sehr *detaillierte* Buchführung kann alle betrieblichen und gesetzlichen Informationsanforderungen abdecken.

Da sämtliche Finanzinformationen eines Unternehmens auf der Buchführung basieren, sind klare Regeln unerlässlich. Im BWL-Studium wird man daher gut und gerne drei Stunden mit den *Grundsätzen ordnungsgemäßer Buchführung* beglückt. Es geht aber auch schneller: Buchführung soll wahr, klar und vollständig sein. Dazu sollte man sich noch merken, dass die Grundsätze im Detail teilweise im Konflikt stehen. Eine Bilanz, die jedes Jahr alles neu bewertet, mag besonders wahr sein, ist dafür aber weniger klar beim Vergleich mehrerer Jahre. Die Buchführungsgrundsätze leiten sich aus verschiedenen *Rechnungslegungsvorschriften* und Gesetzen ab. Daher sind sie je nach Land unterschiedlich nuanciert. Die stark angelsächsisch geprägten internationalen Rechnungslegungsvorschriften legen beispielsweise besonders viel Wert auf Wahrheit, während im deutschsprachigen Raum die Klarheit mehr Gewicht hat.

Konkret drückt sich die unterschiedliche Nuancierung in den *Bewertungsregeln* für die Bilanz aus. Das *Vorsichtsprinzip* beispielsweise folgt dem Grundsatz, alle einzelnen Risiken zu berücksichtigen. Das Vermögen wird daher nach dem Niederstwertprinzip in die Bilanz aufgenommen. Ein Grundstück z. B. ist mit dem Kaufpreis angesetzt, selbst wenn es heute für mehr verkauft werden kann. Wenn der Grundstückswert allerdings unter den Kaufpreis sinkt, erfolgt eine bilanzielle Abschreibung. In der GuV wird ein entsprechender Verlust ausgewiesen. Für Schulden und Verbindlichkeiten gilt spiegelbildlich das Höchstwertprinzip. International wird jedoch nicht das Vorsichtsprinzip, sondern meist das Prinzip der „fair presentation" befolgt. Informationen sollen glaubwürdig die tatsächlichen Verhältnisse widerspiegeln. Denn das Vorsichtsprinzip führt unweigerlich zur Bildung *stiller Reserven*, weil jedes einzelne Risiko berücksichtigt wird, aber natürlich nur einige dieser Risiken auch eintreten. Als Folge ist das Vermögen unterbewertet und die Schulden sind zu hoch ausgewiesen. Das Eigenkapital ist entsprechend zu niedrig. Dies ist anders beim Prinzip der Fair presentation. Weil viele Posten nahe ihres aktuellen Marktwerts bilanziert werden, ist der Bilanzausweis ausgewogener. Dafür schwanken die Bilanzwerte stärker zwischen den Stichtagen und es kommt zu mehr negativen Überraschungen.

Sämtlichen Rechnungslegungsvorschriften gemein ist die *Belegpflicht*. Alles muss dokumentiert werden. Zum Beispiel muss es detaillierte Listen und Belege über die Forderungen und Verbindlichkeiten geben. Auch sämtliche Lagerbestände sind in einer jährlichen *Inventur* zu zählen. Die physische Erfassung der Lagerbestände ist jedoch nur eine Seite der Medaille. Die bilanzielle Bewertung stellt meist die größere Herausforderung dar.

Wird beispielsweise ein Öltank je zur Hälfte mit Öl für 100 € befüllt und ein paar Tage später mit Öl für 120 €, so gibt es verschiedene Herangehensweisen. Auf der Hand liegt es, den Durchschnittswert von 110 € anzusetzen. Es wäre aber auch möglich, eine *Verbrauchsfolge* anzunehmen. Das zuerst gelieferte Öl könnte in den Produktionskosten nach der FiFo-Methode („first in first out") mit 100 € angesetzt werden. Der Rest stünde in der Bilanz mit 120 €. Andersherum ist auch LiFo („last in first out") möglich. Neben den Verbrauchsfolgeverfahren gibt es zahlreiche andere EntsWcheidungen der Buchführung, die Einfluss auf den Finanzbericht haben. Folglich hängt dessen Güte nicht nur von der eigentlichen Datenqualität ab. Genauso wichtig ist auch Transparenz über die angewendeten Methoden und Interpretationen der Rechnungslegungsvorschriften.

Wie mehrfach angesprochen, hat das Management allerdings den Anreiz, nach außen hin nicht mit offenen Karten zu spielen. Zu viel Transparenz verringert den Handlungsspielraum. Die Gesetzgeber haben daher fast überall für größere Unternehmen einen Gegenpol vorgeschrieben: die *Wirtschaftsprüfer*. Aufgabe der Wirtschaftsprüfer ist es, den Jahresabschluss und dessen Erstellung auf *formale* Korrektheit zu prüfen und Mängel anzuzeigen. Im Umkehrschluss ist es also nicht die Aufgabe der Wirtschaftsprüfer, die wirtschaftliche Lage eines Unternehmens zu beurteilen.

Mittelpunkt der Prüfung ist das Buchführungssystem. Es wird untersucht, ob die Rechnungslegungsvorschriften und Grundsätze ordnungsgemäßer Buchführung sauber und konsistent im internen Regelwerk umgesetzt sind. Des Weiteren umfasst die *Systemprüfung* technische Aspekte, wie die verwendeten Computerprogramme und Validierungsregeln. Diese müssen eine hohe Fehlersicherheit haben. Zum Beispiel dürfen keine Buchungen ohne Beleg möglich sein. Auch die Buchführungsprozesse werden geprüft, beispielsweise wer welche Buchungen machen darf und ob interne Kontrollmechanismen greifen. Es ist allerdings nicht Aufgabe der Prüfer, *Bilanzbetrug* aufzuspüren. (Obwohl er natürlich berichtet wird, wenn er auffällt.) Denn selbst gute Buchführungssysteme können mit betrügerischer Absicht manipuliert werden. In größeren Unternehmen übernimmt mit der *internen Revision* meist eine eigene Prüfungsabteilung diese Aufgabe.

Da Buchführungssysteme oft sehr komplex, aber im Zeitablauf recht stabil sind, setzen Wirtschaftsprüfer meist jährliche *Prüfungsschwerpunkte*, z. B. Auftragsvergabe und Forderungen in einem Jahr und im nächsten Jahr Abschreibungen und Anlagevermögen. Die Systemprüfung wird insbesondere bei solchen Schwerpunktprüfungen durch *Einzelfallprüfungen* ergänzt. Dabei werden einzelne Buchungen bzw. Buchungskonten auf Korrektheit geprüft. Bei Millionen von Buchungssätzen in größeren Unternehmen kann dies allerdings immer nur als Stichprobe erfolgen. Ganz zentral ist die Einzelfallprüfung jedoch bei großen Buchungen zur *Ergebnissteuerung*, z. B. ob wesentliche Rückstellungen gebildet oder aufgelöst werden dürfen. Wie im Kapitelintro beschrieben, haben Wirtschaftsprüfer dadurch einen Einfluss auf die Unternehmenssteuerung. Bereits in den eng reglementierten nationalen Steuerbilanzen besteht ein gewisser Entscheidungsspielraum. In internationalen Konzernbilanzen, die z. B. an der Börse entscheidend sind, besitzen die Wirtschaftsprüfer dann merkliche Freiheit.

Prinzipiell ist gegen einen gewissen Spielraum bei der Interpretation von Rechnungslegungsvorschriften nichts einzuwenden. Wirtschaft ist so komplex, dass die Buchführung flexibel reagieren können muss. Kritiker weisen jedoch zu Recht auf einen zentralen *Interessenskonflikt* hin. Da die Wirtschaftsprüfer von den zu prüfenden Unternehmen beauftragt und bezahlt werden, kann das Verhältnis zwischen beiden zu eng werden. In der Praxis funktioniert das System aber recht gut. Fast alle großen Bilanzskandale sind auf kriminelle Handlungen kleiner Gruppen zurückzuführen, nicht generell auf zu laxe Prüfung. Darüber hinaus gab es mit jedem großen Skandal der vergangenen Jahre sichtbare Maßnahmen der Wirtschaftsprüfer, die eigene Qualität weiter zu erhöhen.

8.5 Finanzwirtschaft – Die ganzheitliche Betrachtung

Traditionell wurde das Rechnungswesen auch als *Finanzwirtschaft* bezeichnet. Heute steckt hinter dem Begriff jedoch noch mehr, nämlich die Betrachtung der gesamten Finanzsphäre eines Unternehmens.

Während das Rechnungswesen transaktional und auf die Vergangenheit orientiert ist, geht es in der Finanzwirtschaft um die Management-Perspektive. Anschauungsobjekt sind größere Einheiten und *Projekte*, insbesondere mit Blick auf die Zukunft. Die Finanzwirtschaft teilt sich in den Bereich *Finanzierung* und *Investition* auf. Es geht also einerseits um die Herkunft der Finanzmittel eines Unternehmens und andererseits um deren Verwendung. Natürlich stehen beide Bereiche in Zusammenhang. Das Zusammenspiel ist insbesondere mit Blick auf Finanzierungs- und Investitionsrisiken wichtig. Daher wird finanzielles *Risikomanagement* oft als eigener Teil der Finanzwirtschaft gesehen.

Finanzmittel können aus zwei Quellen kommen. *Interne Finanzierung* umfasst die im Unternehmen verbleibenden Zahlungsüberschüsse. Dies umfasst nicht ausgeschüttete Gewinne, genauso wie die Optimierung des NWC und auch des Anlagevermögens. In beiden Bereichen kann gebundenes Kapital freigesetzt werden. *Externe Finanzierung* bezeichnet dagegen sämtliche Interaktion mit externen Finanzgebern. In Kap. 5 wurden Eigen- und Fremdkapitalfinanzierung bereits besprochen. An gleicher Stelle wurden auch Derivate besprochen, die das Kernelement für finanzielles Risikomanagement sind.

Rechnungswesen ist, wie mehrfach gesagt, fast rein vergangenheitsorientiert. Lediglich im Controlling werden, basierend auf der Kosten- und Leistungsrechnung sowie den Finanzabschlüssen, kurzfristige Pläne bzw. Ziele entwickelt. Für die langfristige, *strategische Planung* bedarf es aber weiter in die Zukunft gerichteter Methoden. Konkret geht es um die Beurteilung von *Investitionen* – beispielsweise den Bau einer neuen Fabrik, den Abschluss einer Lizenzvereinbarung oder die Übernahme eines Konkurrenten. Es handelt sich also um die großen und damit oft wichtigsten Entscheidungen eines Unternehmens.

Das Rechnungswesen bietet hierfür zwar keinen ausgefeilten Ansatz, doch lassen sich die normalen Berichte zur *Investitionsbeurteilung* zweckentfremden. Anstatt konkreter Buchungen werden Planannahmen zugrunde gelegt. Auf dieser Basis lassen sich Planbilanzen und korrespondierende Gewinn- und Verlustrechnungen erstellen. Der Vergleich durchschnittlich erwarteter Gewinne oder Kosten mit den heutigen Werten lässt dann eine Beurteilung der Investition zu. Solche auf dem Rechnungswesen beruhende Methoden haben jedoch einen entscheidenden Nachteil. Sie beinhalten nicht die Faktoren Zeit und Zinsen. Daher werden sie auch als *statische* Methoden bezeichnet. Wie im Kap. 8 zum Geld diskutiert, sind Zeit und Zinsen jedoch ganz elementare Faktoren. Eine Investition kann ein Desaster sein, wenn man heute zahlen muss, aber erst in vielen Jahren sein Geld zurückbekommt – selbst wenn in der GuV immer ein Gewinn ausgewiesen wird.

Daher haben sich zur Beurteilung von Investitionen *dynamische* Methoden durchgesetzt. Diese wurden bereits in Kap. 5 beim Thema Aktienbewertung diskutiert. Das Prinzip ist bei allen dynamischen Ansätzen das gleiche. Zunächst werden die zukünftig erwarteten Cashflows bestimmt und dann auf den heutigen Tag abgezinst bzw. diskontiert. Damit lässt sich die Investition im letzten Schritt aus Finanz-Sicht beurteilen. Jeder Schritt – Cashflows, Diskontierungssatz und Beurteilung – ist dabei eine Wissenschaft für sich.

Betrachtet man eine Investition als „Black box", dann wird sofort klar, warum in der Investitionsrechnung nur die *Cashflows* zählen. Das Innenleben der Investition ist aus Sicht des Investors vollkommen egal! Ob Fabrik, Aktie oder Mitarbeiterfortbildung – am Ende zählt nur, was sich auf dem Konto tut. Anders ist dies natürlich für den Entscheider. Um die Cashflows zu bestimmen, bedarf es natürlich detaillierter Kenntnisse über das Investitionsprojekt.

Die Bestimmung der Zahlungsflüsse erfolgt z. B. auf Basis der Planbilanzen, aus denen sich eine jährliche Cashflow-Prognose bestimmen lässt. Wichtig ist es, die Cashflows eines durchschnittlichen Projektverlaufs anzunehmen. Denn die Risiko-Komponente wird erst im nächsten Schritt mit der Diskontierung berücksichtigt. Dies gilt auch für sehr ausgefeilte Simulationsverfahren, die teils tausende mögliche Cashflow-Verläufe errechnen. Hier wird lediglich der durchschnittliche Cashflow-Verlauf mit konkreten möglichen Szenarien hinterlegt. Mal läuft es gut und mal eben schlecht. Typischerweise beginnen Investitionen mit Geld-Abflüssen, auf die dann Zuflüsse folgen. Um die zukünftigen Einzahlungen mit den anfänglichen Auszahlungen vergleichbar zu machen, werden diese auf den Startzeitpunkt der Investition abgezinst. Dies bringt zum Ausdruck, dass zukünftiges Geld weniger wert ist als heutiges. 100 € in einem Jahr haben z. B. bei 10 % Diskontierungsrate heute einen *Barwert* von knapp 91 €. Die Summe der so abgezinsten Zahlungen wird als Kapitalwert bzw. englisch als „net present value" *NPV* bezeichnet.

Was weg ist, ist weg – Wirklich!

Ein grundlegendes Konzept der Investitionsrechnung sind versunkene Kosten bzw. englisch: *„sunk costs"*. Die Idee ist sehr einfach: Kosten aus der Vergangenheit dürfen nicht in der Investitionsentscheidung berücksichtigt werden. Denn Kosten sind Werteverzehr, das Geld ist weg. Nur die Cashflows ab heute zählen in der Entscheidungsfindung. Eigentlich ein einfaches Konzept, doch gelingt es vom Assistenten bis zum Konzernvorstand nur wenigen, dieses wirklich konsequent umzusetzen.

Beispiel: Ein Unternehmen entwickelt über ein Jahr eine Software mit einem Budget von 200 t€. Nach einem halben Jahr und 100 t€ Entwicklungsaufwand kommt eine Standardsoftware-Lösung mit der gewünschten Funktionalität für 50 t€ auf den Markt.

Ganz klar, die Entwicklung sollte gestoppt werden. Denn die Standardsoftware ist nur halb so teuer wie der restliche Entwicklungsaufwand. Und doch wird in der Praxis oft für das begonnene Projekt entschieden. Selbst bei Millionen-Entscheidungen schlagen so Emotionen immer wieder den Verstand.

Als Abzinsungsfaktor hat sich international der gewichtete Kapitalkostensatz durchgesetzt. Oft wird er mit dem englischen „weighted average cost of capital" *WACC* bezeichnet. Er errechnet sich aus der durchschnittlichen Renditeerwartung der Aktionäre in Form von Dividenden und Kursgewinnen, kurz den *Eigenkapitalkosten*, sowie der Renditeerwartung der Schuldner in Form von Zinsen, kurz den *Fremdkapitalkosten*. Da die Rückzahlung von Schulden immer Vorrang hat, liegen die Eigenkapitalkosten über den Fremdkapitalkosten. Die Aktionäre tragen mehr Risiko als die Kreditgeber. Die genaue Bestimmung des Eigenkapitalrisikos ist allerdings eine Kunst für sich. Am einfachsten ist es im Fall eines börsennotierten Unternehmens. Je stärker eine Aktie die Schwankungen des Gesamtmarktes mitmacht, desto höher sind die Eigenkapitalkosten. Im BWL-Studium haben Sie diese Variable als *Betafaktor* kennengelernt. Der Zusammenhang ist logisch, da man lieber eine stabile Aktie als eine wild schwankende im Depot hat. Für letztere muss es daher eine höhere erwartete Rendite geben. Diese entspricht den Eigenkapitalkosten.

Die Schuldzinsen auf der anderen Seite hängen sowohl vom *Risiko* des Geschäftsmodells als auch der *Kredithöhe* ab. Dies ist vergleichbar mit einer Immobilienfinanzierung. Je weniger eigenes Geld und je unsicherer das Einkommen, desto teurer der Kredit. Das heißt mit sinkendem Eigenkapitalanteil steigt der zu zahlende Zinssatz. Folglich sollten die Schulden niedrig gehalten werden. Allerdings können Schuldzinsen beim Finanzamt als Kosten abgezogen werden und bieten daher einen *Steuervorteil*. Denn Dividendenzahlungen an die Aktionäre können nicht steuerlich als Kosten abgezogen werden. Dies spricht also für einen hohen Fremdkapitalanteil.

Vor diesem Hintergrund legen Unternehmen gezielt ihre Kapitalstruktur aus Eigen- und Fremdkapital fest, um den WACC zu *minimieren*. Denn je kleiner der Diskontierungsfaktor in der Investitionsrechnung, desto mehr sind die zukünftigen Cashflows heute wert. Je nach Projektrisiko werden zudem noch *Risikoaufschläge* auf den WACC berechnet. Zum Beispiel für das „politische Risiko", in einem instabilen Land seine rechtliche Position nicht durchsetzen zu können.

Die gesamte komplizierte Investitionsrechnung wird für eine einzige simple Frage erstellt: Machen oder nicht machen? Auch die Antwort ist für Einzelinvestitionen sehr leicht. Ist der Kapitalwert größer als null, so lohnt die Investition. Denn dann übersteigen die auf heute abgezinsten zukünftigen Einzahlungen die anfängliche Auszahlung. Bei mehreren *Investitionsalternativen* wird die Kombination mit dem in Summe höchsten Kapitalwert gewählt. Alternativ wird in der Praxis oft der interne Zinsfuß bzw. englisch „internal rate of return" *IRR* verwendet. Er stellt die Diskontrate dar, bei der die Investition einen Kapitalwert von null hat. Je höher, desto besser – auf jeden Fall aber größer als der WACC. Einzelinvestitionen verschiedener Größe lassen sich so vergleichen. Allerdings ist der IRR eher eine hypothetische Vergleichsgröße. Hinter der Berechnung steckt die Annahme, man könne Geld zwischenzeitlich zum IRR anlegen. Bei 50 % und mehr IRR ist dies natürlich Unsinn. Beim WACC besteht dieses Problem nicht, da es sich um eine reale Durchschnittsverzinsung des Kapitals handelt. Da der IRR auch die Projektgröße vernachlässigt, sollte er nie das Entscheidungskriterium sein. Am Ende laufen alle Methoden der Investitionsrechnung auf den *Kapitalwert* als Entscheidungskriterium hinaus.

Schaut man sich den durchschnittlichen Investitionsplan eines Unternehmens an, so blickt man auf eine wunderbare Zukunft sprudelnder Gewinne. Die Realität sieht dann aber weniger rosig aus. Ein Grund ist die regelmäßige Vernachlässigung einiger Kosten. Erinnern Sie sich an die oben diskutierten Eh-da-Kosten und die Kapital-ist-kostenlos-Mentalität? Darum geht es hier. Häufig werden in der Investitionsrechnung nicht alle Gemeinkosten, z. B. die des übergeordneten Managements, berücksichtigt. Die Investition muss also tatsächlich mehr als einen Kapitalwert von null haben, um sich zu lohnen. Solange der Fehler systematisch gemacht wird, stimmt zumindest noch die Rangfolge der Investitionsprojekte. Werden jedoch einige Projekte richtig und andere unvollständig berechnet, können selbst in größeren Unternehmen sub-optimale Investitionsentscheidungen getroffen werden. Solche Fehler fallen oft erst Jahre später auf. Beispielsweise bei der Bestimmung des „economic value added", kurz *EVA*. Das Konzept verbindet Elemente der Rechnungslegung mit den Kapitalkosten der Investitionsrechnung. Konkret werden vom Gewinn vor Zinsen die Kapitalkosten, d. h. WACC mal Capital Employed abgezogen. Übersteigt der Gewinn die Kapitalkosten, d. h. der EVA ist positiv, so wurde in diesem Jahr Wert geschaffen. Ist der EVA dauerhaft negativ, so deutet dies auf mögliche Fehler bei der Investitionsrechnung hin.

9

Staat und Steuern

Staat und Wirtschaft – zwei Begriffe die meist als Gegenpol wahrgenommen werden. Doch in Wahrheit gehören beide eng zusammen. In fast jedem bisherigen Kapitel ist der Staat vorgekommen. Dies ist kein Wunder, denn der Staat legt wichtige Regeln für das gesellschaftliche Zusammenleben fest, und zentraler Teil unseres Zusammenlebens ist die Wirtschaft. Dies wurde im Einführungskapitel 2 ausführlich diskutiert.

Der staatliche Einfluss auf die Wirtschaft begrenzt sich jedoch nicht auf das Setzen von *Spielregeln*. Ganz im Gegenteil – der Staat ist ein zentraler Teil der Wirtschaft selbst. Als pures Minimum muss jede Volkswirtschaft einen Teil ihrer Ressourcen zur Durchsetzung der Spielregeln einsetzen. Es bedarf einer Regierung, einer Verwaltung, eines Rechtssystems, einer Polizei, Feuerwehr und Armee. Wünschenswert sind darüber hinaus für viele Menschen ein Gesundheits- und Sozialsystem, staatliche Bildungseinrichtungen, ein guter öffentlicher Nah- und Fernverkehr und vieles mehr. Kein Wunder also, dass die *Staatsquote* in den meisten großen Volkswirtschaften wie Deutschland – und mittlerweile auch den USA – zwischen 40 und 50 Prozent liegt. Das heißt fast die Hälfte der

© Springer Fachmedien Wiesbaden GmbH, ein Teil von Springer Nature 2020
F. Dittrich, *Was ich im BWL-Studium hätte lernen sollen*,
https://doi.org/10.1007/978-3-658-28485-5_9

Wirtschaftsleistung geht durch die Hände des Staats. Nur wenige Länder, wie Japan, liegen unter 40 Prozent, während in vielen anderen, wie z. B. Frankreich oder Skandinavien, der Staat mehr als die Hälfte der Wirtschaftsleistung bestimmt.

Die Staatsquote wird typischerweise über die *Mittelverwendung* berechnet. Welchen Teil des BIP gibt der Staat aus? Dahinter steht die zentrale Frage, wo der Staat anfangen und wo er aufhören sollte? Die Kehrseite dieser Medaille sind die *Staatseinnahmen*. Der Großteil wird regelmäßig über Steuern erzielt. In vielen Fällen sind die Ausgabenwünsche jedoch größer als die Einnahmen. Daher kommt es zur *Staatsverschuldung*.

9.1   Wo fängt Staat an, wo sollte er aufhören?

Aus rein wirtschaftlicher Sicht hat der Staat zwei Kernaufgaben. Einerseits soll er die Bedingungen für eine *maximale Wohlfahrt* schaffen. Wohlfahrt wurde in Kap. 4 als der Nutzen aller Marktteilnehmer definiert, wobei der Nutzen beschreibt, wie viel jemandem ein Gut unabhängig vom Preis wert ist. Wohlfahrt wird dann maximal, wenn auf den Märkten die Mengen maximal sind. Einfacher ausgedrückt: Der Staat sollte den Output der Wirtschaft maximieren – vor allem durch Wachstum. Natürlich unter voller Berücksichtigung aller Kosten, wie beispielsweise auch Umweltschäden. Allerdings bedeutet maximaler wirtschaftlicher Output noch keine optimale Gesellschaft – es kommt andererseits auch auf die *Verteilung* des Reichtums an. Tendenziell geht eine hohe Wohlfahrt zwar mit geringen Preisen, großen Gütermengen und damit auch einem breit verteilten Konsum einher, doch gibt es auch in wirtschaftlich erfolgreichen Gesellschaften Verlierer. Das Leid der Verlierer ist oft höher zu bewerten als zusätzlicher Reichtum für die Gewinner der Gesellschaft. Der Staat sollte also von den Reichen nehmen und den Armen geben.

Bevölkerungswachstum als Staatsaufgabe?

Mit einer leistungsfähigen Wirtschaft und Wachstum wird oft auch eine wachsende Bevölkerung verbunden. Umlagefinanzierte Versicherungen funktionieren besser, wenn es mehr junge als alte Menschen gibt und die Kosten der Infrastruktur auf mehr Personen umgelegt werden können. International hat ein bevölkerungsstarkes Land mehr Gewicht. Keine Frage, die Bevölkerung sollte sich mehren!

Mehr Menschen bedeuten aber auch weniger Ressourcen pro Person. Die Infrastruktur ist chronisch überlastet und es muss ständig investiert werden. Verkehrsinfarkt und Umweltverschmutzung sind an der Tagesordnung. Eine hohe Geburtenrate verschiebt das Rentenproblem in die Zukunft. Zudem ist es schwierig, in unserer internationalen und hoch technisierten Wirtschaft viele neue Arbeitsplätze zu schaffen. Soziale Probleme sind vorprogrammiert. Der Staat tut also gut daran, für eine stabile Bevölkerung zu sorgen.

Während Wohlfahrtsmaximierung wenig umstritten und anhand des BIP als Proxy vergleichsweise gut gemessen werden kann, ist es sehr schwer, staatliche Umverteilung mit ökonomischen Mitteln zu bewerten. Daher ist dieses Thema die wohl größte Debatte der Wirtschaftspolitik. Bildlich gesprochen herrscht also mehr Konsens über die Aufgabe des Staates, den Wirtschafts-Kuchen zu vergrößern, als über die Aufgabe, diesen gerecht zu verteilen. Tatsächlich implizieren die meisten wirtschaftspolitischen Maßnahmen eine Auswirkung auf beide Aspekte. Umweltrichtlinien vergrößern den Kuchen, da sie negative externe Effekte internalisieren und Schaden für die Allgemeinheit abwenden. Gleichzeitig bedeutet dies auch eine Umverteilung, da die Produzenten die Kosten tragen und alle anderen profitieren. Allerdings ist die Umverteilung nicht Ziel der Umweltregulierung, sondern Resultat des dann besser funktionierenden Marktmechanismus. Das heißt der Staat kann über solche Maßnahmen die Umverteilung nicht steuern. Entsprechend liegt der Fokus auf der Wirksamkeit der Regulierung – d. h. der Kuchen muss auch wirklich größer werden. Die Umverteilungswirkung wird in Kauf genommen. Allerdings kann man wetten, dass die von Regulierung negativ betroffenen Wirtschaftsteilnehmer Protest schlagen.

Bei echten Umverteilungsmaßnahmen verhält es sich andersherum. Die lauten Stimmen sind die Profiteure, man denke an die in Kap. 4 genannten Kohlesubventionen. Allerdings geht Umverteilung meist mit einem Wohlfahrtsverlust einher – auch wenn die Befürworter konkreter Maßnahmen natürlich das Gegenteil behaupten. Im Kohle-Beispiel wird als Kernargument für die Subventionen die Verhinderung von Arbeitslosigkeit angeführt. Allerdings sind die Subventionen höher als die zu erwartenden Kosten für die Sozialsysteme ohne Subventionen. Denn die allermeisten Menschen werden neue Arbeit suchen und finden. Spezialbetriebe für Bergbautechnik verkaufen ins Ausland anstatt an die heimischen Gruben. Es findet ein Strukturwandel statt. Umverteilung in Form von Subventionen verhindert oder verlangsamt Strukturwandel. Ein verlangsamter Strukturwandel mag allerdings durchaus gesellschaftlich gewünscht sein, auch wenn insgesamt Wohlfahrt verloren geht. Hierin liegt das politische Dilemma.

Nicht nur Subventionen, sondern praktisch alle Umverteilungsmaßnahmen gehen mit einem Wohlfahrtsverlust einher. Beispielsweise verringern Mindest- oder Höchstpreise, wie in Kap. 4 gezeigt, ebenfalls die Mengen und damit die Wohlfahrt. Allerdings lassen sich so Wählerstimmen gewinnen, weil eine konkrete Gruppe unterstützt wird, ohne anderen spürbar zu schaden. Aus rein ökonomischer Sicht ist eine *pauschale Umverteilung* den genannten *spezifischen Maßnahmen* vorzuziehen. Denn so können die Vorteile des Strukturwandels realisiert werden. Wer es temporär oder auch dauerhaft in der Gesellschaft nicht schaffen sollte, wird von einem sozialen Netz aus Versicherungen und Sozialhilfe aufgefangen. Allerdings lassen sich mit dem sozialen Netz weit schwieriger Wählerstimmen gewinnen als mit spezifischen Subventionen und Markteingriffen. Zudem wird durch Sozialsysteme das Pareto-Optimum nicht realisiert – ein sozialer Abstieg für Einzelne ist möglich. Deswegen gibt es fast überall Umverteilung über die allgemeinen sozialen Sicherungssysteme hinaus.

Allerdings können auch soziale Sicherungssysteme ungewünschte Anreize verursachen. Je geringer der Abstand zwischen dem am Markt erzielbaren Einkommen und der sozialen Sicherung ist, desto mehr Zeit lassen sich Arbeitssuchende einen neuen Job zu finden. Eventuell wählen einige die soziale Hängematte als dauerhaftes Domizil. Dadurch wird der Kuchen kleiner. Der gegenläufige Effekt, dass soziale Sicherung den Menschen ermöglicht, bessere Job-Entscheidungen zu treffen, ist eher Wunsch der Politiker als Realität. Das Thema könnte an dieser Stelle noch viele hundert Seiten ausgebreitet werden – ohne allerdings zu einem klaren Ergebnis zu kommen. Das Maß staatlicher Umverteilung ist eine zentrale gesellschaftliche Entscheidung, die auch viel mit nicht-ökonomischen Faktoren zu tun hat. Tatsache ist, dass in nahezu allen reichen Volkswirtschaften der Staat für das soziale Netz mehr als für jeden anderen Bereich ausgibt. Offen ist nur, ob diese Länder trotzdem oder gerade deswegen in der Weltwirtschaft sehr erfolgreich sind.

Wie auch immer die Entscheidung über die Intensität der sozialen Sicherung getroffen wird, eins ist klar: Wirtschaft und Soziales gehören eng zusammen – das haben Sie schon in Kap. 2 gesehen. Auch die Politik hat dies verstanden: Arbeit und Soziales sind fast überall dem gleichen Minister unterstellt. Häufig ist auch das Wirtschafts-Ressort eng damit verknüpft. Trotzdem wird Umverteilung in den *wirtschaftspolitischen Leitlinien* meist weitgehend ausgeklammert. Das Thema ist zu diffus, um ein gesetzlich festgelegtes Ziel zu formulieren. Die Wirtschaftspolitik konzentriert sich daher fast überall auf die Maximierung der Wohlfahrt.

In Deutschland beispielsweise formuliert das Stabilitätsgesetz vier Ziele: *Preisstabilität*, *Vollbeschäftigung*, *Wachstum* und *außenwirtschaftliches Gleichgewicht*. Die ersten drei Aspekte wurden bereits in den Kap. 4 (Wachstum), 6 (Vollbeschäftigung) und 8 (Preisstabilität) behandelt. Das außenwirtschaftliche Gleichgewicht folgt in Kap. 11. Alle vier Ziele sind darauf ausgerichtet, die Wirtschaft rund laufen zu lassen. Allerdings stehen sie teils in Konflikt zueinander, so dass ein guter Kompromiss gefunden werden muss. In der Wirtschaftspolitik-Vorlesung wird daher vom „magischen Viereck" gesprochen. Je geringer wirtschaftliche Unsicherheit und Schwankungen sind, desto größer wird langfristig die Wohlfahrt. Realisiert werden die Ziele, wie im Kapitel-Intro genannt, sowohl über regulierende Eingriffe in Form von Gesetzen und Richtlinien als auch über direkte staatliche Beteiligung am Wirtschaftsleben.

Jede Regulierung schafft zunächst einmal Bürokratie – sowohl für die Regulierten als auch den Staat, der die Einhaltung der Regeln überwachen muss. Dem gegenüber stehen jedoch Vorteile verschiedener Natur. Ein großer Teil der Regulierung zielt darauf ab, den *Marktmechanismus* zu stärken.

- Das Kartellrecht versucht Marktmacht zu verhindern und damit ein dauerhaft gutes Marktergebnis zu garantieren (Kap. 4).
- Bankregulierung hingegen nimmt teils erhebliche Bürokratie-Kosten in Kauf, um extreme Negativereignisse in Form von Bankkrisen abzumildern (Kap. 8).
- Umweltregulierung wiederum hilft externe Effekte zu internalisieren (Kap. 4).

Darüber hinaus fallen aber auch die bereits genannten umverteilenden Maßnahmen, wie Subventionen und Eingriffe in den Preismechanismus, unter die wirtschaftspolitische Regulierung (Kap. 4). Diese können durchaus mit dem Stabilitätsgesetz kompatibel sein. Mindestlöhne beispielsweise können in gewissen Situationen die Beschäftigung fördern (Kap. 6).

Formulierung, Überwachung und Durchsetzung der wirtschaftspolitischen Regeln erfordert eine erhebliche staatliche Infrastruktur aus Gesetzgebung, Verwaltung und Rechtssystem. Darüber hinaus sind staatliche Institutionen an verschiedenen Stellen der Wirtschaft direkt aktiv. Immer wenn der Markt Güter und Dienstleistungen nicht in ausreichender Menge oder Qualität hervorbringt – und Regulierung keine Abhilfe schafft – ist direkte Güterbereitstellung des Staats eine Option. Klar ist die Rolle des Staates beispielsweise, wenn es keine individuelle Nachfrage gibt, die Gemeinschaft aber vom Gut profitiert. Landesverteidigung und Teile der Verkehrsinfrastruktur sind solche Fälle. Die Mechanismen dahinter wurden unter dem Stichwort öffentliche Güter beschrieben (Kap. 4). Allgemeiner formuliert hat der Staat die Aufgabe, eine funktionsfähige wirtschaftliche und gesellschaftliche *Infrastruktur* sicherzustellen. Dazu gehören auch Güter mit positiven externen Effekten. So werden häufig Grundlagenforschung und Bildung gefördert, da die Gesellschaft insgesamt nicht genug Nachfrage danach entwickelt. Genauso gibt es eine Feuerwehr für alle, um Flächenbrände – im wahrsten Sinne des Wortes – zu verhindern. Ein klassisches Spielfeld großer Staatsbetriebe sind natürliche Monopole (Kap. 4). Bahn, Post und Telekommunikation sind bekannte Beispiele, die Elemente natürlicher Monopole aufweisen. Historisch waren diese und andere Industrien auch in Marktwirtschaften oft in Staatshand.

Wenn mit der Erfüllung staatlicher Aufgaben Macht einhergeht, oder anders herum Drohpotenzial gegen Staatsdiener besteht, kann der Einsatz von *Beamten* Sinn machen. Diese sind unkündbar und ordentlich bezahlt. Dadurch haben sie vergleichsweise wenige Anreize, bestechlich zu sein. So können sich Beamte auf eine möglichst gute Aufgabenerfüllung im Sinne der Gesellschaft konzentrieren. Ein verbeamteter Lehrer kann dem Kind einflussreicher Eltern leichter eine schlechte Note geben. Ein mittlerer Verwaltungsbeamter muss nicht fürchten, vom neu gewählten Politiker entlassen zu werden und kann so eine kontinuierliche Arbeit leisten. Sobald es um Sicherheit geht, steht sogar noch mehr auf dem Spiel. Wären Polizei und Gerichte private Unternehmen, so wären Korruption und Unrecht Tür und Tor geöffnet.

Allerdings dürfen solche Argumente keine Ausrede sein zu prüfen, an welchen Stellen genau der Staat tatsächlich wirtschaftliche Aufgaben übernehmen sollte. Auch in kritischen Bereichen wie der Polizei gibt es Aufgaben, die Private problemlos durchführen können. Man denke z. B. an den Objektschutz. Fast alle Aufgaben können sowohl staatlich als auch privat organisiert sein, da es dieselben Menschen sind, die diese erledigen. Anstatt selber aktiv zu werden, kann der Staat über Zuschüsse oder im Fall profitabler Aktivitäten über Lizenzen private Unternehmen einbinden. Der große Vorteil: Private Anbieter sind regelmäßig effizienter. Die Erfahrung hat zum Beispiel gezeigt, dass viele der vermeintlichen natürlichen Monopole im Wettbewerb viel besser als zuvor unter staatlicher Führung funktionieren. Denken Sie an die äußerst erfolgreichen Privatisierungen und Marktöffnungen im Bereich der Telekommunikation und Postdienstleistungen.

Das zentrale Problem hinter der Ineffizienz einiger staatlicher Wirtschaftsaktivitäten ist einfach: Zu wenig Unternehmergeist. Zwar arbeiten viele sehr gute Leute als Beamte – der Wettbewerb um die Stellen ist schließlich hart – doch mangelt es trotzdem an Ideen, Mut und Begeisterung. Nicht zuletzt, weil das Arbeitsumfeld diese nicht fördert. Darüber hinaus fehlt oft der Druck des Wettbewerbs. Die Stadtverwaltung kann nicht pleitegehen. Einzig über die jährlichen Budgets für die verschiedenen Abteilungen kann wirtschaftlicher Druck aufgebaut werden. Andere Sanktionsmöglichkeiten gibt es kaum. Im Ergebnis kommt es immer wieder zu öffentlicher Ineffizienz oder gar Verschwendung.

Eine pauschale Antwort auf die Frage, wo Staat anfangen und wo er aufhören sollte, gibt es natürlich nicht. Für alternativlos staatliche Aufgaben gilt es, Unternehmergeist und intrinsische Motivation zu maximieren. Darüber hinaus gibt es einen großen Bereich von Aktivitäten, in dem sich gute Argumente sowohl für eine staatliche als auch eine privatwirtschaftliche Durchführung finden lassen. Hier muss jede Gesellschaft für sich eine gute Balance finden, genauso wie bei der Umverteilung.

Wie ein Staat seine Ressourcen aufteilt, kann man dem *Staatshaushalt* entnehmen. Dieser ist typischerweise auf die verschiedenen *Gebietskörperschaften,* wie Bund, Länder und Gemeinden verteilt. Im Staatshaushalt werden sämtliche Ausgaben den Einnahmen gegenübergestellt. Der *Haushaltsplan* für das kommende oder bisweilen auch laufende Jahr wird auf Bundes- und Landesebene per Gesetz festgelegt. Die Funktionsweise der Haushaltspläne ist denkbar einfach. Alle Ressort-Verantwortlichen auf Bundes- und Landesebene, also die Minister, haben ein Budget über das sie verfügen können. Die benötigten Einnahmen stammen zumeist aus Steuergeldern. Diese werden zentral von der *Finanzverwaltung* administriert. Der Finanzchef hat zudem die Hoheit über die Schulden, welche zur Deckung von Finanzierungslücken aufgenommen werden.

Den größten Einzelposten des Staatshaushalts bilden in praktisch allen reichen Volkswirtschaften soziale *Transferleistungen,* die oft ein Drittel und mehr ausmachen. Kerninstrumente sind Sozialhilfe, Arbeitslosenhilfe, Krankenversicherung und Rentenzuschüsse – je nach Staat unterschiedlich nuanciert. Auch welche Körperschaft welche Aufgaben übernimmt, ist unterschiedlich. Typischerweise ist soziale Umverteilung auf Bundes- und Gemeinde-Ebene angesiedelt. Der zweitgrößte Einzelposten sind meist die *Zinszahlungen* für bestehende Schulden. Je nach Zinslage, kann dieser Posten auch in wirtschaftlich stabilen Ländern 20 Prozent und mehr des Staatshaushalts ausmachen. Und darin sind keinerlei Rückzahlungen enthalten! Neben der sozialen Umverteilung sind Verteidigung, Bildung, Forschung sowie Verkehr und Infrastruktur die größten inhaltlichen Themen. Weitere Ausgabenblöcke beinhalten Wirtschaftsförderung (z. B. für die Landwirtschaft), Umwelt, Familie,

Gesundheit, Diplomatenstab und vieles weitere. Im Bereich der Verwaltung schlagen Finanzämter, Polizei und Justiz am stärksten zu Buche.

Bis heute wird der Haushalt fast überall im Rahmen einer sogenannten *kameralistischen Buchhaltung* erfasst. Diese ist denkbar einfach und besteht im Kern aus genau zwei Elementen: Einnahmen und Ausgaben. Allerdings handelt es sich dabei nicht um eine Gewinn- und Verlustrechnung wie sie in Kapitel 9 besprochen wurden. Denn öffentliche Haushalte müssen lediglich ihre Ausgaben decken, nicht Gewinn erzielen. Ertrag und Aufwand, also die Erzielung und der Verbrauch von Ressourcen, spielen in der staatlichen Einnahmen-Überschuss-Rechnung nur eine untergeordnete Rolle. Entsprechend gibt es auch keine doppelte Buchführung. Die Basis staatlicher Rechnungslegung bilden einfache Buchungen als Einnahme oder Ausgabe. Mittelherkunft und Mittelverwendung werden nicht bei jedem Vorgang erfasst.

Prinzipiell ist die kameralistische Buchführung zweckmäßig, insbesondere da sie typischerweise durch Nebenrechnungen nahe an die doppelte Buchführung herankommt. Allerdings bleiben diese Informationen den Führungsverantwortlichen inklusive den Politikern meist verborgen. So verwundert es kaum, dass die in Kapitel 9 beschriebenen Probleme der Eh-da-Kosten und des Gleichsetzens von Ausgaben und Kosten in öffentlichen Einrichtungen besonders weit verbreitet sind. Das finanzielle Selbstverständnis der öffentlichen Hand birgt die Quelle von *Ineffizienz* also bereits in sich. Ist zum Jahresende noch Budget frei, dann wird sich nicht über den Gewinn gefreut, sondern fieberhaft nach Ausgabemöglichkeiten gesucht. Da wird dann auch schon mal der schön geteerte Innenhof der Verwaltung noch schöner gepflastert. Denn sonst wären die Einnahmen größer als die Ausgaben und der Finanzminister würde im kommenden Jahr weniger Steuergelder überweisen. Solche Probleme sind den Politikern und Verwaltungschefs natürlich nicht unbekannt. Doch ist es mit einem kameralistischen finanziellen Selbstverständnis besonders schwierig, eine hohe Effizienz zu erreichen. So dürfte öffentliche Verschwendung wohl dauerhaft ein Thema bleiben. Insbesondere, da man im Notfall einfach die Steuern erhöhen kann.

9.2   Steuern – Von uns für uns

Steuern sind gut – je mehr Sie zahlen, desto besser! Denn umso mehr verdienen Sie auch. Und ist es nicht ein gutes Gefühl, einen Beitrag zum gesellschaftlichen Wohl zu leisten? Tatsächlich denkt kaum ein Mensch so. Steuern sind *Geldleistungen* an den Staat *ohne spezifische Gegenleistung* – konkret hat man also erst einmal nichts davon. Zudem hat man, außer indirekt über Wahlen, keine Mitsprache in Steuerdingen. Am wichtigsten jedoch: Die meisten Steuern zahlt „gefühlt" man selbst, wohingegen die Reichen jedes Steuerschlupfloch nutzen.

Natürlich ist allen klar, dass der Staat einen breiten Kanon an Aufgaben mit den Steuern finanziert. Doch kann jeder auch Dinge nennen, die man für Steuerverschwendung hält. Mit Steuern ist also kein Blumentopf zu gewinnen. Politiker und Verwaltung können allerdings versuchen, ein möglichst gutes Steuersystem zu entwickeln. Zunächst einmal sollte es als *gerecht* empfunden werden. Steuerschlupflöcher müssen daher gut verschleiert werden, sonst ist der Grundsatz der *Gleichheit* der Besteuerung verletzt. Ein weiteres Element empfundener Gerechtigkeit ist für viele eine *Steuerprogression*. Das heißt Steuern sollten nach wirtschaftlicher Leistungsfähigkeit anfallen. Mit steigendem Einkommen zahlt man überproportional hohe Steuern.

Aus volkswirtschaftlicher Sicht ist ein gutes Steuersystem nicht nur gerecht, sondern auch *effizient zu gestalten*. Es sollte daher möglichst geringen Einfluss auf das Marktergebnis nehmen und nicht zu Wohlfahrtsverlusten führen. Zudem sollten Steuern *einfach* zu erheben sein und ein hohes Einkommen erzielen. Lieber wenige *große* als viele kleine Steuern. In der Praxis wird dieser Grundsatz aber nicht konsequent umgesetzt. Fast überall bewahrheitet sich die 80-20-Regel: Mit 20 Prozent der Steuerarten werden 80 % der Einnahmen erzielt.

Darüber hinaus sollte ein Steuersystem *unauffällig* sein, insbesondere aus Sicht der Politik. Je weniger die Bürger von den Steuern mitkriegen, desto kleiner die Gefahr von Missstimmung und Steuerhinterziehung. Denn nur wenn Steuern auch gezahlt werden, erfüllen sie ihren Zweck. Allen voran steht natürlich die *Einnahmenerzielung*. Allerdings ist dies nicht der einzige Grund für Steuern. Diese können auch eingesetzt

werden, um gezielt *Preissignale* zu setzen und externe Effekte zu internalisieren. Beispielsweise steigt in einigen Ländern die KFZ-Steuer mit der
Höhe der Schadstoffemissionen. Zu guter Letzt sind Steuern auch ein
Instrument der *Umverteilung*, wenn Reiche stärker als Arme belastet werden. Dies kann durch gezielte Steuern, wie die Erbschafts- oder Ver-
mögensteuer, aber auch durch allgemeine Steuern, wie eine progressive
Einkommensteuer, erreicht werden.

Die unterschiedlichen Steuerarten – in den meisten Ländern zwischen 20 und 50 – können anhand zahlreicher Kriterien beschrieben
werden. Ökonomisch steckt dahinter zwar nicht immer viel, interessant
ist es trotzdem. Die Abgrenzung nach *Steuerobjekten* ist in der volkswirtschaftlichen Analyse am wichtigsten, da Steuern auf gleichartige Objekte
ähnlich wirken. Steuern können auf Einkommen (z. B. Kapitalertrags-
steuer), Vermögen (z. B. Grundsteuer) und Konsum (Tabaksteuer) erhoben werden. Konsumsteuern können weiter in *Verkehrssteuern* auf
Rechtsgeschäfte inklusive Dienstleistungen (z. B. Mehrwertsteuer) und
Verbrauchssteuern nur auf bestimmte physische Güter (z. B. Mineralöl-
steuer) unterteilt werden. Verkehrssteuern werden erhoben „weil man
kann" – sie zielen auf die wirtschaftliche Leistungsfähigkeit der Vertrags-
parteien, die mit der Transaktion belegt ist. Wer teuer im Restaurant
essen geht, kann auch Mehrwertsteuer zahlen. Verbrauchssteuern hingegen werden erhoben, „weil man sollte". Hier steht der Lenkungscha-
rakter im Vordergrund. Wer mit dem Auto die Luft verpestet, sollte dafür
auch zahlen.

Steuern auf Einkommen und Vermögen sind *direkte* Steuern, da man
sie selber unmittelbar an den Staat abführt. Konsumsteuern hingegen
sind *indirekte* Steuern. Sie werden vom Verkäufer (dem Steuerträger) ans
Finanzamt überwiesen, sind allerdings vom Käufer (dem Steuerschuld-
ner) wirtschaftlich zu tragen. Entsprechend sind indirekte Steuern Teil
des gezahlten Preises.

Immer wenn Steuern an die persönlichen Umstände geknüpft sind,
handelt es sich um *Personensteuern* (z. B. Einkommensteuer). Alle anderen Steuern sind *Sachsteuern*, welche oft juristisch als Realsteuern bezeichnet werden. Diese sind für alle gleich und beziehen sich entweder auf
Gegenstände (z. B. Biersteuer) oder auf die Ertragskraft von Objekten

(z. B. Grundsteuer). Ein ähnliches Konzept differenziert zwischen Pauschalsteuern mit festem Steuersatz und Individualsteuern.

Ein relevantes Unterscheidungskriterium ist auch, ob Steuern direkt an der Quelle abgezogen oder erst im Nachhinein bei der Steuererklärung veranlagt werden. *Quellensteuern* (z. B. Lohnsteuer) haben für den Staat den Vorteil, ohne Verzögerung eingezogen zu werden. Oft ist dies aber zu kompliziert bzw. die Steuer kann erst im Nachhinein berechnet werden. In diesen Fällen werden *Veranlagungssteuern* bevorzugt (z. B. Körperschaftsteuer).

Zu guter Letzt werden Steuern häufig auch nach *Begünstigten* untergliedert. Denn Steuern stehen nicht einfach nur dem Staat zu, sondern sie werden auf die verschiedenen Gebietskörperschaften aufgeteilt. In Deutschland gibt es Bundes- (z. B. Versicherungs-), Landes- (z. B. Lotterie-) und Gemeindesteuern (z. B. Hundesteuer). Die ertragsstarken Steuern werden meist auf mehrere Körperschaften aufgeteilt. Lohn- und Einkommensteuer stehen beispielsweise Bund, Ländern und Gemeinden zu.

Der Verteilung der Steuern auf die Körperschaften spiegelt sich auch in der *Finanzverwaltung* wider. Zwar ist für die Steuererklärung immer das Finanzamt am Wohn- bzw. Firmensitz zuständig, doch steht dahinter ein großer Behördenapparat mit Bundes- und Landesministerien, verschiedenen Finanzdirektionen und schließlich den Finanzämtern. Entsprechend ist die Finanzverwaltung nicht nur für die Erhebung der Steuern zuständig, sondern auch für deren Ausgestaltung, nachdem eine Steuer per Gesetz in Kraft tritt. Kernelemente einer Steuer sind das *Steuersubjekt* (wer zahlt die Steuer), das *Steuerobjekt* (worauf wird die Steuer erhoben), die *Bemessungsgrundlage* (auf welchen Teil fällt Steuer an) und der *Steuersatz* (wie viel Prozent sind abzugeben).

Aus ökonomischer Sicht ist die Analyse von Steuern einfacher als die komplexen Steuerkategorien vermuten lassen. Es zählt lediglich, wer von der Steuer belastet wird und welche *Anreizwirkungen* und damit Änderungen am Marktergebnis auftreten. Anhand einer solchen Analyse kann die *Wohlfahrtswirkung* verschiedener Steuern verglichen werden. Eine konkrete Bewertung von Steuern ist hingegen extrem schwierig, da den negativen Aspekten von Steuern positive Wirkungen entgegenstehen. Die ökonomische Analyse sagt also nicht, welche Steuern man im konkreten Fall bis zu welcher Grenze erheben sollte. Denn der Staat schafft mit seinen steuerfinanzierten Ausgaben für Infrastruktur und Umverteilung erheblichen wirtschaftlichen und gesellschaftlichen Wert. Auch können Steuern positive Anreizeffekte haben. In seiner Gesamtheit ist das Thema so komplex, dass Steuern wohl auf Ewigkeit ein kontroverses Thema bleiben werden.

Im BWL-Studium wird man daher lediglich mit der prinzipiellen Wirkung von Steuern auf das Marktmodell aus Angebot und Nachfrage konfrontiert. Die meisten Steuern wirken wie eine *Kostenerhöhung*. Für einen Unternehmer ist es zum Beispiel egal, ob er mehr für seine Rohstoffe an die Lieferanten zahlt oder ob er darauf eine Steuer an den Staat abführt. Selbst höhere Lohnsteuern haben eine solche Wirkung. Nimmt man die Nettolöhne als gegeben, so müssen den Mitarbeitern bei steigenden Steuern höhere Bruttolöhne gezahlt werden. Die Kosten für den Unternehmer steigen. Steigende Kosten sind für die Funktionsfähigkeit der Märkte zunächst kein Problem. Angebot und Nachfrage kommen weiterhin zum Ausgleich. Ertragssteuern betreffen sogar nur den Gewinn nach optimaler Allokation. Allerdings wird mit Steuern weniger angeboten als ohne, da die schwächeren Produzenten nicht mehr profitabel sind. Im Modell verschiebt sich die Angebotskurve; bei einem gegebenen Preis wird weniger angeboten als ohne Steuern. Bei konstanter Nachfrage heißt das: Höhere Preise und geringere Mengen. Die Wohlfahrt sinkt.

Getragen wird der *Wohlfahrtsrückgang* sowohl von den Anbietern als auch von den Nachfragern. Auf den allermeisten Märkten mit normalen Elastizitäten steigt der Preis um weniger als die Steuererhöhung. Das heißt einerseits bleibt den Unternehmern pro Stück weniger Gewinn, während die Konsumenten andererseits mehr bezahlen. Die Wohlfahrtswirkung aus diesem Preiseffekt ist jedoch neutral, da der Staat Wohlfahrt in gleicher Höhe gewinnt. Allerdings verringert sich durch die Steuern auch die Menge, was einen echten Wohlfahrtsverlust bedeutet. Alle sind schlechter gestellt. Die verbreitete Meinung, gewisse Steuern würden einseitig die Hersteller oder Konsumenten belasten, ist fast immer falsch. Steuern schaden allen an einer Transaktion Beteiligten. Negative Wohlfahrtseinflüsse können gering gehalten werden, wenn Steuern auf Märkten mit unelastischem Angebot oder unelastischer Nachfrage erhoben werden bzw. wenn keine Ausweichreaktionen möglich sind. Auf solchen Märkten ist die Menge fast konstant. Einer Grundsteuer kann man

z. B. nicht entkommen. Auch hohe Steuern auf Grundnahrungsmitteln wären demnach eine gute Idee, denn gegessen wird immer. Daran sieht man allerdings schon, eine Diskriminierung nach *Elastizität* widerspricht potenziell dem Gerechtigkeitsgrundsatz.

Es ist also gar nicht so einfach, ein gerechtes Steuersystem zu finden, welches zu möglichst geringen Verzerrungen und *Ausweichreaktionen* führt. Eine Ausnahme von diesem Ziel sind lediglich die bereits genannten, bewusst gesetzten Preissignale wie z. B. durch Ökosteuern auf Energie- und Kraftstoffverbrauch. Diese haben sich als sehr effizient erwiesen, das Verhalten der Konsumenten in die gewünschte Richtung zu lenken. Ihre Grenze finden solche Ansätze jedoch durch Ausweichmöglichkeiten der Steuerpflichtigen. So haben sich Kerosinsteuern trotz der erheblichen Umweltbelastung durch den Flugverkehr nicht durchgesetzt. Der Grund: Zentrale Drehkreuze könnten mittelfristig in ein Land ohne Kerosinsteuern verlegt werden.

Eine der global wichtigsten Steuern ist die *Umsatzsteuer*, welche meist beschreibend als *Mehrwertsteuer* bezeichnet wird. Denn diese wird analog zum Beispiel zur Berechnung des BIP im Kap. 4 auf den Mehrwert jeder Produktionsstufe erhoben: Der Landwirt verkauft sein Korn für netto 100 € an einen Müller. Dieser zahlt dem Landwirt bei einem Umsatzsteuersatz von 10 % brutto 110 €. Die 10 € Umsatzsteuer führt der Landwirt ans Finanzamt ab. Der Müller wiederum nimmt für sein Mehl 200 € + 20 € Umsatzsteuer. Da er beim Korneinkauf aber schon 10 € „Vorsteuer" gezahlt hat, muss er nur noch 10 € ans Finanzamt zahlen. Das entspricht genau dem wirtschaftlichen Mehrwert von 100 €, den er geschaffen hat. So geht es weiter bis zum Konsumenten, der als Verbraucher die gesamte Steuerlast über den Verkaufspreis trägt.

Es scheint also, als ob die Umsatzsteuer einseitig die Konsumenten belastet. Wie im Marktmodell betrachtet, ist diese auch unter BWL-Absolventen weit verbreitete Meinung allerdings falsch. Den wirtschaftlichen Nachteil der Umsatzsteuer tragen sowohl die Konsumenten als auch die Produzenten. Sie ist für die Unternehmen zwar ein durchlaufender Posten, doch wirkt die Umsatzsteuer am Markt wie jede andere Kostenerhöhung auch: Der Preis für den Konsumenten steigt, während gleichzeitig weniger für die Hersteller bleibt. Allerdings ist die Umsatzsteuer *anreizneutral* mit Blick auf die eingesetzten Produktionsfaktoren.

Egal wie das Produkt hergestellt wird – mit viel Arbeit oder mit vielen Maschinen – die Umsatzsteuer ist die gleiche. Dies ist gut, da es so nicht zu Verzerrungen bei der Gütererstellung kommt, insbesondere nicht zu einer Benachteiligung des Faktors Arbeit. Diese „Faktorneutralität" ist ein Grund, warum die Umsatzsteuer vielerorts im Vergleich zur Lohnsteuer an Gewicht gewonnen hat.

Der große Vorzug der Umsatzsteuer für die Politik liegt allerdings woanders. Durch den Direktabzug beim Kauf lässt sie sich gut verschleiern. In den meisten Staaten ist das Aufkommen der Umsatzsteuer höher als das der Lohnsteuer. Bei der Missstimmung der Steuerzahler ist das Verhältnis dagegen andersherum. Auch ist die Umsatzsteuer recht effizient, da sie eine enorm breite Basis hat und hoch automatisiert erhoben wird. Je größer die Unternehmen sind, desto seltener ist darüber hinaus Betrug durch Schwarzverkäufe oder Falschdeklaration.

Neben der Umsatzsteuer hat auch die *Einkommenssteuer* eine zentrale Bedeutung. Diese bezieht sich auf das Einkommen natürlicher Personen. Die Einkommenssteuer untergliedert sich in drei Kategorien: *Lohnsteuer,* die direkt vom Arbeitseinkommen abgezogen wird, *zu veranlagende Einkommensteuer,* z. B. für selbstständige Tätigkeiten oder Mieteinnahmen, und *Kapitalertragsteuer.* Letztere unterliegt häufig einem anderen Steuersatz. Dadurch soll eine mögliche Doppelbesteuerung ausgeglichen werden, z. B. wenn eine Dividende aus schon versteuertem Gewinn gezahlt wird.

Typischerweise sieht die Bemessungsgrundlage der Einkommensteuer einen Freibetrag zur Deckung der Ausgaben des *Existenzminimums* vor. Häufig wird dieser durch eine *Werbungskostenpauschale* ergänzt, welche notwendige Kosten zur Einkommenserzielung von der Steuer befreit. Diese Freibeträge haben einen steigenden durchschnittlichen Steuersatz zur Folge. Je mehr man verdient, desto mehr muss man pro verdientem Euro abgeben. Das Phänomen wird auch als *Steuerprogression* bezeichnet und ist als Ausdruck des Leistungsfähigkeitsprinzips sozial gewünscht. Die Progression kann durch die Wahl eines ansteigenden, also *progressiven Steuersatzes* verstärkt werden. In diesem Fall steigt nicht nur der durchschnittliche Steuersatz, sondern auch der Grenzsteuersatz. Analog zu den in Kap. 4 besprochenen Grenzkosten, bezeichnet der Grenzsteuersatz, mit welchem Steuersatz der letzte verdiente Euro belastet wird.

Höchstgrenzen zur Steuerbemessung haben einen gegenteiligen Effekt zu den Freibeträgen. Dies ist für Steuern zwar selten relevant, häufig jedoch für Sozialabgaben. Diese werden meist mit einem fixen Prozentsatz vom Einkommen abgezogen, allerdings nur bis zu einer gewissen Einkommensgrenze. In Deutschland beispielsweise ist dieser Effekt so groß, dass er die Progression der Einkommenssteuer ausgleicht. Die durchschnittliche Steuerbelastung des Lohns ist ab gut 60.000 Euro Jahreseinkommen praktisch konstant.

Eine progressive Steuerbelastung der Einkommen hat nicht nur einen Umverteilungseffekt durch die überproportionale Belastung der wirtschaftlich Erfolgreichen. Sie wirkt sich auch gesamtwirtschaftlich *stabilisierend* aus. Geht es der Wirtschaft schlecht und die Einkommen sinken, so geht automatisch auch die Steuerbelastung zurück. Ein gegenteiliger Effekt ist die „kalte Progression", wenn die Steuerbelastung rein durch Inflation steigt. Daher müssen Freibeträge und Progressionstabellen regelmäßig angepasst werden, was natürlich immer als großes Steuergeschenk an die Bürger verkauft wird.

Als Nachteil der Einkommensteuer wird die einseitige Belastung des Faktors Arbeit gesehen. Je höher Lohnsteuer und Abgaben sind, desto mehr Bruttogehalt verlangen die Arbeitnehmer für ihre Arbeit. Anstatt teure Arbeitnehmer zu bezahlen, werden arbeitsintensive Teile der Wertschöpfungskette automatisiert oder in ein Billiglohnland verlagert. Auf die Lohnsteuer aus diesem Grund zu verzichten ist allerdings keine Lösung. Das Einkommen der Menschen ist zentraler Ausdruck der wirtschaftlichen Leistungsfähigkeit und kaum als Bemessungsgrundlage in einem gerechten Steuersystem ersetzbar. Auch wäre es schwierig, die schiere Größe der Einkommenssteuer zu kompensieren.

Eine natürliche Reaktion scheint es zu sein, Kapital und Vermögen stärker zu besteuern. Zum Beispiel in dem man Zinsen nicht mehr als Kosten geltend machen darf. Hier besteht allerdings die akute Gefahr der *Kapitalflucht*. Denn Geld kann in Sekunden in die ganze Welt überwiesen werden. Eine kapitalintensive Fabrik – samt ihrer wenigen aber hoch qualifizierten Arbeitsplätze – wird im Zweifel dort gebaut, wo die Steuern auf Kapital und Gewinn am niedrigsten sind. Tatsächlich lässt sich weltweit ein jahrelanger Trend zu geringeren Kapital- und Gewinnsteuern zugunsten von Einkommen- und Umsatzsteuern beobachten. Denn am

Ende landet jeder Unternehmensgewinn bei den Besitzern. Und diese haben nur etwas von ihrem Geld, wenn sie es als Einkommen aus dem Unternehmen erhalten und konsumieren. Da die allermeisten Menschen und auch Unternehmer nicht bereit sind, der Steuern wegen mit ihrer Familie das Land zu verlassen, ist die Steuerflucht natürlicher Personen kein wesentliches Problem.

Steuern sind zwar die mit Abstand wichtigste, jedoch nicht die einzige Einnahmequelle des Staats. So fließen Gewinnausschüttungen von *Staatsbetrieben* und Beteiligungen direkt in die öffentlichen Haushalte. Allerdings stehen dem meist auch Verluste einiger Betriebe, vor allem im öffentlichen Nahverkehr, gegenüber. Eine wenig bekannte Einnahmenquelle ist die *Gewinnausschüttung der Zentralbank*. Die Zinseinnahmen aus dem in Kap. 8 beschriebene Privileg der Zentralbank, Geld zu drucken und zu verleihen, übersteigen fast immer die Kosten des Systems. In guten Jahren schütten die EZB bzw. die nationalen Zentralbanken Milliardenbeträge an die Mitgliedsstaaten aus.

Um weit kleinere Zahlen geht es bei den öffentlichen *Abgaben*, die sich in Summe aber auch auf Milliardenbeträge summieren. Entgegen den Steuern sind Abgaben *zweckgebundene* Gebühren für die Inanspruchnahme öffentlicher Leistungen. Der Eintritt für den städtischen Zoo ist genauso eine Abgabe wie der Strafzettel für falsches Parken. Abgaben haben den konzeptionellen Vorteil, dass Leistung und Gegenleistung klar ersichtlich sind. Steuern sind dagegen immer abstrakt. Man weiß nie, wofür genau man eigentlich zahlt. Allerdings schafft die fehlende Zweckbindung entscheidende Flexibilität: Die Staatseinnahmen und die Staatsausgaben können unabhängig voneinander optimiert werden. Man stelle sich vor, die Mineralöl- und KFZ-Steuer wäre zweckgebunden für den Straßenverkehr. Dann würde das Vielfache der normalen Gelder in das Straßennetz fließen. Da die Steuern an Benzinverbrauch und Schadstoffemissionen geknüpft sind, würde eine höhere Umweltbelastung direkt zu mehr Investitionen in die Straßen führen. Steuern könnten unter einem solchen System nicht mehr als Lenkungsmittel eingesetzt werden.

Da die Wirtschaftskraft über das Gebiet eines Staates nicht gleich verteilt ist, gibt es häufig *Ausgleichssysteme*. In Deutschland erhalten die Gemeinden zum Beispiel systematisch Zahlungen von Bund und Ländern im Rahmen des Gemeindefinanzausgleichs. Darüber hinaus gibt es einen Länderfinanzausgleich zwischen den Bundesländern. Aber auch mit Finanzausgleich – am Ende reicht es praktisch nie: Die Staatsausgaben übersteigen die Einnahmen. Die Differenz muss mit neuen Schulden gedeckt werden.

9.3   Staatsschulden – Von unseren Kindern für uns

Staatsschulden sind so alt wie die Staaten selbst. Für jeden neuen Krieg musste Geld geliehen werden. Mit dem Entstehen des Sozialstaats kamen viele weitere Gründe hinzu, warum gerade heute mehr ausgegeben werden muss, als Einnahmen zur Verfügung stehen. Damit wären Staatsschulden bereits weitgehend erklärt. Hinter ihnen steckt nämlich nichts anderes, als ganz normale *Kredite*, wie sie im Kap. 8 besprochen wurden. Der Staat leiht sich heute Geld und deckt damit einen Teil seiner Ausgaben. In der Zukunft müssen die Bürger den Gürtel dann enger schnallen, um die Kredite zurückzahlen zu können. Dies bedeutet entweder geringere Staatsausgaben oder höhere Steuern.

So einfach war es im BWL-Studium natürlich nicht. Dort sind Staatsschulden sämtliche finanziellen Zahlungsverpflichtungen der öffentlichen Haushalte und Organisationen, wie z. B. den Sozialversicherungen, gegenüber Dritten. Bundesländer und Gemeinden finanzieren sich im Wesentlichen über Kredite in Form von *Schuldscheindarlehen*, d. h. der Kreditgeber ist bekannt. Auf Bundesebene spielen *Anleihen* und andere Schuldpapiere eine wesentliche Rolle. Diese werden über den Kapitalmarkt von anonymen Investoren gekauft.

Unabhängig von der Form der Staatsschulden sind einige ökonomische Besonderheiten zu beachten. Zunächst einmal spielt es bei Staatsschulden eine Rolle, wem genau das Geld geschuldet wird. Steht der Staat bei seinen *eigenen Bürgern* in der Kreide, dann ist Staatsverschuldung theoretisch ein Nullsummenspiel. Würden alle Schulden gestrichen, wäre das zwar eine Enteignung, doch würden die Verluste der Bürger zukünftig in Form höherer Leistungen bzw. geringerer Steuern kompensiert. Allerdings würde dies die Bürger ganz unterschiedlich treffen. Wer heute spart und z. B. Bundesanleihen besitzt, ist der Dumme. Ein radikaler

Schuldenschnitt hätte also erhebliche ungewünschte Verteilungs- und negative Anreizwirkungen. In einer Demokratie wäre so etwas also nur in einer Extremsituation denkbar. Zudem wäre ein solcher Schritt rechtlich kaum durchsetzbar. Die Nullsummenspiel-Theorie bleibt damit eine Theorie. Verschuldet sich ein Staat im *Ausland*, so ist die Flexibilität in Bezug auf dessen Schulden noch geringer. Denn ausländische Personen können nicht mit höheren Steuern belastet werden.

Auch die *Verschuldungswährung* spielt eine zentrale Rolle. Ist diese vom Schuldner unbeeinflussbar, so gibt es nur die Optionen rückzahlen oder pleitegehen. Dabei muss es sich nicht einmal um eine Fremdwährung handeln. Die europäische Zentralbank ist so unabhängig, dass eine einzelne Regierung kaum Einfluss auf deren Politik hat. Sind die Schulden dagegen in einer selber kontrollierten Währung notiert, besteht theoretisch die Möglichkeit, diese mit frisch gedrucktem Geld zu begleichen. Wie im Kap. 8 unter dem Stichpunkt Inflation diskutiert, ist aber auch dies in entwickelten Volkswirtschaften nur eine theoretische Option. Wenn auch nur der Verdacht am Finanzmarkt besteht, ein Staat könne seine Schulden zukünftig entwerten, wird es sehr schwierig, überhaupt einen Investor zu finden. Am Ende landet man also wieder bei der zu Beginn dargelegten Überlegung: Auch Staatsschulden sind normale Schulden.

Interessanter ist die Diskussion, warum Staatsschulden überhaupt erlaubt sind. Eins ist nämlich klar: Die Hemmschwelle, Schulden zu machen, ist gering. Denn die Verantwortlichen für die Schulden – also die Politiker von heute – sind längst in Pension, wenn die Rückzahlung ansteht. Man muss lediglich dem Wähler klarmachen, warum neue Schulden in der aktuell angespannten Situation vertretbar sind – und schon fließt das Geld. Staatsschulden ganz zu verbieten, wäre aus wirtschaftlicher Sicht allerdings keine gute Lösung. Denn eine *effiziente Kreditwirtschaft* bringt auch dem Staat direkt große Vorteile. So ist es staatlichen Einrichtungen möglich, enorme *Investitionen* schuldenfinanziert zu stemmen. Eine Autobahn oder ein großer Forschungsreaktor sind aus dem laufenden Haushalt schwierig zu finanzieren. Durch solche Investitionen schafft der Staat für viele zukünftige Generationen Nutzen, der sich in höheren Steuereinahmen widerspiegelt. Damit können die Schulden zurückgezahlt werden.

Eine ähnliche Argumentation wird in Krisenzeiten bemüht. Wie im Kap. 4 unter dem Stichpunkt Konjunktur diskutiert, kann die Wirtschaft unter gewissen Voraussetzungen kurzfristig durch Staatsausgaben angekurbelt werden. Da fast kein Staat für solche Fälle vorher Geld anspart, erfolgen *Konjunkturprogramme* auf Pump. Im Idealfall setzen diese einen positiven Multiplikatoreffekt in Gang, der zu weiterer wirtschaftlicher Aktivität und damit wieder Steuereinnahmen führt. In der Wirtschaftskrise 2008/2009 wurden daher auf breiter Front Schulden zur Unterstützung der Wirtschaft gemacht. Bekannte Beispiele sind die „Abwrackprämie" für Altautoverschrottung in Deutschland oder die Barzahlungen an weniger gut verdienende Familien in den USA.

Diese beiden klassischen Gründe – Investitionen und das Füllen einer Nachfragelücke in Krisenzeiten – haben durchaus ihre Berechtigung. Allerdings ist die Effizienz von Konjunkturprogrammen umstritten. Das Investitionsargument auf der anderen Seite scheitert an der Realität großer öffentlicher Haushalte. Schulden für Investitionen machen nur Sinn, wenn die Investition als Inkrement auf einen bestehenden Haushalt kommen – d. h.: Neue Schulden nur für zusätzliche Investitionen. Tatsächlich füllen Schulden in der Regel aber jede Haushaltslücke auf. Darüber hinaus ist zu beachten, dass die Investitionen der Vergangenheit heute zu Rückzahlungen führen. Mit diesem Geld sollten die meisten aktuellen Investitionen finanziert werden können. Mit dem Investitionsargument kann also ein gewisser dauerhafter *Schuldenstock* argumentiert werden, nicht aber ein ständig wachsender Schuldenberg.

Hinter Staatsschulden muss also noch mehr stecken. Ein ganz simpler Faktor wurde schon genannt: Schulden ermöglichen Wahlgeschenke. Konkrete kurzfristige Vorteile stehen eher diffusen Nachteilen gegenüber. Zudem vergrößern Schulden den Haushalt und damit die Macht von Politikern und Verwaltungen. Es lassen sich aber auch aus rein volkswirtschaftlicher Sicht weitere Argumente für Staatsschulden finden. So haben wirtschaftlich starke Länder eine hervorragende *Bonität* und zahlen geringere Zinssätze als die Privatwirtschaft. Der Staat bekommt die gleichen Ressourcen also zu einem günstigeren Preis. Schafft er es, mit dem Geld effizient umzugehen, ist dies ein volkswirtschaftlicher Zugewinn. Darüber hinaus sind staatliche Schuldpapiere ein Eckpfeiler der *Finanzmärkte*. Als „sicheres" Investment bilden sie den wichtigsten Referenzpunkt für Investoren überhaupt. Zudem sind Staatsanleihen durch ihre schiere Größe ein zentrales Anlageinstrument. Gerade in Krisenzeiten sind sie häufig der Fels in der Brandung. Nicht zuletzt kann Staatsverschuldung in Krisenzeiten einer sinkenden Verschuldung des privaten Sektors entgegenwirken. So werden das Schrumpfen der *Geldmenge* und damit die Gefahr von Deflation abgemildert.

Trotz der guten Gründe für Staatsschulden gibt es immer wieder Ökonomen, die darin prinzipiell ein Übel sehen. Da Schulden so leicht zu machen sind, werden sie auch für *ineffiziente* Projekte eingesetzt. Gleichzeitig treibt die staatliche Kreditnachfrage die *Realzinsen* nach oben, wodurch effiziente private Investitionen verdrängt werden. Dies ist ein möglicherweise erheblicher Verlust für die Volkswirtschaft.

Je höher der Schuldenstand steigt, desto geringer wird zudem die Flexibilität des Staates. Niedrigzinsphasen werden nicht etwa zum Schuldenabbau genutzt, sondern führen eher zu einer laxeren Ausgabenpolitik. Steigen die Zinsen dann wieder, muss ein Staat eventuell drastische Kürzungen durchsetzen. Ganz allgemein bedeutet *Schuldenabbau* große Änderungen in der Gesellschaft, die im Extremfall zu Unruhen oder gar Bürgerkrieg führen können.

Darüber hinaus wird auch die mangelnde Transparenz unter der oben beschriebenen kameralistischen Buchführung bemängelt. In den Medien ist bisweilen sogar zu hören, unter ordentlicher doppelter Buchführung seien fast sämtliche etablierten Industriestaaten wie die USA, Deutschland oder Japan pleite. Insbesondere die öffentlichen *Pensionszusagen* entsprechen einer gigantischen Verbindlichkeit, für die es keine Rückstellungen gibt. Technisch ist die Aussage korrekt, inhaltlich stimmt sie aber nicht ganz. Denn ein Staat kann nur von heutigen Schulden in einer von ihm unbeeinflussbaren Währung pleitegehen. Aber selbst wenn kein Geld gedruckt werden kann, besteht zumindest mit Blick auf die Zukunft Flexibilität.

Im Vergleich zu privaten Unternehmen ist der Staat kein normaler Wettbewerber, weil er parallel Wirtschaftsteilnehmer und Gesetzgeber ist. Bildlich gesprochen: Der Staat ist gleichzeitig Schiedsrichter und Spieler auf dem Spielfeld der Marktwirtschaft. Dies ermöglicht es ihm, relativ frei zukünftige Leistungen einzuschränken und die Steuern zu erhöhen. Dies mag zwar zu sozialen Spannungen führen, im Zweifelsfall ist eine solche Politik aber durchsetzbar. Hieran würde ein privates Unternehmen scheitern. Die Kosten einzuschränken mag noch möglich sein, doch die Einnahmen bzw. Preise frei zu setzen, ist unmöglich. Es ist also falsch, privatwirtschaftliche Maßstäbe in ihren Konsequenzen auf den Staat anzuwenden. Wohl aber ist es verständlich, einen ähnlich effizienten Umgang mit dem Geld der Steuerzahler einzufordern.

Schuldenabbau oder Steuersenkungen?

Geht es der Wirtschaft gut, oder sind die Zinsen drastisch gefallen, gibt es immer wieder Phasen sinkender Haushaltsdefizite und in seltenen Fällen gar von Überschüssen. Wenn die Politiker dann noch widerstehen können, das zusätzliche Geld direkt auszugeben, so stellt sich die Frage über die Mittelverwendung. Man könnte entweder Schulden zurückzahlen oder die Bürger durch niedrigere Steuern entlasten. Für den Großteil der Politiker ist dies allerdings eine rhetorische Frage: Schuldenabbau vor Steuersenkungen! Ganz klar – wir müssen verantwortlich unseren Kindern gegenüber sein.

Immer wenn es in einer Debatte um Kinder geht, ist jedoch Vorsicht geboten. Kurzfristig gesehen wirken Steuersenkungen und Schuldenabbau ökonomisch ähnlich. Langfristig gesehen gibt es aber einen zentralen Unterschied. Sollte das Haushaltsdefizit wieder steigen, so sind im Handumdrehen neue Schulden gemacht. Sind hingegen einmal die Steuern gesenkt, ist es politisch schwer, wieder eine Steuererhöhung durchzusetzen. Dadurch steigt der Druck, die Ausgaben zu senken. Politiker sägen mit Steuersenkungen also am eigenen Ast. Im Umkehrschluss kann man auch sagen: Schuldenabbau ist wie ein Strohfeuer; Steuersenkungen dagegen sind wie das olympische Feuer – kaum auszukriegen.

An den meisten Universitäten, insbesondere im angelsächsischen Raum, bleibt einem als Student am Ende der entsprechenden volkswirtschaftlichen Vorlesungen das gleiche Gefühl: Staatsschulden sind etwas Gefährliches. Eine gesunde Skepsis zum Thema ist aufgrund der diskutierten Anreizstrukturen auch angebracht. Allerdings hält sich historisch die Zahl der Staatspleiten im Rahmen, während viele Länder über lange Zeiträume gut mit Schulden gelebt haben. Gerade die Erfolgsgeschichte der USA ist auch eine Geschichte der Verschuldung. Internationale Macht – und mit einigem Auf und Ab auch die Schulden – sind Hand-in-Hand gewachsen, und das über Jahrhunderte! Natürlich ist klar, wenn die Zinszahlungen überhandnehmen, ist auch irgendwann der mächtigste Staat am Ende. Doch niemand kann genau sagen, welcher Schuldenlevel wirklich kritisch ist.

10

Globalisierung – Ein neues altes Phänomen

„Wir leben im Zeitalter der Globalisierung! Die Welt ist zusammengerückt und eng verflochten. Wirtschaft, Politik, Kultur – alles spielt sich im internationalen Kontext ab." So könnte ein römischer Senator seine Grundsatzrede begonnen haben. Denn Globalisierung ist so alt wie die Menschheit. Handel, Völkerwanderungen und Kriege haben schon immer für einen regen Austausch zwischen den Kulturen gesorgt. So verkauften die Römer nicht nur Oliven in den Orient und bekamen dafür Gewürze, sogar blonde Haare aus dem Norden waren eine Zeit lang der letzte Schrei.

Zwar wird der *Begriff* Globalisierung erst seit den 1980er-Jahren in den Wirtschaftswissenschaften diskutiert, doch beschäftigt sich die Ökonomie seit jeher mit dem *internationalen Austausch*. Eine Modeerscheinung ist der Begriff „Globalisierung" allerdings auch nicht, denn die Intensität des globalen wirtschaftlichen Austauschs ist auf ein bisher unerreichtes Niveau gestiegen. Sämtliche Indikatoren für wirtschaftliche Globalisierung, wie z. B. das Handelsvolumen, die unternehmerischen Direktinvestitionen im Ausland, die Bedeutung internationaler Konzerne oder der Devisenhandel, sind auf historischen Rekordständen. Kein

© Springer Fachmedien Wiesbaden GmbH, ein Teil von Springer Nature 2020
F. Dittrich, *Was ich im BWL-Studium hätte lernen sollen*,
https://doi.org/10.1007/978-3-658-28485-5_10

Wunder also, dass das Thema in Medien und Wissenschaft an Gewicht gewonnen hat.

Mit der Diskussion, ob wirtschaftliche Globalisierung gut oder schlecht ist, lassen sich ganze Bücherregale füllen. Trotzdem kann man die Pro- und Contra-Argumente in jeweils einem kurzen Absatz zusammenfassen. Internationaler Austausch bedeutet größere Märkte und ermöglicht so eine höhere Spezialisierung vieler Unternehmen und ganzer Volkswirtschaften. Die *Effizienz* der Wirtschaft nimmt zu. Das Güterangebot wird breiter und differenzierter. Dies steigert unseren Wohlstand. Empirisch werden diese Aussagen auf breiter Front gestützt, da die globale Wirtschaftsleistung historisch besonders dann zugenommen hat, wenn die Intensität der Globalisierung gestiegen ist. Reiche wie arme Volkswirtschaften profitieren, selbst wenn einzelne Gruppen negativ betroffen sein sollten. Allerdings führt Globalisierung zu teils schmerzhaftem *Strukturwandel*. Öffnet sich ein Land dem internationalen Wettbewerb, so können ganze Wirtschaftszweige untergehen. Sind die Arbeitsmärkte nicht hinreichend flexibel, entsteht strukturelle Arbeitslosigkeit. Beispielsweise ist fast die gesamte Textilindustrie aus den Industrienationen in die Schwellenländer abgewandert. Da durch die Globalisierung vor allem das Angebot günstiger Arbeitskraft aus den Schwellenländern besser genutzt wird, hat sich der globale Reichtum hin zu den Kapitalbesitzern verschoben. Die wirtschaftliche Ungleichheit nimmt zu. Empirisch werden auch diese Aussagen auf breiter Front gestützt. Insbesondere haben sich die Reallöhne in vielen Industrienationen weit unterproportional zur Wirtschaftsleistung entwickelt. Das günstigere und bessere Güterangebot kann diesen Nachteil nicht immer ausgleichen. Die Früchte der Globalisierung kommen bei vielen Menschen in den weit entwickelten Wirtschaften nicht an.

Man kann also zwei Dinge festhalten: Einerseits schafft Globalisierung mehr *Reichtum*. Andererseits entsteht gleichzeitig eine schwierige *Verteilungsfrage* – Globalisierung hat Verlierer. Dem aufmerksamen Leser könnten diese beiden Punkte bekannt vorkommen. Im Kap. 4 zur Marktwirtschaft und Kap. 10 zur Rolle des Staates sind sie bereits als zentrale Aspekte des Wettbewerbs diskutiert worden. Dies ist nicht verwunderlich, da Globalisierung nichts anderes ist, als eine stetige Ausweitung des Wettbewerbs über Landesgrenzen hinaus.

Dies ist eine erfreuliche Botschaft. Einige Befürchtungen zu den negativen Auswirkungen der Globalisierung sollten sich damit nämlich zerstreuen. Insbesondere gibt es *keine Abwärtsspirale* von Sozial- und Umweltstandards, gepaart mit einem Rückzug des Staats. In föderalen Ländern mit wirtschaftspolitisch recht unabhängigen Einzelstaaten, wie den USA, lässt sich so etwas im Wettbewerb auch nicht beobachten. Die Befürchtung ist, die Länder würden sich immer weiter unterbieten, um Arbeit und Produktion als Ganzes so billig wie möglich zu machen. Dies ist Unsinn! Der durch Globalisierung ausgelöste Verlust von geringer qualifizierten Arbeitsplätzen in den Industrienationen darf nicht mit einer Abwärtsspirale verwechselt werden. Er ist vielmehr Ausdruck eines internationalen Standortwettbewerbs, bei dem es auf ein Paket aus Faktorkosten und Infrastruktur, wie Verkehr, Bildung, Gesundheit etc. ankommt. Der internationale *Standortwettbewerb* hat gerade in den sich wirtschaftlich globalisierenden Schwellenländern zu einer Effizienzsteigerung und *Ausweitung* sozialer Standards geführt. Dies spiegelt die in Kap. 3 beschriebenen Differenzierungsstrategie wieder, welche regelmäßig die meisten Wettbewerber wählen. Jedes Land sucht sich seine Nische und bietet dort eine hohe Standortqualität.

Interessanterweise haben in den vergangenen Jahren auch die internationalen Konzerne aktiv ihren Teil zur Verbesserung der Arbeitsbedingungen beigetragen, indem sie die eigenen hohen Standards auch auf ihre internationalen Filialen und teils sogar Lieferanten ausgeweitet haben. Dahinter stecken sowohl ethische als auch wirtschaftliche Motive. Wird ein Missstand in den Medien aufgedeckt, ist der Imageverlust groß. Die „Strategie" niedrigster Standards geht hingegen nicht auf. So sind die Arbeitskosten und Sozialstandards in vielen der weltweit ärmsten Länder am geringsten, vor allem in Afrika. Trotzdem ist die Globalisierung mit ihren internationalen Investitionen (mit Ausnahme von Bodenschätzen) an diesen Ländern fast komplett vorbeigegangen. Ein Mindestmaß an Infrastruktur ist eben unabdingbar, selbst wenn die Kosten und Gewinnsteuern dadurch steigen.

Neben der wirtschaftspolitischen Diskussion zur Globalisierung sind im BWL-Studium auch die wirtschaftlich-technischen Treiber der Globalisierung von Interesse. Auch wenn sie sehr unterschiedliche Formen annehmen, laufen sie alle auf ein gemeinsames Argument hinaus: *Geringere*

Transaktionskosten ermöglichen höhere *Spezialisierung*. Da der internationale Austausch immer einfacher und billiger geworden ist, können mittlerweile auch schon geringe Spezialisierungsvorteile genutzt werden.

Der entscheidende Treiber der letzten Globalisierungswellen ist die *Telekommunikation*. Während zeitnahe Kommunikation zwischen Ländern bis Mitte des 19. Jahrhunderts unmöglich war, hat sich dies mit der Verbreitung des Telegrafen drastisch geändert. Der Untergang der britischen Titanic 1912 z. B. bestimmte über Tage die Schlagzeilen in fast allen Ländern der Welt. Auch die Globalisierung und die wirtschaftliche Prosperität erreichte in dieser Zeit ein Rekordniveau. Nach den Weltkriegen war es dann auch wieder die Telekommunikation, welche entscheidenden Einfluss hatte. Die Preise sanken drastisch, Mobilfunk wurde entwickelt und das Internet ermöglichte internationale Datenverarbeitung. Parallel entwickelte sich die Rechenkapazität der Computer rasant, so dass die Verarbeitung riesiger weltweiter Datenmengen möglich wurde. Erst durch diese technischen Entwicklungen entstand überhaupt die Möglichkeit, globale Geschäfte zentral aus einem Land heraus zu managen. Historisch weitgehend unabhängige Konzerntöchter konnten daher in den vergangenen Jahrzehnten immer stärker in ein zentrales Managementsystem integriert werden.

Die Telekommunikation war auch ein treibender Faktor hinter der Internationalisierung der Finanzmärkte. Da jede Transaktion eine physische und eine finanzielle Seite hat (Sie erinnern sich an den in Kap. 4 beschriebenen Wirtschaftskreislauf), ist insbesondere der internationale *Zahlungsverkehr* unabdingbare Voraussetzung für die Globalisierung.

Darüber hinaus wurden in den vergangenen Jahrzehnten auch entscheidende Fortschritte in der *Logistik* gemacht. Der größte Durchbruch war die Einführung eines international standardisierten Verlade-Rasters für Seefracht-Container Ende der 1960er-Jahre. Dies mag trivial klingen, doch waren es erst die Standard-Container, welche eine gleichzeitig günstige, schnelle und feinschichtige internationale Güterlogistik erlaubten. Die mit den komplexen Lieferketten einhergehende Informationsflut wurde mit einer weiteren augenscheinlich sehr einfachen aber dennoch revolutionären Idee bewältigt: Barcodes. Diese ermöglichten es seit den 1970er-Jahren Waren, Packstücke und ganze Container schnell und sicher zu identifizieren. Heute wird insbesondere die 14-stellige Global

Trade Item Number GTIN verwendet – sie ist z. B. auf jedem Konsumgut zu finden. Zunehmend setzen sich auch die zweidimensionalen Quick Response (QR) Codes durch, die 20 und mehr Zeichen redundant speichern und selbst bei Beschädigungen noch ausgelesen werden können. Auch die drahtlose Radio-Frequency Identification RFID mit noch höherer Speicherkapazität setzt sich immer mehr durch.

Zusammenfassend lässt sich festhalten, dass Globalisierung aus Sicht der BWL *drei* Kerndimensionen aufweist. Einerseits ist dies der internationale *Handel*, welchem andererseits internationale *Finanztransaktionen* gegenüberstehen. Die dritte Dimension ist der *wirtschaftspolitische* Rahmen, in dem Globalisierung stattfindet. Denn die beteiligten Länder müssen sich untereinander abstimmen. Darüber hinaus hat die Globalisierung in einigen weiteren Bereichen Einfluss auf die Wirtschaft, z. B. durch die Prägung von Konsumenten-Vorlieben oder international mobile Arbeitskräfte.

10.1 Internationaler Handel als zentraler Teil der Wirtschaft

Die Sumerer taten es, die Römer taten es, wir tun es auch: Wir handeln. Der Austausch von Gütern war und ist zentraler Teil der Wirtschaft. Tatsächlich fällt dem Handel eine wesentliche Rolle in der Entwicklung der Zivilisation zu. Alle großen Städte entstanden an Knotenpunkten des Handels. Im Marketing-Kapitel 7 wurde bereits die Rolle des Groß- und Einzelhandels diskutiert. Er sorgt für eine Minimierung der Transaktionskosten, sowohl für die Hersteller als auch die Konsumenten. Offen geblieben ist jedoch die Frage, warum Handel über die lokale Güter-Verteilung hinausgeht. Wieso wird z. B. tonnenweise Wasser von Frankreich nach Japan gebracht? Eine zweite Frage schließt sich an: Wie entscheidet sich, wo produziert und wohin verkauft wird? Zwar ist der Fokus des Kapitels der *Außenhandel* über Staatsgrenzen hinweg, doch betreffen beide Fragen auch den Binnenhandel innerhalb eines Wirtschaftsraums. Denn die Motive hinter dem Austausch von Gütern auf dem Weg vom Produzenten zum Konsumenten sind immer die gleichen. Außenhandel ist lediglich komplizierter, da der *Wechselkurs* zu beachten ist. Zudem gelten in den beteiligten Wirtschaftsräumen oft unterschiedliche Regeln – die *politische* Dimension ist also auch zu berücksichtigen.

Die erste Frage – warum überhaupt gehandelt wird – ist schnell zu beantworten. Handel schafft die nötigen Voraussetzungen, um *Spezialisierung* zu ermöglichen. Einerseits lohnt sich Spezialisierung durch Arbeitsteilung und Größenvorteile in der Produktion. Autos werden z. B. nur in einigen Ländern produziert, aber überall hin verkauft. Andererseits bestehen auch nachfrageseitige Anreize zur Spezialisierung. Gibt es nur wenige Nachfrager, dann ist auch nur Platz für wenige Anbieter. In Bereichen des Spezialmaschinenbaus werden die wenigen Kunden im Extremfall von einem einzigen Anbieter global beliefert. Für ein einzelnes Land würde sich ein Angebot gar nicht lohnen. Aber auch bei vielen Nachfragern kommt es zu internationalem Handel, wenn diese spezielle Wünsche haben. So wird in Pakistan und Polen gewonnenes „Himalayasalz" massenhaft in die ganze Welt verkauft, auch wenn es, abgesehen von Verunreinigungen, chemisch identisch zu anderen Natursalzen ist.

Am Himalayasalz-Beispiel zeigen sich auch zentrale Aspekte zur Beantwortung der zweiten Frage – wo produziert und wohin verkauft wird.

Bei der Produktion geht es um Standortfaktoren bzw. daraus resultierende *Standortvorteile*. Im Fall des Himalayasalzes besteht ein *geografischer* Standortvorteil. Das durch Eisenoxidverunreinigungen rötliche Salz kommt schlichtweg nur an wenigen Standorten weltweit vor. Solche geografischen Standortvorteile betreffen jedoch nur Rohstoffe und einige landwirtschaftliche Güter. Daher spielen sie für den Welthandel eine untergeordnete Rolle. Viel wichtiger sind *gesellschaftliche* Standortvorteile. Entgegen den geografischen Faktoren sind hier die von Menschen gemachten Bedingungen entscheidend. Es wird zwischen harten und weichen Standortfaktoren unterschieden. *Harte* Faktoren, wie Steuersätze oder Lohnkosten, sind quantifizierbar und können in einer Standortanalyse bewertet werden. *Weiche* Faktoren, wie die Qualifikation der Arbeitskräfte oder die lokale Bürokratie, können hingegen meist nur qualitativ berücksichtigt werden.

Oft macht es auch Sinn, zwischen unternehmensbezogenen wirtschaftlichen Faktoren und sozialen und kulturellen Faktoren zu unterscheiden. Letztere bilden die Attraktivität eines Standorts für die Mitarbeiter ab. Dies ist vor allem in wissensintensiven Branchen mit hoch gebildeten und gut bezahlten Mitarbeitern wichtig. Die wirtschafts-freundlichen Arabischen Emirate konnten daher erst dann viele ausländi-sche Spezialisten dauerhaft in die Wüste locken, als auch ein angenehmes und abwechslungsreiches Leben ermöglicht wurde.

Während die harten Standortfaktoren durch wirtschaftspolitische Ent-scheidungen bestimmt werden, sind die weichen Faktoren nur schwer zu beeinflussen. Daher können gerade die weichen Faktoren dauerhafte Standortvorteile bedeuten. Insbesondere, wenn sich ein Produktionsclus-ter bildet. Im deutschen Solingen hat sich über Jahrhunderte eine starke Messerindustrie entwickelt, die bis heute Bestand hat. Einerseits sind die vielen qualifizierten Mitarbeiter attraktiv für die Unternehmen. Anderer-seits hat sich Solingen als Marke für Schneidwaren etabliert: „Made in Solingen" ist das Schärfste, was der Messermarkt zu bieten hat.

Die Frage, wo bestimmte Güter produziert werden, lässt sich mit loka-len Standortfaktoren alleine jedoch noch nicht beantworten. Erst im Ver-gleich verschiedener Standorte ergibt sich die optimale Produktionsstruktur. Dieses Phänomen hat erstmals der britische Ökonom David Ricardo Anfang des 19. Jahrhunderts in seiner Theorie der *komparativen Kosten* beschrieben. An einem Beispiel wird der Sachverhalt klar: In einer kleinen Welt ohne Handel produzieren die gleichgroßen Länder Deutschland und Frankreich mit je der Hälfte ihrer Ressourcen Messer und Wein. Deutsch-land produziert für 100 € Messer und für 100 € Wein. In Frankreich sind es für 60 € Messer und für 90 € Wein. Das Welt-BIP beträgt also 350 €. Die Länder schließen nun ein Freihandelsabkommen. Deutschland pro-duziert dann nur noch Messer für 200 €, während sich Frankreich mit 180 € auf Wein spezialisiert. Das Welt-BIP ist damit um 30 € gestiegen. Durch Handel kann sich jedes Land besserstellen, denn die 30 € Zuge-winn können zwischen den Ländern verteilt werden.

Besonders bemerkenswert ist die Tatsache, dass die Vorteile von Spe-zialisierung und Handel auch dann realisiert werden, wenn ein Land in allen Bereichen schlechter als das andere ist. Denn die Produktion kon-zentriert sich immer auf den *vergleichsweise* besten Bereich. Die kom-plette Spezialisierung auf nur wenige Güter ist natürlich ein reines Modell-Resultat. In der Realität findet sich fast immer eine bunte Wirtschaftslandschaft. Die komparativen Produktionsvorteile werden

z. B. von Transportkosten aufgewogen. Auch spielen, wie oben erwähnt, *nachfrageseitige* Faktoren eine große Rolle. Wenn in Japan Wasser aus Frankreich beliebt ist, dann ist es ganz egal, ob Frankreich besonders gut oder schlecht in der Wasserproduktion ist. Hier zählen alleine die Kundenwünsche.

Die bisherigen Überlegungen gehen von einem freien Handel aus. Tatsächlich werden jedoch häufig *Zölle* erhoben. Zölle sind bei der Einfuhr und teilweise auch Ausfuhr von Waren zu leistende Abgaben. Ökonomisch wirken Zölle genauso wie eine Steuer. Die Details wurden in Kapitel 10 bereits diskutiert. Die Kosten des Handels steigen mit Zöllen, wodurch die Menge und damit die Wohlfahrt sinken.

Genauso wie bei den Steuern gibt es zwei Grundmotive zur Erhebung von Zöllen: Einnahmenerzielung sowie Lenkung des Wirtschaftsgeschehens. Zur *Einnahmenerzielung* haben Einfuhrzölle eine gewisse Attraktivität, wenn das ausländische Angebot unelastisch ist. Bei einigen Rohstoffen ist dies der Fall. Der Zoll verringert die gehandelte Menge und damit die Wohlfahrt nur kaum, während dem Staat die Zolleinnahmen zustehen. Allerdings ist dies nur selten der Fall. Zölle schaden meist auch den inländischen Bürgern deutlich. Die meisten Ökonomen sehen in Zöllen daher eine volkswirtschaftlich schlechte Einnahmequelle im Vergleich zu anderen Steuern. Daher ist die *Lenkungsfunktion* meist ausschlaggebend bei der Erhebung von Zöllen. Insbesondere geht es um den Schutz bestehender oder gerade entstehender Wirtschaftszweige. Beispielsweise hat die EU zeitweise Zölle auf chinesische Lederschuhe erhoben, um die einheimischen Produzenten zu schützen. Als Deckmantel für solche Zölle wird meist ein „Dumping-Vorwurf" genutzt. Demnach würden die Chinesen ihre Schuhe unter Kosten verkaufen, um die europäische Industrie zu zerstören. Die anfänglichen Verluste des Dumpings würden dann zukünftig über teurere Schuhe wieder reingeholt. Wie fast jede andere Dumping-Argumentation auch, ist dies in einer internationalen Wirtschaft allerdings Unsinn. Es gibt viel zu viele andere (potenzielle) Schuhproduzenten, die die Preise niedrig halten. Die Chinesen wissen dies und würden nie im großen Stil mit Verlust verkaufen. Ihren Unmut äußerten sie übrigens mit einem Strafzoll auf bestimmte europäische Stahlprodukte.

Der wahre Grund für Einfuhrzölle ist also die Begrenzung des durch internationalen Handel entstehenden Strukturwandels. Ein marktgläubiger Wirtschaftswissenschaftler mag dieses Argument schnell abtun, doch ist es in der Wirtschaftspolitik höchst relevant, denn der internationale Wettbewerb ist *härter* als der Binnenwettbewerb. Dies liegt daran, dass internationale Wettbewerber oft einen vollkommen anderen Mix an Standortfaktoren haben. So können ganze Branchen untergehen und es kann tiefgreifende strukturelle Arbeitslosigkeit entstehen.

Handelskrieg

Die internationale Wirtschaft ist mittlerweile so verflochten, dass Störungen der Handelsflüsse einzelnen Ländern oder Industrien erheblichen Schaden zufügen können. Auf dieser Basis hat sich eine neue Art internationaler Konflikte entwickelt – Handelskriege. Insbesondere die US-amerikanische Regierung hat seit Ende der 2010er-Jahre begonnen (zugegebener Maßen teils mit guten wirtschaftlichen Argumenten), Zölle und andere Handelseinschränkungen verstärkt nicht nur als wirtschaftliches, sondern auch als politisches Druckmittel einzusetzen. Befürworter sehen darin eine günstige und effiziente Alternative zu Kriegen. Gegner hingegen befürchten eine Verringerung des internationalen Handels, nationale Abschottung und langfristig dadurch mehr Konflikte.

Außer dem Schutz bestehender Industrien können Zölle auch dem Aufbau neuer Industrien dienen. Solche Zölle sollen den Strukturwandeln nicht behindern, sondern beschleunigen! Ein bekanntes Beispiel sind *Schutzzölle* der nördlichen Staaten der USA Mitte des 19. Jahrhunderts. Diese wurden erfolgreich erhoben, um die junge heimische Industrie vor europäischer Konkurrenz zu schützen. Neben der Sklaverei-Frage waren diese Zölle Auslöser des amerikanischen Bürgerkrieges. Die Südstaaten waren mit ihrer starken Landwirtschaft auf den Freihandel mit Europa angewiesen, der durch Strafzölle der Europäer als Reaktion auf die Zölle der amerikanischen Nordstaaten eingeschränkt war.

Neben den bisher diskutierten Fragen zu den Gründen für Handel, spielt in der VWL auch die Messung des Handels eine Rolle. Dazu wird für jedes Land eine *Handelsbilanz* erstellt. Auf der einen Seite werden die Ausfuhren als *Exporte* und auf der anderen Seite die Ein-fuhren als *Importe* erfasst. Ist die Bilanz nicht ausgeglichen, besteht eine Export- oder Import-Überschuss. Da die Handelsbilanz nur den Warenverkehr erfasst, sollte sie immer zusammen mit der *Dienstleistungsbilanz* betrachtet werden. Diese funktioniert genauso wie die Handelsbilanz, nur eben für Dienstleistungen. Häufig steht einem Überschuss in der einen Bilanz ein Defizit in der anderen gegenüber. Mehrfacher Exportweltmeister Deutschland ist beispielsweise auch mehrfacher Reiseweltmeister. Dem Handelsbilanz-Überschuss steht daher ein Dienstleistungsbilanz-Defizit entgegen. Die Summe aus beiden Bilanzen wird als *Außenbeitrag* bezeichnet. Dieser ist bei der Berechnung des BIP in Kap. 4 bereits aufgetaucht.

Der Außenbeitrag bildet allerdings noch nicht alle wirtschaftlichen Leistungen zwischen In- und Ausland ab. Dazu muss die gesamte *Leistungsbilanz* betrachtet werden. Diese beinhaltet neben den Waren und Dienstleistungen noch zwei weitere Posten. Einerseits sind dies regelmäßige *unentgeltliche Übertragungen*, insbesondere wenn Ausländer Geld an ihre Familien in der Heimat überweisen. Andererseits sind dies *im Ausland erzielte Einkommen*, z. B. wenn man im Ausland arbeitet. Beide Posten können erheblichen Einfluss auf die Leistungsbilanz haben, auch wenn sie nach der entsprechenden Vorlesung schnell in Vergessenheit geraten.

Weist die Leistungsbilanz einen Überschuss auf, so sind mehr Leistungen an das Ausland geflossen als umgekehrt. Die Inländer haben daher *Auslandsvermögen* aufgebaut. Es wird auch von Netto-Kapitalexport gesprochen. Umgekehrt wird ein Leistungsbilanzdefizit mit *Auslandsschulden* „finanziert". Auch die Struktur der Veränderungen des Auslandsvermögens bzw. der Auslandsschulden wird in der volkswirtschaftlichen Gesamtrechnung in Teilbilanzen aufgedröselt. Konkret geht es um den Kapitalverkehr (z. B. Aktien), Devisen (z. B. Währungsreserven) und einmalige Vermögensübertragungen.

Alles zusammen, die Leistungsbilanz und die Änderungen des Auslandsvermögens, wird als *Zahlungsbilanz* bezeichnet. Da diese definitionsgemäß immer null ist, sind allerdings nur die angesprochenen Teilbilanzen von Interesse.

Warum der Handel explodiert

In den Nachrichten hört man gerne einmal solche Meldungen: „Das Welt-BIP stieg im abgelaufenen Jahr um 2 %, der Handel weitete sich um 14 % aus." Moment mal – wieso kann der Handel so viel schneller wachsen als die Wirtschaftsleistung? Dahinter stecken drei Gründe. Zunächst einmal wird mit unterschiedlichem Maß gemessen. Das BIP ist eine Netto-Größe. Wie in Kap. 4 beschrieben, wird alles nur einmal gezählt. Welthandel hingegen ist brutto. Wandern die Teile eines Autos während der Produktion durch verschiedene Länder, wird jeder Schritt gezählt. Ein zusätzlich verkauftes Auto für 20.000 € kann gerne einmal eine Zunahme des Handels um 40.000 € oder mehr bedeuten. Darüber hinaus steigen die Handelsvolumina tatsächlich überproportional durch die anhaltende Tendenz zur Spezialisierung. Diese führt zu weiteren Handelsstufen in bestehenden Lieferketten sowie zur Aufnahme des Handels mit ganz neuen Gütern.

Als Letztes ist noch zu beachten, dass das BIP-Wachstum real, d. h. nur in Mengen, der Handel aber nominal, d. h. inklusive Inflation gemessen wird.

Wenn man jemanden fragt, was in der Leistungsbilanz besser ist – Überschuss oder Defizit – bekommt man fast immer die gleiche Antwort: Überschuss natürlich! Aber ist das wirklich so? Ein *Leistungsbilanzüberschuss* bedeutet, dass man in der Periode mehr an das Ausland gegeben hat als zurückgeflossen ist. Man hat den Gürtel also enger geschnallt als man gemusst hätte. Dafür kann man in der Zukunft eine Weile über seine Verhältnisse leben und das Auslandsvermögen wieder aufbrauchen. Ob Überschuss oder Defizit ist daher zunächst einmal neutral zu beurteilen! Es handelt sich lediglich um eine *zeitliche Verschiebung* von Konsum. Allerdings zeigen Überschüsse und Defizite der Leistungsbilanz immer ein *Ungleichgewicht* an. Dieses muss sich im Zeitablauf umkehren. Mitunter werden so schmerzliche wirtschaftliche Anpassungen ausgelöst. Wenn sich ein Überschuss umkehrt, könnten besonders viele Arbeitsplätze in Exportindustrien verloren gehen. Im umgekehrten Fall könnten die Ausländer den Geldhahn zudrehen, so dass liebgewonnene Importe zu teuer werden und im schlimmsten Fall durch Turbulenzen am Kapitalmarkt sogar die Staatsfinanzen ins Wanken geraten. Aus dieser Perspektive ist also jede Art von Ungleichgewicht negativ zu bewerten. Kein Wunder also, dass Ökonomen Gleichgewichtsfanatiker sind! Beispielsweise werden häufig die anhaltenden Leistungsbilanz-Überschüsse einiger Industrieländer wie Deutschland oder Japan kritisiert. Allerdings wird dabei meist die *demografische Entwick-*

lung vergessen. Die anhaltenden Überschüsse können genutzt werden, um zukünftig über längere Zeiträume mehr zu importieren und so die negativen wirtschaftlichen Effekte einer alternden Bevölkerung abzufedern.

Genauso treibt das erhebliche Leistungsbilanzdefizit der USA einigen Ökonomen große Sorgenfalten ins Gesicht. Seit den 1980er-Jahren importiert das Land mehr als es exportiert. Neben Öl und Gas sind vor allem Konsumgüter aus China dafür verantwortlich. Die Sorge der Ökonomen: Irgendwann kommt es zum Knall. Der US-Dollar-Kurs könnte absacken, wodurch der Exportmarkt USA wegbricht. Die Weltwirtschaft geriete dadurch ins Wanken. Allerdings gibt es auch hier einige Beobachter mit einem Grinsen im Gesicht. Denn offensichtlich sind die Handelspartner der USA seit Jahrzehnten zufrieden damit, als Gegenleistung für ihren materiellen Verzicht US-Dollar zu erhalten. Die grünen Scheine haben sich als globale Leitwährung etabliert und bieten hervorragende Investitionsmöglichkeiten. Die Nachfrage nach US-Dollar scheint es den Amerikanern zu ermöglichen, *dauerhaft* über ihren Verhältnissen zu leben. Das US-Dollar-Beispiel zeigt, dass nicht nur Standortfaktoren, sondern auch Wechselkurse ein entscheidender Faktor im internationalen Handel sind.

10.2 Ausgleich über Wechselkurse

Der *Wechselkurs* beschreibt den *Preis einer Währung* in einer anderen Währung. Einen Euro mag man z. B. für 1,25 $ bekommen. Im BWL-Studium lernt man dies als *Mengennotierung* des Kurses kennen, da es um den Preis für die fixe Menge von einem Euro geht. Spiegelbildlich kann man aber auch die ausländische Menge konstant halten, hier also 1 $. Dann wird von *Preisnotierung* gesprochen, da der Preis des Dollars in Euro schwankt. Im Beispiel liegt er bei 0,8 €, also genau dem Kehrwert der Mengennotierung. Während in Europa die Mengennotierung üblich ist, wird im Rest der Welt meist die Preisnotierung gewählt.

Ganz schön technisch für eine Einleitung, mag man sich nun denken. Doch dürfte schon so mancher Leser genau wegen dieses Punktes einmal in einer BWL-Klausur gestolpert sein. Denn nur die Mengennotierung entspricht unserem normalen Preisverständnis. Steigt der Euro von 1,25 $ auf 1,30 $, dann hat er aufgewertet. Er ist also teurer geworden, genau wie man es von jedem anderen Gut her kennt. Im USA-Urlaub bekommt ein Europäer nun mehr für sein Geld. In der Preisnotierung liegt der aufgewertete Kurs jedoch bei 0,77 €, also *unter* den ursprünglichen 0,80 €. Man muss also immer auf der Hut sein, um welche Notierung es geht.

Der Wechselkurs ergibt sich auf dem *Devisenmarkt*. Hier treffen Angebot und Nachfrage nach einer Währung aufeinander. Der Wechselkurs ist der Preis, bei dem Angebot und Nachfrage zum Ausgleich kommen. Alle in Kap. 4 kennengelernten Mechanismen greifen – ganz wie auf normalen Gütermärkten. Tatsächlich ist der Devisenmarkt sogar ein Paradebeispiel für einen Markt. Da er fast komplett elektronisch läuft und riesige Mengen gehandelt werden, gibt es weltweit nur einen *einzigen* Wechselkurs pro Währungspaar. Selbst wenn zwei Währungen untereinander gar nicht gehandelt werden, z. B. mongolische Töqröq gegen lesothische Loti, gibt es trotzdem einen Wechselkurs. Dieser ergibt sich aus den immer verfügbaren Wechselkursen zu den großen Währungen wie Euro oder Dollar. Es werden also Töqröq gegen Euro und dann Euro gegen Loti getauscht. Schon kleinste Abweichungen vom einheitlichen Kurs werden von den Computern der Devisenhändler zur Arbitrage ausgenutzt.

Alles paletti, könnte man sich an dieser Stelle denken. Angebot, Nachfrage, Preis – einfach! Doch weit gefehlt. Der Währungsmarkt ist höchst komplex! Denn wie im Kap. 8 zum Geld gesehen, sind die Währungen Stellvertreter für schier unbegrenzte Möglichkeiten. Während die Nachfrage nach Streusalz einzig vom Wetter abhängt und das Angebot recht elastisch ist, wirken auf eine Währung zahlreiche Einflussfaktoren gleichzeitig. Bis heute gibt es trotz intensivster jahrzehntelanger Forschung kein befriedigendes Gesamtmodell zum Devisenmarkt.

Daher werden verschiedene *Einzel-Theorien* zur Erklärung von Devisenangebot und -nachfrage und damit den Wechselkursen bemüht. Je nach Situation, gibt die eine oder andere den Ausschlag. Grob können die Theorien anhand der beiden Blöcke der Zahlungsbilanz in zwei Bereiche geteilt werden. Einerseits gibt es *Stromansätze*, die sich auf die *regelmäßigen* Ströme der Leistungsbilanz beziehen – also Güter, Dienstleistungen, Übertragungen und Faktoreinkommen. *Bestandsansätze* hingegen erklären Wechselkursschwankungen durch Änderungen des Bestands an ausländischem *Vermögen* – also Kapitalanlagen, Währungsreserven und einmalige Vermögensübertragungen.

Die meisten Stromansätze basieren auf Überlegungen zu Angebots- und Nachfragemengen sowie den entsprechenden Elastizitäten. Der Grundmechanismus ist sehr einfach. Exportiert z. B. Deutschland eine Maschine nach England, so muss der englische Käufer in Euro bezahlen. Es entsteht eine Devisennachfrage nach Euro. Bleibt alles andere unverändert, steigt der Euro-Wechselkurs gegenüber dem Pfund. Allgemein führt also ein *Leistungsbilanzüberschuss* demnach zu einer *aufwertenden* Währung. Die aufwertende Währung wiederum führt im nächsten Schritt zu einer fallenden Nachfrage nach inländischen Gütern, denn die Maschine aus Deutschland ist in Pfund gerechnet nun teurer. Gleichzeitig werden für die Deutschen Importe aus England billiger. Daraus ergibt sich die oben bereits angesprochene *Ausgleichstendenz* der Leistungsbilanz.

Weitere Stromansätze argumentieren über das Preisniveau. Insbesondere die *Kaufkraftparität* (englisch „purchasing power parity", kurz *PPP*) ist bekannt, obwohl diese als Erklärungsmodell für Wechselkurse nur in Spezialfällen infrage kommt. Kaufkraftparität liegt dann vor, wenn man für einen gegebenen Geldbetrag einen vergleichbaren Warenkorb im In- und Ausland kaufen kann. Man hat also den gleichen Lebensstandard für das gleiche Geld. Sollte man hingegen in einem Land mehr bekommen, müsste sich der Wechselkurs entsprechend zur Parität hin anpassen.

In der Realität passiert dies natürlich nicht annähernd, da die lokalen Preise von vielen Faktoren, wie z. B. den lokalen Lohnkosten, abhängen. Würde die Kaufkraftparität gelten, so bekäme man in jedem McDonald der Welt den Big Mac zum gleichen Preis. Tatsächlich zeigt der seit Jahrzehnten erhobene Big-Mac-Index hingegen erhebliche Preisabweichungen. In Norwegen kostet der Burger beispielsweise drei Mal so viel wie in China. Für standardisierte und leicht handelbare Güter scheint die Kaufkraftparität allerdings zu gelten. Zum Beispiel kosten Rohdiamanten einer Qualität weltweit das Gleiche. Allerdings handelt es sich dabei lediglich um *Preis*parität eines Gutes, d. h. nicht die Preise bestimmen den Wechselkurs, sondern der Wechselkurs bestimmt den Preis! Wertet im Beispiel von oben der Euro im Vergleich zum Pfund auf, dann werden Rohdiamanten in Euro billiger oder in Pfund teurer. Sonst wäre Arbitrage möglich. Es gilt das Gesetz des einen Preises.

Nur in einer einzigen Ausnahme realisiert sich das Gesetz des einen Preises tatsächlich über den Wechselkurs. Nämlich in Ländern, die einen großen Teil Ihrer Wirtschaftsleistung mit einem *einzigen* Exportgut erbringen. Norwegen z. B. erzielt ein Viertel seiner Wirtschaftsleistung mit Öl und Gas, welche international in US Dollar verkauft werden. Steigt nun der Weltmarktpreis für Öl und Gas, so erhalten die Norweger eine signifikant größere Menge an US-Dollar aus dem Handel. Werden diese in lokale Kronen umgetauscht, steigt die Nachfragemenge spürbar. Die Krone wertet auf, d. h. die Preisparität bei Öl und Gas entsteht wesentlich über eine Wechselkursanpassung während sich die lokalen Preise in Kronen nur kaum verändern.

Der Rekord-Big-Mac-Preis in Norwegen ist tatsächlich zum Großteil auf die hohen Devisenzuflüsse aus dem Öl- und Gasexport zu erklären. Und dies, obwohl der staatliche Energiefonds seine Gelder bewusst in ausländischer Währung anlegt. Für Norwegens Wirtschaft ist die starke Währung dabei kein wesentlicher Nachteil, da sie historisch gut aufgestellt ist. Für Entwicklungsländer hingegen – die durch Rohstoff- oder landwirtschaftliche Exporte große Dollar-Mengen anhäufen – ist die starke Währung ein entscheidendes Problem. Die entsprechend billigen Importe und die Fokussierung auf Exporte verhindern den Aufbau einer differenzierten und starken heimischen Wirtschaft. Der Reichtum weniger führt in solchen Fällen zur Armut vieler. Vor allem in Afrika sind zahlreiche Länder wie Kongo, Tschad oder Nigeria betroffen.

Auch wenn die Kaufkraftparität nur im beschriebenen Spezialfall die Wechselkurse erklärt, findet sie dennoch breite Anwendung in der Ökonomie. Sie wird benutzt, um die *reale Kaufkraft* der Bürger in den verschiedenen Ländern zu vergleichen. Konkret wird ein Konsumenten-Warenkorb von z. B. 100 \$ in den USA zusammengestellt. Genau der gleiche Warenkorb wird dann auch in anderen Ländern zusammengestellt. Die lokalen Preise werden anhand des Wechselkurses in US-Dollar umgerechnet. Ist der Warenkorb in China für 50 \$ zu haben, so besitzt der Yuan zum Markt-Wechselkurs die doppelte Kaufkraft wie der Dollar. Die muss sowohl beim Vergleich des BIP als auch des Einkommens der Menschen beachtet werden. Verdient ein Chinese 5 \$ am Tag, so sind dies nach amerikanischen Maßstäben eigentlich 10 \$.

Wie man an den beiden diskutierten Theorien des Leistungsbilanzausgleichs und der Kaufkraftparität sieht, sind die Stromansätze zur Erklärung der Wechselkurse recht anschaulich. Allerdings liefert mit dem

Finanzmarktansatz ein Bestandsansatz empirisch oft die besten Resultate. Nach diesem bestimmt insbesondere die Nachfrage nach ausländischen Wertpapieren den Wechselkurs. Der Finanzmarktansatz beruht auf einer einfachen Annahme: In freien Finanzmärkten sollte bei gegebenem Risiko in allen Ländern die *gleiche Rendite* erzielt werden. Dies ist nichts anderes als die auch beim Gesetz des einen Preises verwendete Annahme der Arbitragefreiheit. Gibt es in einem Währungsraum heute mehr Rendite, strömen Gelder in diesen. Der heutige Wechselkurs steigt dadurch bis zu einem gewissen Punkt. Da die Gelder später zurück in die heimische Währung getauscht werden, fällt der Kurs dagegen in der Zukunft wieder. Der höheren Rendite stehen also erwartete Wechselkursverluste entgegen. Der Wechselkurs stellt sich durch Wertpapierkäufe bzw. -verkäufe immer so ein, dass in Summe die heimische und die Auslandsanlage aus heutiger Sicht gleich attraktiv sind. Diese Theorie wird auch als *Zinsparität* bezeichnet.

Dennoch gibt es auch von der Zinsparität Ausnahmen. Zum Beispiel gelten Währungen wie der Schweizer Franken oder der US-Dollar als „sicherer Hafen" bei Finanzmarktturbulenzen. In *Krisenzeiten* werten solche Währungen auf, selbst wenn es der lokalen Wirtschaft ebenfalls schlecht geht. Auch die *Reservepolitik* der Zentralbanken spielt eine wichtige Rolle auf dem Devisenmarkt. Weil hier politische Faktoren und Risikoaspekte im Fokus stehen, kann die Rendite in den Hintergrund rücken. Die Zinsparität gilt dann nicht. Zum Beispiel halten die Zentralbanken fast aller Währungsräume einen bestimmten Level an US-Dollar und Euro, ohne Rücksicht auf Zinsen und Wechselkurse.

Ganz allgemein haben die Zentralbanken eine Sonderrolle auf dem Devisenmarkt inne. Denn sie greifen nicht nur, wie im Kap. 8 zur Zinsbildung erklärt, gezielt in den lokalen Währungsmarkt ein. Sie treten auch als Anbieter und Nachfrager auf dem Devisenmarkt auf. Besonders klar wird dies in einem Regime *fester* Wechselkurse. Die Zentralbank setzt dabei einen Zielkurs und tritt am Devisenmarkt als Anbieter oder Nachfrager auf, um diesen zu halten. Besteht eine Aufwertungstendenz, dann kann die Zentralbank salopp gesprochen einfach die eigene Währung drucken und verkaufen. Besteht eine Abwertungstendenz, so muss sie mit den eigenen Devisenreserven am Markt die lokale Währung kaufen. Da die Devisenreserven natürlich beschränkt sind, funktioniert ein fester Wechselkurs dauerhaft nur in einem System wechselseitig fester Wechselkurse. Das heißt jede Zentralbank ist für die Schwächung der eigenen Währung und damit die Stärkung der anderen Währungen zuständig. Nach dem zweiten Weltkrieg wurde ein solches System zwischen vielen führenden Wirtschaftsnationen etabliert, gesichert durch die Goldreserven der USA. Bekannt ist es nach dem amerikanischen Ort der Vertragsunterzeichnung *Bretton Woods*.

Feste Wechselkurse bieten den großen Vorteil von *Planungssicherheit* bei internationalen Transaktionen. Doch verhindern sie auch den Ausgleich wirtschaftlicher *Ungleichgewichte*. Zudem führen die Währungsverkäufe der Zentralbanken zu einer Geldschwemme und damit zu „importierter Inflation". In Defizit-Ländern kann es hingegen zu Deflation kommen. Auch kommt es zu spekulativen Angriffen auf einzelne Währungen, wenn eine Neufestlegung des festen Kurses unumgänglich wird. Anfang der 1970er-Jahre brach das Bretton-Woods-System daher zusammen. Seit dem haben sich weitgehend flexible Wechselkurse international als Standard etabliert.

Obwohl sich *flexible Wechselkurse* am Devisenmarkt durch Angebot und Nachfrage ergeben, ist der Wechselkurs immer wieder Gegenstand wirtschaftspolitischer Diskussionen. Vor allem wenn der Euro aufwertet, berichten die Medien über die daraus resultierende Belastung für die exportstarken Länder wie Deutschland. Ein schwacher Euro hingegen wird als willkommene Unterstützung der Wirtschaft betrachtet. Auch in der Wirtschaftspolitik wird bisweilen gefordert, die EZB solle auf einen schwachen Euro hinwirken. Dies kurbele die Konjunktur an. Aber auch hier ist Vorsicht angesagt – genauso wie bei der Argumentation für hohe Exportüberschüsse. Eine *schwache Währung* mag unbestritten mittelfristig Gewinne und Beschäftigung in exportorientierten Branchen fördern. Doch steht dem eine Verteuerung der Importe gegenüber. Die Kaufkraft der Menschen sinkt dadurch, denn pro Euro kann man sich weniger leisten. Durch die teureren Importe kann sich die Inflation erhöhen und damit die Wirtschaft langfristig destabilisieren. Auch werden die Länder mit aufwertenden Währungen dazu verleitet, selber auf eine Schwächung ihrer Währung hinzuwirken. Es kommt zu einer Abwertungsspirale. Gesamtwirtschaftlich sind die Vorteile einer schwachen Währung daher eher zweifelhaft.

Aus rein geldpolitischer Sicht, ist sogar eine *starke Währung* vorzuziehen. Dies erscheint auch intuitiv richtig, denn es ist immer gut, etwas Wertvolles zu haben. Insbesondere, wenn man davon im Zweifel einfach mehr drucken kann! Bei einer schwachen Währung hingegen, die eventuell gestützt werden muss, ist der währungspolitische Spielraum auf die Devisenreserven beschränkt. In den wirtschaftspolitischen Zielen der meisten Länder sowie den geldpolitischen Zielen der Zentralbanken kommen Wechselkurse jedoch nur selten vor. Die Außenwirtschaft wird meist über das Ziel einer ausgeglichenen Leistungsbilanz abgebildet. Um dies zu erreichen, muss der Wechselkurs naturgemäß schwanken können, ein bestimmtes Ziel kann nicht festgelegt werden. Die Zentralbank greift dann nur noch in den Devisenmarkt ein, um extreme Schwankungen abzumildern oder temporäre spekulative Zu- oder Abflüsse von Devisen zu verhindern.

10.3 Internationale Organisationen als Rückgrat der Globalisierung

Globalisierung ist ein zweischneidiges Schwert. Wie im Kapitelintro gesehen, kann sie erhebliche positive und negative Auswirkungen haben. Kein Wunder also, dass sie auch gerne einmal torpediert wird. Insbesondere nach Ende der Weltwirtschaftskrise Anfang der 1930er-Jahre überwog fast überall der Protektionismus. Die Länder arbeiteten eher gegen- als miteinander. Teilweise herrschte Chaos an den Devisenmärkten. Im Ergebnis sank der internationale Handel in vielen Ländern um ein Drittel und mehr im Vergleich zu den 1920er-Jahren.

Führende Ökonomen und Politiker erarbeiteten daher schon während des zweiten Weltkriegs konkrete Pläne einer neuen internationalen wirtschaftlichen Ordnung. Ziel war es, den Wohlstand der Nationen durch verstärkten internationalen Handel und geregelten Devisenverkehr zu mehren. Als Resultat wurde das bereits angesprochene Bretton-Woods-System fester Wechselkurse eingeführt. Überwacht und gestützt wurde es von zwei neu eingerichteten Sonderorganisationen der Vereinten Nationen, die bis heute Bestand haben: der *Weltbank* und dem *Internationalen Währungsfonds IWF*.

Der IWF fungierte als *Versicherung*. Alle Länder zahlten US-Dollar bzw. Gold in den Fonds ein. Geriet ein Land in Devisennot, wurde es aus dem Fond unter gewissen Auflagen unterstützt. Allerdings musste aufgrund der unter Bretton-Woods zunächst stabilen Finanz- und Devisenmärkte die Krisenhilfe des IWF fast nie beansprucht werden. Während der IWF also als Finanz-Feuerwehr fungierte, wurde die Weltbank mit dem Ziel gegründet, den *Wiederaufbau* nach dem zweiten Weltkrieg zu finanzieren. Dazu wurden langfristige Kredite an die Kriegsländer vergeben. Wie dem IWF, gehören auch der Weltbank fast alle UNO Mitglieder an, die entsprechend ihrer Wirtschaftskraft eine Einlage leisten. Darüber hinaus begibt die Weltbank Anleihen. Weil sie von so vielen Ländern getragen wird, hat sie ein hervorragendes Rating und kann sich zu sehr niedrigen Zinsen finanzieren. So kommen auch die ärmeren Kreditnehmer per Weltbank-Kredit in den Genuss einer günstigen Finanzierung.

Heutzutage machen IWF und Weltbank annähernd das Gleiche. Da der IWF seine Versicherer-Rolle bei kurzfristigen Zahlungsbilanzproblemen nach dem Ende von Bretton-Woods verloren hat, vergibt auch er langfristige Kredite. Allerdings spielt der IWF die Rolle des „Bad Cop". Er springt nach wie vor in Krisen ein, stellt dafür aber harte Bedingungen an die Kreditnehmer. Diese bekommen nur Unterstützung, wenn sie ihre Wirtschaft und Politik reformieren. Fast immer geht es dabei um eine Liberalisierung. Zwar vergibt die Weltbank ihre Kredite auch unter Auflagen, doch wird sie als „Good Cop" wahrgenommen. Nicht zuletzt, da sie sich schon sehr früh den Entwicklungsländern und dem Management ihrer Schulden zugewendet hat.

Kredite von Weltbank und IWF sind Fluch und Segen zugleich. Regelmäßig kommt es zu Protesten gegen die *Kreditbedingungen*. Nicht zuletzt, da die USA und andere westliche Länder sowie Japan nach wie vor faktisch das Sagen haben. Allerdings sind die Kredite oft die einzige und fast immer die billigste Methode an Devisen zu kommen. Zudem ist gerade der IWF ein willkommener Sündenbock. So können die Politiker eines Landes sinnvolle Reformen durchführen, die Schuld für den zunächst schmerzlichen Strukturwandel aber auf den IWF schieben.

Teil von Bretton Woods sollte auch eine Welthandelsorganisation sein. Da sich die teilnehmenden Länder jedoch nicht darauf einigen konnten, wurde alternativ drei Jahre später 1948 unter dem Dach der UN das Frei-handelsabkommen GATT (General Agreement on Tariffs and Trade) geschlos-sen. Erst seit 1994 firmiert es zusammen mit anderen Handelsabkommen als *Welthandelsorganisation WHO (englisch WTO für World Trade Organiza-tion)*. Während es bei IWF und Weltbank um Devisenverkehr und Kredit-finanzierung geht, bemüht sich die WHO um eine globale Koordination der Wirtschafts- und insbesondere Handelspolitik. Ziel der WHO ist es, den internationalen *Handel zu fördern* und damit den Lebensstandard zu erhöhen. Dies soll insbesondere durch den Abbau von Zöllen erreicht wer-den. Eine nicht zu unterschätzende weitere Komponente sind Bürokratie-abbau und internationale Harmonisierung – das wird oft vergessen. Auch ohne Zoll kann Handel verhindert werden, z. B. wenn die Prüfung der Einfuhrdokumentation Monate dauert. Zudem können unterschiedliche Regularien hohe Kosten bedeuten. Bei der Medikamentenzulassung ent-stehen beispielsweise regelmäßig hohe Millionenkosten in jedem einzelnen Markt. Würde man sich auf den strengsten Prüfungsstandard einigen, so wären Medikamente schneller und billiger für Patienten verfügbar.

Um ihr Ziel möglichst effizient zu erreichen, verfolgt die WHO ver-schiedene Prinzipien. Die wichtigsten sind das *Meistbegünstigungsprinzip* und die *Inländerbehandlung*. Demnach müssen alle Handelsvorteile, die einem Land gewährt werden, auch allen anderen Ländern gewährt wer-den. Genauso dürfen heimische Anbieter nicht ausländischen Anbietern vorgezogen werden. Allerdings hat sich der multilaterale Abbau von Handelshemmnissen unter GATT und WHO als schwierig erwiesen. Die Verbesserungen beim Zoll- und Bürokratieabbau wurden im Zeit-ablauf immer geringer. Die Verhandlungsrunden hingegen wurden im-mer länger und zäher. Nachdem in den ersten GATT-Jahren schnell ein kleinster gemeinsamer Nenner erreicht war, konnten die weltweiten Inte-ressen danach nicht mehr unter einen Hut gebracht werden. Insbeson-dere in der Frage um landwirtschaftliche Zölle herrscht bis heute Uneinigkeit. Anstatt großer weltweiter Abkommen wurden daher ver-mehrt *bilaterale* Handelsabkommen zwischen zwei Ländern geschlossen. Auch regionale Wirtschaftsverbände wie die NAFTA (North American Free Trade Agreement) oder die EU spielen heute eine wichtige Rolle in der Handelspolitik. Die WHO indes konzentriert sich auf ihre zweite Kernaufgabe. Neben der Koordination der internationalen Handelspolitik fungiert sie nämlich auch als *Schlichter* in Handelsstreitigkeiten. Obwohl, oder gerade weil die WHO fast keine Durchsetzungsbefugnisse hat, haben sich ihre Schlichtungssprüche als sehr erfolgreich erwiesen.

Während IWF, Weltbank und WHO fast alle Länder der Welt umfassen, gibt es zudem kleinere wirtschaftspolitische Organisationen. Diese müssen keine Rücksicht auf eine vereinende globale Perspektive nehmen, sondern können speziellere Interessen vertreten. Allerdings haben sie in aller Regel nur beratende Funktion. Daher werden sie als „*Denkfabrik*" bzw. englisch als „think tank" bezeichnet. Der Begriff reflektiert den Wunsch, dass lieber Ideen als Panzer durch die Länder rollen sollen. Die *OECD* (Organisation for Economic Co-operation and Development) ist beispielsweise ist aus dem Marshall-Plan, also dem amerikanischen Aufbauprogramm für Europa nach dem zweiten Weltkrieg entstanden. Sie vertrat ursprünglich rein europäische und amerikanische Interessen. Heute umfasst die OECD auch vereinzelte reichere Länder außerhalb der Kernregionen. Ein Fokus ihrer liberalen Wirtschafts- und Sozialpolitik ist die Chancengleichheit. Insbesondere die Pisa-Bildungs-Studien der OECD genießen weltweit Anerkennung.

Neben den globalen UN-Organisationen und den verschiedenen Think Tanks hat sich in Europa die *Europäische Union* als zentrale internationale Organisation etabliert. Da sich nach dem zweiten Weltkrieg eine politische Integration Europas als unmöglich erwies, wurden verschiedene Verträge zumindest zur *wirtschaftlichen* Integration geschlossen. Aus diesen Verträgen hat sich die heutige EU herausgebildet, welche sich mittlerweile zunehmend auch auf das ursprüngliche Ziel der *politischen* Integration zubewegt – selbst wenn das Vereinigte Königreich nicht mitspielen will.

Weltweite Anerkennung hat jedoch vor allem der erfolgreiche Zusammenschluss zu einem *Binnenmarkt* gefunden. Innerhalb der EU herrscht freier Warenverkehr, Dienstleistungsfreiheit und Kapitalverkehrsfreiheit. Auch besteht weitgehende Arbeitnehmerfreizügigkeit. Zudem sind die rechtlichen Rahmenbedingungen überall ähnlich. Innerhalb der EU ist dadurch eine wirtschaftliche Verflechtung entstanden, wie sie in keinem anderen Staatenbund zu finden ist. Wirtschaftlich hat sie dadurch teils den Charakter eines nationalen Bundesstaates. Ökonomen sprechen dem gemeinsamen Binnenmarkt deswegen große Wohlfahrtsgewinne zu.

Eine bemerkenswerte Leistung ist auch die Einführung des Euros als gemeinsame Währung für mehr als die Hälfte der EU-Mitglieder. Der Euro hat die wirtschaftliche Dynamik zwischen den teilnehmenden Ländern noch mal erhöht. Denn erst durch die gemeinsame Währung wurde der Binnenmarkt komplettiert. Vor- und Nachteile der *Währungs-union* entsprechen weitgehend den bereits oben andiskutierten Effekten eines Systems fester Wechselkurse. Denn die Währungsunion ist nichts anderes. Lediglich die Option zur Neufestsetzung des fixen Kurses besteht nicht. Auch gibt es nur noch einen von der Europäischen Zentralbank bestimmten Leitzinssatz, während in einem System fixer Wechselkurse zumindest ein gewisser Zinsspielraum für die beteiligen Zentralbanken besteht.

Sämtliche Euro-Mitglieder profitieren vom Wegfall des Wechselkursrisikos. Plötzliche Verluste durch Devisenkursschwankungen sind ausgeschlossen. Auch die Transaktionskosten sind geringer. Dies zeigt sich nicht nur in niedrigeren Bankgebühren, sondern im allgemein niedrigeren administrativen Aufwand. Darüber hinaus haben die Euro-Staaten mit historisch eher geringem Vertrauen am Finanzmarkt sehr vom einheitlichen Leitzins profitiert. Sie konnten sich unter Zusage der strengen europäischen Stabilitätskriterien viel günstiger als mit ihrer alten nationalen Währung finanzieren. Selbst wenn die Stabilitätskriterien dann doch nicht so genau genommen wurden.

Allerdings kommt die Währungsunion auch mit einem entscheidenden *Nachteil*. Wechselkurs und Zinsen sind für die einzelnen Länder als regulierendes Element nicht mehr verfügbar. Daran ist Bretton-Woods zerbrochen. Wächst ein Land z. B. mit sechs Prozent und droht zu überhitzen, so bedarf es eines hohen Leitzinses, um lokale Inflation und Instabilität zu vermeiden. Herrscht in einem anderen EU-Land hingegen gleichzeitig Rezession, müssten die Zinsen hier sehr gering sein, um die Wirtschaft anzukurbeln. Im Ergebnis kann die EZB bei ihrer Zinspolitik daher nicht auf einzelne Länder Rücksicht nehmen, sondern nur ein Inflationsziel für den gesamten Euroraum verfolgen. Ähnliches gilt auch für Ungleichgewichte der *Leistungsbilanz*. Für Länder mit einem Überschuss sollte der Euro tendenziell aufwerten, während er für Länder mit einem Defizit eher abwerten sollte. Natürlich ist dies mit einer einheitlichen Währung nicht möglich. Der Wechselkurs wird häufig von übergeordneten Faktoren getrieben. Beispielsweise hat die Stärkung des Euros durch seine schnell gewonnene Rolle als Reservewährung ausländischer Zentralbanken viele Beobachter überrascht.

Da Zinsniveau und Wechselkurse für alle Euro-Länder gleich sind, kann der Ausgleich von wirtschaftlichen Ungleichgewichten neben *Produktivitätsänderungen* nur über den *Preis* erfolgen. In einem Land mit Leistungsbilanzdefizit müssten z. B. die Löhne und Preise lokaler Produkte fallen. Das macht Exporte attraktiver, während gleichzeitig die Importe sinken sollten. Allerdings sind solche wirtschaftlichen Anpassungen allein über das Preisniveau sehr schwierig. Einerseits besteht gerade bei den Löhnen kaum Flexibilität nach unten. Andererseits gehen von Inflation bzw. Deflation, wie in Kap. 8 besprochen, erhebliche negative Anreize aus.

Tatsächlich haben beide angesprochenen Faktoren – Zinsen und Wechselkurs – eine Rolle in der Krise südeuropäischer Euro-Länder ab 2009 gespielt. Insbesondere Griechenland hatte sich nach seinem Beitritt zum Euro zunehmend billig verschuldet und damit ein erhebliches *Haushaltsdefizit* finanziert. Aufgrund undurchsichtiger statistischer Daten blieb das ganze Ausmaß der Schulden zwar lange im Ungewissen, doch hätten die Zinsen für Griechenland bereits basierend auf den bekannten Daten höher sein müssen. Genauso verlor die heimische Wirtschaft gegenüber billigen Importen an Wettbewerbsfähigkeit. Ein schwächerer Euro wäre für Griechenland besser gewesen.

Euroaustritt – Wie geht das?

Immer wieder wird in den Medien der Austritt eines Landes aus dem Euro diskutiert – insbesondere nach der Griechenlandkrise ab 2009 oder auch dem Brexit. Was genau ein Austritt bedeutet, wird aber fast nirgendwo erklärt. Der wichtigste Punkt ist sicherlich, sich als Anschlussliteratur zu diesem Buch eine Jura-Einführung zu besorgen. Denn der Euroaustritt entspricht einer wirtschaftlichen Zwangsenteignung. Es geht darum, der Wirtschaft eine schwächere Währung zu geben. Hunderttausende Verträge sehen hierzu keine Regelungen vor – eine rechtliche Schlammschlacht ist vorprogrammiert.

In der harten Variante müssten alle von in dem entsprechenden Land gehaltenen Euro-Bestände eingefroren und in eine neue Währung umgetauscht werden. Weihnachten wäre ein guter Zeitpunkt, da erwartet es keiner. Für zehn Euro könnte es z. B. in Italien zehn neue Lira geben. Würden diese sofort wieder in Euro umgetauscht, gäbe es vielleicht nur noch 5 Euro dafür. Hierin liegt die Zwangsenteignung. Alle Besitzer von Geld verlieren die Hälfte. Schuldner hingegen bekommen in einigen Fällen die Hälfte erlassen.

Natürlich würde es im Vorfeld zu Ausweichreaktionen kommen: Konten bei ausländischen Banken, Umtausch in fremde Währungen, Anlage in Aktien, Euro-Bargeld unter dem Kopfkissen, Geld-Geschenke an nicht-Inländer, Aufnahme von Euro-Krediten bei heimischen Banken – die Möglichkeiten sind schier unbegrenzt. Daher erscheint eine weiche Variante des Euro-Austritts besser. Lediglich ausgewählte Euro-Bestände, wie z. B. Staatsschulden oder hohe Bankguthaben, werden in die neue Lira getauscht. Diese existiert dann parallel zum Euro und wird neues gesetzliches Zahlungsmittel. Löhne würden zum Beispiel in neuen Lira ausgezahlt. Zurückgerechnet in Euro bedeutet dies eine drastische Lohnkürzung. Das heißt in der weichen Variante würde das Vermögen zum Teil nicht entwertet, wohl aber das laufende Einkommen. Die wirtschaftliche Anpassung ist daher geringer als in der harten Variante. Allerdings ist dafür ein Wiedereintritt in den Euro leichter möglich. Eine soziale Aufruhr kann das natürlich nicht verhindern.

Neben dem Binnenmarkt hat die EU auch für den *Außenhandel* ihrer Mitglieder einheitliche Regeln geschaffen und den Abbau von Zöllen vorangetrieben. Selbst der Handel mit landwirtschaftlichen Gütern wurde im Zuge der EU-Erweiterungsrunde 2004 zugunsten von Entwicklungsländern liberalisiert. In diesem Rahmen wurden auch die in Kap. 4 beispielhaft besprochenen Marktbeschränkungen durch die EU, wie z. B. garantierte Mindestpreise, deutlich reduziert. Allerdings ist der größte Schritt in diesem Bereich noch zu gehen, da die Landwirte weiterhin erhebliche Subventionen in Form von Direktzahlungen erhalten. Diese Einkommenszuschüsse senken die Kosten der Landwirte und damit das Preisniveau in der EU produzierter landwirtschaftlicher Produkte. Hier ist der Dumping-Vorwurf gerechtfertigt.

Weil die multilateralen Handelsrunden der WHO in den vergangenen Jahren weitgehend vor sich hindümpeln, geht die EU ihren eigenen Weg. Sie schließt *Handelsabkommen* zwischen der gesamten EU und einzelnen Drittländern. Die Strategie ist es dabei, eine Ratifizierung durch die nationalen Parlamente möglichst effizient zu gestalten und damit langwierige politische Diskussionen zu vermeiden. Auf Basis bestehender Verträge strukturiert die EU-Handelskommission die Abkommen gerne so, dass bei der Erstellung nur die nationalen Handelsministerien involviert sind. Die nationalen Parlamente können dann nur noch das fertige Abkommen abnicken. Wo immer möglich, werden in diesem Prozess bestehende nationale Handelsabkommen in EU-Abkommen integriert. Damit wird es für einzelne EU-Länder schwieriger, den Freihandel eigenständig wieder einzuschränken. Man sieht: Freihandel kommt in der EU durch die Hintertür. Erst seit dem 2016 missglückten Transatlantischen Freihandelsabkommen TTIP ist diese Tatsache in den öffentlichen Fokus gerückt.

Kritiker sehen in solchen EU-Prozessen ein grundsätzliches Übel. Unzureichend kontrollierte Gesetzgebung, ausufernde Bürokratie und verschwenderische Landwirtschafts- und Regionalförderung seien die Folge. Andere hingegen sehen darin einen Segen. Die EU agiert demnach als „wohlwollender Diktator". Sie setzt wirtschaftspolitische sinnvolle Regeln mit minimalem Wirbel durch. Woran Moskau in der Sowjetunion gescheitert ist, gelingt nun Brüssel. Darüber hinaus dient die EU, ähnlich wie der IWF, den nationalen Politikern als Sündenbock. Sie muss herhalten, wenn in den Ländern wünschenswerter, jedoch kurzfristig schmerzlicher Strukturwandel zu rechtfertigen ist. Ein Thema, was insbesondere in Zeiten der Digitalisierung an Relevanz zunimmt.

11

Digitalisierung – Auch das gab es schon im Studium

Digitalisierung ist eins der Top-Themen unserer Tage. Jeder redet darüber, alle machen es, doch keiner weiß so ganz genau, was es ist. Auf jeden Fall hat es etwas mit Internet zu tun. Grund für die Unklarheit ist die Vielschichtigkeit des Begriffs. Neben technischen und wirtschaftlichen Aspekten (z. B. automatisierte Fabrik) gibt es politische (z. B. nationale Sicherheit) und gesellschaftliche (z. B. WhatsApp-Kommunikation). Oft sind diese Aspekte alle vereint, z. B. bei autonomen Fahrzeugen.

Schaut man unter die Haube, ist Digitalisierung allerdings gar nicht so komplex. Der Netscape-Mit gründer Marc Andreessen hat den Nagel auf den Kopf getroffen: „Software is eating the world" – „Software isst die Welt auf." Digitalisierung ist die Umwandlung von analogen in digitale Informationen. Anders gesagt, die Abbildung von Dingen und Vorgängen in *Software*. Zudem sagt Marc Andreessen, alles was Software werden kann, wird irgendwann auch Software sein. Digitalisierung ist also ein machtvolles und langfristiges Phänomen. Dieses als Gesellschaft zu managen nennt man *digitale Transformation.*

In der Wirtschaft hat Digitalisierung in zwei Dimensionen Einfluss. Einerseits geschieht sie in Form von *Prozessoptimierung* in nahezu allen bestehenden Abläufen der Unternehmen. Sie reicht von einfachen Dingen

© Springer Fachmedien Wiesbaden GmbH, ein Teil von Springer Nature 2020
F. Dittrich, *Was ich im BWL-Studium hätte lernen sollen,*
https://doi.org/10.1007/978-3-658-28485-5_11

wie dem Wechsel von einem Papierformular auf eine elektronische Eingabe-
maske, über digitale Kommunikation, bis hin zu komplexen Anwendungen
wie gesamten Bestellvorgängen. Am Extrempunkt endet Prozessoptimierung in einer kompletten *Automatisierung*. Andererseits ermöglicht Digitalisierung *neue Geschäftsmodelle*, die bisherige Prozesse ergänzen oder ganz
ersetzen. Man denke z. B. an soziale Netzwerke wie Facebook oder You-
Tube, die eine völlig neue Form der Medien-Erstellung und -Distribution
ermöglichen.

In Deutschland wird die Digitalisierung aus wirtschaftlicher Sicht
gerne als *Industrie 4.0* bezeichnet. Es soll sich also um eine vierte industrielle Revolution handeln. Die erste industrielle Revolution wurde durch
die Erfindung der Dampfkraft ausgelöst, die zweite durch Elektrizität
und die dritte durch Elektronik, d. h. der Steuerung von Strom insbesondere in Form von Computern. Die vierte industrielle Revolution der
Digitalisierung basiert dann auf … Moment mal, Computern. Es gibt
gar keine revolutionäre neue Technik. Böse Zungen behaupten, die deutsche Wirtschaft hat einfach den Trend verschlafen und gibt dem Kind
nun einen neuen Namen, um vorne mit dabei zu sein. Tatsächlich scheint
es angebracht, nicht von Revolution, sondern von Evolution zu sprechen.
Digitalisierung hat schon Mitte des vergangenen Jahrhunderts begonnen. Allerdings hat sich in den vergangenen Jahrzehnten die *Hardware*,
auf der die Software läuft, rasant weiterentwickelt: Rechenleistung, Netzwerke, mobile Kommunikation, Sensorik. Dies hat zu einer Beschleuni-
gung der Digitalisierung geführt, da vieles erst dadurch möglich bzw.
einfacher oder wirtschaftlich lohnenswert wurde.

Tatsächlich führt Digitalisierung im historischen Vergleich zu sehr dynamischen Entwicklungen mit erheblichem Einfluss auf das Leben der
Menschen. Denken Sie nur an die Bürger einer armen Region, die zuvor
keinerlei Telekommunikation hatten und denen dann direkt Handys mit
Internet zur Verfügung stehen. So kann z. B. ein Bauer erstmals die Preise
auf den angrenzenden Märkten vergleichen und ein Fischer … Nee, echt
jetzt? Bauern und Fischer – schon wieder? Das ist natürlich ein Scherz.
Alle Menschen nutzen Ihr Handy zunächst einmal für das Gleiche:
Unterhaltung. Egal ob WhatsApp, Instagram oder TicToc – solche Apps
führen die Nutzungsstatistik in Deutschland genauso an wie in Bangla-
desch. Gerade für sehr arme Menschen kommt dies einer Revolution

gleich – denn wo wenig Geld ist, gibt es auch wenig zu lachen (rein im materiellen Sinne zumindest). Mit dem Aufkommen von Handys hingegen steht plötzlich ein enormer Pool günstiger Unterhaltung und Kommunikation bereit. Ökonomisch gesprochen, generiert die Digitalisierung in diesem Beispiel enormen Nutzen. Und ja, die Handys führen natürlicherweise auch zu produktiven Anwendungen wie Preisvergleichen.

Allgemein gesprochen, sieht man dank Digitalisierung besonders viele *Technologiesprünge*. Das heißt es wird eine Technologie eingesetzt, ohne die unmittelbare Vorgängertechnik genutzt zu haben. Im Beispiel kommen direkt Internethandys zum Einsatz, ohne vorher ein Festnetzt gehabt zu haben. Tatsächlich hat dies originär nichts mit Digitalisierung zu tun. Das Preis-Leistungsverhältnis vieler digitaler Dienste ist einfach extrem gut. Dies liegt insbesondere an den bereits in Kap. 4 ausführlich diskutierten *Grenzkosten* von null. Ist eine Software einmal programmiert, kann sie auf gleichen Geräten beliebig oft eingesetzt werden. In einem wettbewerbsintensiven Markt drückt dies die Preise (ganz abgesehen von kostenlosen Raubkopien). Da auch die zugehörige Hardware in vielen Bereichen einem rasanten Preisverfall bzw. einer drastischen Leistungssteigerung unterliegt, hat die Digitalisierung eine solche Dynamik entwickelt.

Dies gilt allerdings weniger stark für bereits *etablierte Wirtschaftsabläufe*. In den USA werden z. B. auch im Jahr 2020 noch über zehn Milliarden Papier-Checks geschrieben, während in China selbst in der Provinz vielfach nur noch mit dem Handy bezahlt werden kann. Obwohl elektronische bzw. mobile Bezahlverfahren in Summe klar vorteilhaft sind (schneller, sicherer, billiger etc.), setzen sie sich in den USA und vergleichbaren Wirtschaftsräumen nur langsam durch. Die aktuellen Lösungen sind den Kunden gut genug. Zudem gibt es von keiner Seite Druck zum Wandel. Wenn die Kunden jedoch auf einmal auf digitale Produkte umschwenken, kann der Wandel heftig sein, wie das bereits in Kap. 4 diskutierte Beispiel der Musikindustrie zeigt. Unternehmensintern, wo im Zweifel überhaupt kein Druck von Kunden zu spüren ist, verhält es sich ähnlich. Digitale Prozessoptimierung läuft eher schleppend – Manager und Mitarbeiter haben wenig Freude am Wandel. Denn in der Regel werden Teile von bereits optimierten analogen Prozessen digitalisiert, so dass oftmals zunächst mehr Arbeit anfällt, weil sich die neuen digitalen Bausteine nicht gut in den insgesamt noch analogen Prozess einfügen.

Nicht nur konkrete Prozessabläufe, sondern auch der damit einhergehende Management-Ansatz vieler etablierter Unternehmen stellen ein Hindernis für die Digitalisierung dar. Denn mit Prozessoptimierungen geht häufig eine starke *vertikale Integration* entlang der Wertschöpfungskette einher. Automobilhersteller z. B. sind extrem eng sowohl mit ihren Zulieferern (Entwicklung, Logistik, Finanzierung etc.) als auch mit ihren Händlern verbunden. Digitalisierung hingegen funktioniert genau entgegensetzt – die größte Wertschöpfung entsteht *horizontal*, d. h. auf einem bestimmten Schritt der Wertschöpfungskette. Eine Software für Autohäuser z. B. muss einmal programmiert werden, könnte dann aber herstellerunabhängig eingesetzt werden. Tatsächlich hat nahezu jeder Autokonzern seine eigene Software.

Neue digitale Geschäftsmodelle, genauso wie digitalisierte bestehende Geschäftsmodelle, müssen als *Netzwerk* gedacht werden. Es gilt, verschiedene bestehende Komponenten geschickt zu kombinieren. Dies führt zu niedrigeren Kosten und schnelleren Innovationszyklen. Unternehmensfokus sind dann nur noch ausgewählte Bereiche der Wertschöpfung, mit denen ein Wettbewerbsvorteil generiert werden kann. Ein schönes Beispiel für Netzwerk-Komponenten sind Cloud-Speicher, die mit erheblichen Größenvorteilen von Amazon, Microsoft, Google und anderen betrieben werden. Während Daten für zahlreiche Geschäftsmodelle zentral sind, ist es deren Administration nicht. Trotzdem ist es für viele Traditionsunternehmen undenkbar, die eigenen Rechenzentren aufzugeben. Man stelle sich vor, die Deutsche Bank würde Ihre Systeme auf Rechnern von Google hosten – faktisch ein Ding der Unmöglichkeit. Challenger-Banken wie N26 hingegen, besitzen keinen einzigen eigenen Server – alle Daten von N26 liegen in der Cloud der Amazon Web Services. Es geht also doch.

Viele Branchen, wie Musik, Handel oder Reisen, wurden bereits erheblich von der Digitalisierung verändert. Vielen anderen steht dies noch bevor. Die Treiber sind, wie oben beschrieben, immer die gleichen: Kosteneinsparungen bis hin zur Automatisierung, digitale Kommunikation sowie ganz neue Geschäftsmodelle. Regulierend wirkt die Bereitschaft und Fähigkeit zum Wandel, sowohl von Kunden als auch von den Unternehmen selbst.

Die gerade genannten *Banken* beispielsweise stehen noch am Anfang der Digitalisierung. Man sollte meinen, mit Onlinebanking seien diese die Pioniere der Digitalisierung. Allerdings wurden im Onlinebanking lediglich bestehende Konzepte ins Internet verlagert. Die Sparkassen z. B. sprechen von „Online-Filialen". Ist man jedoch ehrlich, brauchen Banken Filialen genauso wie Enten Luftmatratzen – nämlich gar nicht. Bei Banken geht es um Geld, Informationen und Vertrauen. Informationen und Geld lassen sich hervorragend in Software abbilden. Auch für Vertrauen braucht es keine repräsentative Filiale und dunkle Anzüge mehr. Sozialen Netzwerken und Händlern wie Amazon vertrauen wir z. B. zutiefst. Durchaus möglich also, dass Banking irgendwann Teil anderer Geschäftsmodelle wird.

Die Digitalisierung von Bankdienstleistungen dürfte im Alltag allerdings nur eine Randerscheinung sein. Viel zentraleren Branchen steht ein noch erheblicher Wandel bevor. Eines der besten Beispiele ist das *Gesundheitswesen*. Hier läuft fast alles analog: Sie gehen zum Arzt, werden untersucht und bekommen mit einem Papierrezept Medikamente in der Apotheke. Was macht der Arzt? Ähnlich wie bei der Bank geht es um Informationen und Vertrauen. Beides kann digitalisiert werden. In einem ersten Schritt könnte der Gang zum Arzt durch einen WhatsApp-Video-Chat ersetzt werden. Weitergedacht braucht man in vielen Fällen überhaupt keinen Arzt mehr. Ein Computer kann die Diagnose stellen, evtl. unterstützt von Heimdiagnostik, wie einem Bluttest fürs Handy. Medikamente kommen ein paar Stunden später per Expressversand. Selbst in komplizierten Fällen wird Software irgendwann besser und damit vertrauenswürdiger als Menschen sein. Zum Beispiel gibt es schon heute Bereiche der Kardiologie, in denen Computer Ärzten in lebenswichtigen Diagnosen überlegen sind.

Einen geradezu revolutionären Wandel werden wir auch in *Transport und Logistik* erleben, wenn es gelingt, autonomes (also komplett automatisiertes) Fahren technisch und regulatorisch zu ermöglichen. Denn dann brauchen Fahrzeuge keinen Führer mehr, der heute etwa die Hälfte der Kosten bei LKW-Transporten und Taxis ausmacht. Diese Kosteneinsparung wird der Gesellschaft zugutekommen. Nicht so sehr durch zusätzliche Fahrten, denn Stau gibt es heute schon genug, sondern z. B.

in Form von Transportsteuern, die den Stau verhindern. Pendler gewinnen erheblich an Zeit. Anstatt Auto zu fahren, können wir zukünftig etwas im Auto machen. Für Automobilkonzerne bedeutet dies völlig neue Fahrzeuge, z. B. ohne Lenkräder. Auch ein Massenmarkt für Elektroantriebe dürfte entstehen, wenn die Fahrzeuge selbstständig tanken fahren. „Sharing"-Geschäftsmodelle werden auf den kompletten Transportmarkt ausgeweitet. Außer zum Angeben braucht niemand mehr ein Auto. Das, was es macht – transportieren – kann flexibler und günstiger als Service gekauft werden. Dies sind rosige Aussichten für Konsumenten und Umwelt. Doch bedeuten solche Entwicklungen einen erheblichen Strukturwandel – in einer Intensität, wie ihn Deutschland seit dem Niedergang der Kohle- und Stahlindustrie nicht mehr gesehen hat. Sollten zukünftig nur noch 20 % der Kraftfahrzeuge gebraucht werden, wird dies einen Kahlschlag der fast zwei Millionen an der Automobilindustrie hängenden Jobs auslösen. Hinzu kommen über eine halbe Million Kraftfahrer, Taxifahrer und Busfahrer.

Daher ist Digitalisierung eines der entscheidenden wirtschaftspolitischen Themen für die kommenden Jahrzehnte. Wie schon in den Kap. 6 und 11 diskutiert, ist Strukturwandel immer ein Balanceakt. In vielen Feldern der Digitalisierung kann dem Wandel per Regulierung ein Riegel vorgeschoben werden – z. B. im Gesundheitswesen oder beim autonomen Fahren. Doch entgehen der Gesellschaft so die Vorteile, während der Wandel später umso heftiger einsetzt. Glücklicherweise haben dies praktisch alle Regierungen weltweit erkannt und managen aktiv die digitale Transformation.

The manufacturer's authorised representative in the EU is Springer
Nature Customer Service Centre GmbH, Europaplatz 3, 69115 Heidelberg,
Germany. If you have any concerns regarding our products, please
contact ProductSafety@springernature.com

Printed and bound by CPI Group (UK) Ltd, Croydon, CR0 4YY
24/04/2026
02096335-0007